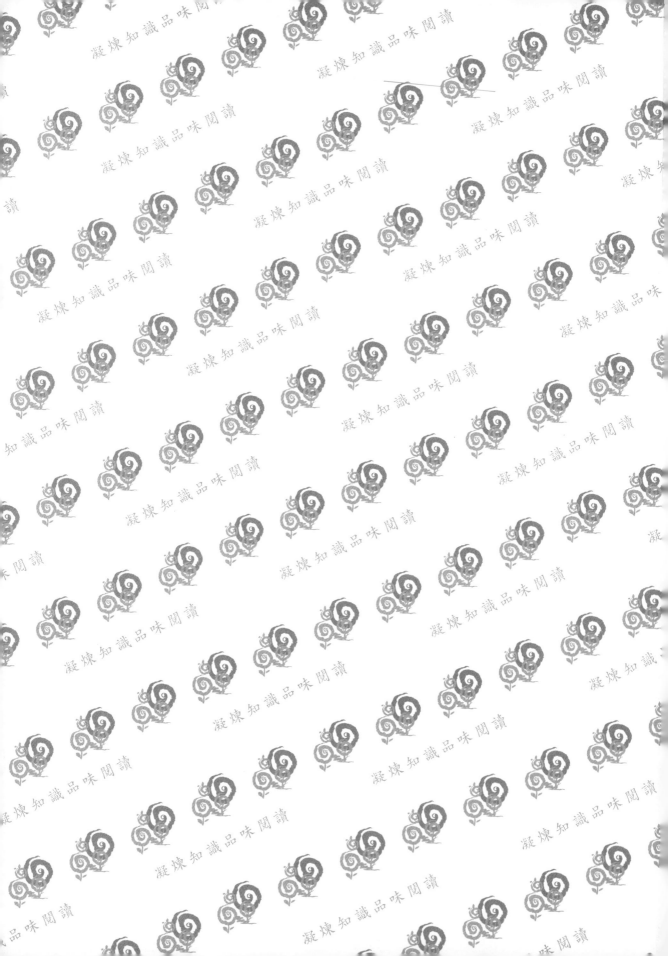

第十一版 吳嘉勳 吳習◎著

基礎稅務會計

五南圖書出版公司 印行

序

　　稅務會計係就有關會計之各項稅務法令規定融入會計學理中，在介紹學理時，亦將有關法令一併提出，因此稅務會計可說是針對我國國情而寫之會計實務。

　　稽徵機關課徵營利事業所得稅時，是以「所得額」為稅基，而所得額在會計學方面稱為「稅前淨利」，本來以會計學原理所計算出來之稅前淨利可用於所得稅課徵，但政府為便於所得稅課徵，作了許多規定，例如：帳簿憑證設置辦法、各種會計方法之限制、費用限額、減免稅……以避免重複課稅、虛列費用，以及有合法憑證可供查核，此類規定分散於所得稅法、稅捐稽徵法、營業稅法、商業會計法、公司法及其他法令規章，實有配合會計學理逐一介紹之必要，本書之編寫，即試圖將會計學及相關稅法加以統合，以適合我國國情實務上的運用。

　　本書內容以「所得稅」為主，此外如營業稅亦有詳細說明，其他法令與會計有關部分亦加以介紹，主要章節包括〈緒論〉、〈統一發票與營業稅〉、〈營業收入〉、〈建築業會計〉、〈銷貨成本〉、〈營業費用〉、〈營業外損益〉、〈資產、負債及權益〉、〈資產重估價〉、〈稽徵程序與最低稅負〉，以及〈租稅處罰與行政救濟〉等。

　　所得稅法在 110 年 4 月修正有關房地合一課稅之規定，稅捐稽徵法在 110 年 12 月修正，滯納金由每逾二日加徵百分之一改為三日，本書也配合修改相關內容。

　　本書所引用各種稅法及其簡寫如下：

所　　　所得稅法

所細　　所得稅法施行細則

基　　　所得基本稅額條例

營　　　加值型及非加值型營業稅法

營細　　加值型及非加值型營業稅法施行細則

統	統一發票使用辦法
兼營	兼營營業人營業稅額計算辦法
收銀	營業人使用收銀機辦法
查	營利事業所得稅查核準則
移	營利事業所得稅不合常規移轉訂價查核準則
帳	稅捐稽徵機關管理營利事業會計帳簿憑證辦法
稽	稅捐稽徵法
稅減	稅務違章案件減免處罰標準
倍數表	稅務違章案件裁罰金額或倍數參考表
行程	行政程序法
行訴	行政訴訟法

吳　習
吳嘉勳　於輔仁大學管理學院

民國 111 年 8 月

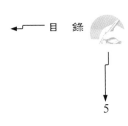
目　　錄

第一章

緒　論

1-1 | 稅務會計之概念

一、稅務會計之意義

稅務會計是一種融合會計處理及稅務法令為一體的專門技術，藉以引導納稅義務人更合理而公平的繳納其應負擔的租稅。

稅務會計主要探討的是營利事業所得稅的會計處理，由於營利事業所得稅是以營利事業之「課稅所得」為稅基，所以稅務會計的研究是建立在所得觀念上，因而損益科目的認定和處理成為稅務會計研究的重心。

關於所得有兩個名詞，一為會計所得，一為課稅所得。會計所得指的是財務會計中的本期損益；課稅所得則是以帳載所得為基礎，根據稅務法令規定加以分析調整後，供政府課稅之所得。此兩種所得來自於相同的會計事實，但因稅務法令所規定的形式要件或計算方法的不同，導致兩種所得額的差異，其差異原因的分析擬於以後各章逐一說明。

近代工商業的快速發展帶動了國家租稅的發達，租稅的徵收遂對各種型態的經濟活動造成重大影響。我國對租稅的徵納係採租稅法律主義，一切租稅活動均以法律規定為準繩，構成了稅務會計的法源，供納稅義務人遵循與援用。茲列舉如下：

（一）加值型及非加值型營業稅法及其施行細則。

（二）所得稅法及其施行細則。

（三）營利事業所得稅查核準則。

（四）稅捐稽徵法。

（五）財政部之命令及解釋函令。

（六）其他相關法令（如公司法、商業會計法……）。

吾人如欲從事稅務會計之研究應當熟諳以上諸法，惟援用時必須注意，稅務法令具有「時效性」，當政治、經濟、社會環境有所異動時，稅法亦同時在

作修正，故吾人必須隨時注意稅務法令之最新規定及趨向，以免引用舊法徒勞無功。

二、稅務會計之處理原則

稅務會計是一種以所得為中心，以稅法為規範，以會計為工具之所得計算體系。

營利事業平時之會計處理依財務會計之原則處理計得會計所得，俟期末結算申報時依有關稅法規定，將會計所得調整成為課稅所得。此所謂調整是帳外調整，並不在正式帳冊上登帳改正，而是在申報書上自行調整計算課稅所得如第15頁表格所示（110年度營利事業所得稅結算申報書部分資料）。

三、稅務會計之適用對象

稅務會計所依循的法源均係國內法，故本質上乃屬一種國內性的會計原則，並不適用於國際間之會計處理。由於稅務會計係以營利事業所得為討論中心，自然以營利事業為其適用主體。

營利事業規範甚廣，舉凡以營利為目的之公營、私營或公私合營等具有營業牌號或場所之事業均屬之。其組織型態包括獨資、合夥、公司及其他組織；其業別包括工、商、農、林、漁、牧、礦、冶，均適用稅務會計之處理原則。

110年度損益及稅額計算表

所得期間：自民國　年　月　日起至　年　月　日止

□申報適用房地合一稅制者（請打✓），並請分別填報第C1頁、第C1-1頁及第C1-2頁。

| 營利事業名稱 | | 營利事業統一編號 | | 組織種類 | 1 股份 2 有限 3 無限 / 4 兩合 5 合夥 6 獨資 / 7 外國分公司 8 外國辦事處 9 合作社 / 0 有限合夥 0 其他 |

損益表／營業收入調節說明

損 益 項 目	帳載結算金額	自行依法調整後金額
01 營業收入總額（包括外匯收入　元）		
02 減：銷貨退回		
03 銷貨折讓		
04 營業收入淨額（01－02－03）		
05 營業成本（請填第4頁明細表）		
06 營業毛利（04－05）		
07 毛利率（06÷04×100）		
08 營業費用及損失總額（10至32合計）		
09 費用率（08÷04×100）		
10 薪資支出		
11 租金支出		
12 文具用品		
13 旅 費		
14 運 費		
15 郵 電 費		
16 修 繕 費		
17 廣 告 費		
18 水電瓦斯費		
19 保 險 費		
20 交 際 費		
21 捐 贈		
22 稅 捐		
23 呆帳損失		
24 折 舊		
25 各項耗損及攤提（包括商譽攤銷　元，請另填附明細表）		
26 外銷損失		
27 伙 食 費		
28 職工福利		
29 研究發展費（請填第5頁明細表）		
30 佣金支出		
31 訓 練 費		
32 其他費用（請填第5頁明細表）		
33 營業淨利（06－08）		
104 營業淨利率（33÷04×100）		
34 非營業收入總額（35及44合計）		
35 投資收益（全權益法之投資收益）及一般股息淨利（含國外投資收益，但不包括選擇適用境外資金匯回管理運用及課稅條例之投資收益　元）		
36 依所得稅法第42條規定取得之股利或盈餘		
38 利息收入		
39 租賃收入		
40 處分資產利益（包括證券、期貨、土地交易所得）		
41 佣金收入		
43 兌換盈益		
44 其他收入（包括97退稅收入　元）		
45 非營業損失及費用總額（46至52合計）		
46 利息支出		
47 投資損失		
48 處分資產損失（包括證券、期貨、土地交易損失）		
49 災害損失		
51 兌換虧損		
52 其他損失		
53 全年所得額（33＋34－45）		
54 純益率〔53÷（04＋34）×100〕		
93 國際金融（證券、保險）業務分行（分公司）免稅所得（損失）（請附計算表）		
99 停徵之證券、期貨交易所得（損失）（請附計算表）		
101 免徵所得稅之出售土地利益（損失）（請附計算表）		
57 合於獎勵規定之免稅所得		
125 適用所得額標準核定案件之所得（損失）（請填報第C2頁）		
126 依船舶淨噸位計算之所得（請附計算表）		
132 智慧財產權讓與或授權收益範圍內之研發支出加倍減除金額		
133 藍藍特殊情況性轉資員工的複隔離與假費用加倍減除金額		
134		
58		
55 前十年核定虧損本年度扣除額【申報須知五、（八）及（九）】		
59 課稅所得額（53－93－99－101－57－132－58－55－125－133÷134＋126）		

（營業收入調節欄位，揭露事項，營業收入分析表等右側細項明細略）

| | 第 1 頁 |

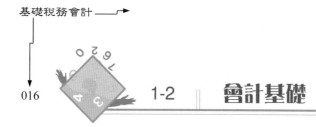

1-2 會計基礎

一、會計基礎之意義及分類

所謂會計基礎，即會計處理對收益及費損認定的標準，以及入帳的依據，可分為「現金基礎」及「權責基礎」兩種。前者又稱收付實現制，收到現金時承認收益、支付現金時認列費用；後者又稱應計基礎，收益以其是否「實現」作為入帳標準，不論是否已收到現金，費用則以其是否「發生」作為入帳標準，不論是否已支付現金。

二、稅法之規定與適用

會計基礎，凡屬公司組織者，應採用權責發生制。其非公司組織者，得因原有習慣或因營業範圍狹小，申報該管稽徵機關採用現金收付制。關於非公司組織所採會計制度，既經確定仍得變更，惟須於各會計年度開始三個月前申報該管稽徵機關（所 22）。

1-3 會計年度

一、會計年度之意義

營利事業在繼續經營的假設下，應予劃分期間，使營利事業之經營成果及財務狀況得於各期間終了，呈現給企業之各方關係人。此所謂期間，即指會計期間而言，通常以一年為一期，故又稱為會計年度。

二、稅法之規定

(一)以曆年制為原則，變更會計年度應事先呈報核准

會計年度應爲每年1月1日起至12月31日止，但因原有習慣或營業季節之特殊情形，呈經該管稽徵機關核准者，得變更起訖日期（所23）。例如：許多外商因配合母國總公司會計年度而申請採非曆年制。

(二)變更會計年度應辦理結算申報

營利事業報經該管稽徵機關核准變更其會計年度者，應於變更之日起一個月內，將變更前之營利事業所得額，依規定格式申報該管稽徵機關，並依規定計算其應納稅額，於提出申報書前自行繳納之（所74）。

例如：原採4月1日起至次年3月31日爲會計年度，民國110年下半年，決定改採曆年制，則民國110年4月1日起至12月31日部分應於民國111年1月31日以前申報。

(三)非曆年制者有關期限比照曆年制者辦理

採非曆年制之營利事業，其他有關申報之期間如期末結算申報、暫繳申報、資產重估價及盈虧互抵……均比照曆年制之規定推算之。例如：採七月制，其結算申報日期爲11月1日起至11月30日。

1-4　帳簿憑證

營利事業所得稅是就營利事業所得額課徵，故營利事業應保持足以正確計算其營利事業所得額之帳簿憑證及會計紀錄（所21）。由於帳簿憑證及會計紀錄，影響稅捐機關查帳核稅至深且巨，並須適應各界之實際情況，故有「稅捐稽徵機關管理營利事業會計帳簿憑證辦法」之頒布，作爲營利事業設帳、登帳、憑證及保管之依據。

一、營利事業依法應設置帳簿彙總表（帳 2，3，4，5）

企業組織＼使用帳簿＼業別	買賣業	製造業	營建業	勞務業及其他各業
1.實施商業會計法之營利事業	(1)日記簿 (2)總分類帳 (3)存貨明細帳 (4)其他必要之補助帳簿	(1)日記簿 (2)總分類帳 (3)原物料明細帳（或稱材料明細帳） (4)在製品明細帳 (5)製成品明細帳 (6)生產日報表 (7)其他必要之補助帳簿	(1)日記簿 (2)總分類帳 (3)在建工程明細帳 (4)施工日報表 (5)其他必要之補助帳簿	(1)日記簿 (2)總分類帳 (3)營運量紀錄簿 (4)其他必要之補助帳簿
2.不屬實施商業會計法範圍而須使用統一發票之營利事業	(1)日記簿 (2)總分類帳 (3)存貨明細帳或存貨計數帳	(1)日記簿 (2)總分類帳 (3)原物料明細帳（或稱原材料計數帳） (4)生產紀錄簿		(1)日記簿 (2)總分類帳 (3)營運量紀錄簿
3.免用統一發票之小規模營利事業	簡易日記簿	同左	同左	同左
4.未採獨立會計制度之固定營業場所	(1)零用金（或週轉金）登記簿 (2)存貨明細帳	(1)同左 (2)原物料明細帳 (3)製成品明細帳或生產紀錄簿 (4)生產日報表	(1)同左 (2)在建工程明細帳 (3)施工日報表	(1)同左 (2)營運量紀錄簿

攤販得免設置帳簿（帳 6）。

二、帳簿裝訂方式

營利事業設置之日記簿及總分類帳兩種主要帳簿中，應有一種爲訂本式。但採用電子計算機處理帳務者，不在此限（帳7）。

三、電子計算機處理帳務

營利事業使用電子計算機處理會計資料，應依商業會計法第四十條及商業使用電子計算機處理會計資料辦法之規定辦理（帳9）。

四、活頁式帳簿之使用

適用商業會計法之營利事業，其會計組織健全，使用總分類帳科目日計表者，得免設置日記帳（帳8）。

五、登帳

㈠期限

營利事業設置之帳簿，應按會計事項發生之次序逐日登帳，至遲不得超過二個月。前項期限自會計事項發生書立憑證之次日起算。其屬其他固定營業場所之會計事項，應自其他固定營業場所報表或憑證送達之日起算（帳17）。

㈡方法

帳簿中之人名帳戶，應載明其自然人、法人或營利事業之眞實姓名或名稱，並應在分戶帳內，註明其地址。其屬共有人之帳戶，應載明代表人之眞實姓名或名稱及地址。

帳簿中之財物帳戶，應載明其名稱、種類、價格、數量及其存放地點（帳18）。

帳簿之記載，除記帳數字適用阿拉伯字外，應以中文為主。但需要時得加註或併用外國文字。

記帳本位，應以新臺幣為主，如因業務需要而以外國貨幣記帳，仍應在其決算表中將外國貨幣折合新臺幣（帳 19）。

㈢帳證不符之處理

帳冊之記載與憑證不符，致生短報所得額之情事者，除本準則另有規定外，依所得稅法第一百十條規定辦理（查 9）。

㈣帳簿內容有塗改、缺漏頁數

帳簿有塗改內容或有缺漏頁數，經查明無不法情事，且會計紀錄銜接，憑證相符者，仍應查帳核定（查 7）。

六、憑證

㈠原始憑證種類

1. 外來憑證

自本企業以外之人取得的憑證，如進貨發票、水電費收據。

各項外來憑證或對外憑證應載有交易雙方之名稱、地址、統一編號、交易日期、品名、數量、單價、金額、銷售額及營業稅額並加蓋印章。外來憑證屬個人出具之收據，並應載明出據人之身分證統一編號（帳 22）。

2. 對外憑證

給與他人之原始憑證，如銷貨發票。給與他人之憑證，應依次編號並自留存根或副本，以網際網路或其他電子方式開立，傳輸或接收之原始憑證應儲存於媒體（帳 21）。

對外憑證開立予非營利事業時，除法令另有規定外，得免填載買受人名稱、地址及統一編號（帳 22）。

對外會計事項，應取得外來憑證或給與他人憑證；其應取得外來憑證者，除照查核準則規定得以內部憑證認定者外，不得以內部憑證代替；其以內部憑證代替者，應不予認定（查 12）。

經核准免用統一發票之小規模營利事業，於對外營業事項發生時，得免給與他人原始憑證（帳 21）。

3. 內部憑證

企業本身自行製存者，如折舊計算表（財產目錄）。

內部會計事項，應有載明事實、金額、立據日期及立據人簽章之內部憑證，以資證明。但期末調整及結帳，與結帳後轉入次期之帳目，得不檢附原始憑證（帳 21）。

(二)依憑證形式可分為三類

1. 統一發票。
2. 收據。
3. 證明。

商業之支出超過新臺幣一百萬元以上者，應使用匯票、本票、支票、劃撥或其他經主管機關核定之支付工具或方法（如銀行轉帳），並載明受款人。

由於原始憑證係證明交易事實之依據，故一筆交易是否被稽徵機關所認定，往往取決於該項交易是否檢附了具備稅法上客觀條件的原始憑證，其細節將在以後各章依科目分述之。

(三)記帳憑證

記帳憑證一般稱「傳票」，實施商業會計法之營利事業，應根據原始憑證編製傳票，根據傳票登入帳簿。但原始憑證已符合記帳需要者，得不另製傳票，而以原始憑證代替記帳憑證。

不屬於實施商業會計法之營利事業，除轉帳事項外，均得以原始憑證加蓋會計科目戳記後，作為記帳憑證（帳 23）。

七、帳簿憑證的保管

㈠ 保管方式

各項會計憑證，除為權責存在或應予永久保存者，應另行保管外，應依事項發生之時序或按其事項之種類，依次編號黏貼或裝訂成冊。其給與他人之憑證，如有誤寫或收回作廢者，應黏附於原號存根或副本之上（帳 24）。

㈡ 保管場所

營利事業之帳簿憑證，除為緊急避免不可抗力災害損失、或有關機關因公調閱、或送交合格會計師查核簽證外，應留置於營業場所，以備主管稽徵機關隨時查核（帳 25）。

㈢ 保存期限

營利事業設置之帳簿，除有關未結會計事項者外，應於會計年度決算程序辦理終了後，至少保存十年。但因不可抗力之災害而毀損或滅失，報經主管稽徵機關查明屬實者，不在此限。

前項帳簿，於當年度營利事業所得稅結算申報經主管稽徵機關調查核定後，除有關未結會計事項者外，得報經主管稽徵機關核准後，以電子方式儲存媒體，按序儲存後依前項規定年限保存，其帳簿得予銷毀（帳 26）。

營利事業之各項會計憑證，除應永久保存或有關未結會計事項者外，應於會計年度決算程序終了後，至少保存五年。

前項會計憑證，於當年度營利事業所得稅結算申報經主管稽徵機關調查核定後，除應永久保存或有關未結會計事項者外，得報經主管稽徵機關核准後，以電子方式儲存媒體，將會計憑證按序儲存後依前項規定年限保存，其原始憑證得予銷毀（帳 27）。

因合併而消滅之營利事業，其帳簿憑證及會計紀錄之保管，應由合併後存續或另立之營利事業負責辦理。

因分割而消滅之營利事業，其帳簿憑證及會計紀錄之保管，應由受讓營業之出資範圍最高之既存或新設之營利事業負責辦理。但經協議保管人者，從其

協議（帳 28）。

　　公營事業之帳簿憑證及會計紀錄之設置、取得、使用、保管等事項，除其他法律另有規定者外，悉依稅捐稽徵機關管理營利事業會計帳簿憑證辦法之規定辦理（帳 29）。

　　公開發行公司、金融控股公司、證券業、期貨業、銀行業、保險業及其子公司之帳簿依規定使用電子方式處理，並依規定保存至少十年；會計憑證至少保存五年，其紙本得予銷毀（帳 26、27）。

八、帳簿憑證滅失所得額之核定

　　營利事業所得額之核定，是以營利事業所保存及記載之帳簿憑證為依據，如營利事業之帳簿憑證滅失，稽徵機關即無法根據帳簿憑證核定其所得額，此時究應如何核定所得額？分別就各種情況說明如下：

㈠帳簿因故滅失

　　營利事業當年度使用之帳簿，因故滅失者，得報經該管稽徵機關核准另行設置新帳，依據原始憑證重行記載，依法查帳核定。

㈡當年帳簿憑證因公調閱或不可抗力災害滅失

　　營利事業當年度關係所得額之全部或一部之原始憑證，因遭受不可抗力災害或有關機關因公調閱，以致滅失者，該滅失憑證所屬期間之所得額，稽徵機關得依該事業以前三個年度經稽徵機關核定純益率之平均數核定之。其屬新開業或由小規模營利事業改為使用統一發票商號未滿三個年度，致無前三個年度，經稽徵機關核定純益率之平均數者，其無核定純益率資料之年度（含未滿一年無全年度核定資料之年度），以各該年度查帳核定當地同業之平均純益率核定之。又災害損失部分，如經查明屬實，可依規定予以核實減除（查 11）。

024

範例

1. 甲公司 110 年度 1～6 月帳簿憑證因水災滅失，該期間營業收入 100,000,000 元，營業成本 80,000,000 元，營業費用 18,000,000 元，非營業損失及費用（災害損失）1,000,000 元，該公司以前三個年度經稽徵機關核定純益率之平均數為 3%，問：稽徵機關如何核定甲公司 110 年 1～6 月營利事業所得稅之所得額？

解答

　　100,000,000 元 ×3% = 3,000,000 元

　　如災害損失 1,000,000 元查明屬實，則可以核實減除

　　3,000,000 元 − 1,000,000 元 = 2,000,000 元　1～6 月所得額

　　另 7～12 月所得額，應依帳簿憑證查核認定。

(三)結算申報後因公調閱或不可抗力災害滅失

　　營利事業之帳簿憑證，在辦理結算申報後未經稽徵機關調查核定前，因遭受不可抗力災害或有關機關因公調閱，以致滅失者，除其申報純益率已達該事業前三個年度經稽徵機關核定純益率之平均數者，從其申報所得額核定外，申報純益率未達前三個年度核定純益率之平均數者，應按前項規定辦理。

　　營利事業遭受不可抗力災害以致帳簿憑證滅失情形者，應於事實發生後之次日起三十日內，併同災害損失報請稽徵機關派員勘查屬實或提出確實證據證明屬實（查 11）。

範例

2. 甲公司 109 年度營利事業所得稅已辦理結算申報後，110 年 7 月 5 日因公調閱以致滅失，申報全年資料營業收入 100,000,000 元，營業成本 80,000,000 元，營業費用 18,000,000 元，無營業外收入及費用，前三年核定純益率平均數為

3%，問：稽徵機關如何核定甲公司 109 年度營利事業所得稅之全年所得額？

解答

100,000,000 − 80,000,000 − 18,000,000 = 2,000,000（申報數）

100,000,000 × 3% = 3,000,000（前三年平均純益率）

以 3,000,000 元核定甲公司之全年所得額

如申報營業費用 15,000,000 元，申報所得額 5,000,000 元，則照申報核定。

㈣帳簿憑證滅失

營利事業之帳簿憑證滅失者，除合於前二項規定情形者外，稽徵機關應依所得稅法第八十三條及同法施行細則第八十一條規定，就查得資料或同業利潤標準，核定其所得額（查 11）。

範例

3. 甲公司 109 年度帳簿憑證不慎滅失，除有營業外收入 500,000 元、營業外費用 1,000,000 元外，營業收入、成本及費用同例 2，同業利潤標準之淨利率為 8%，另營業外損失之相關憑證亦已滅失，問：稽徵機關如何核定甲公司 109 年度營利事業所得稅之全年所得額？

解答

100,000,000 元 × 8% = 8,000,000 元　營業淨利

8,000,000 元 + 500,000 元 = 8,500,000 元　全年所得額

上例甲公司除其全年所得按同業利潤標準之淨利率核定外，其營業外收入要加入，營業外損失因未保有憑證，不可減除，惟如其憑證齊全，亦可減除。例如：營業外損失為銀行借款利息費用，經向銀行申請補發利息收據，即可核實認列利息費用。

第二章

統一發票與營業稅

2-1 │ 營業稅課稅範圍

　　加值型及非加值型營業稅之稅目內容有二：一為「加值型營業稅」；一為「非加值型營業稅」，就銷售貨物或勞務之總額課稅，稱為非加值型營業稅；僅就銷售貨物或勞務之加值金額課稅者，稱為加值型營業稅（value-added tax）。

一、課徵範圍

　　我國營業稅採屬地主義，對在中華民國境內銷售貨物或勞務及進口貨物、購買國外勞務，課徵營業稅（營 1、2、2-1）。

　　營業稅之課稅範圍，可細分如下：

㈠ 在我國境內銷售貨物

　　將貨物之所有權移轉與他人，以取得代價者，為銷售貨物（營 3㈠）。

　　有下列情形之一者，為在中華民國境內銷售貨物：

　　1. 銷售貨物之交付須移運者，其起運地在中華民國境內。

　　2. 銷售貨物之交付無須移運者，其所在地在中華民國境內（營 4㈠）。

起運地	目的地	性　　質	
在我國境內	在我國境內	內銷行為	列課稅範圍
在我國境內	在我國境外	外銷適用零稅率	
在我國境外	在我國境內	進口貨物	
在我國境外	在我國境外	不列入課稅範圍	

㈡ 在我國境內銷售勞務

提供勞務予他人，或提供貨物與他人使用、收益，以取得代價者，爲銷售勞務（營 3㈡）。

有下列情形之一者，係在中華民國境內銷售勞務：

1.銷售之勞務係在中華民國境內提供或使用者。

2.國際運輸事業自中華民國境內載運客、貨出境者。

3.外國保險業自中華民國境內保險業承保再保險者（營 4㈡）。

至於執行業務者提供其專業性勞務及個人受僱提供勞務，則不包括在內。

勞務提供地	勞務使用地	課免稅範圍
在我國境內	在我國境內	列課稅範圍
在我國境內	在我國境外	
在我國境外	在我國境內	
在我國境外	在我國境外	不列入課稅範圍

㈢ 進口貨物

1.貨物自國外進入中華民國境內者。但進入保稅區之保稅貨物，不包括在內。

2.保稅貨物自保稅區，進入中華民國境內之其他地區者（營 5）。

保稅區，指政府核定之加工出口區、科學工業園區、農業科技園區、自由貿易港區及海關管理之保稅工廠、保稅倉庫、物流中心或其他經目的事業主管機關核准設立且由海關監管之專區（營 6 之 1）。保稅區在課稅的時候被視爲境外地區，因此進入該區免視爲進口。

㈣ 購買國外勞務

1.外國之事業、機關、團體、組織，在中華民國境內無固定營業場所而有銷售勞務者，應由勞務買受人於給付報酬之次期開始十五日內，就給付額依第十條或第十一條第一項但書所定稅率，計算營業稅額繳納之。但買受人爲加值型營業人，其購進之勞務，專供經營應稅貨物或勞務之用者，免予繳納；其爲

兼營第八條第一項免稅貨物或勞務者，繳納之比例，由財政部定之（營36㈠）。

2.外國國際運輸事業，在中華民國境內，無固定營業場所而有代理人在中華民國境內銷售勞務，其代理人應於載運客、貨出境之次期開始十五日內，就銷售額按第十條規定稅率，計算營業稅額，並依規定，申報繳納（營36㈡）。

外國之事業、機關、團體、組織在中華民國境內，無固定營業場所而有銷售供教育、研究或實驗使用之勞務予公私立各級學校、教育或研究機關者，勞務買受人免繳營業稅（營36-1）。

㈤ 境外營業人銷售電子勞務給境內自然人

外國之事業、機關、團體、組織在中華民國境內無固定營業場所，銷售電子勞務予境內自然人者，為營業稅之納稅義務人（營2-1、6）。年銷售額逾一定基準者，應自行或委託中華民國境內居住之個人或有固定營業場所之事業、機關、團體、組織為其報稅之代理人，向主管稽徵機關申請稅籍登記。

依前項規定委託代理人者，應報經代理人所在地主管稽徵機關核准；變更代理人時，亦同（營28-1）。

第一項年銷售額之一定基準，由財政部定之。財政部規定自民國106年5月1日起，全年銷售額在新臺幣四十八萬元以上者，應辦稅籍登記依法課稅。

㈥ 視同銷售貨物

實際上並非銷售貨物，惟依營業稅擬制為銷售貨物，規定視為銷售貨物。有下列情形之一者，視為銷售貨物：

1.營業人以其產製、進口、購買供銷售之貨物，轉供營業人自用；或以其產製、進口、購買之貨物，無償移轉他人所有者。

2.營業人解散或廢止營業時所餘存之貨物，或將貨物抵償債務、分配與股東或出資人者。

3.營業人以自己名義代為購買貨物交付與委託人者。

4.營業人委託他人代銷貨物者。

5.營業人銷售代銷貨物者（營3㈢）。

(七) 免視同銷售項目

信託財產於下列各款信託關係人間移轉或為其他處分者，不適用前條有關視為銷售之規定：

1.因信託行為成立，委託人與受託人間。

2.信託關係存續中受託人變更時，原受託人與新受託人間。

3.因信託行為不成立、無效、解除、撤銷或信託關係消滅時，委託人與受託人間（營 3-1）。

非以營利為目的之事業、機關、團體、組織及專營免稅貨物或勞務之營業人，有第(六)之 1、2 點之情形，經查明其進項稅額並未申報扣抵銷項稅額者，不適用該條項有關視為銷售之規定（營 3-2）。

(八) 視同銷售勞務

營業稅法第三條第三項所列視為銷售貨物之規定，於銷售勞務準用之（營 3(四)）。

二、視同銷售貨物之規定說明

(一) 貨物轉供自用

營業人將其供銷售用之貨物，轉供自用者，例如：轉列資產、消耗品，應視為銷售，以自己為進貨人開立統一發票並以時價為銷售額。發票上之「銷項稅額」，同時等於營業人之「進項稅額」，其進項稅額除營業稅法第十九條規定不得扣抵銷項稅額外，均可扣抵銷項稅額。

營業人以生產原料轉供本身加工、以購入零件自行製造機器自用、各工廠間互相調撥原料以供加工製造，為實驗、測試或品質檢驗而領用之材料或零件等，係屬製造或加工過程中原物料之使用，並非貨物轉供自用範圍，免視為銷貨處理（7535787 號函、7537919 號函、7572791 號函、7543770 號函）。

營業人以產製、進口購買供銷售之貨物，轉供自用者，其帳務仍應以實際成本為準，轉列資產或費用，免按時價列帳，但營業稅要以「時價」開立統一

發票，辦理當年度營利事業所得稅結算申報時，應將該項開立統一發票之銷售額於營業收入調節欄項下，予以減除。

 範例

1. 中華文具公司於 8 月 1 日將其供銷售用之計算機 1 臺成本 2,000 元（設於 6 月 20 日進貨），時價 3,000 元轉供辦公室使用。9 月 1 日領用原料 10,000 元，用於製造產品，其帳務處理為何？

解答

6/20 進貨時

借：存貨 　　　　2,000

　　進項稅額 　　　100

　　貸：現金 　　　　　　2,100

8/1 轉自用時

借：文具用品 　　2,000

　　進項稅額 　　　150

　　貸：存貨 　　　　　　2,000

　　　　銷項稅額 　　　　　150

說明：(1) 以時價 3,000 元開立統一發票，並計算進銷項稅額。

　　　(2) 依實際成本 2,000 元列帳。

9/1 領用生產材料，免視為銷售，不必開統一發票。

借：在製品—材料 　10,000

　　貸：材料 　　　　　　　10,000

(二) 轉列固定資產

營業人以其產製、進口、購買供銷售之貨物,轉供營業人本業及附屬業務使用之固定資產,財政部為簡化作業,規定除設帳記載外,可免開立統一發票 (79.2.6. 臺財稅字第 790623924 號函) 。其須取得領料單、出貨單等內部憑證。

 範例

2. 國民電腦公司於 9 月 1 日以其供銷售用之電腦 1 臺 (於 6 月 15 日進貨) 成本 60,000 元,時價 80,000 元轉為公司固定資產供辦公室使用。其帳務處理為何?

解答

6/15 進貨時

借:存貨	60,000		
進項稅額	3,000		
貸:現金		63,000	

9/1 轉自用時

借:辦公設備	60,000	
貸:存貨		60,000

說明:(1) 免開立統一發票。

(2) 以實際成本 60,000 元列帳。

(三) 貨物無償移轉他人所有

視為銷售貨物,應按時價自行開立統一發票,其扣抵聯所載明之稅額,除係為協助國防建設、慰勞軍隊及對政府捐獻依法可予扣抵者外,其餘均不得申報扣抵銷項稅額,並應由營業人於開立後自行截角或加蓋戳記作廢。

範例

3. 天使燈具公司於 8 月 10 日以燈具作為樣品贈送客戶，燈具成本 6,000 元，其帳
務處理為何？

解答

借：廣告費　　　　　　6,000

　　貸：存貨　　　　　　　6,000

說明：(1) 贈送樣品免開立統一發票。

　　　(2) 以實際成本轉列費用。

作為下列用途之貨物，另有規定：

1. 凡屬下列供本業及附屬業務使用，所贈送之物品及免費換修之零件，除
   應設帳記載外，免開立統一發票（75.12.29. 臺財稅字第 7523583 號函）：

   (1) 贈送樣品。

   (2) 辦理抽獎贈送獎品。

   (3) 銷貨附送贈品。

   (4) 依合約規定售後服務免費換修零件者。

2. 購入貨物時已決定供作酬勞員工、交際應酬或捐贈使用，並以相關科目
   列帳，其購入該進項稅額，除為協助國防建設、慰勞軍隊及對政府捐獻
   者外，已依照不得申報扣抵銷項稅額之規定未申報扣抵者，可免視為銷
   售貨物並免開立統一發票（76.7.22 臺財稅字第 761112325 號函）。

3. 購入時非備供酬勞員工、交際應酬或捐贈使用，係以進貨或有關科目列
   帳，其購買時已申報扣抵者，應視為銷售貨物並按時價開立統一發票
   （76.7.22 臺財稅字第 761112325 號函）。

　　所得稅結算申報及帳務處理：(1) 按其產製、進口或購買之實際成本為
準，轉列資產或費用，免按時價列帳。(2) 辦理當期所得稅結算申報時，應將
該項開立統一發票銷售額於營業收入調節欄項下，予以減除。

範例

4. 如意地毯公司於 8 月 15 日將地毯時價 30,000 元，贈送工作績優員工，獎勵優秀員工之工作表現，該項地毯係於 5 月 1 日購入，成本 20,000 元，其帳務處理有兩種情況。

解答

情況一：於購入時，作銷售用，未決定作其他用途。

5/1 購入時

借：存貨　　　　　　　　20,000

　　進項稅額　　　　　　　1,000

　　貸：現金　　　　　　　　　　　21,000

8/15 贈送時

借：職工福利　　　　　　21,500

　　貸：存貨　　　　　　　　　　　20,000

　　　　銷項稅額　　　　　　　　　1,500

說明：(1) 購入時進項稅額 1,000 元已於當期扣抵銷項稅額。

(2) 贈送時應按時價 30,000 元開立統一發票，並計算銷項稅額 1,500 元（30,000×5%）。

(3) 開立統一發票 30,000 元，所得稅結算申報時，不列為營業收入。

情況二：購入時即決定贈送員工，不作為銷售用。

5/1 購入時

借：贈送品（資產）　　21,000

　　貸：現金　　　　　　　　　　21,000

進項稅額不可扣抵，併入資產科目。

8/15 贈送時

借：職工福利　　　　　　21,000

　　貸：贈送品　　　　　　　　　21,000

說明：(1) 購入時進項稅額 1,000 元併入贈送科目，未扣抵銷項稅額。

　　　(2) 贈送時免視為銷售，免開立統一發票。

範例

5. 大愛家電公司於 6 月 1 日購入冷氣機 2 臺 60,000 元，另付營業稅 3,000 元。8 月 10 日將其中一臺贈送政府機關，另一臺贈私人公益財團法人，贈送時價每臺 40,000 元，其帳務處理為何？

解答

6/1 購入時：			8/10 贈送時：		
借：存貨	60,000	對政府捐獻	借：捐贈	30,000	
進項稅額	3,000		進項稅額	2,000	
貸：現金		63,000	貸：存貨		30,000
			銷項稅額		2,000
		對私人公益財團法人捐贈部分	借：捐贈	32,000	
			貸：存貨		30,000
			銷項稅額		2,000

　　營業人以其產製、進口、購買供銷售或提供勞務使用之九人座以下乘人小客車，無償移轉他人所有，或轉供營業人固定資產自用，依營業稅法第三條第三項第一款規定，應視為銷售開立統一發票，該項自行開立發票之進項稅額，依同法第十九條第一項第五款規定，不得扣抵銷項稅額。但如該自用乘人小客車，營業人原即供贈品或轉供固定資產自用，且以捐贈或固定資產科目列帳，其原始取得進項憑證之進項稅額並未申報扣抵銷項稅額者，除應設帳記載外，可免開立統一發票（79.11.26 臺財稅字第 790701267 號函）。

㈣合併、解散銷售貨物

038

營業人合併、轉讓、解散或廢止時所餘存之貨物,應視為銷貨,按時價開立統一發票,報繳營業稅,並應於事實發生之日(公司組織者以事業主管機關核准日為準)起十五日內填具申請書,向主管稽徵機關申請變更或註銷營業登記。

營業人與其他營業人合併而消滅者,應依法申請註銷登記,其移轉之原材料、存貨及固定資產,應視為銷售,並至遲於向主管稽徵機關辦理註銷登記時,按時價開立統一發票,惟辦理註銷前如已將上項視為銷售之貨物移轉與合併後存續或新設之公司者,應於移轉時開立統一發票(*79.3.15 臺財稅字第 780701651 號函*)。

符合企業併購法第三十九條合併者,不必課營業稅並免開立統一發票。

範例

6. 民生公司於 9 月 1 日與中美公司合併,民生公司將其存貨成本 700,000 元,時價 800,000 元移轉給中美公司。

    說明:(1) 合併時民生公司以時價 800,000 元開立統一發票,買受人為中美公司。

    (2) 中美公司取得此進項稅額 40,000 元可扣抵銷項稅額。

    (3) 企業併購法第三十九條,依該法合併、分割者其移轉貨物或勞務非屬營業稅之課徵範圍,即免開發票,免繳營業稅。

    (4) 依金融控股公司法第二十八條第三款,金融機構經主管機關許可合併者,因營業讓與所產生之印花稅、契稅、所得稅、營業稅及證券交易稅一律免徵。

㈤代為購買貨物

營業人委託代購商品或原料時,應取得受託商號書有抬頭之佣金(依約定佣金率計算佣金額)及依代購貨物之實際價格開立並註明「代購」之統一發票。

	代購人		委託人	
代購貨物時	代購貨物	40,000	不作分錄	
	進項稅額	2,000		
	現金	42,000		
交付貨物時	應收代購帳款	42,000	進貨	40,000
	代購貨物	40,000	進項稅額	2,000
	銷項稅額	2,000	應付帳款	42,000
	按 40,000 元開立統一發票，銷 項稅額 2,000 元			
結帳時	現金	46,200	應付帳款	42,000
	應收代購帳款	42,000	進貨（佣金）	4,000
	佣金收入	4,000	進項稅額	200
	銷項稅額	200	現金	46,200

結算申報之處理：

代購人依代購實際價格 40,000 元及佣金收入 4,000 元開立統一發票，其中代購 40,000 元之部分不屬於代購者之營業收入，故自營業收入調節欄項下減除，而佣金 4,000 元則列為代購人之營業收入或營業外收入。

㈥委託他人代銷

營業人委託他人代銷貨物或銷售代銷貨物，均視為自己銷售貨物，應依規定開立統一發票。委託人及受託人雙方訂立代銷契約，受託人以自己名義銷售貨物並依約定抽取佣金或手續費，委託人則自行進貨，訂價出售，並依進銷差價獲取利潤。

1.委託人：應於貨品委託受託人代銷貨物時，不論受託人是否已出售，均應視為銷售，按約定代銷價格開立統一發票。

2.受託人：受託人銷售代銷貨物時，亦應視同自己銷貨，按約定價格開立統一發票。

3.受託人依契約規定，向委託人收取佣金時，應開立統一發票。

範例

7. 大明公司（委託人）委託小華公司（受託人）代銷電腦，雙方約定銷售價格每臺 40,000 元，成本 30,000 元，於 8 月 1 日寄銷 40 臺，佣金以 10% 計算。每月結算一次。小華公司 8 月 31 日共銷售 10 臺。

委託人		受託人	
送貨時：		收到貨時：	
8/1 寄銷存貨　　1,200,000		8/1 進項稅額　　　80,000	
應收寄銷稅款　　80,000		應付承銷稅額　　　　80,000	
存貨　　　　　　　1,200,000			
銷項稅額　　　　　　80,000		收到貨物僅作備忘紀錄，同時取得寄銷發票以「進項稅額」入帳。	
運交貨物視同銷貨，應按時價開立發票。			
寄銷銷貨成本　　300,000		銷售貨物時：	
寄銷存貨　　　　　300,000		8/31 現金　　　420,000	
結帳時認列寄銷已售 10 臺成本。		承銷　　　　　　400,000	
		銷項稅額　　　　　20,000	
結帳時：		結帳時：	
現金　　　　　378,000		承銷　　　　　400,000	
佣金支出　　　40,000		應付承銷稅額　20,000	
進項稅額　　　2,000		佣金收入　　　　　40,000	
應收寄銷稅款　　　20,000		銷項稅額　　　　　2,000	
寄銷銷貨收入　　　400,000		現金　　　　　　　378,000	
結算申報：		結算申報：	
1.統一發票開立金額之調整：		1.代銷開立發票金額 400,000 元，不列入當年度收入予以調整。	
開立金額　　　　　1,600,000		2.以代銷佣金收入 40,000 元為營業收入列報。	
已銷售列收入　　　400,000		3.未出售部分非期末存貨。	
應調整不得列營業收入　1,200,000			
2.未出售部分 900,000 元列入期末存貨。			

三、納稅義務人

　　㈠ 境內銷售貨物或勞務：銷售之營業人。

　　㈡ 進口貨物：收貨人或持有人。

　　㈢ 境內無固定營業場所之外國事業等銷售勞務：其勞務之買受人（營2）。

　　㈣ 依規定免稅之農業用油、漁業用油有轉讓或移作他用而不符免稅規定者，為轉讓或移作他用之人。但轉讓或移作他用之人不明者，為貨物持有人。

　　㈤ 境內無固定營業場所之外國事業等銷售電子勞務予境內自然人：該外國事業（營2-1）。

　　營業人包括公私營事業、非營利團體及外國事業組織等，銷售貨物與勞務都要繳營業稅。

四、減免範圍

　　營業稅減免分為完全免稅、部分免稅兩種。

　　㈠ 完全免稅——零稅率

　　其銷項稅額為零，進項稅額可以退回，營業收入全部為零稅率的營業人，每期營業稅均可退稅。下列貨物或勞務之營業稅稅率為零（營7）：

　　1. 外銷貨物。

　　2. 與外銷有關之勞務，或在國內提供而在國外使用之勞務。

　　3. 依法設立之免稅商店銷售與過境或出境旅客之貨物。

　　4. 銷售與保稅區營業人供營運之貨物或勞務。

　　5. 國際間之運輸。但外國運輸事業在中華民國境內經營國際運輸業務者，應以各該國對中華民國國際運輸事業予以相等待遇或免徵類似稅捐者為限。

　　6. 國際運輸用之船舶、航空器及遠洋漁船。

　　7. 銷售與國際運輸用之船舶、航空器及遠洋漁船所使用之貨物或修繕勞務。

　　8. 保稅區營業人銷售與課稅區營業人未輸往課稅區，而直接出口之貨物。

9.保稅區營業人銷售與課稅區營業人存入自由港區事業或海關管理之保稅倉庫、物流中心以供外銷之貨物。

外國之事業、機關、團體、組織,在中華民國境內無固定營業場所者,其於一年內在中華民國境內從事參加展覽或臨時商務活動而購買貨物或勞務支付加值型營業稅達一定金額,得申請退稅（營7之1）。

(二)部分免稅──免稅

銷項稅額為零,進項稅額不能退回,適用範圍如下:

1.出售之土地。

2.供應之農田灌溉用水。

3.醫院、診所、療養院提供之醫療勞務、藥品、病房之住宿及膳食。

4.依法經主管機關許可設立之社會福利團體、機構及勞工團體,提供之社會福利勞務及政府委託代辦之社會福利勞務。

5.學校、幼稚園與其他教育文化機構提供之教育勞務及政府委託代辦之文化勞務。

6.出版業發行經主管教育行政機關審定之各級學校所用教科書及經政府依法獎勵之重要學術專門著作。

7.職業學校不對外營業之實習商店銷售之貨物或勞務。

8.依法登記之報社、雜誌社、通訊社、電視臺與廣播電臺銷售其本事業之報紙、出版品、通訊稿、廣告、節目播映及節目播出。但報社銷售之廣告及電視臺之廣告播映不包括在內。

9.合作社依法經營銷售與社員之貨物或勞務及政府委託其代辦之業務。

10.農會、漁會、工會、商業會、工業會依法經營銷售與會員之貨物或勞務及政府委託其代辦之業務,或依農產品市場交易法設立且農會、漁會、合作社、政府之投資比例合計占70%以上之農產品批發市場,依同法第二十七條規定收取之管理費。

11.依法組織之慈善救濟事業標售或義賣之貨物與舉辦之義演,其收入除支付標售、義賣及義演之必要費用外,全部供作該事業本身之用者。

12.政府機構、公營事業及社會團體,依有關法令組設經營不對外營業之

員工福利機構，銷售之貨物或勞務。

13.監獄工廠及其作業成品售賣所銷售之貨物或勞務。

14.郵政、電信機關依法經營之業務及政府核定之代辦業務。

15.政府專賣事業銷售之專賣品及經許可銷售專賣品之營業人，依照規定價格銷售之專賣品。

16.代銷印花稅票或郵票之勞務。

17.肩挑負販沿街叫賣者銷售之貨物或勞務。

18.飼料及未經加工之生鮮農、林、漁、牧產物、副產物；農、漁民銷售其收穫、捕獲之農、林、漁、牧產物、副產物。

19.漁民銷售其捕獲之魚介。

20.稻米、麵粉之銷售及碾米加工。

21.依第四章第二節規定計算稅額之營業人，銷售其非經常買進、賣出而持有之固定資產。

22.保險業承辦政府推行之軍公教人員與其眷屬保險、勞工保險、學生保險、農、漁民保險、輸出保險及強制汽車第三人責任保險，以及其自保費收入中扣除之再保分出保費、人壽保險提存之責任準備金、年金保險提存之責任準備金及健康保險提存之責任準備金。但人壽保險、年金保險、健康保險退保收益及退保收回之責任準備金，不包括在內。

23.各級政府發行之債券及依法應課徵證券交易稅之證券。

24.各級政府機關標售剩餘或廢棄之物資。

25.銷售與國防單位使用之武器、艦艇、飛機、戰車及與作戰有關之偵訊、通訊器材。

26.肥料、農業、畜牧用藥、農耕用之機器設備、農地搬運車及其所用油、電。

27.供沿岸、近海漁業使用之漁船、供漁船使用之機器設備、漁網及其用油。

28.銀行業總、分行往來之利息、信託投資業運用委託人指定用途而盈虧歸委託人負擔之信託資金收入及典當業銷售不超過應收本息之流當品。

29.金條、金塊、金片、金幣及純金之金飾或飾金。但加工費不在此限。

30.經主管機關核准設立之學術、科技研究機構提供之研究勞務。

31.經營衍生性金融商品、公司債、金融債券、新臺幣拆款及外幣拆款之銷售額。但佣金及手續費不包括在內。

銷售前項免稅貨物或勞務之營業人,得申請財政部核准放棄適用免稅規定,依一般營業人規定計算營業稅額。但核准後三年內不得變更(營 8)。

32.受託人因公益信託而標售或義賣之貨物與舉辦之義演,其收入除支付標售、義賣及義演之必要費用外,全部供作該公益事業之用者,免徵營業稅(營 8 之 1)。

33.進口下列貨物免徵營業稅(營 9):

(1)國際運輸用之船舶、航空器及遠洋漁船、肥料及金條、金塊、金片、金幣及純金之金飾或飾金。

(2)關稅法第四十九條規定之貨物。但因轉讓或變更用途依法補繳關稅者,應補繳營業稅。

(3)本國之古物。

由上面規定可知,銷售未經加工之農產品免稅,但進口農產品應稅,進口及銷售金條及金塊均免稅。

五、個人售屋營業稅徵免

見第 4-1 節之說明。

2-2 稅 率

營業人分為一般營業人、金融保險業、特種飲食業及小規模營業人四種,其中一般營業人係採加值稅,就進銷差額課稅,稅負外加,其餘三種則按營業總額課稅,稅負內含,但小規模營業人之進項稅額可部分扣抵銷項稅額,茲就各種營業人之稅率及稅基列示如下:

營　業　人	稅率	稅　　　　　　　　　　　　　　基
加　值　型　營　業　人	5%	加值部分（銷項－進項）
金　融　保　險　業	5% 2% 1%	營業總額，金融保險業本業 5%，再保費收入稅率 1%，非本業收入稅率 5%，信託投資業、證券業、期貨業、票券業及典當業 2%
區　夜　　總　　會	15%	營業總額
分　酒　　　　家	25%	
小　規　模　營　業　人	1%	營業總額，進項稅額可扣抵 10%
農產品批發市場之承銷人及銷售農產品之小規模營業人	0.1%	

　　金融保險業、特種飲食業、小規模營業人合稱特種稅額營業人，採非加值型營業稅課徵。

　　為因應經濟特殊情況，調節物資供應，對進口小麥、大麥、玉米或黃豆應徵之營業稅，得由行政院機動調整，不受 5%～10% 限制（營 9 之 1）。

2-3 ║ 稅額計算——加值型營業人

　　一般稅額計算營業人，是採「加值稅」型態課徵營業稅。茲就銷售額、銷項稅額、進項稅額及應退補稅額逐一說明如下：

一、銷售額

　　銷售額為營業人銷售貨物或勞務所收取之全部代價，包括營業人在貨物或勞務之價額外收取之一切費用，但本次銷售之營業稅額不在其內（營 16㈠）。

　　前項貨物如係應徵貨物稅、菸酒稅或菸品健康福利捐之貨物，其銷售額應加計貨物稅額、菸酒稅額或菸品健康福利捐金額在內（營 16㈡）。

　　在各種不同銷售方式下，銷售額之認定及計算各有不同，分別說明如下：

046

㈠ 分期付款銷貨

以各期收取之價款為銷售額（營細20）。例如：11月5日分期付款銷貨四十萬元，頭款十萬元，餘分三十個月平均收取，則11月份銷售額十萬元，12月份一萬元。亦可以全部價款為第一期銷售額。

㈡ 營業人以土地及其定著物合併銷售

除銷售價格按土地與定著物分別載明者外，依房屋評定標準價格（含營業稅）占土地公告現值及房屋評定標準價格（含營業稅）總額之比例，計算定著物部分之銷售額（營細21）。

其計算公式如下：

定著物部分之銷售價格＝土地及其定著物之銷售價格×

$$\frac{房屋評定標準價格×（1＋徵收率）}{土地公告現值＋房屋評定標準價格×（1＋徵收率）}$$

定著物部分之銷售額＝定著物部分之銷售價格÷（1＋徵收率）

土地免徵營業稅及營利事業所得稅，銷售額之大小對稅負有極大影響。

㈢ 違約金及獎勵金

營業人依經銷契約取得或支付之獎勵金，應按進貨或銷貨折讓處理（營細23）。因銷售貨物或勞務收取之賠償收入、延期收款利息收入等，視為銷售貨物或勞務。

㈣ 押租金

加值型營業人將房屋出租者，應以所收租金為其銷售額，如另收有押金者，應另就所收取之押金，按月計算銷售額，不滿一月者不計，公式如下（營細24）：

$$銷售額＝\frac{押金×該年1月1日郵政定期儲金一年期固定利率÷12}{（1＋徵收率）}$$

非加值型營業人出租財產所收取之押金，應按月計算銷售額，其計算公式如下：

銷售額＝押金 × 該年 1 月 1 日郵政定期儲金一年期固定利率 ÷ 12

047

例如：一年期定存利率爲 3%，押金六十萬元，則押金部分每月銷售額爲
600,000 × 3% ÷ 12 ÷ (1 + 5%) = 1,428 元。

㈤ 物物交換

營業人以貨物或勞務與他人交換貨物或勞務者，其銷售額應以換出或換入
貨物或勞務兩者之時價爲準，從高認定（營細 18）。所稱時價，係指當地同時
期銷售該項貨物或勞務之市場價格（營細 25）。

㈥ 拍賣或變賣貨物

拍賣應依其拍賣、變賣價格爲銷售額。

㈦ 娛樂業

娛樂業之銷售額不包括代徵之娛樂稅。

二、銷項稅額

銷項稅額指營業人銷售貨物或勞務時，依規定應收取之營業稅額。
㈠ 應稅：銷售額 × 稅率（目前 5%）＝ 銷項稅額
㈡ 免稅：銷項稅額 = 0
㈢ 零稅率：銷項稅額 = 0

三、進項稅額

銷售人之銷項稅額即爲購買人之進項稅額。
營業人銷售其非向加值型營業人購買之舊乘人小汽車及機車，得以該購入
成本，計算進項稅額，但進項稅額超過銷項稅額部分不得扣抵（營 15 之 1）。
下列各種進項稅額不可扣抵銷項稅額：
㈠ 未依規定取得並保存載有其名稱及統一編號之載有營業稅額之統一發

票，或視爲銷售貨物或勞務所開立載有營業稅額之統一發票，或其他經財政部核定載有營業稅額之憑證。

㈡ 非供本業及附屬業務使用之貨物或勞務。但爲協助國防建設、慰勞軍隊及對政府捐贈者，不在此限。

㈢ 交際應酬用之貨物或勞務。前項所稱交際應酬用之貨物或勞務，包括宴客及與推廣業務無關之餽贈。

㈣ 酬勞員工個人之貨物或勞務，包括宿舍租金、水電費、慶生會、惜別會等支出。

㈤ 自用乘人小汽車，包括融資租賃方式取得者。但修理費、營業租賃支出可扣抵（營19）。

㈥ 違章補開之統一發票扣抵聯。但營業人爲檢舉人者，不在此限（營細30）。

除上列項目外之進項稅額，均可扣抵銷項稅額，但未能於當期申報者，得延至次期申報扣抵。次期仍未申報者，應敘明理由才能扣抵，申報扣抵期間以十年爲限（營細29）。專營免稅營業人之進項稅額不得申請退還，兼營免稅或非加值型貨物或勞務者，其進項稅額按比例不得扣抵，見後面說明（營19㈡、㈢）。

四、應退補稅額

㈠ 應納稅額

如銷項稅額大於進項稅額，則：

$$銷項稅額 - 可扣抵進項稅額 = 應納稅額$$

 範例

8. 乙公司7～8月份銷項稅額100,000元，進項稅額40,000元，請問應納稅額若干？

解答

應納稅額 = 100,000 元 - 40,000 元 = 60,000 元

㈡溢付稅額

如進項稅額大於銷項稅額，則：

　　　進項稅額 − 銷項稅額 ＝ 溢付稅額

　　　得退稅限額 ＝ 固定資產進項稅額 ＋ 零稅率銷售額 ×5%

1. 溢付稅額 < 得退稅限額

　　　應退稅額 ＝ 溢付稅額

2. 溢付稅額 > 得退稅限額

　　　應退稅額 ＝ 得退稅限額

　　　留抵稅額 ＝ 溢付稅額 − 應退稅額

範例

9. 丙公司 9 ～ 10 月份進銷項資料如下：

		應稅銷售額	稅　額	零稅率銷售
銷項　三聯式		800,000	40,000	－
銷項　二聯式		600,000	30,000	－
免用發票				1,000,000
減：退回及折讓		50,000	2,500	
銷售額合計		1,350,000	67,500	1,000,000

		得扣抵進項	進項稅額
統一發票	進貨及費用	1,500,000	75,000
	固定資產	200,000	10,000
收銀機發票	進貨及費用	120,000	6,000
	固定資產	－	－
海關代徵	進貨及費用	180,000	9,000
	固定資產	100,000	5,000
退出及折讓	進貨及費用	20,000	1,000
	固定資產	－	－
合計	進貨及費用	1,780,000	89,000
	固定資產	300,000	15,000

上期留抵稅額 5,000 元,本期取得進貨及費用不得扣抵憑證及普通收據 100,000 元,則申報時應填寫 401 申報書,申報書填寫說明如本書第 51 頁。

 範例

10. 普羅中古車行於 1 月 4 日向張三購入中古車 100,000 元,並於 5 月 1 日以含稅 126,000 元賣給李四;4 月 6 日向非加值型營業人豪華夜總會購入中古機車一輛 8,400 元,6 月 8 日以 6,000 元另加 300 元營業稅賣給勤僕公司,則 5 ～ 6 月應納營業稅多少?

解答

向非加值型營業人購買中古車,均無法取得載有進項稅額之統一發票,應依第十五條之一推算進項稅額。

中古車　銷項稅額 $= 126,000 \div (1 + 5\%) \times 5\% = 6,000$

進項稅額 $= 100,000 \div (1 + 5\%) \times 5\% = 4,762$

$6,000 > 4,762$,可扣抵 4,762 元

機車銷項稅額 $= 300$

進項稅額 $= 8,400 \div (1 + 5\%) \times 5\% = 400$

$400 > 300$,可扣抵 300 元

5 ～ 6 月銷項稅額 $= 6,000 + 300 = 6,300$

進項稅額 $= 4,762 + 300 = 5,062$

設無其他進銷項稅額

應納稅額 $= 6,300 - 5,062 = 1,238$

五、兼營營業人進項稅額之扣抵

兼營營業人指一般營業人兼營應稅及免稅貨物或勞務,或兼營特種計算稅額營業者,由於免稅及特種稅額營業人進項稅額不得扣抵,故兼營營業人應按免稅及特種稅額營業占全部銷售額之比例,計算不得扣抵進項稅額,但土地及

臺北市營業人銷售額與稅額申報書（401）

（一般稅額計算－專營應稅營業人使用）　　　　　　（專供適用零稅率營業人使用）

所屬年月份：111 年 7～8月　　　金額單位：新臺幣元

統一編號	4 3 5 2 7 8 0 1		
營業人名稱	乙股份有限公司		
稅籍編號	3 0 8 7 5 4 9 3 1		
負責人姓名	林丙丁		
營業地址	臺北市 中山 區 中山北 路 街 段 巷 弄 1 號 10 樓 室		

銷項

項目		區分	應　稅		零稅率銷售額	備　考
			銷售額	稅額		
三聯式發票、電子計算機發票	應　銷	1	8 0 0 0 0 0	2	4 0 0 0 0	3 (非經海關出口應附證明文件者)
收銀機發票（三聯式）		5		6		7
二聯式發票、收銀機發票（二聯式）		9	6 0 0 0 0 0	10	3 0 0 0 0	11 (經海關出口免附證明文件者)
免用發票	票 讓	13		14		15
減：退回及折讓		17	5 0 0 0 0	18	2 5 0 0 0	19
合計	銷 額	21 ①	1 3 5 0 0 0 0	22 ②	6 7 5 0 0	23 ③
銷售額總計 ③①＋③	售	25				27 (內含固定資產 ○ 元)

銷售額總計：2,350,000

進項

項　目		區分	金　額	稅　額
統一發票扣抵聯（包括一般稅額計算之電子計算機發票）	進貨及費用	28	1 5 0 0 0 0 0	29 7 5 0 0 0
	固定資產	30	2 0 0 0 0 0	31 1 0 0 0 0
三聯式收銀機發票扣抵聯	進貨及費用	32		33
	固定資產	34		35
載有稅額之其他憑證（包括二聯式收銀機發票）	進貨及費用	36	1 2 0 0 0 0	37 6 0 0 0
	固定資產	38		39
海關代徵營業稅繳納證扣抵聯	進貨及費用	78	1 8 0 0 0 0	79 9 0 0 0
	固定資產	80	1 0 0 0 0 0	81 5 0 0 0
減：退出及折讓	進貨及費用	40	2 0 0 0 0	41 1 0 0 0
	固定資產	42		43
合計	進貨及費用	44	1 7 8 0 0 0 0	45 8 9 0 0 0 ⑨
	固定資產	46	3 0 0 0 0 0	47 1 5 0 0 0 ⑩
		48		
		49		

進項總金額（包括不得扣抵憑證及普通收據）：1,880,000

固定資產：300,000

| 免稅、零稅率 | 出口 | 73 | |
| 貨物或勞務 | 國外 | 74 | |

稅額計算

	項　目	代號		稅　額
	1. 本期（月）銷項稅額合計 ②	101		6 7 5 0 0
得扣抵進項稅額	7. 得扣抵進項稅額合計 ⑨＋⑩	107		1 0 4 0 0 0
	8. 上期（月）累積留抵稅額	108		5 0 0 0
	9. 小計（7＋8）	110		1 0 9 0 0 0
	10. 本期（月）應實繳稅額（1-10）	111		
	11. 本期（月）申報留抵稅額（10-1）	112		4 1 5 0 0
	13. 得退稅限額合計	114		6 5 0 0 0
	14. 本期（月）應退稅額（12-14）	115		4 1 5 0 0
	15. 本期（月）累積留抵稅額（12-14）			0

本期（月）應退稅額處理方式：□利用存款帳戶劃撥　□領取退稅支票

申報單位蓋章處（統一發票專用章）

附：
1. 統一發票明細表　　　　　　　　　　　　　　　1 份
2. 進項憑證 3 冊　　　　　　　　　　　　　　　　30 份
3. 海關代徵營業稅繳納證　　　　　　　　　　　　2 份
4. 退回（出）及折讓證明單　　　　　　　　　　　2 份
5. 營業稅稅款繳款書　　　　　　　　　　　　　　份
6. 零稅率銷售額清單　　　　　　　　　　　　　　1 份

核准按月申報　總機構彙總申報　各單位分別申報

核准合併總繳　核准合併申報

申報日期：111 年 9 月 14 日

核收日期　　年　　月　　日　　　核章

說明：
一、本申報書適用專營應稅及零稅率營業人填報。
二、如營業人申報當期（月）之銷售額包括免稅、特種稅額計算銷售額者，請改用（403）申報書申報。

政府發行之債券及依法應課徵證券交易稅之證券的銷售額不列入計算。

 範例

11. 大甲飯店公司 9 及 10 月份銷售額包括：

夜總會	800,000 元	（特種稅額）
銷售未加工農產品	40,000 元	（免稅）
房租及一般餐飲收入	700,000 元	銷項稅額 35,000 元
出售設備	400,000 元	銷項稅額 20,000 元
土地	600,000 元	（免稅）
進項：一般	600,000 元	稅額 30,000 元
自用乘人小轎車	400,000 元	稅額 20,000 元
購買國外勞務	50,000 元	

請問應納稅額若干？

解答

銷項稅額 $= 800,000 \times 15\% + 35,000 + 20,000 = 175,000$

不得扣抵比例 $= \dfrac{800,000 + 40,000}{800,000 + 40,000 + 700,000 + 400,000} = 43\%$（小數點以下全部捨去）

應納稅額 = 銷項稅額 －（進項稅額 － 不得扣抵進項稅額）×（1 － 當期不得扣

抵比例）＋ 國外勞務 ×5%× 不得扣抵比例

$= 175,000 - 30,000 \times 57\% + 50,000 \times 5\% \times 43\% = 157,900 + 1,075 = 158,975$

填寫 403 申報書，如本書第 53 頁所示。

 範例

12. 同範例 11 題，採直接扣抵法，進項稅額有 15,000 元專供應稅，13,000 元共同使用，2,000 元專供免稅，國外勞務為共同使用，請問應納稅額多少？

財政部臺灣省臺北區國稅局
花蓮縣營業人銷售額與稅額申報書（403）
（一般稅額計算—兼營免稅、特種稅額計算營業人使用）　所屬年月份：111年9～10月

金額單位：新臺幣元

第一聯：申報聯　營業人持向稽徵機關申報聯

統一編號	6	5	4	7	0	8	9	1

營業人名稱：大甲飯店股份有限公司

稅籍編號：3 2 0 4 7 6 9 5 1

負責人姓名：張三德

營業地址：中正區運亭縣　　　路　街　巷　弄　號　樓　室

銷項 一般稅額	項目	區分	代號	銷售額	稅額
三聯式、電子計算機發票	應稅	1	25%	4 0 0 0 0 0 2	2 0 0 0 0 0
		零稅率 3			
收銀機發票（三聯式）	5	15%	2 0 0 0 0 6	2 0 0 0 0 0 7	1 5 0 0 0
	7				
二聯式、收銀機發票（二聯式）	9	2%	11	5 0 0 0 0 10	2 5 0 0 0
免用發票	13	1%	15		
減：退回及折讓	17		19		
合計	21 ①		23	5 5 0 0 0 0 ②	5 5 0 0

特種稅額	項目	稅率	代號	銷售額	稅額
特種飲食業	52	25%	53		
銀行、保險、信託投資業本業收入	54	15%	55	8 0 0 0 0	1 2 0 0 0
	56	2%	57		
再保費收入	58	1%	59		
免稅	60		61		
減：退回及折讓	62		64		
合計	65 ⑤		66	8 0 0 0 0 ⑥	1 2 0 0 0

銷售總額 ①+④＋⑤ = 25 ⑦ 1,940,000 元（內含銷售 土地⑧……26 地⑧…27 400,000 元 其他固定資產）

進項	項目	區分	代號	金額	稅額
統一發票扣抵聯（包括一般稅額計算之電子計算機發票扣抵聯）	進貨及費用	28	29	4 0 0 0 0	2 0 0 0 0
	固定資產	30	31		
三聯式收銀機發票扣抵聯及一般稅額計算之電子發票	進貨及費用	32	33	1 5 0 0 0	7 5 0 0
	固定資產	34	35		
載有稅額之其他憑證（包括二聯式收銀機發票）	進貨及費用	36	37	5 0 0 0	2 5 0 0
	固定資產	38	39		
海關代徵營業稅繳納證扣抵聯	進貨及費用	78	79		
	固定資產	80	81		
減：退回及折讓		40	41		
合計		42	43		
進項總金額	進貨及費用	44	45	6 0 0 0 0	3 0 0 0 0
	固定資產	46	47		

稅額計算	代號	銷售額	稅額
1. 本期（月）銷項稅額合計 ②	101		5 5 0 0
2. 購買國外勞務應納稅額 ⑱	103		5 1 0 7 5
3. 特種稅額計算之應納稅額 ⑥	104		1 2 0 0
4. 本期應補繳納稅（詳附表）	105		
5. 小計（1+3+4+5） ④	106		1 7 6 7 5
6. 得扣抵進項稅額合計 ⑫	107		1 7 7 1 0 0
7. 上期（月）累積留抵稅額	108		
8. 應退稅款（詳附表）	109		
9. 小計（7+8+9）	110		1 7 7 1 0 0
10. 本期（月）應實繳稅額 (6－10)	111		1 5 8 9 7 5
11. 得退稅限額合計（3×5%+⑩）	112		
12. 本期（月）應退稅額 13 12>13則為13 13>12則為12	113		
13. 本期（月）應退稅額	114		
14. 累積留抵稅額 (12－14)	115		

不得扣抵比例 73 ⑬×（⑦－⑧）＝⑮ …… 75

進口免稅貨物 74

購買國外勞務之稅額計算 …… 76

不得扣抵比例計算之進項稅額 ⑬×⑭ ＝ ⑲ …… …… 1 5 0 0 0 ⑳

退稅方式：□利用存款帳戶劃撥 □領取退稅支票

本處 申報單位蓋章處（統一發票專用章）　接收機關及人員蓋章處

附：1. 統一發票明細表 3
　2. 進項憑證 3 冊 172
　3. 海關代徵營業稅繳納證
　4. 退回（出）及折讓證明單 1
　5. 營業稅繳款書申報聯
　6. 零稅率銷售額清單

核准按月申報：121 份

申報日期：111 年 11 月 15 日　　收件日期：　　年　　月　　日

兼營營業人營業稅稅額調整計算表

統一編號	
營業人名稱	
稅籍編號	

所屬期間： 年 月 至 年 月　　開業日期： 年 月 日

月份	應稅銷售額 ① A	零稅率銷售額 ③	免稅銷售額（不含土地）④-⑧ B	特種稅額銷售 ⑤ C	應比例扣抵計算進項稅額 ⑨-⑩ D	得扣抵之進項稅額 ⑫ E	購置應比例扣抵之進項稅額計算 ⑭ F	購買國外勞務應進項稅額之計算 ⑭ G	購買國外勞務應納稅額 ⑮ H
1									
2									
3									
4									
5									
6									
7									
8									
9									
10									
11									
12									
本年度合計數	A	B	C	D	E	F	G	H	

填表說明：

一、表列各欄金額，均應自營業人每月申報之營業稅銷售額與稅額申報書資料填入，填寫方法如次：
　（一）「應稅銷售額」欄金額為申報書內代號①之金額。
　（二）「零稅率銷售額」欄金額為申報書內代號③之金額。
　（三）「免稅銷售額」欄金額為申報書內代號④減⑧之金額。
　（四）「特種稅額銷售額」欄金額為申報書內代號⑤之金額。
　（五）「應比例扣抵計算進項稅額」欄金額為申報書內代號⑨加⑩之金額。
　（六）「得扣抵之進項稅額」欄之進項稅額為申報書內代號⑫之金額。
　（七）「購買國外勞務應納稅額」欄之應納稅額為申報書內代號⑭之合計金額。
　（八）「購買國外勞務應納稅額」欄金額為申報書內代號⑮之金額。

二、調整稅額如為正數，將該金額填入12月份營業稅銷售額與稅額申報書「稅額計算」欄代號⑤「稅額」欄；如為負數，則填入代號⑨。

三、本表一式二份，一份由營業人留存，一份隨同12月份營業稅銷售額與稅額申報書向稽徵機關申報。

四、營業人於年度中開始營業，其當年度實際營業期間未滿九個月而未辦調整者，當年度免辦調整。

五、營業人於上年度中開始營業，因當年度實際營業期間未滿九個月者，應將上年度每月（期）各項申報資料，依式另填一表，附於本表一併申報，上年度各項合計數（A、B、C……H）與本年度合計數（A、B、C……H）加總後再依本表所列公式計算不得扣抵比例及調整稅額。

解答

應納稅額 = 175,000 － (15,000 + 13,000×57%) + 1,075

　　　　 = 175,000 － 22,410 + 1,075

　　　　 = 153,665

　　兼營免稅營業人無積欠已確定之營業稅及罰鍰，且帳簿記載完備，能明確區分所購貨物、勞務或進口貨物之實際用途者，得採用直接扣抵法，但採用後三年內不得變更。採 403 申報者，應依第七條規定，全年度再計算一次不得扣抵比例。

六、投資公司進項處理

　　股利收入免徵營業稅，專業投資公司之進項稅額不得扣抵，經申請亦得免除營業稅申報；兼營投資營業人，得將全年各月份股利收入併入最後一期免稅收入，按兼營營業人計算不得扣抵進項稅額，並按當年度不得扣抵比例計算調整稅額，併同繳納。所稱股利指現金股利、盈餘增資股票股利。

2-4　稅額計算──特種稅額計算

一、金融保險業

　　銀行業、保險業、信託投資業、證券業、期貨業、票券業及典當業等之稅額計算，可分為下列四種：

㈠自動報繳

　　銀行業、保險業經營銀行、保險本業銷售額之稅率為 5%；其中，保險業之本業銷售額應扣除財產保險自留賠款（營 11）。

範例

13. 某銀行 1 月及 2 月份利息收入為 1,000 萬元，請問其應納稅額若干？

解答

1,000 萬元 ×5% = 50 萬元

㈡ 查定課徵

典當之銷售額亦可採用查定課徵，由稅捐稽徵機關查定營業額，其應納稅額之計算公式：

$$查定銷售額 \times 2\% = 應納稅額$$

㈢ 保險業之再保費收入

保險業之再保費收入的營業稅稅率為 1%，其應納稅額之計算公式如下：

$$銷售額 \times 1\% = 應納稅額$$

㈣ 非專屬本業之業務收入

銀行業、保險業、信託投資業、證券業、期貨業、票券業及典當業，經營非專屬本業之銷售額，如倉庫、保管箱等營運收入、租金及其他非專屬銀行業之銷售收入；保險業經營非專屬本業之銷售額，如經營不動產及其他非專屬保險之銷售收入；信託投資業經營非專屬本業之銷售額，如保管箱、機器等租金收入及其他非專屬信託投資事業之銷售額。上列銷售額應照一般營業人稅率 5% 就銷售額課徵（營 11）。非專屬本業之銷售額，得申請按加值型營業人計算營業稅額，經核准後三年內不得申請變更（營 24）。

二、特種飲食業

特種飲食業包括下列兩大類：

㈠ 夜總會、有娛樂節目之餐飲店：營業稅稅率 15%。

㈡ 酒家及有陪侍服務之茶室、咖啡廳、酒吧等：稅率 25%（營 12）。

特種飲食業應就其申報銷售額按上列稅率計算營業稅額，但因該業消費者索取發票者不多，故主管機關亦可按查定之銷售額計算應納稅額（營 22）。

範例

14. 某夜總會全期銷售額為 100 萬元，請問其應納稅額若干？

解答

應納稅額 = 100 萬元 ×15% = 15 萬元

三、小規模營業人

小規模營業人、依法取得從事按摩資格之視覺功能障礙者經營，且全部由視覺功能障礙者提供按摩勞務之按摩業，及其他經財政部規定免予申報銷售額之營業人，其營業稅稅率為 1%；農產品批發市場之承銷人及銷售農產品之小規模營業人，其營業稅稅率為 0.1%，但進項稅額可扣抵 10%（營 13、25）。

㈠ 小規模營業人

所謂小規模營業人，係指金融業、特種飲食業以外之規模狹小、平均每月銷售額未達財政部規定標準而按查定課徵營業稅之營業人（營 13、營細 9），其條件：①獨資或合夥的企業；②每月銷售額未達新臺幣二十萬元，未使用統一發票，由稽徵機關查定課徵其營業稅者。

(二)免予申報銷售額之營業人

財政部規定免予申報銷售額之營業人，係指下列性質特殊之營業人：理髮業、沐浴業、計程車業暨其他經財政部核定之營業（營細 10）。

(三)稅額計算

小規模營業人及免予申報銷售額之營業人，其營業稅稅率爲 1%，至於購買營業上使用之貨物或勞務，取得載有營業稅額之憑證並依規定申報者，其進項稅額可扣抵 10%，其目的係鼓勵小規模營業人索取進項憑證，以強化勾稽作用。

 範例

15. 某小規模營利事業查定 1～3 月營業額爲 180,000 元，同期間向一般營業人進項 100,000 元，進項稅額 5,000 元，均取有憑證，並於 4 月 5 日前申報，請問應納稅額若干？

解答

應納稅額 = 180,000 × 1% − 5,000 × 10% = 1,300

依規定一般營業人不可扣抵之進項稅額，小規模營業人亦不可扣抵，且查定稅額未達起徵點，進項稅額全部不能扣抵。進項憑證應在規定期限內申報，例如：1～3 月營業稅在 4 月底前核定，小規模營業人應在 4 月 5 日前申報進項稅額，才能享受扣抵，同理第二季至第四季應分別在 7 月 5 日、10 月 5 日、1 月 5 日申報（營細 44）。

2-5 　統一發票的購買使用

一、領取統一發票購票證

　　營業人於辦理稅籍登記，經主管稽徵機關核准後，即可申請領取統一發票購票證，以便持向發售統一發票單位購買統一發票使用。

二、購買統一發票

　　營業人購用統一發票時，應填統一發票購票證裡頁或請購單，載明稅籍編號、統一編號及請購本數及聯式，經稽徵機關核准購買發票本數及聯式後，即可憑以向發售處購買統一發票。

三、統一發票之種類及用途

　　統一發票之種類及用途如下（統7）：

　　㈠三聯式統一發票

　　專供加值型營業人銷售貨物或勞務與營業人時使用。第一聯為存根聯，由開立人保存，第二聯為扣抵聯，交付買受人作為營業稅申報扣抵或扣減稅額之用，第三聯為收執聯，交付買受人作為記帳憑證。

　　㈡二聯式統一發票

　　專供加值型營業人銷售貨物或勞務與非營業人使用。第一聯為存根聯，由開立人保存，第二聯為收執聯，交付買受人收執。

㈢ 特種統一發票

專供非加值型營業人銷售貨物或勞務時使用。第一聯為存根聯，由開立人保存，第二聯為收執聯，交付買受人收執。

㈣ 收銀機統一發票

專供加值型營業人銷售貨物或勞務，以收銀機開立統一發票時使用。其使用與申報，依「營業人使用收銀機辦法」之規定辦理。

㈤ 電子發票

指營業人銷售貨物或勞務與買受人時，以網際網路或其他電子方式開立、傳輸或接收之統一發票；其應有存根檔、收執檔及存證檔，用途如下：

1. 存根檔：由開立人自行保存。

2. 收執檔：交付買受人收執，買受人為營業人者，作為記帳憑證及依規定申報扣抵或扣減稅額之用。

3. 存證檔：由開立人傳輸至財政部電子發票整合服務平臺（以下簡稱平臺）存證。

電子發票之開立人及買受人，得分別自存根檔或平臺存證檔，依規定格式與紙質下載列印電子發票證明聯，以憑記帳或兌領獎。

㈥ 雲端發票（統7之1）

指營業人銷售貨物或勞務與使用財政部核准載具之買受人或經買受人指定以捐贈碼捐贈予機關或團體，依前條規定開立、傳輸或接收且未列印電子發票證明聯之電子發票。

外國之事業、機關、團體、組織，在中華民國境內無固定營業場所，銷售電子勞務予境內自然人，應開立雲端發票交付買受人。

開立電子發票之營業人，應於開立後四十八小時內將統一發票資訊及買受人以財政部核准載具索取電子發票之載具識別資訊傳輸至平臺存證，並應使買受人得於該平臺查詢、接收上開資訊；買受人為營業人者，至遲應於電子發票開立後七日內，完成買受人接收及由開立人將統一發票資訊傳輸至平臺存

證。如有發票作廢、銷貨退回或折讓、捐贈或列印電子發票證明聯等變更發票資訊時，亦同。

四、統一發票之開立方法

營業人開立統一發票，除應分別依規定格式據實載明字軌號碼、交易日期、品名、數量、單價、金額、銷售額、課稅別、稅額及總計外，應依下列規定辦理。但其買受人為非營業人者，應以定價（銷售額＋稅額）開立（統9）。

㈠ 營業人使用三聯式統一發票者，應載明買受人名稱及統一編號。

㈡ 製造業或經營進口貿易之營業人，銷售貨物或勞務與非營業人開立之統一發票，除門市部售給個人者外，應載明買受人名稱及地址，或身分證統一編號。

㈢ 除上述製造業或經營進口貿易之營業人及銷售貨物或勞務與持有簽帳卡之買受人外，營業人對買受人為非營業人所開立之統一發票，得免填買受人名稱及地址。但經買受人要求者，不在此限。

㈣ 外國之事業、機關、團體、組織，在中華民國境內無固定營業場所，銷售電子勞務予境內自然人，應記載事項，得以外文為之：交易日期得以西元日期表示：單價、金額及總計得以外幣列示，但應加註計價幣別。

營業人開立統一發票以分類號碼代替品名者，應先將代替品名之分類號碼對照表，報請主管稽徵機關備查。異動時亦同。一次交易有數項商品時，可彙總分項合開一張發票。

五、免用或免開統一發票範圍

免用統一發票範圍，詳見統一發票使用辦法第四條。

六、開立統一發票應行注意事項

㈠ 營業人使用統一發票，應按時序開立，並於扣抵聯及收執聯加蓋規

定之統一發票專用章。但以網際網路或其他電子方式開立、傳輸之電子發票者，得以條列方式列印其名稱、地址及統一編號於「營業人蓋用統一發票專用章」欄內，免加蓋統一發票專用章（統8）。

㈡加值型營業人使用統一發票時，應區分應稅、零稅率與免稅分別開立，並於統一發票明細表課稅別欄註記（統8）。

㈢營業人每筆銷售額與銷項稅額合計未滿新臺幣五十元之交易，除買受人要求者外，得免逐筆開立統一發票。但應於每日營業終了時，按其總金額彙開一張統一發票，註明「彙開」字樣，並應在當期統一發票明細表備考欄註明「按日彙開」字樣，以供查核。營業人以網際網路或其他電子方式開立電子發票、使用收銀機開立統一發票、使用收銀機收據代替逐筆開立統一發票者，或以自動販賣機銷售貨物或勞務經核定使用統一發票者，不適用前項規定（統15）。

㈣營業人開立統一發票書寫錯誤者，應另行開立，並將誤寫之統一發票扣抵聯及收執聯註明「作廢」字樣，黏貼於存根聯上，如為電子發票，已列印之電子發票證明聯應收回註明「作廢」字樣，並均應於當期之統一發票明細表註明（統24）。

㈤非當期之統一發票，不得開立使用。但經主管稽徵機關核准者，不在此限（統21）。

㈥營業人對當期購買之統一發票剩餘空白未使用部分，應予截角作廢保存，以供稽徵機關抽查，並於填報統一發票明細表載明其字軌及起訖號碼（統22）。

㈦銷貨退回與折讓之處理：見第三章營業收入有關銷貨退回及折讓之說明。

㈧營業人無積欠已確定之營業稅及罰鍰、營利事業所得稅及罰鍰，最近二年度之營利事業所得稅係委託會計師查核簽證或經核准使用藍色申報書者，得向所在地主管稽徵機關申請核准後，就其對其他營業人銷售之貨物或勞務，按月彙總於當月月底開立統一發票（統15-1）。

㈨營業人遇有機器故障，致不能開立收銀機統一發票或電子發票時，應以人工依照規定開立，並於填報明細表時註明（統24-1）。

㈩買受人為營業人者，銷項稅額應與銷售額於統一發票上分別載明之；買受人為非營業人者，應以定價開立統一發票（營32）。

七、遺失統一發票之處理

063

㈠營業人購買之統一發票於使用前，應自行詳細檢查，如發現統一發票有缺頁、跳號等情事，不得使用並應立即向主管稽徵機關申請核備，退回換購。

㈡營業人遺失空白未使用之統一發票者，應即日敘明原因及遺失統一發票種類、字軌號碼，向主管稽徵機關申報核銷。

㈢營業人遺失已開立之統一發票存根聯，如取得買受人蓋章證明之原收執聯影本者，得以收執聯影本代替存根聯。

㈣營業人遺失統一發票扣抵聯或收執聯，如取得原銷售營業人蓋章證明之存根聯影本，或以未遺失聯之影本自行蓋章證明者，得以影本替代扣抵聯或收執聯，作為進項稅額扣抵憑證或記帳憑證（統23）。

八、開立統一發票之時限

營業人銷售貨物或勞物，其開立統一發票之時限，除應依附錄「營業人開立銷售憑證時限表」規定外，應依下列規定辦理。依時限表規定，以收款時為開立時限時，其收受支票者得於票載日開立（統16）。

㈠外國國際運輸事業在中華民國境內無固定營業場所而有代理人者，其在中華民國境內載貨出境，應由代理人於船舶開航日前開立統一發票，並依下列規定填載買受人：

1.在中華民國境內收取運費者，以付款人為買受人。

2.未在中華民國境內收取運費者，以國外收貨人為買受人。

前項第二款未在中華民國境內收取運費者，得以每航次運費收入總額彙開統一發票，並於備註欄註明航次及彙開字樣（統11）。

㈡營業人以貨物或勞務與他人交換貨物或勞務者，應於換出時，開立統一發票（統12）。

㈢營業人派出推銷人員攜帶貨物離開營業場所銷售者，應由推銷人員攜帶統一發票，於銷售貨物時開立統一發票交付買受人（統13）。

㈣營業人發行禮券者,應依下列規定開立統一發票:

1.商品禮券:禮券上已載明憑券兌付一定數量之貨物者,應於出售禮券時開立統一發票。

2.現金禮券:禮券上僅載明金額,由持有人按禮券上所載金額,憑以兌購貨物者,應於兌付貨物時開立統一發票。如經訂明與其他特定之營業人約定憑券兌換貨物者,由承兌之營業人於兌付貨物時開立統一發票(統14)。

㈤營業人以分期付款方式銷售貨物,除於約定收取第一期價款時一次全額開立外,應於約定收取各期價款時,開立統一發票。營業人以自動販賣機銷售貨物,應於收款時按實際收款金額彙總開立統一發票(統18)。

㈥營業人銷售貨物或勞務,於貨物交付或勞務提供前經開立統一發票者,應以開立統一發票之金額為銷售額。

㈦營業人銷售與外銷有關之勞務,或在國內提供而在國外使用之勞務,應於收款時開立統一發票。

九、收銀機之使用

稽徵機關得核定營業人使用收銀機開立統一發票,或以收銀機收據代替逐筆開立統一發票,其辦法由財政部定之(營32)。

2-6 申報及繳納

一、要點說明

㈠申報

營業人之中,除小規模營業人、財政部規定免予申報銷售額之營業人、按查定課徵之特種飲食業及典當業外,不論有無銷售額,除申請核准以每月為一

期申報者外，應以每二月為一期於次期開始十五日內，填具規定格式之申報書及繳款書，向主管稽徵機關申報其上二月份銷售額，應納或溢付營業稅額。遷址者當期向遷入地申報適用零稅率者，得申請以每月為一期，於次月十五日前申報，但同一年度內不得變更（營 35）。

㈡應附送之文件

1. 申報書表。
(1) 營業稅申報書及繳款書。
(2) 各類統一發票明細表。
(3) 零稅率銷售額申報表。
2. 退抵稅款文件（營細 38）。
3. 適用零稅率證明文件。
4. 免稅證明文件。

㈢一般文件（一般營業人應送之進項稅額憑證）

1. 載有營業稅額之統一發票扣抵聯。
2. 載有營業稅額之海關代徵營業稅繳納證扣抵聯。
3. 載有營業人統一編號之二聯式收銀機統一發票收執聯影本。
4. 銷貨退回、進貨退出或折讓證明單及海關退還溢繳營業稅申報單。
5. 適用零稅率應具備之文件。
6. 銷售國防部採購單位或其指定使用單位填具符合免稅貨物之證明。
7. 營業人購買舊乘人小汽車及機車進項憑證明細表。
8. 載有買受人名稱、地址及統一編號之水、電、瓦斯等公用事業開立抬頭為中華民國 104 年 12 月以前之收據扣抵聯。
9. 營業人須與他人共同分攤之水、電、瓦斯等費用所支付之進項稅額，為前款收據扣抵聯之影本及分攤費用稅額證明單。繳費通知單或已繳費憑證抬頭為中華民國 105 年 1 月以後者，為統一發票之影本及分攤費用稅額證明單；其為雲端發票者，為載有發票字軌號碼或載具流水號之分攤費用稅額證明單。

10. 員工出差取得運輸事業開立之火（汽）車、高鐵、船舶、飛機等收據或票根之影本。

11. 海關拍賣或變賣貨物填發之貨物清單扣抵聯。

12. 載有營業人統一編號及營業稅額之電子發票證明聯。

13. 其他經財政部核定載有營業稅額之憑證或影本。

營業人經向稽徵機關申請核准者，得以載有進銷項資料之磁帶、磁片、光碟片媒體或以網際網路傳輸資料代替前項第一款至第四款、第七至十三款之證明文件。

營業人有下列情形之一者，得向稽徵機關申請以進項憑證編列之明細表，代替進項稅額扣抵聯申報。

1. 營利事業所得稅委託會計師查核簽證申報者。

2. 經核准使用藍色申報書申報營利事業所得稅者。

3. 股份有限公司組織，且股票已上市者。

4. 連續營業三年以上，每年營業額達一億元以上，且申報無虧損者。

5. 進項憑證扣抵聯數量龐大者。

營業人以載有其統一編號之二聯式收銀機統一發票、出差車票、船票、機票影本，作為退抵稅款證明文件者，應按期彙總計算進項稅額，其計算公式如下：

$$進項稅額 = 憑證總金額 \times \frac{徵收率}{1 + 徵收率}$$

前項進項稅額，尾數不滿通用貨幣一元者，按四捨五入計算。

例如：取得二聯式收銀機統一發票總額 10,000 元，則：

進項稅額 = 10,000 元 ÷(1 + 5%)×5% = 476.19 元，四捨五入為 476 元。

營業人申報適用零稅率銷售額清單

（申報退稅適用）

統一編號：
營業人名稱：
稅籍編號：

所屬年月份：

項次	銷售情形（直接外銷者，免填附立發票欄）					外銷方式	非經海關出口應附證明文件者			經海關出口免附證明文件者			輸出日期或結匯日期（關一1.關外者匯銷應）	備証	審結	核果
	開立發票	買受人		貨物或勞務名稱	數量		證明文件		金額 元	出口報單		金額 元				
日期	字軌號碼	名稱	統一編號				名稱	號碼		類別	號碼					
1																
2																
3																
4																
5																
6																
7																
8																
9																
10																
合計							合計				合計					

承辦人
課股長
複核
分局主任

受文者：財政部臺北市國稅局　　　　分局（稽徵所）

主旨：本公司本期（月）適用零稅率銷售額為　　　　　元，非經海關出口應附證明文件者新台幣　　　　　元，經海關出口免附證明文件者新台幣　　　　　元，依加值型及非加值型營業稅法第三十九條規定辦理退稅。

總計新台幣　　　　　元。

說明：檢附已取得外匯證明文件　　　　份、其他證明文件　　　　份，請查照。

申報營業人名稱：　　　　　　　　　蓋章
負責人姓名：　　　　　　　　　蓋章
營業所在地址：
電話：
申報日期：　　　年　　月　　日

92.3.　302,700份（1×3）（#84）

㈣適用零稅率證明文件（營細11）

　　1.外銷貨物除報經海關出口，免檢附證明文件外，委由郵政機構或依快遞貨物通關辦法規定經海關核准登記之快遞業者出口者，其離岸價格在新臺幣五萬元以下，爲郵政機構或快遞業者掣發之執據影本；其離岸價格超過新臺幣五萬元，仍應報經海關出口，免檢附證明文件。

　　2.與外銷有關之勞務，或在國內提供而在國外使用之勞務，取得外匯結售或存入政府指定之銀行者，爲政府指定外匯銀行掣發之外匯證明文件；取得外匯未經結售或存入政府指定之銀行者，爲原始外匯收入款憑證影本。

　　3.依法設立之免稅商店銷售貨物與過境或出境旅客者，爲經監管海關核准以電子媒體儲存載有過境或出境旅客護照或旅行證件號碼之售貨單。但設在國際機場、港口管制區內之免稅商店，其售貨單得免塡列過境或出境旅客護照或旅行證件號碼。

　　4.銷售貨物或勞務與保稅區營業人供營運使用者，除報經海關視同出口之貨物，免檢附證明文件外，爲各該保稅區營業人簽署之統一發票扣抵聯。

　　5.經營國際間之運輸者，爲載運國外客貨收入清單。

　　6.銷售國際運輸用之船舶、航空器及遠洋漁船者，爲銷售契約影本。

　　7.銷售貨物或提供修繕勞務與國際運輸用之船舶、航空器及遠洋漁船者，除報經海關出口之貨物，免檢附證明文件外，爲海關核發已交付使用之證明文件或修繕契約影本。

　　8.保稅區營業人銷售貨物與課稅區營業人未輸往課稅區而直接出口者，爲銷售契約影本、海關核發之課稅區營業人報關出口證明文件。

　　9.保稅區營業人銷售貨物與課稅區營業人存入自由港區事業或海關管理之保稅倉庫、物流中心以供外銷者，爲銷售契約影本、海關核發之視同出口或進口證明文件。

　　10.其他經財政部核定之證明文件。

　　應塡營業人申報適用零稅率銷售額清單如下（見第67頁）：

　　稽徵機關審核營業人外銷貨物適用零稅率案件，係以海關通報之出口報單金額爲準，故營業人外銷貨物於報關後，如須修改外銷金額者，爲避免檔案交查異常，請於報關次月十日以前（海關受理期限係報關後六個月內），向海關

申請更正出口報單資料。

　　㈤ **免稅證明文件**

069

　　營業人銷售與國防單位使用之武器、艦艇、飛機、戰車及與作戰有關之偵訊、通訊器材，就其所開統一發票銷售額免徵營業稅者，應檢送國防部採購單位或其指定使用單位塡具載有品名、規格、數量、單價、總金額及本產品（器材）符合上列免稅項目規定之證明（營細 14）。

　　農耕用之機器設備及農地搬運車使用免徵營業稅燃料用油，應憑農業主管機關核定之用油基準及核發之購油證明辦理。供漁船使用免徵營業稅燃料用油，應依主管機關核定用油基準，及核發之購油證明辦理（營細 16 之 1）。

　　適用免徵營業稅供漁船使用之機器設備，以漁撈設備、主機、副機、冷凍設備、發電設備、通訊設備、探漁設備、航海設備及其他供漁船使用之機器設備，且合於下列規定之一者爲限：

　　1. 專供漁船使用，合於中央漁業主管機關所規定之規格者。

　　2. 非專供漁船使用，但確係售供漁船使用者。

　　營業人銷售前項第二款貨物，應於開立統一發票時載明漁業證照號碼或主管機關核准建造漁船之公文文號並保存該公文影本，以備稽徵機關查核（營細 16 之 2）。

　　適用免徵營業稅之農耕用機器設備，以整地、插植、施肥、灌溉、排水、收穫、乾燥及其他供農耕用之機器設備爲限；農地搬運車，以合於事業主管機關規定之規格爲限（營細 15）。

二、銷項稅額的計算

　　營業人每月開立之各類統一發票，應於次月十五日前塡具統一發票明細表，統計應稅、免稅、零稅率銷售額及應稅銷售額之銷項稅額，統一發票明細表格式如下頁所示。

070

營業人使用二聯式統一發票明細表

中華民國一百　　年　～　　月份

統一編號								
營業人名稱								
稅籍編號								

所屬年月及發票字軌、號碼請營業人填註

發票字軌	發票前六位號碼

末號二位碼	發票總計金額	課稅別 應稅	課稅別 零稅率	課稅別 免稅	備註	末號二位碼	發票總計金額	課稅別 應稅	課稅別 零稅率	課稅別 免稅	備註
0						5					
1						6					
2						7					
3						8					
4						9					
5						0					
6						1					
7						2					
8						3					
9						4					
0						5					
1						6					
2						7					
3						8					
4						9					
5						0					
6						1					
7						2					
8						3					
9						4					
0						5					
1						6					
2						7					
3						8					
4						9					

區分 項目	發票使用情形					銷售額及稅額計算					
	使用份數 應稅	零稅率	免稅	作廢	空白	應 發票總金額 (1)	銷售額 銷售額(2)=(1)×$\frac{100}{105}$	稅額 (3)=(2)×5%	零稅率 銷售額	免稅 銷售額	
本表合計											
本期(月)總計											
申報單位	稽徵機關編號頁次：□□　本表為本期（月）二聯式發票明細表共　　張之第　　張										
	（請蓋用統一發票專用章） 申報日期：　年　月　日					第一聯：申報聯，申報主管稽徵機關。 第二聯：存查聯，由營業人存查。					

營業人使用二聯式收銀機統一發票明細表

中華民國一百 年 ～ 月份

統一編號								
營業人名稱								
稅籍編號								

所屬年月及發票字軌請營業人填註

收 銀 機 編 號	發票字號

開立日期	開立發票起訖號碼	應 發 票 總 金 額	稅額	免 銷 售	稅額	誤開作廢發票號碼
1						
2						
3						
4						
5						
6						
7						
8						
9						
10						
11						
12						
13						
14						
15						
16						
17						
18						
19						
20						
21						
22						
23						
24						
25						
26						
27						
28						
29						
30						
31						

申報單位

作 廢 份 數		
空 白 發 票 起 訖 號 碼	號 號共 份

銷 售 額 及 稅 額 計 算

項目 區分	應 發票總金額 (1)	稅 銷售額 (3)=(1) $\frac{100}{105}$	稅 稅額 (3)=(2)×5%	免 銷 售 稅額
本 表 合 計				
本期（月）總 計				

（請蓋用統一發票專用章）
申報日期： 年 月 日

稽徵機關編號頁次： [ ] 本表為本期（月）二聯式收銀機發票明細表共 張之第 張

營業人使用三聯式統一發票明細表

中華民國　　年　～　　月份

統一編號								
營業人名稱								
稅籍編號								

所屬年月及發票字軌、號碼請營業人填註

發票字軌	發票前六位號碼

末號二位碼	買受人統一編號	銷售額	課稅別 應稅	零稅率	免稅	稅額	備註	末號位碼	買受人統一編號	銷售額	課稅別 應稅	零稅率	免稅	稅額	備註
0								5							
1								6							
2								7							
3								8							
4								9							
5								0							
6								1							
7								2							
8								3							
9								4							
0								5							

區分 項目	發票使用情形					銷售額及稅額計算				
	使用份數 應稅	零稅率	免稅	作廢	空白	應稅 銷售額	稅額	零稅率銷售額	免稅銷售額	
本表合計										
本期(月)總計										

申報單位		稽徵機關編號頁次：□□　本表為本期(月)三聯式發票明細表共　　張之第　　張
	(請蓋用統一發票專用章) 申報日期：　年　月　日	第一聯：申報聯，申報主管稽徵機關。 第二聯：存查聯，由營業人存查。

當期購買之收銀機統一發票剩餘空白未使用部分，應於申報銷售額時，繳回主管稽徵機關銷毀。

　　當期購買之統一發票剩餘空白未使用部分，應予截角作廢保存，以供抽查。

三、進項稅額之計算

　　各種進項憑證扣抵聯，除海關代徵營業稅繳納證外，餘按稅額五百元以上及以下分別裝冊並劃分為「三聯式發票」、「三聯式收銀機發票」及「其他憑證」，再分別按「進貨及費用」與「固定資產」予以區分，其屬三聯式統一發票扣抵聯，依據其右上角買受人註記欄所註記之「√」記號，逐一歸戶，依各種類別，每一百張裝訂一冊，編號自○○至九九，不足一百張者另裝一冊，並加裝封面，統計份數、金額及稅額；如同一類型資料在兩冊以上者，應在第一冊封面上加裝統計表，分別統計份數、金額及稅額之總數。至於其他憑證部分，亦依上述原則處理。

　　進項稅額憑證封面如下：

財政部臺灣省北區國稅局

年　　　月進項稅額憑證封面(每張稅額伍佰元(不含)以上專用)　冊號：共　　冊之第　　冊		
本　欄　由　營　業　人　填　寫	本　欄　由　稽　徵　機　關　填　寫	
營利事業統一編號 □□□□□□□□	課　稅　方　式　　　　　　分　局 ☑1.自動報繳　　　　　稽徵所　　代號 □2.查定課徵　　　　　服務處	
營業人名稱		
稅籍編號 □□□□□□□□	憑　證　類　別 ☑1.三聯式發票 □2.三聯式收銀機發票	第　　　　服務區第　　　　箱　　　冊
負責人姓　名	□3.海關代徵營業稅繳納證 □4.載有稅額之其他憑證 □5.退貨及折讓證明單	登打人員： 姓　名：　　　　代號　　　蓋章 登打日期：　年　　月　　日
營業所在地址 台縣市　鄉市街　段　弄　樓 北市　鎮區　路巷　號　室		登　打　紀　錄
項目　　區分	憑證張數	金　額	稅　額	登打前更正內容：頁次：	
進貨及費用				登打前更正內容：頁次：	
固定資產				登打前更正內容：頁次：　　　日期：　月　日	
合計 本　　冊				更正內容補登頁次：	
本期(月)				更正內容補登頁次：	
				更正內容補登頁次：　　　日期：　月　日	
稽徵機關審核結果				其他：	
說　明	1.按憑證類別、月份分別裝冊編號，每冊依交易月份先後順序裝訂100張，編號自00至99，不足100張者，仍應裝訂一冊。 2.本期(月)合計數僅於第一冊填明。				
申報日期：　　年　　　月　　　日					

四、應納或溢付稅額之計算

計算出銷項稅額及進項稅額資料後，應再根據上列資料填寫「營業稅申報及繳款書」，並據以計算應納或溢付稅額，其有應納稅額者，並應先行向公庫繳納後再行辦理申報，申報書格式共分三種：

㈠ 專營應稅營業人使用書表（**401**）

專供一般營業人僅有應稅或零稅率銷售額時使用。

㈡ 兼營免稅、特種稅額計算營業人使用書表（**403**）

供營業人兼營免稅或特種稅額時使用。

㈢ 專營特種稅額計算營業人使用書表（**404**）

供專營非加值型營業人使用。

401 表及 403 表見第 2-3 節，申報前應自行到銀行繳稅。

五、營業人合併、轉讓、解散或廢止營業之處理

請見第 2-1 節第二之 ㈣ 點之說明。

六、分支機構之報繳

總機構與其他固定場所分設於境內各地區者，應分別向主管稽徵機關申報銷售額、應納或溢付營業稅額。

加值型營業人得由總機構向財政部申請核准，就總機構及所有其他固定營業場所銷售之貨物或勞務，由總機構合併向所在地主管稽徵機關申報銷售額、應納或溢付營業稅額（營 38），其所有其他固定營業場所仍應向所在地主管稽徵機關申報銷售額及進項憑證（營細 39）。採分別申報者，其所有其他固定營業

場所有註銷登記時，該固定營業場所溢付之營業稅，由總機構留抵應納營業稅（營細 40）；有積欠營業稅情事，經催繳而未繳納者，該主管稽徵機關得向其總機構催收或自總機構申報溢付營業稅額中扣減之（營細 41）。

七、外國營業人之報繳

外國之事業、機關、團體、組織，在中華民國境內無固定營業場所而有銷售勞務者，應由勞務買受人於給付報酬之次期開始十五日內，就給付額按一般營業人 5%（再保費收入 1%、銀行及保險業 5%、其他金融業 2%）繳納之。但買受人為一般營業人，其購進之勞務專供經營應稅貨物或勞務之用者，免予繳納；其為兼營免稅貨物或勞務者，其繳納之比例由財政部定之。見前文第 2-3 節 403 申報書實例（營 36㈠）。

外國國際運輸事業，在中華民國境內無固定營業場所而有代理人在中華民國境內銷售勞務，其代理人應於載運客、貨出境之次期開始十五日內，就銷售額按一般營業人稅率計算營業稅額，並按規定申報繳納（營 36㈡）。

外國技藝表演業在中華民國境內演出之營業稅，應按規定於次期十五日前向演出地主管稽徵機關報繳。但在同地演出期間不超過三十日者，應於演出結束後十五日內報繳。外國技藝表演業，須在前項應行報繳營業稅之期限屆滿前離境者，其營業稅應於離境前報繳之（營 37）。

八、拍賣貨物

海關拍賣或變賣應課徵營業稅之貨物，應於拍定或成交後將營業稅款向公庫繳納。執行法院或行政執行機關執行拍賣或變賣貨物，應於拍定或准許承受五日內，將拍定或承受價額通知當地主管稽徵機關查復營業稅之稅額，並由執行法院、行政執行機關代為扣繳（營細 47）。

九、非營業人及營業人法拍屋營業稅之處理

非營業人或營業人以房屋作為擔保向銀行借款，若嗣後無力償還，被銀行

聲請法院拍賣，營業稅之課徵應依被拍賣房屋之所有人而定，其處理如下：

(一) 非營業人或依照特種稅額計算之營業人

被拍賣房屋之所有人若為非營業人或者是屬於營業稅法第四章第二節規定，依特種稅額計算之營業人所持有，非經常買進賣出之房屋則免徵營業稅。

(二) 一般營業人

被拍賣房屋之所有人若為一般營業人則須課徵營業稅，其房屋在拍賣前法院應通知稅捐稽徵機關，而稅捐稽徵機關對於須課徵營業稅之法拍屋，可向法院聲明參與分配。

房屋拍定後，稅捐稽徵機關取得法院分配之營業稅款並填發「法院及行政執行機關拍賣或變賣貨物營業稅繳款書」繳交公庫，另收據聯則送交買受人作為記帳憑證。買受人若為一般營業人，則扣抵聯將送交買方作為進項憑證申報扣抵營業稅。

 附錄　∥　營業人開立銷售憑證時限表

業別	範　圍	開立憑證時限	特別規定
買賣業	銷售貨物之營業。	一、以發貨時為限。但發貨前已收之貨款部分，應先行開立。 二、以書面約定銷售之貨物，必須買受人承認買賣契約始生效力者，以買受人承認時為限。	

製造業	凡使用自行生產或購進之原料，以人工與機械製銷產品之營業。	同買賣業。	
手工業	凡使用自行生產或購進之原料材料，以人工技藝製銷產品之營業。包括裁縫、手工製造之宮燈、編織品、竹製品、籐製品、刺繡品、貝殼品、雕塑品、金屬裝飾品及其他產品等業。	同買賣業。	
新聞業	包括報社、雜誌社、通訊社、電視臺、廣播電臺等。	一、印刷費等以交件時為限，但交件前已收之價款部分，應先行開立。 二、廣告費以收款時為限。 三、銷售貨物部分，按買賣業開立。	
出版業	凡用機械印版或用化學方法印製之書籍、圖畫、錄音帶、發音片、錄影帶、影碟片，並由出版商名義發行出售之營業。包括書局、印書館、圖書出版社、唱片製造廠等業。	同買賣業。	
農林業	凡投資利用土地及器械從事植物生產之營業。包括農場、林場、茶園、花圃、果園及菇類培養場等。	同買賣業。	
畜牧業	凡投資利用牧場或其他場地，從事養殖動物之營業。包括牲畜、家禽、鳥類、蠶、蜜蜂等。	同買賣業。	
水產業	凡投資利用漁船、漁具或漁塭從事水產動植物之採捕或養殖之營業。包括漁業公司、水產公司。	同買賣業。	
礦冶業	凡以人工與機械開採或冶煉礦產品或採取砂石之營業。	同買賣業。	

包作業	凡承包土木建築工程、水電煤氣裝置工程及建築物之油漆粉刷工程，而以自備之材料或由出包人作價供售材料施工者之營業。包括營造業、建築業、土木包作業、路面鋪設業、鑿井業、水電工程業、油漆承包業。	依其工程合約所載每期應收價款時為限。	
印刷業	凡用機械印版或用其他方法承印印刷品之營業。	以交件時為限。但交件前已收之價款部分，應先行開立。	
公用事業	凡經營供應電能、熱能、給水之營業。包括電燈公司、電力公司、電話公司、煤氣公司、自來水公司等業。	以收款時為限。但經營本業以外之營業部分，應按性質類似之行業開立。	
娛樂業	凡以娛樂設備或演技供人視聽玩賞以娛身心之營業。包括：(1)音樂院、戲劇院、電影院、說書場、遊藝場、俱樂部、撞球場、導遊社、桌球場、網球場、高爾夫球場、保齡球場、溜冰場、釣魚場、兒童樂園、花園及其他遊藝場所等業。(2)戲班、劇團、歌舞團、馬戲團、魔術團、技術團、音樂隊、角力、拳擊、球類等比賽及臨時性影映等業。(3)舞廳、歌廳等營業。	以結算時為限。	
運輸業	凡具有運輸工具，以運載水陸空旅客貨物，或具有交通設備以利運輸工具之行駛停放及客貨起落之營業。包括具有船舶、車輛、飛機、道路及停車場站、碼頭、港埠等設備之機構。	以收款時為限。	
照相業	包括攝影、繪像、沖印等業。	以交件時為限，銷售器材按買賣業開立。	

裝潢業	凡經營室內裝潢設計製作、庭園設計施工、櫥窗鋪面設計修飾之營業，包括裝潢行及其他經營裝潢業務之組織。	以收款時為限。	
廣告業	凡經營廣告招牌繪製，各種廣告圖片、海報、幻燈片之設計製作，各種廣告節目製作之營業。包括廣告業、傳播業等。	以收款時為限。	
修理業	凡為客戶修理物品、器具、舟車、工具、機器等，使其恢復原狀或加強效能者之營業。包括修理車、船、飛機、工具、機械、水電、鐘錶、眼鏡、自來水筆、電器、舊衣服織補及其他物品器具之修理等業。	以交件時為限。但交件前已收之價款部分，應先行開立。	
加工業	凡由客戶提供原料委託代為加工，經加工後以加工品交還委託人，而收取加工費之營業。包括碾米廠、榨油廠、磨粉廠、整理廠、漂染廠等業。	同修理業。	
旅宿業	凡以房間或場所供應旅客住宿或休憩之營業。包括旅館、旅社、賓館、公寓、客棧、附設旅社之飯店、對外營業之招待所等業。	以結算時為限。	
理髮業	包括理髮店、美容院等業。	以結算時為限。	
沐浴業	凡以洗滌設備供顧客沐浴之營業。包括浴室、浴池、澡堂等業。	以結算時為限。	
勞務承攬業	凡以提供勞務為主，約定為人完成一定工作之營業。包括貨物運送或起卸承攬、農林作物採伐承攬、錄音、錄影、打字、繪圖、晒圖、洗衣、清潔服務、白蟻驅除及其他勞務承攬等業。	以收款時為限。	

倉庫業	凡為他人堆藏及保管貨物而受報酬之營業。包括專營或兼營之倉庫、堆棧、冷藏庫等業。	以收款時為限。	
租賃業	凡以動產、不動產、無形資產出租與人交付使用，收取租賃費或報酬金之營業。包括出租工具、機械、器具、車輛、船舶、飛機、集會禮堂、殯儀館、婚喪禮服、儀仗及出租營業權、商標權、礦產權、出版權等業。	以收款時為限。	
代辦業	凡受人委託為其辦理業務之營業。包括報關行、船務行、傭工介紹所等業。	按約定應收介紹費、手續費、報酬金時為限。	
行紀費	凡代客買賣或居間買賣貨物之營業。包括委託行、經紀行、拍賣行、代理行等業。	按約定應收佣金、手續費、報酬金時為限。	
技術及設計業	凡為他人作技術上之服務及為他人在生產技術、土木、機械、化學工程專業調查研究方案等方面，提供設計之營業。包括公共關係服務業、機械化學工程設計業、中外技術合作及提供專利或發明與他人使用之營業人等業。	按約定應收報酬金、設計費時為限。	
一般飲食業	凡供應食物或飲料品之營業。包括冷熱飲料店、專營自助餐廳、飯店食堂、餐廳、無女性陪侍之茶室、酒吧、咖啡廳、對外營業之員工福利社食堂，及娛樂業、旅宿業等兼營飲食供應之營業。	一、憑券飲食者，於售券時開立。 二、非憑券飲食者，於結算時開立。 三、外送者，於送出時開立。	
特種飲食業	包括酒家、夜總會、有娛樂節目或陪侍之餐飲店、茶室、咖啡廳及酒吧等業。	一、憑券飲食者，於售券時開立。 二、非憑券飲食者，於結算時開立。	

公證業	凡辦理保險標的物之查勘、鑑定及估價與賠款之理算、洽商而予證明，並收取費用之營業。包括公證行、公證公司及其他經營公證業務之組織。	按約定應收公證費、手續費、報酬金時為限。	
銀行業	凡經營存放款、匯兌、兌換之營業。包括銀行、信用合作社及農、漁會等兼營銀錢營業之信用部。	以收款時為限。	倉庫、保管箱等營運收入、租金及其他非專屬銀行業之銷售收入，可選擇依第四章第一節規定計算營業稅額。
保險業	凡經營保險業務之營業。包括人壽保險公司、產物保險公司、再保險公司及其他經營保險業務之事務。	以收款時為限。但經營不動產及其他非專屬保險業之銷售收入，分別按買賣業或其他性質類似之行業開立。	經營不動產及其他非專屬保險業之銷售收入，可選擇依第四章第一節規定計算營業稅額。
信託投資業	凡以受託人之地位，按照特定目的，收受、經理及運用信託資金與經營信託財產，或以投資中間人之地位，從事資本市場有關目的投資之營業。包括信託公司及兼營信託投資業務之事業。	以收款時為限。	保管箱、機器等租金收入及其他非專屬信託投資業之銷售收入，可選擇依第四章第一節規定計算營業稅額。
證券業	經證券主管機關核准經營證券業務之營業。包括證券承銷商、證券經紀商、證券自營商及證券交易所等。	以收款時為限。	
期貨業	經期貨主管機關核准經營期貨業務之營業。包括期貨商、槓桿交易商、期貨交易所及期貨結算機構等。	以收款時為限。	
票券業	經主管機關核准經營票券買賣業務之營業。包括票券交易商及兼營票券買賣之事業。	以收款時為限。	

典當業	凡經營貸款於客戶，並取得典質權之營業。包括典舖、當舖、質押舖等。	以收款時為限。但流當品以交貨時為限。	

說明：1. 經核定使用統一發票者，除另有規定免開統一發票外，不得開立普通收據。

2. 本表未規定之業別，其開立銷售憑證之時限，比照性質類似之業別辦理，無類似之業別者，由財政部核定之。

第三章

營業收入

3-1 營業收入處理通則

一、課稅範圍

　　㈠ 在我國境內經營之營利事業，應依法課徵營利事業所得稅（所3）。

　　㈡ 營利事業之總機構在中華民國境內，應就其中華民國境內外全部營利事業所得合併課徵營利事業所得稅。但其來自境外之所得已依所得來源國稅法規定完納之所得稅，得由納稅義務人提出所在國稅務機構發給之同一年度納稅憑證，並取得所在地我國使領館或經政府認許機構之簽證後，自其全部營利事業所得結算應納稅款中扣抵。扣抵之數，不得超過因加計其國外所得而依國內適用稅率計算增加之結算應納稅額（所3㈡）。

　　㈢ 營利事業之總機構在中華民國境外，而有中華民國來源所得者，應就其在中華民國境內之營利事業所得課徵營利事業所得稅（所3㈢）。換言之，營利事業之總機構在中華民國境外，而其分支機構在中華民國境內者，該分支機構應單獨設立帳簿計算所得，並辦理結算申報課稅。至於國外營利事業在中華民國境內無固定營業場所而有營業代理人者，其在中華民國境內之營利所得，亦應單獨設立帳簿計算所得，並依法辦理結算申報課稅。經營國際運輸及影片事業，見第 12-6 節說明。

　　㈣ 營利事業在中華民國境內無固定營業場所及營業代理人，而有中華民國來源所得者，其應納稅額應就源扣繳，按給付額扣繳 20%，股利扣繳 21%，免辦結算申報。

　　我國營利事業所得稅課稅範圍原則採屬人主義，唯兼採屬地主義，彙總如下表：

營利事業性質		繳稅方法	課稅範圍
國內營利事業		辦理結算申報	全球所得
國外營利事業	設分支機構	辦理結算申報	只對境內所得課稅
	無固定營業場所，有營業代理人	1.由營業代理人辦理結算申報 2.由營業代理人扣繳稅款	
	無固定營業場所且無營業代理人	由給付人就源扣繳稅款	

㈤ 實際營運處所

依外國法律設立，實際管理處所在中華民國境內之營利事業，應視為總機構在中華民國境內之營利事業，依所得稅法及其他相關法律規定課徵營利事業所得稅；有違反時，並適用所得稅法及其他相關法律規定。

依前項規定課徵營利事業所得稅之營利事業，其給付之各類所得應比照依中華民國法規成立之營利事業，依規定認定中華民國來源所得，並依規定辦理扣繳與填具扣（免）繳憑單、股利憑單及相關憑單；有違反時，並適用所得稅法及其他相關法律規定。但該營利事業分配非屬依前項規定課徵營利事業所得稅年度之盈餘，非屬中華民國來源所得。

第一項所稱實際管理處所在中華民國境內之營利事業，指營利事業符合下列各款規定者：

1.作成重大經營管理、財務管理及人事管理決策者，為中華民國境內居住之個人或總機構在中華民國境內之營利事業，或作成該等決策之處所在中華民國境內。

2.財務報表、會計帳簿紀錄、董事會議事錄或股東會議事錄之製作或儲存處所在中華民國境內。

3.在中華民國境內有實際執行主要經營活動。

前三項依規定課徵所得稅、辦理扣繳與填發憑單之方式、實際管理處所之認定要件及程序、證明文件及其他相關事項之辦法，由財政部定之（所43-4）。此項規定實施日期由財政部另訂，正式施行時，以紙上公司在臺灣操作進出口業務，將被視為境內公司，依法課徵營利事業所得稅。

二、收入之認定

由於營利事業所得稅之課徵係以「年」為基礎，收入於何時認定，將對各期稅負有甚大影響，一般均在銷售點──交易成立時承認，在某些特殊項目中，財務會計與稅務會計並不一致，平時應按財務會計處理帳務，期末辦理營利事業所得稅結算申報時，應依稅法規定作帳外調整，以免因漏報所得而受處罰。

三、銷貨價格之調整

如銷貨價格顯較時價為低者，依下列規定辦理：

㈠ 銷貨與關係企業以外之非小規模營利事業，經查明其銷貨價格與進貨廠商列報成本或費用之金額相符者，應予認定。

㈡ 銷貨與小規模營利事業或非營利事業者，經提出正當理由及取得證明文據，並查對相符時，應予認定。

上列第㈠、㈡點其無正當理由或未有提示證明文據或經查對不符者，應按時價核定其銷售價格。

前項所稱「時價」，應參酌下列資料認定之：

1. 報章雜誌所載市場價格。

2. 各縣市同業間帳載貨品同一月份之加權平均售價。

3. 時價資料同時有數種者，得以其平均數為當月份時價。

4. 進口貨物得參考同期海關完稅價格換算時價。

汽車貨運業出租遊覽車之運費收入，得比照前項規定之原則查核（查22）。

四、統一發票與營業收入

由於營業收入大部分要開立統一發票，而某些營業外收入及代收代付款項亦須開立發票，故營業收入常與開立統一發票金額不同，但因統一發票係由政府統一印製，每期申報營業稅時均已將開立發票金額填報，稅捐稽徵機關有內

部資料可查，故申報時應將營業收入與統一發票開立金額調節，供查核營利事業所得稅參考。

(一) 申報營業收入與開立發票金額不符

營利事業申報營業收入與開立統一發票金額不一致，應於營利事業所得稅結算申報書內營業收入調節欄項下調整說明；其經查明無漏報或短報情事者，應予核實認定（查 15）。

(二) 視為銷售之減除

依加值型及非加值型營業稅法第三條第三項之規定，視為銷售貨物之銷售額（見第 2-1 節第二點之說明），應自開立統一發票總額中扣除，以調節出申報營業收入（查 15-1）。

(三) 郵購之處理（790649877號函）

1. 先收款後發貨：於收到郵局之「郵政劃撥儲金帳戶收支詳情單」或「郵政劃撥儲金存款通知單」後三日內開立發票。

2. 先郵寄貨物：發貨時已確定買受人有意購買者，應於發貨時即開立統一發票；發貨時如尚未確定買受人是否有意購買，而係先郵寄供人試用，買受人合意始匯寄貨款者，至遲應於收到郵局通知單據之日起三日內開立統一發票。

3. 收入認列時點：除以書面約定銷售貨物，必須買受人認可，始生買賣契約之效力者外，應以交寄貨物予買方之日，為承認銷貨收入之基準日。

(四) 營業收入調節表

為便於查核營業收入，首先應填寫「總分支機構申報營業稅銷售額明細表」，逐月或每二月填寫開立發票金額，格式如下：

總分支機構申報營業稅銷售額明細表

月　份	一　般　稅　額　銷　售　額				免稅	特種稅額銷售額	其他	銷售額合計	銷貨退回及折讓
	應　　　稅		零　稅　率						
	三聯式	二聯式	直接外銷	其　他					
一　月									
二　月									
三　月									
四　月									
五　月									
六　月									
七　月									
八　月									
九　月									
十　月									
十一月									
十二月									
合　計									

1. 本表供審核營業收入之用，請詳加計算以免再通知說明。
2. 本表包含應開立及得免開立統一發票銷售金額，可按營業稅申報月份列報，如有查定營業額請填入其他欄。
3. 免稅出口區內外銷事業、科學工業園區事業、海關管理之保稅工廠或保稅倉庫及物流中心，按進口報關程序銷售貨物至我國境內其他地區之免開立發票銷售額，請填入零稅率其他欄。
4. 營業稅銷貨退回及折讓與第一頁02銷貨退回及03銷貨折讓之差異說明。

全年開立發票金額得出後，可自行調整營業收入：

例如：中華公司109年度已申報之401營業稅單銷售額25,000,000元，該年度相關交易事項如下：

1. 期初預收貨款100,000元，期末預收貨款300,000元。

2. 出租設備予臺北公司，全年租金240,000元。

3. 將時價150,000元的商品存貨捐贈世界展望會，已依規定視為銷售貨物並開立發票。

4. 出售下腳廢料收入100,000元。

5.出售閒置機器售價 250,000 元，出售時帳面價值 300,000 元。

6.代購貨物交付予客戶之貨物 200,000 元，已依規定按代購價格視為銷售貨物並開立發票，並收取 5% 佣金 10,000 元，佣金收入列為非營業收入。

中華公司申報該年度營利事業所得稅時，營業收入應自行調節，如第 91 頁表格所示。

五、其他事項

㈠未轉列收入之處理

凡顯屬收入項目列入非收入科目，或非收入科目中有應轉列收入項目而未轉列，因而短報所得者，均依所得稅法第一百十條規定辦理（查 17）。

㈡代收代付款

營利事業受託代收轉付款項，於收取轉付之間無差額，其轉付款項取得之憑證買受人載明為委託人者，得以該憑證交付委託人，免另開立統一發票，並免列入銷售額。

前項未取得原始憑證（或影本），或已取得而未依規定保存者，除能證明代收轉付屬實，准予認定外，其所收款項應列為營業收入處理，並依同業利潤標準核計其所得額（查 18 之 2）。

㈢作廢統一發票未保存之處理

作廢統一發票屬三聯式者其收執聯或扣抵聯，或二聯式者其收執聯未予保存者，仍應按銷貨認定，並依同業利潤標準核計其所得額。但能證明確無銷貨事實者，不在此限（查 21）。

㈣銷貨未給憑證之處理

銷貨未給與他人銷貨憑證或未將銷貨憑證存根保存者，稽徵機關得按當年度當地同時期同業帳載或新聞紙刊載或其他可資參證之該項貨品之最高價格，核定其銷貨價格。其未給與他人銷貨憑證者，應按該項認定之銷貨總

營業收入調節說明

本年度結算申報營業收入總額 01	23,850,000 元
與總分支機構申報營業稅銷售額 68	25,000,000 元
相差 69	1,150,000 元

說明如下：

	總分支機構申報營業稅銷售額	25,000,000 元
加：		
70	上期結轉本期預收款	100,000 元
71	本期應收未開立發票金額	元
72	本期採買賣方式列帳之境外營業收入	
	（請附明細表；本欄不包括 73 及 74 欄金額）	元
73	委託國外加工不復運進口實際銷售額	元
74	本期國外發貨倉庫實際銷售額	元
75	其他（請附明細表或說明）	元
減：		
76	本期預收款	300,000 元
77	上期應收本期開立發票金額	元
78	視為銷貨開立發票金額（請附明細表）	350,000 元
86	本期專案作廢發票金額（請附核准函或說明）	元
80	佣金收入	10,000 元
81	租賃收入	240,000 元
82	出售下腳廢料	100,000 元
83	出售資產	250,000 元
84	代收款（請附明細表）	元
85	因信託行為開立發票金額（請附明細表）	元
88	資產融資開立發票金額	元
100	本期輸出至國外發貨倉庫之金額	
	（請附合格會計師簽證之存貨盤點資料）	元
98	本期委託國外加工不復運進口之營業稅銷售額	元
87	其他（請附明細表或說明）	元

＊視為銷售 ＝ 捐贈 150,000 ＋ 代購 200,000 ＝ 350,000 元

額，處以 5% 罰鍰；其經查明確屬匿報收入者，應依逃漏稅之規定辦理。但營利事業自動補報並補繳所漏稅款，符合規定條件者，免予處罰（查 23）。

㈤ 副產品之處理

　　副產品未銷售時，應計價盤存；銷售時，應作為收益處理。其未依規定辦理者，應依逃漏稅之規定辦理（查 25）。

㈥ 應收收益之處理

凡應歸屬於本年度之收入或收益，除會計基礎經核准採用現金收付制者外，應於年度決算時，就估計數字，以「應收收益」科目列帳。但年度決算時，因特殊情形，無法確知之收入或收益，得於確知之年度以過期帳收入處理（查 27）。

㈦ 代辦進銷之處理

代國外營利事業辦理進貨、銷貨或其他有關營業事項，以委託人撥匯之費用扣除代墊成本費用後之餘額，列為當年度收益處理（查 18 之 1）。

㈧ 隨銷貨附贈禮券相對應收入之處理

營利事業銷售貨物或勞務附贈禮券、獎勵積點，供客戶未來兌換商品，IFRSs 規定銷貨收入須估計屬獎勵積點部分相對應之收入，轉列遞延收入，俟客戶兌換時認列。惟上開銷售貨物與勞務及獎勵積點為一筆交易，查核準則規定該附贈部分之收入應於銷售時認列，不得遞延（查 15 之 3）。嗣後客戶以獎勵積點兌換商品時，屬營利事業給予客戶銷貨折讓性質，應列為兌換商品當年度之銷貨折讓處理。

㈨ 境內海運業務所得額

自 100 年度起，總機構在中華民國境內經營海運業務之營利事業，符合一定要件，經中央目的事業主管機關核定者，其海運業務收入得選擇按船舶淨噸位計算營利事業所得額；海運業務收入以外之收入，其所得額之計算依所得稅法相關規定辦理。

前項營利事業每年度海運業務收入之營利事業所得額，得依下列標準按每年三百六十五日累計計算：

1. 各船舶之淨噸位在一千噸以下者，每一百淨噸位之每日所得額為六十七元。

2. 超過一千噸至一萬噸者，超過部分每一百淨噸位之每日所得額為四十九元。

3. 超過一萬噸至二萬五千噸者，超過部分每一百淨噸位之每日所得額爲三十二元。

4. 超過二萬五千噸者，超過部分每一百淨噸位之每日所得額爲十四元。

營利事業經營海運業務收入經依第一項規定選擇依項規定計算營利事業所得額者，一經選定，應連續適用十年，不得變更；適用期間如有不符合第一項所定一定要件，經中央目的事業主管機關廢止核定者，自不符合一定要件之年度起連續五年，不得再選擇依前項規定辦理。

營利事業海運業務收入選擇依第二項規定計算營利事業所得額者，其當年度營利事業所得稅結算申報，不適用下列規定：

1. 第三十九條第一項但書關於虧損扣除規定。

2. 其他法律關於租稅減免規定。

3-2　內銷銷貨處理

一、要點說明

買賣雙方均在國內者爲內銷，內銷中之分期付款銷貨、寄銷銷貨、長期工程、免稅出口區等之銷貨，其稅務及會計處理較爲特殊，分別在第 3 至 6 節中介紹，建築業在第四章介紹，其餘一般內銷在本節介紹。

銷貨以收款方式來分，有預約銷貨、現銷及賒銷三種，應在預收貨款及銷貨時開立發票，並於交貨時承認銷貨收入。以營業稅課稅方式，分爲一般營業人、免稅營業人、兼營營業人及特種稅額營業人。一般營業人應將營業稅視爲代收款，並以「銷項稅額」入帳；免稅營業人並無營業稅，全部銷售額均列爲銷貨收入；非加值型營業人營業稅內含，將銷售額全部列爲營業收入，營業稅則列爲「稅捐」；兼營營業人比照一般營業人，但按免稅比例計算不能扣抵進項稅額列爲其他費用。

高爾夫球場（俱樂部）或聯誼社等休閒、育（娛）樂事業向入會會員收取

具有遞延性質之入會費或保證金，其屬一律不退還者或於契約訂定屆滿一定期間後退會始准予退還者，得於開始提供勞務時認列收入，並可按五年攤計收益課徵營利事業所得稅。俟屆滿一定期間實際發生入會會員退會而退還入會費或保證金時，按銷貨退回辦理（861886018 號函）。

二、會計處理

㈠預約交易

係指預先收取定金的銷貨方式。例如：銷售給甲公司商品機器一臺，含營業稅價格 105,000 元，4 月 1 日預收 20% 訂金，10 月 1 日交貨收取尾款，則 4 月 1 日及 10 月 1 日分錄如下：

4/1	現　金	21,000		
	預收貨款		20,000	
	銷項稅額		1,000	
10/1	現　金	84,000		
	預收貨款	20,000		
	銷貨收入		100,000	
	銷項稅額		4,000	

營業人對於應稅貨物或勞務之定價，應內含營業稅（營 32），但銷售給營業人時開立發票應將銷售額與銷項稅額分別記載，會計科目應分開。

㈡現銷交易

係指出售貨物立即收取現金或即期票據者，例如：9 月 1 日現銷 210,000 元，其分錄如下：

9/1	現　金	……………………………………………	210,000	
	銷貨收入	……………………………………		200,000
	銷項稅額	……………………………………		10,000

　10 月 1 日銷售給個人貨物 21,000 元，開立二聯式發票，銷售額與稅額合併記載分錄如下：

10/1	現　金	…………………………………………	21,000	
	銷貨收入	…………………………………		21,000

　全期結束應計算內含營業稅為多少元，例如：9 月及 10 月份開立二聯式發票共 525,000 元，應作分錄如下：

銷項稅額 = 525,000 ÷ (1 + 5%) × 5% = 25,000

10/31	銷貨收入	…………………………………………	25,000	
	銷項稅額	………………………………………		25,000

㈢ 賒銷交易

　係指先出售貨物，日後再收現者。例如：9 月 1 日賒銷 10,000 元（不含稅），10 月 15 日收現，其分錄如下：

9/1	應收帳款	…………………………………………	10,500	
	銷貨收入	………………………………………		10,000
	銷項稅額	………………………………………		500
10/15	現　金	…………………………………………	10,500	
	應收帳款	………………………………………		10,500

㈣ 免稅銷貨

銷售土地、雜誌社出售本事業之出版品、銷售稻米、麵粉等免稅（營業稅），例如：雜誌社於 10 月 1 日出售其出版品 12,000 元，其分錄如下：

10/1 現　金……………………………………………	12,000	
銷貨收入…………………………………………		12,000

專營免稅銷售者，其進項稅額全部不能扣抵，例如：某雜誌社專營雜誌出版業務，9 月 15 日購買紙張 40,000 元，稅額 2,000 元，印刷裝訂費 30,000 元，稅額 1,500 元，其分錄如下：

9/15 存　貨（或其他科目）…………………………	73,500	
現　金……………………………………………		73,500

㈤ 兼營營業人銷貨

兼營免稅及應稅之兼營營業人，其進項稅額依免稅比例不能扣抵，例如：上例雜誌社兼營應稅之銷售他人出版雜誌業務，9 至 10 月份免稅銷售額 120,000 元，應稅銷售額 100,000 元，則其 9 至 10 月份購買紙張及印刷費、月底結算營業稅之分錄如下：

9/15 存　貨…………………………………………	70,000	
進項稅額……………………………………………	3,500	
現　金……………………………………………		73,500

$$不得扣抵比例 = \frac{120,000}{120,000 + 100,000} = 54\%（小數點以下捨去）$$

可扣抵進項稅額 $= 3,500 \times (1 - 54\%) = 1,610$

銷項稅額 $= 100,000 \times 5\% = 5,000$

應付稅額 $= 5,000 - 1,610 = 3,390$

10/31	銷項稅額	5,000	
	其他費用	1,890	
	進項稅額		3,500
	應付稅額		3,390

依比例計算不可扣抵之進項稅額，可以「其他費用」科目入帳，亦可逐一認定原購買之科目入帳。

㈥ 特種稅額計算銷售額

酒家、夜總會、銀行業等為特種稅額計算銷售額，其稅負內含。例如：某銀行 10 月 18 日利息收入 100,000 元，收現金，則其收息、月底計算應付稅捐及 11 月 15 日付營業稅分錄如下：

10/18	現　金	100,000	
	利息收入		100,000
10/31	稅　捐（100,000×5%）	5,000	
	應付稅捐		5,000
11/15	應付稅捐	5,000	
	現　金		5,000

三、發票開立方式

應在第二章附錄「營業人開立銷售憑證時限表」規定時限前開立發票。

採自動販賣機銷售貨物，應於收款時按實際收款金額彙總開立統一發票。

3-3 分期付款銷貨

一、參考法條

㈠查準第十六條

營利事業分期付款之銷貨，其當期損益，得依下列方法擇一計算。

1. 全部毛利法

依出售年度內全部銷貨金額，減除銷貨成本（包括分期付款貨品之全部成本）後，計算之。

2. 毛利百分比法

依出售年度約載分期付款之銷貨價格及成本，計算分期付款銷貨毛利率，以後各期收取之分期價款，並按此項比率計算其利益及應攤計之成本。其分期付款銷貨利益並得按下列公式計算：

$$分期付款銷貨本年度收款總額 \times \frac{分期付款銷貨未實現毛利年初餘額 + 本年度分期付款銷貨毛利}{分期付款銷貨應收帳款年初餘款 + 本年度分期付款銷貨總額}$$

毛利百分比法之採用，以分期付款期限在十三個月以上為限。

3. 普通銷貨法

除依現銷價格及成本，核計其當年度損益外，其約載分期付款售價高於現銷價格部分，為未實現之利息收入，嗣後分期按利息法認列利息收入。

前項各種計算損益方法既經採用，在本期內不得變更。相同種類產品同期分期付款銷貨損益均應採用同一計算方式。不同種類產品，得依規定分別採

用不同之計算方法，但全期均應就其擇定之同一方法計算其分期付款銷貨之損益，不得中途變更。

　　前項分期付款銷貨在本期收回之帳款利益，應按前期銷貨時原採公式計算，不得變更其計算方法。

二、要點說明

　　分期付款銷貨是一種特殊型態的賒銷交易，大多以不動產或其他耐久性消費財（如家電、鋼琴、汽車）為交易標的，由買賣雙方約定先將交易標的物交付買方，貨款則由賣方按一定時間表收取。由於付款時間拉長，售價自然較一般銷貨的價格高，對賣方而言所取得遲延付款的差價補貼，其性質與利息收入非常相似。

　　在財務會計方面，應按普通銷貨方法認列收益。申報所得稅時可採毛利百分比法、全部毛利法或普通銷貨法，營利事業為配合財務會計及稅務會計之規定，平時應以普通銷貨法記帳並編製報表，期末申報所得稅時，如採普通銷貨法以外的兩種方法，只能用帳外調整申報金額，有關三種方法銷貨毛利之計算，另舉實例計算如下段。

　　分期付款銷貨如遇買主違約不再付款，可將原售商品收回，並以淨變現價值作為收回商品成本，如需整修亦列為成本。又由於分期付款銷貨將毛利遞延，為符合「收入與費用配合」原則，凡是採毛利百分比法計算損益者，其全部應收分期帳款，採普通銷貨法者，其約載分期付款售價與現銷價格之差額部分之債權，不得提列備抵呆帳（查 94）。

三、計算實例

 **範例**

1. (1) 甲公司民國 108 年 12 月 31 日將成本 1,200,000 元之汽車一部，言明以 2,502,150 元之價格售與丙公司（營業稅均另計）。

   (2) 甲公司民國 108 年 12 月 31 日收到頭期款 600,000 元。

   (3) 其餘貨款約定以 6 個月為一期，分 10 期平均收取，每期收款 190,215 元。

   (4) 按該部汽車之現銷價為 2,000,000 元，分期付款價係按年息 12% 加計利息 502,150 元後之金額。

   (5) 甲公司之會計年度係採曆年制。

   試採三種方法計算下，應認列之毛利。

解答

　　根據上述情況，計算每期還本付息之金額如下：

	①＝上期①－④	②	③＝①×6%	④＝②－③
日　　期	本金餘額	每期分期款	每期利息	每期還本數
108/12/31	（未扣本期收款前）1,400,000	－	－	－
109/06/30	1,400,000	（註）190,215	84,000	106,215
109/12/31	1,293,785	190,215	77,627	112,588
110/06/30	1,181,197	190,215	70,872	119,343
110/12/31	1,061,854	190,215	63,711	126,504
111/06/30	935,350	190,215	56,121	134,094
111/12/31	801,256	190,215	48,075	142,140
112/06/30	659,116	190,215	39,547	150,668
112/12/31	508,448	190,215	30,507	159,708
113/06/30	348,740	190,215	20,924	169,291
113/12/31	179,449	190,215	10,766	179,449
合　　計	－	1,902,150	502,150	－

註：1. 期間 10 期，每期利息 6%，每 1 元之年金現值為 7.360087 元。
　　2. 1,400,000÷7.360087＝每期年金 190,215。

①普通銷貨法

現銷價格與成本之差額列為銷貨年度損益，分期售價高於現銷價格部分為未實現利息收入，分期按利息法認列收入，如上表③欄所示。

$$108 \text{ 年利益} = 2,000,000 - 1,200,000 = \quad 800,000$$
$$109 \text{ 年利益} = \quad 84,000 + \quad 77,627 = \quad 161,627$$
$$110 \text{ 年利益} = \quad 70,872 + \quad 63,711 = \quad 134,583$$
$$111 \text{ 年利益} = \quad 56,121 + \quad 48,075 = \quad 104,196$$
$$112 \text{ 年利益} = \quad 39,547 + \quad 30,507 = \quad \ \ 70,054$$
$$113 \text{ 年利益} = \quad 20,924 + \quad 10,766 = \quad \ \ 31,690$$
$$\text{合計} \qquad\qquad\qquad\qquad\qquad\ \ \underline{1,302,150}$$

各年認列收入合計數，為分期付款銷貨價格與成本之差，即：

$$2,502,150 - 1,200,000 = 1,302,150$$

②全部毛利法

將分期付款銷貨視同一般賒銷，於銷貨年度認列全部損益。

$$108 \text{ 年利益} = 2,502,150 - 1,200,000 = 1,302,150$$

③毛利百分比法

按收款金額認列毛利。

$$\text{毛利率} = 1,302,150 \div 2,502,150 = 52.0412\%$$
$$108 \text{ 年} = 600,000 \times 52.0412\% = 312,247$$
$$109 \text{ 年} = 380,430 \times 52.0412\% = 197,980$$
$$110 \text{ 年} = 380,430 \times 52.0412\% = 197,980$$
$$111 \text{ 年} = 380,430 \times 52.0412\% = 197,980$$

112 年 = 380,430 × 52.0412% = 197,980

113 年 = 380,430 × 52.0412% = 197,983

各年毛利率可採下列公式計算以求簡便（分期付款銷貨未實現毛利年初餘額
本年度分期付款銷貨毛利）÷（分期付款銷貨應收帳款年初餘額＋本年度分
期付款銷貨總額）。

設 109 年分期付款銷貨，售價 3,000,000 元，成本 1,600,000 元，109 年收取
帳款為 600,000 元，則可以下列方式計算 109 年實現毛利，不必逐筆計算。

109 年分期付款銷貨收款總額 = 380,430 + 600,000 = 980,430

109 年初未實現毛利 = 1,302,150 − 312,247 = 989,903

109 年度分期付款銷貨毛利 = 3,000,000 − 1,600,000 = 1,400,000

109 年初應收分期帳款餘額 = 2,502,150 − 600,000 = 1,902,150

109 年分期付款銷貨 = 3,000,000

109 年認列收益 $= 980,430 \times \dfrac{989,903 + 1,400,000}{1,902,150 + 3,000,000} = 477,981$

四、發票開立方式

營業人以分期付款方式銷售貨物者，應於約定收取各期價款時，開立統一
發票（統 18），如約定收取各期價款時未能如期收款，仍應開立發票繳納營業
稅。

五、會計處理

沿用前例，108 年 12 月 31 日將成本 1,200,000 元的汽車以 2,502,150
元出售，當日收頭期款 600,000 元，餘款分 10 期，每 6 個月收一次，每次
190,215 元，則帳上平時應採普通銷貨法，其各期認列收入金額見前文第三點
「計算實例」，108 年及 109 年分錄如下：

108/12/31	現　金	630,000	
	應收分期帳款	1,902,150	
	銷貨收入		2,000,000
	未實現利息收入		502,150
	銷項稅額		30,000
108/12/31	銷貨成本	1,200,000	
	存貨－汽車		1,200,000

以分期付款方式銷售汽車一部。

109/6/30	現　金	199,726	
	應收分期帳款		190,215
	銷項稅額		9,511

收第一期貨款。

| 109/6/30 | 未實現利息收入 | 84,000 | |
| | 　利息收入 | | 84,000 |

將已實現利息收入予以認列。

109/12/31	現　金	199,726	
	應收分期帳款		190,215
	銷項稅額		9,511

收第二期貨款。

| 109/12/31 | 未實現利息收入 | 77,627 | |
| | 　利息收入 | | 77,627 |

將已實現利息收入予以認列。

3-4 寄銷銷貨

一、參考法條

查準第二十六條

營利事業委託其他營利事業買賣貨物，應由雙方書立合約，並將買賣客戶姓名、地址、貨物名稱、種類、數量、成交價格、日期及佣金等詳細記帳及保存有關文據，憑以認定之。未依上開規定辦理者，如其帳載內容及其他有力證據足以證明其確有委託關係存在者，仍應憑其合約及有關帳載據核實認定。

營利事業委託或受託代銷貨物，未依前項規定辦理，且無法證明其確有委託關係存在者，應分別認定為自銷或自購，除其未依規定給與，取得或保存憑證，應依稅捐稽徵法第四十四條規定處罰外，並應分別就委託代銷金額及代銷收入金額適用同業利潤標準之淨利率，核計委託事業及受託代銷事業按自銷自購認定之所得額，但該項核定所得額低於帳載委託代銷收益或代銷佣金收入時，仍以帳載數額為準。

代客買賣貨物開立之統一發票或收據，所載買進或賣出之價格，如經查核不實，顯屬幫助他人逃稅有據者，除應依稅捐稽徵法第四十三條規定辦理外，其本身倘涉有逃漏所得額情事者，並應依所得稅法第一百十條規定處罰。

二、要點說明

所謂寄銷即委託銷貨，係由寄銷人（又稱委託人）將貨品運交承銷人（又稱代銷人），委託其代為銷售，並支付佣金之營業行為。

委託及受託雙方應訂立契約以供查核，契約內容應具備之要點如下：

1. 貨品名稱與規格。

2. 代銷價格（應明定價格，不得以「時價」籠統訂定，如有變動應由委託

商以書面通知代銷商,以備查核)。

　　3. 代銷區域及限制。

　　4. 佣金或手續費。

　　5. 結算期限(最長不得超過一個月)。

　　6. 契約有效期間。

　　未依規定書立契約者,如其帳載內容及其他有力證據足以證明確有委託關係存在者,仍應憑其契約有關帳據核實認定。

　　不合上項規定者,應分別認定為自銷或自購,除其未依規定給與,取得或保存憑證,應處以 5% 罰鍰外,並依委託代銷或代銷收入金額適用同業利潤標準之淨利率核計雙方之所得額,但上項所得額低於帳載時,仍以帳載為準。

　　代客買賣開立之統一發票或收據,所載買進賣出之價格,如經查核不實,顯屬幫助他人逃稅有據者,除依教唆或幫助逃稅,處三年以下有期徒刑、拘役或科新臺幣六萬元以下罰金 (稽 43) ,其本身涉有逃漏所得額情事者,並應依所漏稅額處以兩倍以下罰鍰 (所 110) 。

三、發票開立方式及會計處理

　　見第 2-1 節第二之㈥點說明。

3-5 長期工程

一、參考法條

　　查準第二十四條

　　營利事業承包工程之工期在一年以上,有關工程損益之計算,應採完工比

例法。但有下列情形之一，致工程損益確無法估計者，得採成本回收法，在已發生工程成本之可回收範圍內認列收入，計算工程損益：

　　1.各期應收工程價款無法估計。

　　2.履行合約所須投入成本與期末完工程度均無法估計。

　　3.歸屬於合約之成本無法辨認。

　　營利事業首次採用國際財務報導準則或企業會計準則公報以前已進行尚未完工之工程，計算工程損益仍應依原方法處理。

　　營利事業承包工程採成本回收法計算工程損益，其承包工程之工期有跨年度者，其管理費用應於費用發生之年度列報，不得遞延。

　　第一項及第二項所稱完工，係指實際完工而言，實際完工日期之認定，應以承造工程實際完成交由委建人受領之日期為準，如上揭日期無法查考時，其屬承造建築物工程，應以主管機關核發使用執照日期為準，其屬承造非建築物之工程者，應以委建人驗收日期為準。

　　第一項所稱完工比例，可採下列方法計算之：

　　1.工程成本比例法，即按投入成本占估計總成本之比例計算。

　　2.工時進度比例法，即按投入工時或人工成本占估計總工時或總人工成本之比例計算。

　　3.產出單位比例法，即按工程之產出單位占合約總單位之比例計算。

　　在同一年度承包二個以上工程者，其工程成本應分別計算，如混淆不清，無法查帳核定其所得額時，稽徵得依查得資料或同業利潤標準核定其所得。

二、要點說明

　　㈠營造業營業方式

　　營造業承攬之工程依其契約規定，可分為包工包料及包工不包料兩種情形。所謂包工包料係指承包工程以自備之材料或由出包人作價供售材料施工者之營業；而包工不包料則指以提供勞務為主，約定為人完成一定工作之營業。訂約時應確認係屬包工包料抑或包工不包料。

㈡長期工程之損益計算

工程在一年以上之長期工程，其工程損益應採用完工比例法。但有下列情形之一，致工程損益確無法估計者，得採成本回收法：

1.各期應收工程款無法預估。

2.履行合約所須投入成本與期末完工程度均無法估計。

3.歸屬於合約之成本無法辨認。

1.完工定義

所謂完工，係指實際完工而言，實際完工日期之認定，應以承造工程實際完成交由委建人受領之日期為準，如上揭日期無從查考時，其屬承造建築物工程，應以主管機關核發使用執照日期為準，其屬承造非建築物之工程者，應以委建人驗收日期為準。

2.損益認列公式

(1)總額法

本期工程損益計算：

工程承包價 ×（累積至本期完工比率 − 前期累積完工比率）＝ 本期工程收入

估計工程成本 ×（累積至本期完工比率 − 前期累積完工比率）＝ 本期工程成本

估計工程成本 ＝ 累積實際支付工程成本 ＋ 估計至完工尚須投入成本

(2)淨額法

本期工程損益計算：

（工程承包價 − 估計工程成本）×（累積至本期完工比率 − 前期累積完工比率）＝ 本期工程利益（或損失）

3.同時承包二個以上工程

同一年度承包二個以上工程時，應依工程別，明確分開記載，其有混淆不清致稽徵機關無法查核其所得者，將被依法核定其所得額。

三、發票開立方式

凡承包土木建築工程、水電煤氣裝置工程及建築物之油漆粉刷工程,而以自備之材料或由出包人作價供售材料施工者之營業。包括營造業、建築業、土木包作業、路面鋪設業、鑿井業、水電工程業、油漆承包業,屬包作業,應依其工程合約所載每期應收價款時為限,開立發票。

四、會計處理

長期工程損益計算可分為「完工比例法」、「成本回收法」,其會計處理分述如下:

㈠完工比例法

由於損益金額係於工程進行中逐年認定,為計算各年已實現工程損益,每期應以期末完工比例計算累積工程利益減除前期已認列之累積利益後,作為本期工程利益。但前期已認列之累積利益超過本期期末按完工比例所計算之累積利益時,其超過部分應作為本期工程損失。

範例

2. 大亞公司 109 年初承包某工程,承包價 1,000,000 元(未含稅),預計四年完工,各期支付成本、收取工程款等資料如下:

年度 項目	109年	110年	111年	112年	合計
工程承包價	—	—	—	—	1,000,000
每年實際工程成本	150,000	250,000	300,000	195,000	895,000
估計至完工尚須投入成本	650,000	400,000	100,000	0	
分期請款金額(稅外加)	120,000	300,000	320,000	260,000	1,000,000
實際收款金額(稅外加)	100,000	200,000	250,000	450,000	1,000,000
工程成本比例	18.75%	50%	87.5%	100%	

試作有關會計分錄。

解答

	109 年	110 年	111 年	112 年

(1) 平時會計分錄

①支付工程成本時（進項稅額暫略）

	109 年	110 年	111 年	112 年
借：在建工程	150,000	250,000	300,000	195,000
貸：現金（或應付 帳款、材料等）	150,000	250,000	300,000	195,000

②記錄各期請款金額

	109 年	110 年	111 年	112 年
借：應收工程款	126,000	315,000	336,000	273,000
貸：預收工程款	120,000	300,000	320,000	260,000
銷項稅額	6,000	15,000	16,000	13,000

③記錄實際收款金額

	109 年	110 年	111 年	112 年
借：現　金	105,000	210,000	262,500	472,500
貸：應收工程款	105,000	210,000	262,500	472,500

(2) 每年工程損益分攤計算

	109 年	110 年	111 年	112 年
工程包價(1)	1,000,000	1,000,000	1,000,000	1,000,000
至本期止累計投入工程成本(2)	150,000	400,000	700,000	895,000
估計至完工尚須投入成本	650,000	400,000	100,000	－
估計總工程成本(3)	800,000	800,000	800,000	895,000
估計工程利益（損失）(4)＝(1)－(3)	200,000	200,000	200,000	105,000
工程成本比例(5)＝(2)÷(3)	18.75%	50%	87.5%	100%

　淨額法

	109 年	110 年	111 年	112 年
至本期止累積利益(4)×(5)	37,500	100,000	175,000	105,000
前期已認列累積利益（損失）	0	37,500	100,000	175,000
本期應認列利益（損失）	37,500	62,500	75,000	(70,000)

總額法

	109 年	110 年	111 年	112 年
至本期止累積收入（工程包價 × 工程成本比例）(6)	187,500	500,000	875,000	1,000,000
前期已認列累積工程收入(7)	0	187,500	500,000	875,000
本期應認列收入(8)	187,500	312,500	375,000	125,000
本期應認列成本(9)	150,000	250,000	300,000	195,000
本期應認列利益（損失）(8)−(B)	37,500	62,500	75,000	(70,000)

(3) 工程損益會計處理

淨額法

109 年
借：在建工程　　　　37,500
　　貸：工程利益　　　　　　　37,500

110 年
借：在建工程　　　　62,500
　　貸：工程利益　　　　　　　62,500

111 年
借：在建工程　　　　75,000
　　貸：工程利益　　　　　　　75,000

112 年
借：工程損失　　　　70,000
　　貸：在建工程　　　　　　　70,000

總額法

109 年
借：工程成本　　　　150,000
　　在建工程　　　　37,500
　　貸：工程收入　　　　　　　187,500

110 年
借：工程成本　　　　250,000
　　在建工程　　　　62,500
　　貸：工程收入　　　　　　　312,500

111 年
借：工程成本　　　　300,000
　　在建工程　　　　75,000
　　貸：工程收入　　　　　　　375,000

112 年
借：工程成本　　　　195,000
　　貸：工程收入　　　　　　　125,000
　　　　在建工程　　　　　　　70,000

(4) 完工年度沖帳結清

借：預收工程款　　　　1,000,000
　　貸：在建工程　　　　　　　1,000,000

申報時工程收入為營業收入，工程成本為營業成本。在建工程減預收工程款後之餘額列為流動資產，若為負數列為流動負債。

㈡成本回收法

　　建造期間各期發生之成本仍應認列為當期費用，但僅能在預期很有可能回收之實際發生成本範圍內認列收入，不得認列利潤，但會因為很有可能無法回收之實際發生成本之存在而認列損失。

範例

3. 若前例大亞公司 109 年開始承包工程，採國際財務報導準則處理會計事項，合約結果無法可靠估計，已知 109 年、110 年及 111 年底止預期很有可能回收成本分別為 300,000 元、350,000 元及 680,000 元，試作相關會計分錄。

解答

　　(1) 依國際會計準則第十一號（IAS11）「建造合約」之規定，由於大亞公司對於合約結果無法可靠估計，故對該工程應採用成本回收法處理。

　　(2) 各年度應認列損益如下表：

年度	工程可回收金額 (A)	累積工程成本 (B)	累計應認列工程收入 (C)=(A)或(B)孰低	本期工程收入 (D)=(C)－上期(C)	本期應認列工程損益 (E)=(C)－(B)－上期(E)
109	300,000	150,000	150,000	150,000	0
110	350,000	400,000	350,000	200,000	(50,000)
111	680,000	700,000	680,000	330,000	30,000

　　(3) 112 年完工認列工程損益

　　　112 年應認列之工程利益

　　　　＝工程總利益 － 至 111 年底止已認列之損失

　　　　＝ 105,000 － (−20,000) = 125,000

112 年應認列之工程收入

= 工程總價 − 至 111 年底止已認列之工程收入

= 1,000,000 − 680,000 = 320,000

(4) 平時會計分錄與前例完全相同，不另列示。

(5) 工程損益會計處理

	109年	110年	111年	112年
借：工程成本	150,000	250,000	300,000	195,000
在建工程	−	−	30,000	125,000
貸：工程收入	150,000	200,000	330,000	320,000
在建工程	−	50,000	−	−

3-6 ‖ 保稅區銷貨處理

一、要點說明

保稅區指政府核定之加工出口區、科學工業園區、農業科技園區、自由貿易港區及海關管理之保稅工廠、保稅倉庫、物流中心，或其他經目的事業主管機關核准設立且由海關監管之專區（營 6 之 1）。

保稅區在課徵營業稅、關稅時，被視為「境外」，即貨物由國外進到保稅區，不算進入臺灣，不必繳關稅、營業稅，但這些貨物在保稅區加工後，如果外銷，和非保稅區一樣，適用零稅率，但如要賣給境內非保稅區，此行為被視為「進口」，要課徵關稅和營業稅。但保稅區營業人銷售與課稅區營業人未輸往課稅區而直接出口之貨物，或銷售後存入自由港區事業或海關管理之保稅倉庫、物流中心以供外銷之貨物，適用零稅率。

二、發票處理情形

賣　　方	買　　方	發票開立與課稅情形
外國營業人	保稅區營業人	取得外商發票，不在課稅範圍。
境內非保稅區營業人	保稅區營業人	開立三聯式發票，適用零稅率。
保稅區營業人	外國營業人	外銷，經報關者免開發票，適用零稅率。
保稅區營業人	非保稅區營業人	報關者為買方進口貨物，由海關徵收營業稅，開專用收據。 未輸往保稅區而直接出口，或銷售後直接存入自由貿易港區事業或保稅倉庫、物流中心以供外銷之貨物，適用零稅率。

3-7　外銷銷貨收入

一、參考法條

查準第十五條之二

營利事業外銷貨物或勞務，其銷貨收入之歸屬年度，依下列規定辦理：

㈠外銷貨物應列為外銷貨物報關日所屬會計年度之銷貨收入處理。但以郵政及快遞事業之郵政快捷郵件或陸空聯運包裹寄送貨物外銷者，應列為郵政及快遞事業掣發執據蓋用戳記日所屬會計年度之銷貨收入處理。

㈡銷售與外銷有關之勞務或在國內提供而在國外使用之勞務，應列為勞務提供完成日所屬會計年度之銷貨收入處理。

二、要點說明

以貨物外銷者，其收款方式有下列數種：

（一）信用狀（L/C）。

（二）託收（D/A 及 D/P）。

（三）預收外匯（T/T、M/T 及 D/D）。

最近幾年貿易型態變化較多，三角貿易成為常態，因此在下一節中，將專節介紹三角貿易之處理。

（一）信用狀銷貨

國外進口商應於貿易契約成立後，向當地銀行申請開發信用狀給出口商，出口商於依約將貨物裝船取得貨物提單，連同信用狀、所開立匯票及其他單據一併提交當地匯兌銀行辦理押匯，取得貨款。銀行再將單據寄交進口商之開狀銀行，開狀銀行再通知進口商前往付款贖單，完成貿易程序，此種方式類似現銷，只是買方遠在海外，須經報關、押匯等手續，會計處理較複雜。

（二）以託收方式出口者

此種付款方式不必使用信用狀，由出口商向進口商開出跟單匯票，持往當地銀行申請託收（委託代向進口商之銀行收款），出口商之銀行即將匯票及單據寄往進口商之銀行，若進口商之銀行自進口商取得票款，出口商之銀行即付款給出口商，若進口商之銀行無法取得票款，出口商便無從取得票款。

託收依交單方式可分為 D/A（承兌交單）及 D/P（付款交單）。所謂承兌交單，是指進口商在匯票上承兌付款（承兌日後若干日才付款）後，即可取得單據提貨；付款交單則必須於實際付款後，才可取得單據提貨。

採 D/A 類似賒銷，買方在票據上簽名，即可將提單拿走，憑提單提領貨物，賣方保障較低。

三、發票開立方式

直接外銷貨物或勞務予國外買受人經報關出口者，免開立統一發票。

四、會計處理

㈠信用狀交易

1.接到信用狀

不必作分錄，但應將信用狀有關事項作備忘紀錄。

2.報關日

貨物製妥或購妥並運至港口辦理報關，必須支付由公司或工廠運至港口之內陸運費。若貿易條件為 C&F 者，賣方另應負擔海運費；若其貿易條件為 CIF 者，賣方另應負擔海運費及保險費。此外，尚須支付報關行有關辦理貨品出口之各項費用。

(1) 支付內陸運費 5,000 元。

運　費………………………………………………………	5,000	
進項稅額…………………………………………………	250	
現　金…………………………………………………		5,250

(2) CIF 外銷支付海運費 80,000 元及保險費 6,000 元。

運　費………………………………………………………	80,000	
保險費……………………………………………………	6,000	
現　金…………………………………………………		86,000

(3) 銷貨金額 40,000 美元，設報關日公布之匯率為 26：1。因外銷取得外匯者適用零稅率，故不另加營業稅。理論上，應按當日銀行掛牌買進匯率計算應收帳款，然如差異不大，可照報關匯率記帳，免除申報外銷金額與帳載收入不同之困擾。

應收帳款……………………………………………………	1,040,000	
銷貨收入……………………………………………………		1,040,000

(4) 支付報關行報關費 8,000 元。

報關費…………………………………………………………	8,000	
現　金……………………………………………………		8,000

3. 結匯

出口結匯，設當日匯率 26.10：1，佣金 3%，銀行費用（手續費及郵電費）10,000 元，該費用可以「出口費用」科目入帳。

銀行存款……………………………………………………	1,002,680	
佣金支出（26.10×40,000×3%）…………………………	31,320	
出口費用……………………………………………………	10,000	
應收帳款………………………………………………		1,040,000
兌換盈益（0.1×40,000）…………………………		4,000

㈡ D/A 方式出口者

支付運費、保險費、報關費與 L/C 同，茲不贅述。

1. 報關日

應收帳款……………………………………………………	1,040,000	
銷貨收入……………………………………………………		1,040,000

2. 銀行通知進口商承兌時

應收票據……………………………………………………	1,040,000	
應收帳款……………………………………………………		1,040,000

3. 實際收款

設匯率為 25：1，佣金 3%，銀行費用 10,000 元，則收款日之分錄為：

銀行存款……………………………………………… 960,000
佣金支出……………………………………………… 30,000
出口費用……………………………………………… 10,000
兌換虧損……………………………………………… 40,000
　　應收票據…………………………………………　　　　　　1,040,000

兌換損失及兌換盈益可互抵後列為營業外收入或支出，至於兌換盈虧之計算，得以先進先出法或移動平均之方式處理。

㈢ D/P方式出口者

其分錄與信用狀銷貨同。

㈣ 預收外匯出口

這是買賣雙方對訂約後，進口商即以電匯（T/T）等方式預付貨款，出口商將外匯結售給外匯銀行之意。其有關分錄如下：

1. 預收外匯

預收外匯即售銀行，設金額 5,000 美元，當日匯率 26：1。

銀行存款……………………………………………… 130,000
　　預收貨款－國外…………………………………　　　　　　130,000

2. 報關日

貨品裝船後，將提單及有關單據交進口商時，交易已完成，收入已實現，應作分錄如下：

　　　預收貨款－國外…………………………………………　130,000

　　　　銷貨收入…………………………………………………　　　130,000

　　報關日應按海關公布之報關匯率承認收入，如與預收時匯率不同，應承認兌換損益。

 ### 3-8 多角貿易之處理

一、要點說明

　　以往外銷，是由工廠接單直接賣給國外買主，或貿易商接單後向國內工廠採購再出口，但近年由於國內企業紛紛至中國及東南亞各地投資，外銷型態因而多樣化，成為多角貿易型態，以我國貿易商接到美國買主訂單為例，其可能出貨方式有：

　　㈠ 由臺灣供料，至中國或東南亞加工後，直接運往美國。

　　㈡ 由臺灣供料，至中國或東南亞加工後，運回臺灣，再出口至美國。

　　㈢ 接到訂單後，向中國或東南亞訂貨，直接運往美國。差價部分屬佣金收入應開零稅率發票。

　　㈣ 接到訂單後，向國內廠商訂貨，以自己或廠商名義出口，傳統貿易採取此種方式。

　　㈤ 國外設發貨倉庫，銷售時由發貨倉庫出貨。

　　㈥ 接到訂單後，向臺灣廠商訂貨，臺灣廠商再向中國或東南亞廠商訂貨，並直接運到美國。

　　㈦ 轉開國內信用狀給國內供應商，由國內供應商自國外進口，並即行辦理轉運美國客戶。

　　為降低成本增加利潤，各種新型態多角貿易將不斷出現，有賴財政部不斷頒布解釋函，規範發票開立方式。

貿易型態	供應商	統一發票開立規定	適用稅率	營利事業所得稅結算申報及會計處理
一、原料由臺灣提供運往國外加工後，直接運銷第三國買受人。	國內－C 國外－B	1. 原料出口時，按經海關簽證之輸出許可證或海關核發之出口報單所載貨價開立統一發票。 2. 加工後直接運銷第三國時，按交易總額減原開立發票金額後之差額開立統一發票。 註：財政部77.11.15臺財稅第770665884號函。	1. 零稅率以出口報單作為外銷證明文件 2. 憑國外出貨文件作為外銷證明文件	依進貨、銷貨處理 C公司： 1. 原料出口時 　借：在製品 　　貸：原料 2. B公司加工後將成品運往第三國時 　(1)支付國外B公司加工費 　　借：製－加工費 　　　貸：應付帳款（或銀行存款） 　(2)製－加工費轉至「在製品」科目 　　借：在製品 　　　貸：製－加工費 　(3)「在製品」科目轉列至「製成品」科目 　　借：製成品 　　　貸：在製品 　(4)認列銷貨收入 　　借：應收帳款 　　　貸：銷貨收入 　(5)認列銷貨成本 　　借：銷貨成本 　　　貸：製成品
二、原料由臺灣提供加工後復運進口再出口。	國內－C 國外－B	1. 原料運往國外加工時免開立統一發票。 2. 復運出口時，按出口銷售額開立統一發票。 註：財政部79.1.24臺財稅第790621107號函。 3. 營業人以不結匯方式將原料運往國外加工後就地出售時，按收到外匯銀行通知匯入貨款之日，依銀行結匯匯率開立統一發票。 註：財政部83.12.21臺財稅第831625961號函。	零稅率	1. 原料出口時轉列委外加工品，復運進口時，加上加工費轉列製成品。 2. 按進、銷貨處理。 C公司： 1. 原料出口加工 　借：在製品 　　貸：原料 2. 委外加工成品復運進口 　借：製－加工費 　　貸：應付帳款（或銀行存款） 3. 製－加工費轉至「在製品」科目 　借：在製品 　　貸：製－加工費 4. 在製品轉列製成品科目 　借：製成品 　　貸：在製品 5. 成品外銷出口 　借：應收帳款 　　貸：銷貨收入 6. 結轉銷貨成本 　借：銷貨成本 　　貸：製成品

三、訂單生產，即國內貿易商接到國外訂購商之訂單及信用狀後，本身不出貨，轉向國外訂購發狀由國外直接出貨。	國外	1.「轉開」信用狀：按收付信用狀差額開立統一發票。 註：財政部75.7.29臺財稅第7555603號、77.8.18臺財稅第770572584號函。 2. 不開信用狀（D/A、D/P）按收付價款差額開立統一發票。 註：財政部78.11.23臺財稅第780691662號函。	零稅率 零稅率	列報佣金或手續費收入 C公司： 1. 於收到外匯收入時 　借：銀行存款（或現金） 　　貸：代收款 　　　　佣金收入 2. 匯付國外貨款時 　借：代收款 　　貸：銀行存款（或現金） 列報佣金或手續費收入 會計處理同上。
四、訂單生產：國內貿易商接到國外訂購商之訂單及信用狀，轉向國內供應商訂貨出口。	國內B公司	1. 以國內貿易商名義出口：貿易商以進銷，供應商以製售方式開立統一發票。 2. 以國內供應商名義出口：貿易商按收取之差額開立佣金收入發票。供應商按國內信用狀金額開立統一發票予國外客戶。 註：財政部75.2.1臺財稅第7521313號函。	貿易商：適用零稅率 供應商：不適用零稅率 貿易商：佣金收入適用零稅率 供應商：外銷適用零稅率	1. 以貿易商A公司出口 (1)向B公司進貨 　借：進貨 　　貸：應付帳款（或現金） (2)外銷出口至第三國 　借：應收帳款（或現金） 　　貸：銷貨收入 2. 以供應商B公司出口 (1)A公司 ①收到外銷收入時 　借：銀行存款（或現金） 　　貸：代收款 　　　　佣金收入 ②支付B公司貨款 　借：代收款 　　貸：現金 列報佣金收入 (2)B公司 ①外銷出口時 　借：應收帳款 　　貸：銷貨收入 ②收到A公司支付貨款 　借：現金 　　貸：應收帳款
五、計畫生產：營業人於國外設發貨倉庫，貨品輸出發貨倉庫。		1. 貨品輸出至發貨倉庫時，按輸出許可證所載價格核算銷售額開立統一發票。 2. 貨品自國外發貨倉庫出貨時，不必再開立發票。 註：財政部77.11.15臺財稅第770665884號函、78.11.11臺財	零稅率	結算申報時貨物已實際出售者，按實際價格調整營業收入，並檢附當地合格會計師簽證之收入調節表及存貨盤點紀錄表以憑認定。 C公司 1. 貨物出口至國外發貨倉庫時 　借：存貨－發貨倉庫 　　貸：存貨 　（備忘分錄） 2. 實際自國外發貨倉庫出貨時

		稅第 780696761 號函。		借：應收帳款（或銀行存款） 　貸：銷貨收入
六、國內貿易商接獲國外客戶訂單後轉向國內供應商 A 訂貨，國內供應商轉向第三國供應商 B 訂貨，並由第三國供應商直接出貨。	國內—A 國外—B	1. 國內貿易商以收付信用狀差額列為佣金收入，開立統一發票。 2. 國內供應商就國內貿易商之貨款與交付國外供應商之差額列報佣金收入，並於收到國外供應商出貨單據之日起三日內開立統一發票。 註：財政部 75.7.29 臺財稅第 7555603 號函。 財政部 79.6.30 臺財稅第 790647491 號函。 財政部 81.9.18 臺財稅第 810326956 號函。 財政部 81.12.30 臺財稅第 810871466 號函。	零稅率 零稅率	國內貿易商列報佣金收入 1. C 公司 　(1)收到外匯收入 　　借：銀行存款（或現金） 　　　貸：佣金收入 　　　　　代收款 　(2)付 A 公司貨款 　　借：代收款 　　　貸：銀行存款（或現金） 國內供應商亦列報佣金收入，惟其與國內貿易商及向國外供應商訂貨之有關文件應妥慎保存，以供查核。 2. A 公司 　(1)支付國外 B 公司貨款 　　借：代付款 　　　貸：銀行存款（或現金） 　(2)收到 C 公司貨款 　　借：現金（或銀行存款） 　　　貸：代付款 　　　　　佣金收入
七、國內貿易商與國內供應商合作，由貿易商轉開國內信用狀予國內供應商，其貨物由國外供應商提供，並以國內供應商名義進口，惟即行辦理轉運國外客戶。	國內—A 國外—B	1. 國內貿易商以收付信用狀差額列報佣金收入，開立統一發票。 註：財政部 75.7.29 臺財稅第 7555603 號函。 2. 國內供應商依輸出許可證上所載金額開立統一發票。 註：財政部 79.6.30 臺財稅第 790647491 號函。 ※ 790647491 號函自 94.1.1 起停止適用，改為起運地及目的地均在境外，不屬課稅範圍。	零稅率	列報佣金收入 1. C 公司 　(1)收到外匯收入 　　借：銀行存款 　　　貸：佣金收入 　　　　　代收款 　(2)支付 A 公司貨款 　　借：代收款 　　　貸：銀行存款（或現金） 以進、銷貨處理 2. A 公司 　(1)貨物進口時 　　借：進貨 　　　貸：應付帳款 　(2)貨物出口時 　　借：應收帳款 　　　貸：銷貨收入 　(3)收到 C 公司貨款 　　借：現金（或銀行存款） 　　　貸：應收帳款

二、發票開立方式

多角貿易常見的型態及其發票開立方式如上表，表中直接外銷 86 年 7 月 1 日起免開發票。

9304525270 號函規定，營業人接受國外客戶訂購貨物後，向第三國供應商進口（不經通關程序）貨物，即行辦理轉運國外客戶之交易型態，如該營業人不負擔貨物之瑕疵擔保責任，核屬居間法律行為，應依 770572584 號函辦理；如該營業人員負擔貨物之瑕疵擔保責任，核屬買賣行為。

三、會計處理

㈠原料送外加工後直接運銷買受人

4 月 1 日將成本 1,000,000 元材料送往泰國加工，支付運費等各項費用 60,000 元，4 月 10 日支付泰國加工費 1,500,000 元，4 月 12 日直接運銷美國，售價 3,000,000 元。

1. 4月1日運出材料

4/1　在製品－國外加工材料⋯⋯⋯⋯⋯⋯⋯⋯⋯⋯⋯⋯　1,000,000	
現金（或材料，應付帳款）⋯⋯⋯⋯⋯⋯⋯	1,000,000

按報關價格適用零稅率

2. 4月1日支付運什費

4/1　在製品－國外加工運什費⋯⋯⋯⋯⋯⋯⋯⋯⋯⋯⋯　60,000	
現　金⋯⋯⋯⋯⋯⋯⋯⋯⋯⋯⋯⋯⋯⋯⋯⋯⋯	60,000

3. 4月10日支付加工費

4/10	在製品－國外加工加工費……………………………	1,500,000	
	現　金…………………………………………		1,500,000

4. 運銷美國

4/12	應收帳款…………………………………………	3,000,000	
	銷貨收入…………………………………………		3,000,000
4/12	銷貨成本…………………………………………	2,560,000	
	在製品－國外加工材料……………………………		1,000,000
	在製品－國外加工加工費…………………………		1,500,000
	在製品－國外加工運什費…………………………		60,000

㈡接到訂單直接自國外訂購出貨

收到美國訂單，金額3,000,000元，向泰國訂購商品，直接運交美國，金額2,400,000元均開立信用狀，此交易不負擔貨物之瑕疵擔保責任。

1. 支付貨款

代付款……………………………………………	2,400,000	
現　金…………………………………………		2,400,000

2. 收到貨款

現　金……………………………………………	3,000,000	
代付款…………………………………………		2,400,000
佣金收入………………………………………		600,000

其餘可比照辦理。

3-9 | 銷貨退回與折讓

一、參考法條

(一)查準第十九條

銷貨退回已在帳簿記錄沖轉並依統一發票使用辦法第二十條規定取得憑證，或有其他確實證據證明銷貨退回事實者，應予認定。未能取得有關憑證或證據者，銷貨退回不予認定，其按銷貨認定之收入，並依同業利潤標準核計其所得額。

外銷貨物之退回，其能提示海關之退貨資料等有關證明文件者，查明後應予核實認定。

(二)查準第二十條

銷貨折讓已於開立統一發票上註明者，准予認定。統一發票開交買受人後始發生之折讓應依統一發票使用辦法第二十條規定辦理；營利事業依經銷契約所取得或支付之獎勵金者，應按進貨或銷貨折讓處理。

外銷貨物或勞務之折讓，其能提示國外廠商出具註明折讓原因、折讓金額及折讓方式（如減收外匯或抵減其他貨款等）之證明文件，經查明屬實者，應予認定。

二、要點說明

(一)銷貨退回之處理

營利事業已銷售之貨品，因品質、規格或其他原因，遭買方退回，謂之銷貨退回，銷貨退回係屬銷貨收入之抵減項目，基於收入與費用配合，在銷貨退

回發生的同時，應將相關部分之銷貨成本一併轉回。如商品未退回，僅減少價款謂之銷貨折讓，銷貨折讓亦屬銷貨收入之抵減項目。

銷貨退回之認定條件有二：

1. 帳簿記錄沖轉

銷貨退回應於帳簿上作沖轉分錄，並於存貨帳上記載該收回之商品。

(1) 永續盤存制：除作銷貨退回分錄外，並應作存貨及銷貨成本轉回分錄。

(2) 定期盤存制：除作銷貨退回分錄外，並應作存貨退回之備忘紀錄。

2. 取具憑證

取具營業稅法所規定銷貨退回與折讓證明單，未能取具憑證或其他確實證據證明銷貨退回屬實者，銷貨退回不予認定，其按銷貨認定之收入，並依同業利潤標準核計其所得額。

㈡賠償款

賠償款，如貨運業損壞客戶容器賠款，應取得客戶收據，不得列為銷貨退回。

㈢取回商品

因客戶財務不佳，逕行取回商品，並非銷貨退回。

㈣退回商品

退回商品的處理方法通常有二：

1. 再出售

可修復之瑕疵品出售前之修理費用，列為退回商品之成本，出售時再轉列銷貨成本。

2. 報廢

無法修復之瑕疵品,得報經稽徵機關核備後列為當年度損失,該報廢商品如有變價,收入仍應作為當年度收益申報課稅。

㈤ 跨年度退貨

跨年度發生銷貨退回者,應列為退回年度之銷貨退回。

㈥ 銷貨折讓

銷貨折讓之認定標準如下:

1. 發票上註明

在銷貨當時即決定給予折讓者,可在發票上註明折讓金額。

2. 折讓證明

開立統一發票後發生之折讓,應取得「銷貨退回、進貨退出或折讓證明」。

給客戶進貨獎勵金,例如:一年累計購買一百臺以上給 3% 獎勵金,五百臺以上者給 5% 獎勵金,此種折讓應取得銷貨退回與折讓證明單,並於開立發票欄註明起始統一發票號碼,於品名項下註明「彙開」字樣及起訖期間。

㈦ 現金抵用券

隨貨附送之現金抵用券,經消費者向經銷商購貨抵用,由經銷商出具銷貨退回或折讓證明單,作為申報扣減銷項稅額及記帳憑證。

三、應取具憑證

營業人銷售貨物或勞務,於開立統一發票後,發生銷貨退回、掉換貨物或折讓等情事,應於事實發生時,分別依下列規定辦理,其為掉換貨物者,應按掉換貨物之金額,另行開立統一發票交付買受人。

㈠買受人為營業人

1.開立統一發票尚未申報者，應收回原開立統一發票收執聯及扣抵聯，黏貼於原統一發票存根聯上，並註明「作廢」字樣。但原統一發票載有買受人之名稱及統一編號者，得以買受人出具之銷貨退回、進貨退出或折讓證明單代之。

2.開立統一發票之銷售額已申報或原開立之統一發票收執聯及扣抵聯因故不能收回時，應取得買受人出具銷貨退回、進貨退出或折讓證明單。但以原統一發票載有買受人之名稱、統一編號者為限。

銷貨退回、進貨退出或折讓證明單格式如下：

原發開票立銷貨單位	名　　稱 / 營利事業統一發票 / 營業所在地　址		營業人銷貨退回、進貨退出或折讓證明單　　　　中華民國　　　年　　月　　日									
開　　立　　發　　票				退　　貨　　或　　折　　讓　　內　　容						(打√處) 備註	
聯式	年 月 日 字軌	號　碼	品　　名	數量	單價	退出或折讓 金額(不含稅之進貨欄)	營業稅額	應稅	零稅率	免稅	
合			計								

本證明單所列銷貨退回、進貨退出或折讓，確屬事實，特此證明。
原進貨營業人 名稱：　　　　　　　　　　（蓋章）　地址：　　縣　　　鄉　　　村　　　街
(或原買受人)　　　　　　　　　　　　　　　　　　　　　市　　　鎮區　　里　　　路
營利事業統一編號：☐☐☐☐☐☐☐☐　　　　　　　　　　段　　　巷　　弄　　　號　　樓室

第一聯：交付原銷貨人作為銷項稅額之扣減憑證。

㈡買受人為非營業人

1.開立統一發票之銷售額尚未申報者，應收回原開立統一發票收執聯，黏貼於原統一發票存根聯上，並註明「作廢」字樣。

2.開立統一發票之銷售額已申報者，發生之時間在申報營業稅以後，除應取得買受人出具之銷貨退回、進貨退出或折讓證明單外，並應收回原開立統一

發票收執聯。如收執聯無法收回，得以收執聯影本替代。但雙方訂有買賣契約，且原開立統一發票載有買受人名稱及地址者，可免收回原開立統一發票收執聯。

㈢ 次月份未入帳之退貨

買受人為營業人，因未驗收或未於帳上記載及申報扣抵銷項稅額，而要求退貨或換開發票，極易造成困擾，應專案申報主管稽徵機關，其處理方法如下：

營業人銷售貨物或勞務於開立統一發票月份以後，買受人因故未將所收受之進項統一發票收執聯及扣抵聯列帳，亦未申報扣抵銷項稅額，不能開立「銷貨退回、進貨退出或折讓證明單」者，應由營業人（賣方）憑買受人退回之原開統一發票收執聯及扣抵聯專案申報主管稽徵機關，經稽徵機關查明屬實後，其溢付稅額，准予留抵或退還，並通報財稅資料中心建檔沖減營業人銷售額。至買受人如有未依規定期限記帳者，應另行查明事實，依稅捐稽徵法第四十五條規定處罰。

㈣ 銷貨折讓應取具憑證

銷貨折讓已於開立統一發票上註明者准予認定。統一發票開交買受人後始發生之折讓，應依統一發票使用辦法第二十條規定，取得「銷貨退回、進貨退出或折讓證明單」。未於當期扣抵銷項稅額者，得延至次期扣抵。

四、會計處理

 範例

4. 生寶電器公司於 109 年 11 月 5 日購入錄影機 20 臺，每臺 12,000 元，稅外加；12 月 8 日出售 10 臺，每臺 14,000 元，稅外加，110 年 1 月 20 日退回 3 臺，試作上列日期應有之分錄。

解答

109/11/5	進　貨	………………………………………	240,000	
	進項稅額	………………………………………	12,000	
	現　金	………………………………………		252,000
109/12/8	現　金	………………………………………	147,000	
	銷貨收入	………………………………………		140,000
	銷項稅額	………………………………………		7,000

設 109 年 11 至 12 月份進項稅額共計 30,000 元，銷項稅額 50,000 元，則在 12 月 31 日結算營業稅及 110 年 1 月 15 日前申報營業稅之分錄為：

109/12/31	銷項稅額	………………………………………	50,000	
	進項稅額	………………………………………		30,000
	應付稅額	………………………………………		20,000
110/1/15	應付稅額	………………………………………	20,000	
	現　金	………………………………………		20,000
110/1/20	銷貨退回	………………………………………	42,000	
	銷項稅額	………………………………………	2,100	
	現　金（或應收帳款）	………………………		44,100

5. 威肯公司 8 月份發生下列交易：

8 月 5 日賒銷個人電腦 3 臺，定價每臺 30,000 元（不含稅），給予折扣每臺 1,000 元，已在發票上註明折讓金額。

8 月 10 日前筆銷貨給予折讓 1,000 元，餘款收現，當取得「銷貨退回、進貨退出或折讓證明」。

8 月 30 日全月進貨 120 臺，超過經銷契約規定，供應商給予進貨獎勵金每臺 800 元，當收現金，並開出進貨折讓證明。

試作上列日期應有之分錄。

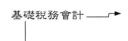

解答

(1) 在發票上註明折讓者可不入帳

8/5	應收帳款………………………………………	91,350	
	銷貨收入…………………………………		87,000
	銷項稅額…………………………………		4,350

(2) 開立發票後之折讓應入帳

8/10	現　金…………………………………………	90,300	
	銷貨折讓…………………………………	1,000	
	銷項稅額…………………………………	50	
	應收帳款…………………………………		91,350

(3) 進貨獎勵金應列為進貨折讓

8/30	現　金…………………………………………	100,800	
	進貨折讓…………………………………		96,000
	進項稅額…………………………………		4,800

3-10 ‖ 不合營業常規移轉訂價查核

營利事業可能利用提高或降低價格，將利益移轉到稅率較低或免稅的境內或境外關係企業，以降低整個集團租稅負擔。因此，我國訂有「營利事業所得稅不合常規移轉訂價查核準則」，對關係企業間交易價格給予適當規範。

一、適用對象

營利事業與國內外其他營利事業具有從屬關係，或直接、間接為另一事業所有或控制，其相互間有關收益、成本、費用或損益攤計之交易，應符合營業常規，以正確計算相關營利事業在境內之納稅義務。

以不合營業常規之安排，規避或減少其在境內之納稅義務者，稽徵機關為

正確計算相關營利事業之所得額及應納稅額，得依法進行調查，並依法報經財政部核准按營業常規予以調整。

金融控股公司或企業併購法規定之公司與其子公司相互間，及該等公司或其子公司與國內外其他個人、營利事業或教育、文化、公益、慈善機關團體相互間，有關收入、成本、費用及損益攤計之交易，有不合常規之安排，稽徵機關得報經主管機關核准，按交易常規予以調整（移2）。

二、從屬關係之定義

所得稅法第四十三條之一所稱營利事業與國內外其他營利事業具有從屬關係，或直接、間接爲另一事業所有或控制，指營利事業相互間有下列情形之一者（移3）：

㈠營利事業直接或間接持有另一營利事業有表決權之股份或資本額，達該另一營利事業已發行有表決權之股份總數或資本總額20%以上。

㈡營利事業與另一營利事業直接或間接由相同之人持有或控制之已發行有表決權之股份總數或資本總額各達20%以上。

㈢營利事業持有另一營利事業有表決權之股份總數或資本總額百分比爲最高且達10%以上。

㈣營利事業與另一營利事業之執行業務股東或董事有半數以上相同。

㈤營利事業及其直接或間接持有之股份總數或資本總額超過50%之營利事業，派任於另一營利事業之董事，合計達該另一營利事業董事總席次半數以上。

㈥營利事業之董事長、總經理或與其相當或更高層級職位之人與另一營利事業之董事長、總經理或與其相當或更高層級職位之人爲同一人，或具有配偶或二親等以內親屬關係。

㈦總機構在中華民國境外之營利事業，其在中華民國境內之分支機構，與該總機構或該營利事業在中華民國境外之其他分支機構；總機構在中華民國境內之營利事業，其總機構或其在中華民國境內之分支機構，與該營利事業在中華民國境外之分支機構。

(八)營利事業直接或間接控制另一營利事業之人事、財務或業務經營,包括:

1.營利事業指派人員擔任另一營利事業之總經理或與其相當或更高層級之職位。

2.非金融機構之營利事業,對另一營利事業之資金融通金額或背書保證金額達該另一營利事業總資產之三分之一以上。

3.營利事業之生產經營活動須由另一營利事業提供專利權、商標權、著作權、祕密方法、專門技術或各種特許權利,始能進行,且該生產經營活動之產值達該營利事業同年度生產經營活動總產值 50% 以上。

4.營利事業購進之原物料、商品,其價格及交易條件由另一營利事業控制,且該購進之原物料、商品之金額達該營利事業同年度購進之原物料、商品之總金額 50% 以上。

5.營利事業商品之銷售,由另一營利事業控制,且該商品之銷售收入達該營利事業同年度銷售收入總額 50% 以上。

(九)營利事業與其他營利事業簽訂合資或聯合經營契約。

(十)其他足資證明營利事業對另一營利事業具有控制能力或在人事、財務、業務經營或管理政策上具有重大影響力之情形(移3)。

三、用詞定義

本節用詞定義如下(移4):

(一)關係企業

指營利事業相互間有從屬或控制關係者。

(二)關係人

指關係企業或有下列情形之人:

1.營利事業與受其捐贈之金額達平衡表基金總額三分之一以上之財團法人。

2.營利事業與其董事、監察人、總經理或與其相當或更高層級職位之人,及該等人之配偶擔任董事總席次半數以上之財團法人。

3.營利事業與其董事、監察人、總經理或與其相當或更高層級職位之人、副總經理、協理及直屬總經理之部門主管。

4.營利事業與其董事、監察人、總經理或與其相當或更高層級職位之配偶。

5.營利事業與其董事長、總經理或與其相當或更高層級職務之人之二親等以內親屬。

6.營利事業與其他足資證明對該營利事業具有控制能力或在人事、財務、業務經營或管理政策上具有重大影響力之人。

㈢非關係人

指前款以外之人。

㈣受控交易

指關係人相互間所從事之交易，且屬第二條第一項或第三項規定之範圍者。

㈤未受控交易

指非關係人相互間所從事之交易。

㈥交易結果

指交易價格或利潤。

㈦不合營業常規或不合交易常規

指交易人相互間，於其商業或財務上所訂定之條件，異於雙方為非關係人所為，致原應歸屬於其中一交易人之所得，因該等條件而未歸屬於該交易人者。

㈧有形資產

指商品、原料、物料、在製品、製成品、副產品、短期投資、有價證券、應收帳款、應收票據、應收債權及其他應收款、固定資產、遞耗資產、長期投資及其他有形資產。

㈨ 無形資產

指有形資產以外之資產，可被擁有或控制使用於商業活動，且如於非關係人間運用或移轉該項資產將獲得相對報酬之營業權、著作權、專利權、商標權、事業名稱、品牌名稱、設計或模型、計畫、祕密方法、營業祕密，或有關工業、商業或科學經驗之資訊或專門知識、各種特許權利、行銷網路、客戶資料及其他具有財產價值之權利。

㈩ 移轉訂價

指營利事業從事受控交易所訂定之價格或利潤。

(十一) 常規交易方法

指評估受控交易之結果是否符合營業常規或交易常規之方法，或決定受控交易常規交易結果之方法。

金融控股公司法或企業併購法規定之公司或其子公司與非關係人相互間，有關收入、成本、費用及損益之攤計，不符合交易常規者，於稽徵機關進行調查時，視爲關係人，其相互間所從事之交易，視爲受控交易（移 4）。

(十二) 企業重組

指關係企業間進行功能、資產、風險之重新配置及契約條款或安排之終止或重新議定、移轉之組織架構調整活動。其重組交易類型，包括：

1. 全功能配銷商與有限風險配銷商或理商間功能之轉換。

2. 全功能製造商與代工（進料或合約）製造商或來料加工製造商間功能之轉換。

3. 將無形資產權利移轉至集團內特定企業集中管理或分散至集團內其他企業。

4. 組織精簡或結束營運。

5. 經財政部公告之其他安排。

(圭) 跨國企業集團

指因從屬或控制關係，依編製財務報導目的依循之一般會計原則規定，或其中任一營利事業股權如於公開證券交易市場交易，依該公開證券交易市場交易應遵循之財務報告編製規定，應納入編製合併財務報表範圍之營利事業集合體，且其成員包括二個以上不同居住地國或地區之營利事業，或包括營利事業與其於另一居住地國或地區設立、從事商業活動且負納稅義務之常設機構。

(齒) 最終母公司

指跨國企業集團符合下列各目規定之成員：

1.直接或間接持有該集團其他成員之一定股權，致依其居住地國或地區編製財務報導目的依循之一般會計原則規定，或其股權如於居住地國或地區公開證券交易市場交易，依該公開證券交易市場交易應遵循之財務報告編製規定，應編製合併財務報表者。

2.未被該集團其他成員直接或間接持有符合前目規定之股權者。

四、常規交易原則

營利事業於辦理所得稅結算申報時，應評估受控交易之結果是否符合常規，或決定受控交易之常規交易結果；稽徵機關進行不合常規移轉訂價之調查及核定時，亦同（移 6）。

評估受控交易是否符合常規，或決定受控交易之常規交易結果時，依下列原則辦理（移 7）：

(一) 可比較原則

以非關係人於可比較情況下，從事可比較未受控交易之結果為常規交易結果，以評定受控交易之結果是否符合常規。

(二) 採用最適常規交易方法

按交易類型，依本準則規定，採用最適之常規交易方法，以決定其常規交

易結果。

(三) 按個別交易評價

除適用之常規交易方法另有規定外，以個別交易爲基礎，各自適用常規交易方法。但個別交易間有關聯性或連續性者，應合併相關交易適用常規交易方法，以決定其常規交易結果。

(四) 使用交易當年度資料

1.決定常規交易結果時，以營利事業從事受控交易當年度之資料及同一年度非關係人從事可比較未受控交易之資料爲基礎。但有下列情形之一者，得以涵蓋當年度及以前年度之連續多年度交易資料爲基礎：

(1) 營利事業所屬產業受商業循環影響。

(2) 交易之有形資產、無形資產及服務受生命週期影響。

(3) 營利事業採用市場占有率策略。

(4) 採用以利潤爲基礎之方法決定常規交易結果。

(5) 其他經財政部核定之情形。

2.前款交易當年度之資料，如屬第二十條規定之可比較未受控交易財務報表資料，且爲營利事業於辦理交易當年度營利事業所得稅結算申報時未能取得之資料者，營利事業得以可比較未受控交易之連續前三年度平均數代替之；營利事業有前目但書規定情形之一者，得以不涵蓋當年度資料之連續多年度可比較未受控交易資料爲基礎。

3.營利事業依前目規定辦理者，稽徵機關於進行不合常規移轉訂價之調查及核定時，應與營利事業採用相同之原則決定所使用之資料。

(五) 採用常規交易範圍

1.所稱常規交易範圍，指二個或二個以上之可比較未受控交易，適用相同之常規交易方法所產生常規交易結果之範圍。可比較未受控交易之資料如未臻完整，致無法確認其與受控交易間之差異，或無法進行調整以消除該等差異對交易結果所產生之影響者，以可比較未受控交易結果之第二十五百分位數至第七十五百分位數之區間爲常規交易範圍。

2.依前款第一目但書規定使用多年度資料者，以可比較未受控交易結果之多年度平均數，依前目規定產生常規交易範圍。

3.受控交易以前款交易資料為基礎之交易結果在常規交易範圍之內者，視為符合常規，無需進行調整；其在常規交易範圍之外者，按第一目所有可比較未受控交易結果之中位數或第二目所有多年度平均數之中位數調整受控交易之當年度交易結果。

4.可比較未受控交易，符合下列情形之一，致與受控交易具有高度可比較程度，且可據以決定受控交易之單一最可信賴常規交易結果時，得以該結果決定受控交易之常規交易結果，不適用前三目規定：

(1)受控交易與可比較未受控交易間，及從事受控交易之關係人與從事可比較未受控交易之非關係人間未存在對公開市場價格有顯著影響之差異。

(2)如存在顯著差異，得經由合理之調整，以消除該等差異所造成之顯著影響。

5.依前二目調整之結果，將使其在中華民國境內之納稅義務較未調整前為低者，不予調整。

㈥分析虧損發生原因

營利事業申報虧損，而其集團全球總利潤為正數者，應分析其虧損發生之原因及其與關係企業相互間之交易結果是否符合常規。

㈦收支分別評價

受控交易之交易人一方對他方應收取之價款，與他方對一方應收取之價款，應按交易任一方分別列計收入與支出之交易價格評價。

㈧其他經財政部核定之常規交易原則（移7）。

五、交易類型及適用常規交易方法

(一) 交易類型

適用常規交易之交易類型如下：

1.有形資產之移轉，包括買賣、交換、贈與或其他安排。

2.有形資產之使用，包括租賃、設定權利、提供他人持有、使用或占有，或其他安排。

3.無形資產之移轉，包括買賣、交換、贈與或其他安排。

4.無形資產之使用，包括授權、再授權、提供他人使用或其他安排。

5.服務之提供，包括行銷、管理、行政、技術、人事、研究與發展、資訊處理、法律、會計或其他服務。

6.資金之使用，包括資金借貸、預付款、暫付款、擔保、延期收款或其他安排。

7.其他經財政部核定之交易類型（移 5）。

(二) 適用方法

各交易類型適用之常規交易方法如下（移 10-13）：

	有形資產 移轉及使用	無形資產 移轉及使用	服務 提供	資金 使用
可比較未受控價格法	✓	－	✓	✓
可比較未受控交易法	－	✓	－	－
再售價格法	✓	－	－	－
成本加價法	✓	－	✓	✓
可比較利潤法	✓	✓	✓	－
利潤分割法	✓	✓	✓	－
其他經財政部核定之常規交易方法	✓	✓	✓	✓

營利事業與稽徵機關決定最適常規交易方法時，應依受控交易之交易類型，分別適用上列規定。

1. 可比較未受控價格法

可比較未受控價格法，係以非關係人於可比較情況下，從事有形資產之移轉或使用、服務之提供或資金之使用之可比較未受控交易所收取之價格，為受控交易之常規交易價格（移14）。

2. 可比較未受控交易法

可比較未受控交易法，係以非關係人於可比較情況下，從事無形資產之移轉或使用之可比較未受控交易所收取之價格，為受控交易之常規交易價格（移15）。

3. 再售價格法

再售價格法，係按從事受控交易之營利事業再銷售予非關係人之價格，減除依可比較未受控交易毛利率計算之毛利後之金額，為受控交易之常規交易價格。其計算公式如下（移16）：

常規交易價格＝再銷售予非關係人之價格×（1－可比較未受控交易毛利率）

毛利率＝毛利／銷貨淨額

4. 成本加價法

成本加價法，係以自非關係人購進之成本或自行製造之成本，加計依可比較未受控交易成本加價率計算之毛利後之金額，為受控交易之常規交易價格。其計算公式如下（移17）：

常規交易價格＝自未受控交易人購進之成本或自行製造之成本×（1＋可比較未受控交易成本加價率）

成本加價率＝毛利／購進之成本或自行製造之成本

5. 可比較利潤法

可比較利潤法，係以可比較未受控交易於特定年限內之平均利潤率指標為基礎，計算可比較營業利潤，並據以決定受控交易之常規交易結果（移18）。

6. 利潤分割法

利潤分割法,係於受控交易之各參與人所從事之活動高度整合致無法單獨衡量其交易結果,或受控交易之各參與人均對受控交易作出獨特且有價值之貢獻時,依各參與人對所有參與人合併營業利潤之貢獻,計算各參與人應分配之營業利潤(移19)。

㈢ 未受控交易資訊取得

第3點規定之可比較未受控交易毛利率、第4點規定之可比較未受控交易成本加價率、第5點規定之可比較未受控交易之利潤率指標,及第6點規定非關係人之市場公平報酬,以可比較未受控交易之財務報表資料為基礎。評估受控交易之結果是否符合常規,或決定受控交易之常規交易結果時,受控交易應採與可比較未受控交易相同之基礎(移20)。

六、應備資料

㈠ 申報時應揭露資料

營利事業於辦理所得稅結算或決算申報時,應依規定格式揭露關係企業或關係人之資料、從屬或控制關係及持股比例結構圖,及其與該等關係企業或關係人相互間交易之資料;其為跨國企業集團之成員者,應於辦理所得稅結算申報時,併同揭露該集團指定送交集團主檔報告之境內成員及最終母公司、該集團指定送交國別報告之境內成員或代理最終母公司送交國別報告之成員及相關資料(移21)。

㈡ 從事受控交易之營利事業應提示之文據(移22)

從事受控交易之營利事業,於辦理交易年度之所得稅結算或決算申報時,應備妥移轉訂價報告,至少包括該營利事業主下列內容:

1. 企業綜覽:包括營運歷史、商業活動及所採行商業策略之詳細說明、產業及經濟情況分析、主要競爭對手、影響移轉訂價之經濟、法律及其他因素之

分析，並說明當年度或上年度是否參與企業重組或無形資產移轉交易及所受影響。

2. 企業集團組織及管理結構：包括管理架構及組織結構圖、管理報告呈交之個人及其主要辦公處所所在國或地區、董事、監察人及經理人名冊及查核年度前後一年異動資料等。

3. 受控交易之彙整資料

(1) 主要交易類型之說明及背景介紹，包括交易流程、日期、標的、數量、價格、契約條款及交易標的資產或服務之用途。所稱用途，內容包括供銷售或使用及其效益敘述。

(2) 各類型受控交易之參與人及相互間關係。

(3) 按各類型受控交易之他方交易人所屬國家或地區，分別列示交易金額。

(4) 所簽訂之集團內部重要協議影本或主要節本。

4. 受控交易分析

(1) 受控交易各參與人之功能及風險分析，包括當年度與上年度異動分析。

(2) 依第七條規定原則辦理之情形。

(3) 依第八條規定進行可比較程度分析、選定之可比較對象與可比較未受控交易及相關資料。

(4) 依第八條之一規定進行風險分析。

(5) 依第九條規定決定最適常規交易方法之分析。

(6) 涉及企業重組者，依第九條之一規定評估利潤分配符合常規之分析。

(7) 涉及無形資產交易者，依第九條之二規定評估利潤分配符合常規之分析。

(8) 選定之受測個體及選定之理由、選定之最適常規交易方法及選定之理由、列入考量之其他常規交易方法及不予採用之理由。

(9) 受控交易之其他參與人採用之訂價方法及相關資料。

(10) 依最適常規交易方法評估是否符合常規或決定常規交易結果之情形，包括所使用之可比較對象與可比較未受控交易相關資料（含利潤率指標）及其來源、為消除第九條第一款規定因素及假設條件之差異所作之調整、使用之假設、常規交易範圍、是否符合常規之結論及按常規交易結果調整之情形、適用常規交易方法使用之財務資料彙整等。依第七條第四款第一目但書規定使用多

年度交易資料時，應說明使用之理由。

(11) 與其他國家或地區就前述受控交易簽署之單邊預先訂價協議及其他涉跨國所得分配之預先核釋影本。

5.公司法第三百六十九條之十二規定之關係報告書、關係企業合併營業報告書等資料。

6.其他與關係人或受控交易有關，並影響其訂價之文件。

營利事業與另一營利事業相互間，如因特殊市場或經濟因素所致而有第三條第八款第三目至第五目規定之情形，但確無實質控制或從屬關係者，得於辦理該年度所得稅結算申報前提示足資證明之文件送交該管稽徵機關確認；其經確認者，不適用前項備妥文據之規定。

從事受控交易之營利事業全年收入總額及受控交易之金額在財政部規定標準以下者，得以其他足資證明其訂價結果符合常規交易結果之替代文據取代第一項規定之移轉訂價報告。

稽徵機關依本準則規定進行調查時，營利事業應於稽徵機關書面調查函送達之日起一個月內提示第一項規定之移轉訂價報告或前項規定之其他替代文據；其因特殊情形，不能於規定期間內提示者，應於期間屆滿前申請延期，延長之期間最長不得超過一個月，並以一次為限。稽徵機關經審閱營利事業所提示之移轉訂價報告或其他替代文據，認為有再提供支持該等報告或其他替代文據之必要文件及資料者，營利事業應於一個月內提供。

營利事業依前項規定提供之文據，應附目錄及索引；提供之資料為外文者，應附中文譯本，但經稽徵機關核准提示英文版本者，不在此限（移22）。

七、預先訂價協議

關係企業間交易如經查核為不合營業常規，調整所得額及所得稅額，將造成此企業甚大損失，恐將影響企業投資意願，因此特別規定「預先訂價協議」制度，符合下列規定者可申請預先訂價，經核准後照預先訂價協議進行交易，即不會被調整所得。

㈠申請預先訂價協議之交易，其交易總額達新臺幣五億元以上或年度交易金額

達新臺幣二億元以上。

㈡前三年度無重大逃漏稅情事。

㈢已備妥第二十四條第一項第一款至第三款及第五款至第九款規定之文件。

㈣已完成第二十四條第一項第四款規定之移轉訂價報告。

㈤其他經財政部核定之條件（移23）。

八、調查核定及相關調整

㈠調查原則

稽徵機關進行營利事業移轉訂價調查時，依下列規定辦理：

1.營利事業已依第二十二條規定提示移轉訂價報告或其他替代文據者，稽徵機關應依本準則規定核定受控交易之常規交易結果，並據以核定相關納稅義務人之所得額。

2.營利事業未依第二十二條規定提示移轉訂價報告或其他替代文據或未能提示者，稽徵機關得依查得之資料，依前款規定核定之。其無查得之資料且營利事業未提示之移轉訂價報告或其他替代文據係關係其所得額計算之收入、成本或費用者，稽徵機關得依本法第八十三條及其施行細則第八十一條規定，就該部分相關之營業收入淨額、營業成本、營業費用，依同業利潤標準核定其所得額。

3.營利事業未依本準則規定送交或提示之文據為關係其所得額之資料、文件者，稽徵機關得依稅捐稽徵法第四十六條規定辦理（移 33）。

㈡短漏報之處罰

從事受控交易之營利事業，應依本法及本準則規定決定其常規交易結果，並據以申報所得額。未依規定辦理致減少納稅義務，經稽徵機關依本法及本準則規定調整並核定相關納稅義務人之所得額者，如有下列具體短漏報情事之一，應依本法第一百十條規定辦理：

1.受控交易申報之價格，為稽徵機關核定之常規交易價格二倍以上，或為

核定之常規交易價格 50% 以下。

　　2. 受控交易經稽徵機關調整並核定增加之所得額，達營利事業核定全年所得額 10% 以上，且達其核定全年營業收入淨額 3% 以上。

　　3. 營利事業未提示第二十二條第一項第四款規定之移轉訂價報告，且無法提示其他文據證明其訂價結果符合常規交易結果。

　　4. 營利事業未於規定之申報書表及移轉訂價文據揭露之受控交易，經稽徵機關調整並核定增加之所得額，達營利事業核定全年所得額 5%，且達其核定全年營業收入淨額 15‰（移 34）。

　　㈢ 交易他方之調整

　　從事受控交易之營利事業，有關收益、成本、費用或損益攤計之交易，經稽徵機關依本準則規定進行調查，並報經財政部或金融控股公司法第五十條規定之主管機關核准按營業常規或交易常規調整且經核課確定者，其交易之他方如爲依本法規定應繳納中華民國所得稅之納稅義務人，稽徵機關應就該納稅義務人有關之交易事項進行相對之調整（移 35）。

第四章

建築業會計

本章所謂建築業，指以「委託營造廠興建國民住宅出租出售」、「委託營造廠興建商業大樓出租出售」之建設公司，其業務情形特殊，與買賣業、製造業均不相同。

4-1　經營型態

一般建設公司，常見之經營方式，有自地自建、合建分屋、合建分售、合建分成及共同投資興建等五種方式。

一、自地自建

建設公司自行購入土地，並負擔全部建造房屋所需資金；此種方式下，建設公司擁有土地及房屋之所有權，可一次同時過戶予買方（客戶），產權移轉最為單純。

二、合建分屋

即建設公司提供建造房屋所需資金，而另一方（擁有土地之個人、公司、機構等）提供土地，雙方合作建屋；房屋興建完成後，再由雙方按約定比例互相交換土地及房屋，建設公司以部分房屋交換其所保留房屋部分之土地產權，地主亦同，如下圖所示：

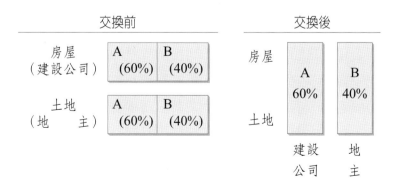

說明：1. 建設公司出資建竣房屋後，原始取得全部房屋之所有權。

2. 再依照雙方約定之比例，設為建主60%、地主40%，互相交換房地，則建設公司是以40%之房屋（B部分）交付予地主，交換地主60%之土地（A部分），並辦妥土地及房屋所有權移轉登記。

3. 經過交換後，建設公司擁有60%（A部分）土地及房屋完整之所有權，地主則擁有40%（B部分）土地及房屋完整之所有權。

4. 由於建設公司與地主各自擁有其取得部分之土地持分及房屋所有權，故產權清楚，建設公司獨立出售持有之房屋及土地，過戶給買方。

三、合建分售

地主提供土地，由建設公司出資興建房屋，房屋興建完成後，由建設公司將房屋、地主將該房屋應有土地持分，分別出售給購屋客戶，且房屋與土地是分別簽訂契約，並個別約定價格，各自收款。但實務運作上，簽約雖然分開，但地主並無專職員工，故土地款常委託建設公司一併代收，一段期間後，建設公司再將代收款項交付地主。

合建分售可以省卻合建分屋時，建設公司與地主互換房地即須辦理產權移轉登記之手續，且可避免交換房屋被重複課徵契稅。

合建分售雖有上述優點，惟其賣方房屋及土地之所有權人不同，有時會發生因地主與建設公司間之糾紛，而不願辦理產權移轉登記致影響客戶權益之困擾。

四、合建分成

此方式與合建分售相似，由建設公司提供資金與地主合作建屋，房屋建成後亦直接出售予客戶，並不交換房地，但其買賣契約中，房屋及土地占房地總售價之比率是固定的，例如：土地占六成時，房地總售價一千萬元，則土地售價為六百萬元，由地主與客戶簽約，房屋售價為四百萬元，由建設公司與客戶簽約。

合建分成房地售價比固定，合建分售可以不固定，此為兩者不同處。

五、共同投資興建

　　由兩家以上之建設公司共同出資，合作興建房屋，共同支付成本及費用，待房屋興建完成後，再共同出售，並按約定比例分配收入金額。至於其建築土地之取得方式，則可能由共同投資者出資購入，或另與地主合作建屋。故共同投資興建者之經營方式，如自行購入土地者，即類似自地自建；如與地主合建者，則又可分爲合建分屋、合建分售或合建分成等方式。

　　共同投資興建與前述四類方式之不同，在於建造房屋所需之資金或土地，係由兩家以上之建設公司共同提供。然而對於任一特定之建設公司而言，雖然參與合作之個體較多，法律關係較爲複雜，但其交易實質之會計處理，仍可按其建築土地之取得方式，比照自地自建或合建分屋、合建分售及合建分成等方式處理。

　　除上述五種方法之外，以前尚有個人建屋及委建兩種方式，此兩種方式之營業情形爲：

　　㈠個人建屋：個人建屋之課稅規定爲（*財政部 106.6.7 臺財稅字第 10604591190 號令*）：

　　1.個人購屋（含法拍屋）或將持有之土地建屋（含拆除改建房屋及與營業人合建分屋）並銷售，如符合下列要件之一者，自本令發布日起，應依法課徵營業稅：

　　(1)設有固定營業場所（除有形營業場所，亦包含設置網站或加入拍賣網站等）。

　　(2)具備營業牌號（不論是否已依法辦理稅籍登記）。

　　(3)經查有僱用員工協助處理房屋銷售事宜。

　　(4)具有經常性或持續性銷售房屋行爲。但房屋取得後逾六年始銷售，或建屋前土地持有十年以上者，不在此限。

　　2.前點第四款所稱房屋取得後逾六年，指自房屋完成所有權登記日起至訂定房屋銷售契約日止，連續持有超過六年。同款所稱建屋前土地持有十年以上，指自土地完成移轉登記之日起算至房屋核准拆除日屆滿十年，或自土地完成移轉登記之日起算至建造執照核發日屆滿十年，擇一認定；因繼承取得者，

自被繼承人取得所有權並完成移轉登記之日起算；配偶間贈與或依民法規定行使剩餘財產差額分配請求權而取得者，自配偶他方原取得所有權並完成移轉登記之日起算。

3. 個人將所持有之土地以權利變換方式參與都市更新，嗣後銷售分得之房屋者，其營業稅之課徵應依前二點規定辦理。

4. 個人提供土地與營業人合建分成及合建分售，如僅出售土地，免辦理稅籍登記。

㈡ 委建：房屋預售後，再以購屋者名義申請建築執照，假裝成購屋者自己找地自己蓋，建設公司（或者是個人）只是接受委託，幫忙建屋有關事務，預售沒賣完的，正式起造後再繼續賣，賣出去就中途變更起造人，按完工程度繳納契稅，既然只是受託協助建屋，當然沒有賣房子，不必繳營業稅、營利事業所得稅和綜合所得稅，只要意思意思開點發票，當作企劃顧問費，或根本沒開發票。至於買主，由於是以起造人名義建屋，建成後即可取得權狀，不必繳納契稅，也可享免契稅的好處，但目前假委建已被禁止，而且以購屋者名義申請建照，取得所有權狀時，依實質課稅原則，仍須照買賣契稅繳 6% 契稅。

4-2 土地取得

一、參考法條

查準第九十七條（利息）

購買土地之借款利息，應列為資本支出；經辦妥過戶手續或交付使用後之借款利息，可作費用列支。但非屬固定資產之土地，其借款利息應以遞延費用列帳，於土地出售時，再轉作其收入之減項。

因土地以外進貨借款所支付之利息，應以財務費用列支，不得併入進貨成本計算。

二、要點說明

建築業要營業，首先要找地，所以本節介紹土地取得相關問題。

㈠自地自建

自地自建情況下，建設公司應向地主購買土地，其成本包括買價、介紹人佣金（例如：買價 1%）、過戶代書費、登記規費，但貸款之規費及代書費可列為當期費用。

有時想要買的土地上面已有房子，如將房屋及土地買進之後再將舊屋拆除，則整個買價及拆除費用均列為土地成本，賣方（個人）則要申報財產交易所得，如賣方自行拆除房屋再售地，或只賣地房屋任由買方處理（拆除），則免報財產交易所得，但賣方如為公司，拆屋損失應列為出售土地利益之減項。買地付給現有住戶之遷讓補助費亦屬土地成本，受補助者如非房地所有權人，應以 50% 申報為綜合所得稅之「其他所得」（74.5.6 臺財稅第 15543 號函），如支付地主或地上物佃農之建物以外之補償費，接受補助者則免稅。

購買土地已付訂金，後因故未履約致訂金被沒收或支付違約金，應列為營業外損失，出售土地之所得雖免稅，但受領違約金之個人，應將違約金列為其他所得，併入取得年度申報課稅（68 年第 30131 號函）。

購買建築用地之利息，應列為遞延費用，俟土地出售時，列為土地收入之減項。此項規定之原因為出售土地之所得免稅，如將購地利息列為發生年度費用，將造成稅收損失。

地面上樓地板與建築基地面積之比，稱為容積率，例如：臺北市住三土地容積率為 225%，即 100 坪土地地面上可建 225 坪樓地板，加上約 30% 公設以及地下室可銷售坪數超過 300 坪。臺北市精華區一坪售價超過一百萬元，但多蓋一坪建築物只要二十萬元，因此如符合條件，會向他人購買「容積」（捐公共設施用地換來的），以增加可建築面積。買容積列為土地成本，但出售容積並非出售土地，應繳營業稅及所得稅。

(二)合建分屋

合建分屋是地主提供土地，建設公司在其上建築房屋，爲了保障地主分到部分有時會直接以地主名義申請建照，例如：地主分到三至五樓，建主分到一及二樓，則一、二樓以建設公司爲起造人，三至五樓以地主爲起造人，待房屋建好取得使用執照及權狀，地主即以起造人名義取得房屋。

簽合建契約時，一般須支付合建保證金給地主，再按工程進度退回，合建保證金可免設算地主租賃所得（810761318 號函），亦即收保證金之地主不必申報設算租金或利息收入。

房屋與土地交換，以房屋及土地時價較高者認定交換金額，房屋外加 5%營業稅，向地主收取，如由建設公司自行負擔，以及補貼建築期間地主之房租（付現金），只得列爲換入土地之成本，如契約規定換入土地之增值稅由建主負擔，仍不得列入建主之費用或建屋成本，只能列爲土地成本。

房地交換雖按時價認定交換金額，開立發票給地主，但換入之土地，應以換出房屋所分攤之建造成本爲準，免按開立發票金額計算損益。交換發票什麼時候開？看情形決定：(1) 地主自始至終均未曾列名爲起造人，且建方於房屋興建完成辦理總登記後，始將地主應分得房屋之所有權移轉予地主者，應於房屋所有權移轉予地主登記日三日內開立發票。(2) 除第 (1) 點外於房屋使用執照核發日三日內開立發票。(3) 合建雙方如未同時換出房、地，應分別於房屋或土地換出日起三日內依規定開立憑證。且後換出者換出時，應從高開立憑證，先換出者如時價較低應補開差價（841624289 號函）。地主所出具收取房屋之收據，免貼印花稅票。

合建分屋地主分得部分，應以地主或三七五耕地佃農爲起造人，如地主或佃農直接以其子女或其他人爲起造人，或將分得房子直接登記給他人，如查明係無償給予，應課贈與稅。如原承租人因放棄承租權而分得房屋，應於取得所有權年度，申報權利金所得，繳納所得稅。

如在建屋完成前土地即過戶，應即開立交換發票；房屋完成，地主以起造人名義取得房屋權狀，但拒不交付土地權狀時，仍應按規定開立交換發票。

交換土地應先過戶給建設公司，建設公司再將分得之房屋及土地過戶給購屋者，以免受罰。

合建分屋或分成，雙方協議解約，原支付土地所有權人之保證金充作賠償費，得憑協議書及該項賠償有關證明文據規定列當期費用，上項賠償係地主其他所得，但免扣繳。如解約前工程已進行，設計費、材料、薪資可列其他費用。

㈢ 合建分售（分成）

地主出售土地給購屋人，建設公司並未取得土地所有權，因此只要支付合建保證金給地主，並按約定取回保證金即可。

合建分售（分成）建主代地主負擔之地價稅、工程受益費及土地增值稅，不得列為營建成本。

三、會計處理

取得土地之會計處理，分別就三種經營方式說明如下：

㈠ 自地自建

 範例

1. 8 月 1 日向地主購買土地金額 1,660 萬元，8 月 10 日支付介紹人佣金 166,000 元，8 月 16 日支付代書費 6,000 元，規費 14,000 元，9 月 1 日付給地上占用違章戶遷讓費 500,000 元，其分錄為何？

解答

(1) 8 月 1 日購買土地時

土　地……………………………………… 16,600,000

現　金……………………………………… 16,600,000

(2) 8 月 10 日付介紹人佣金應扣繳 10% 所得稅

土　地……………………………………… 166,000

現　金……………………………………… 149,400

代收稅款……………………………………… 16,600

(3) 8 月 16 日付代書費及規費，6,000 元 10% 低於 2,000 元免扣繳

土　地	……………………………………………	20,000
現　金	……………………………………………	20,000

(4) 9 月 1 日付遷讓費，收受者應自行申報免扣繳

土　地	……………………………………………	500,000
現　金	……………………………………………	500,000

(5) 扣繳稅款應在次月（9 月）10 日前繳納

代收稅款	……………………………………………	16,600
現　金	……………………………………………	16,600

㈡合建分屋

 範例

2. 完工時房屋總成本為 1,257,000 元，共五樓以其中三樓分給地主，交換時房屋之時價為 1,000,000 元，土地無時價，則房屋及土地交換之分錄為何？

解答

(1) 換出房屋成本，設採建坪法分攤成本 = 1,257,000 × 3/5 = 754,200

(2) 開立發票金額：按時價 1,000,000 元開立

(3) 設地主為個人，交換發票應開二聯式，銷售額 1,000,000 元，應加 5% 營業稅，銷項稅額 50,000 元，合計 1,050,000 元

土　地	……………………………………………	804,200
在建工程	……………………………………………	754,200
銷項稅額	……………………………………………	50,000

㈢ 合建分售

範例

3. 8 月 1 日簽合建分售合約，支付地主保證金 5,000,000 元，在 11 月 1 日收回 2,000,000 元，12 月 1 日收回 3,000,000 元。

解答

(1) 8 月 1 日支付保證金時

存出保證金…………………………………… 5,000,000	
現　金……………………………………	5,000,000

(2) 11 月 1 日收回保證金

現　金…………………………………… 2,000,000	
存出保證金……………………………………	2,000,000

(3) 12 月 1 日收回保證金

現　金…………………………………… 3,000,000	
存出保證金……………………………………	3,000,000

4-3　廣告及銷售

一、參考法條

查準第七十八條（部分條文）

所稱廣告費包括下列各項：

10. 營建業樣品屋之成本；其有處分價值者，應於處分年度列作收益處理。

11.營建業合建分售（或分成）之廣告費，應由地主與建主按其售價比例分攤。

二、要點說明

房屋銷售一般交給代銷公司處理，也有些自己銷售，因此銷售房屋方式可能有包銷、代銷及自銷三種；又為了便於資金周轉，許多建設公司採預售制度，在房屋興建之前即預售房屋，為我國建築業特色。

㈠包銷

包銷即銷售公司保證銷售一定成數，例如：銷售總金額的 40% 或 50%，賣不到約定成數，不收佣金，如果達到規定成數，則按銷售金額 5% 至 6% 收取佣金。此外，如果售價超過底價，差價可以抽成，如差價30%給銷售公司。

採包銷方式，廣告、樣品屋及銷售人員薪資全部由銷售公司負擔，建設公司只派人在銷售現場了解狀況，採此種方式建設公司按約定條件支付銷售佣金，不必付其他廣告費，會計處理較簡單。

㈡代銷

由銷售公司代銷，賣多少都沒關係，佣金都可以拿得到，例如：佣金為銷售金額 2%，不管只賣一成或高達六成，都可以按銷售金額 2% 收取佣金。採此法，建設公司自己花的廣告費可能要多些。

㈢自銷

房子自己賣，在鄉下地區全部是區域客源，自己賣可能比較省錢，售價可能壓低些。

㈣稅務處理

樣品屋之成本應列為廣告費，樣品屋有處分價值應列為處分年度收益。採合建分成或分售之廣告費，應由地主與建主按其售價比例分攤，不能全部列為

建主之費用。合建分屋，地主分得之房屋，其銷售費用亦不得列為建設公司費用。

　　房屋建築期間可能超過一年，為能收益與費用配合，因此銷售費用應與收益在同一年認列，亦即銷售費用應遞延至完工認列收益年度認列，至於一般管理費用，則列為發生年度費用，不得遞延。由於此項規定，造成建設公司（新設立）前幾年均為虧損，完工交屋年度才賺錢。

三、會計處理

範例

4. 自地自建，房屋採包銷，由銷售公司支付全部廣告費及樣品屋，銷售結案，銷售佣金共為 1,000 萬元，其分錄為何？

解答

　　支付銷售佣金應列為遞延費用

遞延費用—銷售費用‥‥‥‥‥‥‥‥‥‥‥‥‥‥‥‥	10,000,000
進項稅額‥‥‥‥‥‥‥‥‥‥‥‥‥‥‥‥‥‥‥‥‥	500,000
現　金‥‥‥‥‥‥‥‥‥‥‥‥‥‥‥‥‥‥‥‥‥	10,500,000

範例

5. 採合建分售，房屋售價占 40%，採代銷方式銷售，支付樣品屋建造費用 200 萬元，廣告費 300 萬元，代銷佣金 400 萬元，均外加 5% 營業稅，其分錄為何？

解答

(1) 支付樣品屋建造費用

遞延費用—樣品屋……………………………………	2,000,000	
進項稅額……………………………………………	100,000	
現　金………………………………………………		2,100,000

(2) 支付廣告費

遞延費用—廣告費……………………………………	3,000,000	
進項稅額……………………………………………	150,000	
現　金………………………………………………		3,150,000

(3) 支付代銷佣金

遞延費用—銷售佣金…………………………………	4,000,000	
進項稅額……………………………………………	200,000	
現　金………………………………………………		4,200,000

(4) 向地主收取分攤費用

現　金………………………………………………	5,670,000	
遞延費用…………………………………………		5,400,000
銷項稅額…………………………………………		270,000

全部銷售費用 = 2,000,000 + 3,000,000 + 4,000,000 = 9,000,000

地主負擔部分 = 9,000,000×60% = 5,400,000

如地主不負擔廣告費，申報時應自行帳外調整剔除。

(5) 房屋交屋收入已全部認列

推銷費用……………………………………………	3,600,000	
遞延費用—樣品屋…………………………………		800,000
遞延費用—廣告費…………………………………		1,200,000
遞延費用—銷售佣金………………………………		1,600,000

4-4 預收款及收入認列

一、參考法條

(一)查準第二十四條之二

營利事業出售不動產，其所得歸屬年度之認定，應以所有權移轉登記日期為準，但所有權未移轉登記予買受人以前，已實際交付者，應以實際交付日期為準；兩者皆無從查考時，稽徵機關應依其買賣契約或查得資料認定之。

(二)查準第三十二條（出售或交換資產利益）

營利事業與地主合建分成、合建分售土地及房屋或自行以土地及房屋合併銷售時，其房屋款及土地款未予劃分或房屋款經查明顯較時價為低者，稽徵機關應依查得時價計算房屋銷售價格，其無查得時價者，房屋銷售價格（含營業稅）應依房屋評定標準價格（含營業稅）占土地公告現值及房屋評定標準價格（含營業稅）總額之比例計算。公式如下：

房屋銷售價格（含營業稅）＝土地及房屋之銷售價格（含營業稅）×房屋評定標準價格×（1＋營業稅徵收率）÷〔土地公告現值＋房屋評定標準價格×（1＋營業稅徵收率）〕

上述所稱房屋款之時價，見下文第四點之說明。

二、要點說明

預售制度是臺灣房地產的特色，在房子還沒蓋之前，就先賣房子，以自備款 30% 為例，購屋者需和建設公司簽訂「預定買賣契約」，並繳納訂金和簽約金，等房子正式開工興建，還要再繳開工款，以上訂金、簽約金和開工

款，大約占自備款一半，即總價 15%，其餘按工程進度繳納，如一樓樓板完成收一萬元……也有的按月繳納工程款，以利購屋人資金調度。

收取各項期款，如為土地款免營業稅，可以不必開立發票（780399554 號函），但如開收據給購屋者，應貼 4‰ 印花，故一般均以銀行三聯單直接交給購屋者到銀行繳款，以繳款單收據聯代替土地款收據，即免貼印花；至於房屋款，購屋者為個人時，應開立二聯式發票，營業人時則開三聯式；如為合建分成，則土地款由地主收取，與建設公司無關。

由於興建期間在一年以上，高樓甚至長達三、四年，因此預收款明細應記載清楚，以免結案時無法弄清楚收入究為多少。

預收款開立發票時，即使是二聯式也要詳載買受人名稱，至於品名處則記載房屋款或土地款第幾期、戶別及金額等。

除房屋款之外，在結構體完成時期前後，建設公司可能向買方預收二筆款項，其一為由購屋者自行負擔之瓦斯外管費及公用事業押金（看契約內容如何規定），另一筆則為契稅、代書費、權狀規費、貸款代書費、規費、保險費及預繳若干個月管理費，金額可能在十萬元以上，這些代收款可能入帳，也可能另設帳戶保管，俟交屋或交付權狀後再與購屋者結清多退少補。

銀行貸款一般在權狀下來之後，過戶給購屋者並辦理以購屋者為借款人的抵押後不久即撥下，建設公司應在撥款後三日內開立發票。如因故未辦妥銀行貸款，而房屋所有權業已移轉者，至遲應於所有權狀核發三個月內開出尾款發票（770579317 號函）。

至於收入認列時點，應以所有權移轉登記日為準，但所有權未移轉登記予買受人以前，已實際交付者，應以實際交付日為準。兩者皆無可考時，應依買賣契約或查得資料認定。

出售土地之所得免稅，但出售土地收入申報所得稅時仍須列入營業收入，相關成本及費用亦列入營業成本及費用中，然後單獨列表計算出售土地部分之收入、成本及分攤之費用及所得為若干，列入申報書第 101 欄，自所得中減除，以計算課稅所得，出售 105 年 1 月 1 日以後取得之土地，適用房地合一課稅，見第 4-11 節。

三、會計處理

(一)自地自建

 範例

6.108 年 4 月 1 日推出預售工地，有關交易如下：

　　4 月 1 日收土地款 500,000 元

　　5 月 1 日收土地款 7,900,000 元

　　11 月 1 日收公司戶房屋款 1,584,000 元（稅 75,429 元）

　109 年 3 月 1 日收個人戶房屋款 5,016,000 元

　　7 月 1 日暫收契稅、代書費、水電外管費等 1,000,000 元

　　8 月 1 日付契稅、代書費、水電外管費等 900,000 元

　　9 月 1 日交屋銀行貸款房屋 15,400,000 元、土地 19,600,000 元尚未撥下

　　10 月 1 日銀行貸款撥下

　　10 月 3 日退回代收款剩餘款項 100,000 元

上列日期應有之分錄為何？

解答

(1) 108 年 4 月 1 日預收土地款

4/1	現　金………………………………………	500,000	
	預收土地款…………………………………		500,000
5/1	現　金………………………………………	7,900,000	
	預收土地款…………………………………		7,900,000

(2) 108 年 11 月 1 日收公司戶房屋款，開三聯式發票

現　金…………………………………………	1,584,000	
預收房屋款…………………………………		1,508,571
銷項稅額…………………………………		75,429

(3) 109 年 3 月 1 日收個人戶房屋款

現　金……………………………………………………… 5,016,000

　預收房屋款………………………………………………… 5,016,000

5 月 10 日申報營業稅，內含稅款自預收房屋款轉出

$(5,016,000 \div 1.05) \times 0.05 = 238,857$

預收房屋款………………………………………………… 238,857

　銷項稅額（或應納稅額）………………………………… 238,857

(4) 109 年 7 月 1 日暫收契稅、代書費、水電外管費等

現　金……………………………………………………… 1,000,000

　暫收款…………………………………………………… 1,000,000

(5) 109 年 8 月 1 日付代書費、契稅、水電外管費等

暫收款……………………………………………………… 900,000

　現　金…………………………………………………… 900,000

(6) 109 年 9 月 1 日交屋，預收土地款 8,400,000 元，房屋款 6,285,714 元，
及應收土地款 19,600,000 元，房屋款 15,400,000 元（含稅 733,333 元）入帳

預收房屋款………………………………………………… 6,285,714

預收土地款………………………………………………… 8,400,000

應收帳款—銀行貸款……………………………………… 35,000,000

　銷貨收入—房屋………………………………………… 20,952,381

　銷貨收入—土地………………………………………… 28,000,000

　銷項稅額………………………………………………… 733,333

應收銀行貸款 = 15,400,000 + 19,600,000 = 35,000,000

(7) 109 年 10 月 1 日銀行貸款撥下，三日內應開發票

現　金……………………………………………………… 35,000,000

　應收帳款—銀行貸款…………………………………… 35,000,000

發票開立後，應在 11 月 15 日前繳納營業稅

銷項稅額…………………………………………………… 733,333

　現　金（或應納稅額）………………………………… 733,333

(8) 109 年 10 月 3 日退回溢收暫收款 100,000 元

暫收款………………………………………	100,000	
現　金………………………………………		100,000

以上交易在 109 年認列之收入計有

銷貨收入－房屋………………………………	20,952,381
銷貨收入－土地………………………………	28,000,000

㈡ 合建分屋

賣房地只限於分得部分，分錄同自地自建，不贅述。

㈢ 合建分售（分成）

只賣房子，因此只有預收房屋款，其餘比照自地自建。

四、房屋款顯較市價為低

營利事業以土地及房屋合併銷售時，如其買賣合約或統一發票已劃分房屋及土地款，除經查明確有虛偽不實情事或房屋款顯較時價為低者外，不得調整銷貨價格。

房屋款或土地款之時價，應參酌下列資料認定之（查 32）：

㈠ 金融機構貸款評定之價格。

㈡ 不動產估價師之估價資料。

㈢ 大型仲介公司買賣資料扣除佣金加成估算之售價。

㈣ 法院拍賣或國有財產署等出售公有房屋、土地之價格。

㈤ 報章雜誌所載市場價格。

㈥ 臨近地區政府機關或大建築商建造房屋之成本價格，加上同業之合理利潤估算之時價。

㈦ 出售土地帳載金額或房屋帳載未折減餘額估算之售價。

㈧ 其他具參考性之時價資料。

㈨ 時價資料同時有數種者，得以其平均數認定。

4-5 ‖ 換　約

一、要點說明

　　購屋者購買預售屋並繳納一部分款項之後，將預售屋轉賣他人者，須至建設公司辦理讓受契約手續，辦理銷貨退回，再由建設公司與新買主重簽預售契約，並就已收預收款開立發票予新買主，或由原買主依讓與價格開立收據或發票予新買主，其後續未付之房地款，則應由建設公司依規定開立發票予新買主。至於出售預售屋之所得，應依房地合一稅之規定，申報課徵所得稅，購入到出售期間未滿二年者，稅率 45%，超過二年未逾五年，稅率 35%。

　　預定買賣契約中通常規定，換約須經建設公司同意，且須支付換約手續費（通常係向原買主收取），其金額有約定為二萬元或其他金額、總價 2% 或其他比率者，此項手續費應開發票收取，屬應稅，列為營業外收入。

二、會計處理

範例

7. 客戶某甲已繳土地款 600,000 元，房屋款 400,000 元後，該屋以 1,200,000 元轉賣給某乙，本公司收取換約手續費 20,000 元，其會計處理為何？

解答

　　(1) 甲方轉賣予乙方，原甲方已繳納之房地款，建設公司毋須收回重開，僅須註記買受人之變更分錄：

預收土地款—甲………………………………	600,000	
預收房屋款—甲………………………………	380,952	
預收土地款—乙………………………………		600,000
預收房屋款—乙………………………………		380,952

(2) 開立發票收取換約手續費

現　金………………………………………	20,000	
其他收入………………………………………		20,000

(3) 次期十五日前申報營業稅

其他收入………………………………………	952	
銷項稅額（或應納稅額）……………………		952

4-6 違　約

一、要點說明

　　客戶不按規定繳納期款，即屬違約，照合約規定，經過催繳一段時間之後，如不繳納可將已繳款項沒收，沒收款項列為其他收入，不過如果預收款項太多，全部沒收，買方提起訴訟，法院判決不得超過總價15%，所以違約金額一般以總價15%為上限，沒收違約金，該戶之銷售佣金也可以同時轉列費用。

　　出售土地免稅，但違約沒收之款項仍應課徵所得稅，不在免稅之列。

　　違約之另一處理方式為加計利息，如買方仍願意買，可照合約規定，通常為延期款項每逾一日加1‰滯納金（相當於利息），此項金額應開發票收取，應繳營業稅及所得稅，帳列為其他收入或當作房屋售價一部分。

　　違約之另一種情形為銷售率不高，為免開工後資金周轉困難，建設公司與客戶解約，如已簽約，應賠償已收價金一倍違約金，此項違約金列為營業外損失，該土地可能賣掉，或隔幾年再推案。

範例

8. 7 月 1 日客户某乙繳納土地款 200,000 元後不再繳款，全部沒收，8 月 1 日某丙房屋款 100,000 元積欠 60 天後今日繳來，罰違約金 6,000 元，其應有分錄為何？

解答

(1) 7 月 1 日沒收土地款，沒收款屬應稅，開二聯式發票

預收土地款—乙………………………………………	200,000	
其他收入……………………………………………		200,000

(2) 8 月 1 日收房屋款

現　金…………………………………………………	106,000	
預收房屋款—丙……………………………………		100,000
其他收入……………………………………………		6,000

(3) 9 月 15 日前申報營業稅

預收房屋款……………………………………………	4,762	
其他收入………………………………………………	9,809	
銷項稅額…………………………………………		14,571

二聯式發票內含營業稅 $= 306,000 \div (1 + 5\%) \times 5\% = 14,571$

4-7 ║ 變更設計

要點說明

　　房屋銷售，正式開工工程至某一進度時，建設公司會向買主調查選用何種建材，以及對格局是否要求變更設計，一個內行的買主會在預售階段就找好設計師，看平面圖決定格局，免得日後敲敲打打增加裝潢費用。

　　選建材，如果是在規定項目內選擇，不必加減帳，例如：主臥房建材為60×60高級磁磚、高級地毯、櫸木地板，那麼選擇60×60磁磚，不管哪種顏色或高級地毯、櫸木，都不必加減帳，但如果客廳建材為40×40磁磚，客戶選用60×60則要加帳（即加價）。契約一般規定，變更設計加錢的，馬上估價收錢，如果是減帳，例如：退掉隔間、磁磚，總價將減少，一般等到尾款才扣錢，此減少價款可在最後一期發票中直接扣除。

　　變更設計只是讓售價增加或減少（只有房屋部分），因此只要將之視為房屋售價變動即可，在計算銷貨收入時，應注意有無加減帳。依據契約及加減帳資料，才能算出全部營業收入。

戶　別	買　主	總　價	加減帳	實際價格
A　1F	甲公司	1,200,000	+30,000	1,230,000
⋮	⋮	⋮	⋮	⋮
⋮	⋮	⋮	⋮	⋮
⋮	⋮	⋮	⋮	⋮

　　加減帳也會影響耗用材料數量，計算材料是否超耗時，應把變更設計部分考慮進去。

一、要點說明

建設公司的業務為「委託營造廠興建國民住宅出租出售業務」、「委託營造廠興建商業大樓出租出售業務」……這裡已規定，蓋房子要找營造廠。請營造廠建造，又分包工包料及包工不包料兩種，無論哪一種都要和營造廠簽定承攬契約，貼 1‰ 印花。

㈠ 包工包料

由承包之營造廠買材料並且興建，建設公司只要按契約支付工程款即可，會計處理最為簡單，但造價可能較高。

有時會把工程分為兩三個，例如：結構體工程、水電工程、電梯工程等，均採包工包料，這種方式只要多打幾次契約，其餘和一個包商情形相同。

㈡ 包工不包料

由建設公司採購原料，營造廠派員施工，由於建設公司無法做到查核準則第五十八條第一項，因此應詳細記載材料內容，如有兩個以上工地，材料必須分清楚，完工年度要計算原料是否超耗。

㈢ 其他問題

1. 建築師公費

土地取得後，即和建築師研究決定如何蓋，然後由建築師畫設計圖，再申請建照，申請建照前，應將按規定之設計費匯給公會或建築師，此時應扣繳 10% 稅款，例如：公費一千萬元，可匯九百萬元給公會或建築師，一百萬

元扣繳稅款自行繳納，年底並開扣繳憑單給建築師，此筆建築師公費金額不小，且在請建照之前即匯出，應特別注意有無入帳。

2. 發小包

不管包工包料、包工不包料，營造廠價格通常比小包貴，而營造房子技術又不是很難，因此有建商乃發小包，自己找工程行開挖土方、做模板工程……但營建依法應由營造廠負責，且須由營造廠報開工及完工，因此乃請營造廠出面，假裝營造廠負責營造，營造廠再把工程轉包建設公司找來的工程行，發票就要由負責施工的工程行開給營造廠，營造廠再開給建設公司，這種方式稱為發小包，但帳務處理上，仍是營造廠承包，故仍分為包工包料、包工不包料兩種方式。借牌經營，如果建設公司將營造款項直接付給小包，未付給營造廠，被查獲者，除取自營造廠進項發票不能扣抵，尚須按進貨未取具憑證，按進項罰 5%。目前許多建案都採發大包方式。

3. 裝潢費用

樣品屋裝潢費用列為廣告費，其中冷氣、家具結案後還可以用，應沖減廣告費或轉列收入。

蓋好的房子，為了便於銷售，建設公司會選幾間裝潢，稱為「實品屋」，此時價格比沒裝潢貴，因此裝潢費可列為房屋成本。

4. 合作建屋

兩家以上合作興建房屋，約定收入與成本共同享受與負擔，應將合建契約報經主管機關核備後，其取得之進項憑證，應以共同起造人為抬頭，由持有之一方出具證明註明分攤比例、金額及稅額，連同憑證影本交由他方作為列帳及扣抵之用。

二、會計處理

(一) 包工包料

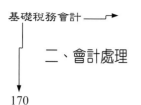 範例

9. 興建房屋由大華營造廠承包，工程款共新臺幣 3,000 萬元，營業稅外加，約定分 10 期收取，支付分錄爲何？

解答

(1) 各期支付分錄

在建工程—工程款…………………………………………	3,000,000
進項稅額…………………………………………………	150,000
現　金……………………………………………………	3,150,000

(2) 工程款全部付清，完工轉入製成品

待售房屋……………………………………………………	30,000,000
在建工程…………………………………………………	30,000,000

在建工程、待售房屋均屬存貨類會計科目

(二) 包工不包料

 範例

10. 互鼎建設公司蘆洲工地採包工不包料方式興建，有關交易如下：

108 年 2 月 1 日付建築師設計費 300 萬元

3 月 1 日支付營造工程款 600 萬元，稅外加

5 月 6 日購買材料 12,451,600 元，稅外加，明細如下：

品　　　名	數　　　量	金　　　額
預拌混凝土	2,500m³	5,000,000
鋼　　　筋	32 噸	321,600
磁磚 30×30	120,000 片	2,400,000
磁磚 40×40	100,000 片	3,000,000
磁磚 20×20	80,000 片	1,200,000
馬　　　桶	100 套	50,000
洗　臉　盆	100 套	60,000
鋁　　　窗	150 組	120,000
硫　化　門	60 個	300,000
合　　　計		12,451,600

　　10 月 30 日支付監工及工地人員薪資 300,000 元，工地水電費 30,000 元、郵電費 60,000 元、伙食費 40,000 元、其他費用 28,000 元，另營業稅 2,000 元

　　109 年 4 月 1 日支付營造廠工程款 12,000,000 元，稅外加

　　5 月 1 日支付監工及工地人員薪資 360,000 元、伙食費 21,600 元、水電費 38,000 元、郵電費 50,000 元、其他費用 20,000 元，另營業稅 2,000 元

　　8 月 1 日購買材料 7,530,000 元，稅外加

品　　　名	數　　　量	金　　　額
預拌混凝土	100m³	210,000
鋼　　　筋	10 噸	105,000
磁磚 20×20	10,000 片	155,000
對　講　機	5 套	60,000
電　　　梯	5 部	7,000,000
合　　　計		7,530,000

　　9 月 1 日全部完工

　　上列日期應有分錄為何？

解答

(1) 108 年 2 月 1 日付建築師設計費

在建工程—設計費	3,000,000	
現　金		2,700,000
代收稅款		300,000

(2) 3 月 1 日付營建工程款

在建工程—工程款	6,000,000	
進項稅額	300,000	
現　金		6,300,000

(3) 5 月 6 日買材料

在建工程—材料	12,451,600	
進項稅額	622,580	
現　金		13,074,180

(4) 10 月 30 日付各項費用

在建工程—製造費用	458,000	
進項稅額	2,000	
現　金		460,000

(5) 109 年 4 月 1 日付工程款

在建工程—工程款	12,000,000	
進項稅額	600,000	
現　金		12,600,000

(6) 5 月 1 日支付各項費用

在建工程—製造費用	489,600	
進項稅額	2,000	
現　金		491,600

(7) 8 月 1 日購買各項材料

在建工程—材料	7,530,000	
進項稅額	376,500	
現　金		7,906,500

(8) 全部完工轉製成品

項　　目	金　　額
設　計　費	3,000,000
工　程　款	18,000,000
材　　料	19,981,600
製　造　費　用	947,600
合　　計	41,929,200

其中材料尚應列出進耗存明細，製造費用亦應列明細。

項　　目	期初金額	本期發生	合　　計
薪　　資	300,000	360,000	660,000
水　電　費	30,000	38,000	68,000
郵　電　費	60,000	50,000	110,000
伙　食　費	40,000	21,600	61,600
其他費用	28,000	20,000	48,000
合　　計	458,000	489,600	947,600

品　　名	期初存料		本期進料		本期耗用		期末存料
預拌混凝土	2,500	5,000,000	100	210,000	2,600	5,210,000	0
鋼　筋	32	321,600	10	105,000	42	426,600	
磁磚 30×30	120,000	2,400,000			120,000	2,400,000	
磁磚 40×40	100,000	3,000,000			100,000	3,000,000	
磁磚 20×20	80,000	1,200,000	10,000	155,000	90,000	1,355,000	
馬　桶	100	50,000			100	50,000	
洗　臉　盆	100	60,000			100	60,000	
鋁　窗	150	120,000			150	120,000	
硫　化　門	60	300,000			60	300,000	
對　講　機	－		5	60,000	5	60,000	
電　梯	－		5	7,000,000	5	7,000,000	
合　　計		12,451,600		7,530,000		19,981,600	

　　部分工程款及材料、費用在完工交屋後才會發生及支付，在交屋年度結束前應預估入帳，又製造費用明細帳及材料進耗存應每年編製，以免有誤。

待售房屋…………………………………………… 41,929,200

　　在建工程—設計費…………………………………　3,000,000

　　在建工程—工程款………………………………… 18,000,000

　　在建工程—材料………………………………… 19,981,600

　　在建工程—製造費用…………………………………　947,600

待售房屋如何轉入銷貨成本，詳見下節說明。

4-9　存貨與銷貨成本

一、參考法條

查準第五十一條之一

　　營建業已興建完成但未出售或已轉供自用之房地，得依工程別依收入法、建坪比例法或評定現值法擇一適用，分攤其房地成本，但同一工程既經擇定後，不得變更。

　　前項所稱收入法，係指營建業建屋出售，其銷貨成本係按出售房屋售價及待售房屋之預計合理售價占總售價比例攤計成本之方法。建坪比例法，係指營建業建屋出售，其銷貨成本係按出售及待售房屋坪數占房屋總坪數比例攤計成本之方法。評定現值法，係指營建業建屋出售，其銷貨成本係按出售及待售房屋評定現值占房屋總評定現值比例攤計成本之方法。

二、要點說明

　　建設公司所推出的房子，在交屋時尚未出售部分，或轉供自用部分，究應分攤多少營建成本，由於房子是整批興建，因此只好照坪數、售價或政府評定房屋現值分攤營建成本，同一工地經選用某一種方式之後，以後年度應採用相

同方法。

例如：建築一批房子總成本為五千萬元，其售價、建坪及房屋評定價值分別為：

	建　　　坪		售　　　價		評　定　價　值	
已售	800 坪	80%	56,000,000	70%	22,500,000	75%
未售	200 坪	20%	24,000,000	30%	7,500,000	25%
合計	1,000 坪	100%	80,000,000	100%	30,000,000	100%

由於未售部分以一樓為主，故未售屋之售價較高，採上列三種方法之銷貨成本為：

	建　坪　法	售　價　法	評定價值法
銷貨成本	40,000,000	35,000,000	37,500,000
存　　貨	10,000,000	15,000,000	12,500,000
合　　計	50,000,000	50,000,000	50,000,000

如採建坪法，例如：剩下四戶分別為：

	樓　別	坪　數	售　　　價		成　　　本
A	1 樓	50	7,200,000	30%	2,500,000
B	1 樓	50	7,200,000	30%	2,500,000
C	5 樓	50	4,800,000	20%	2,500,000
D	6 樓	50	4,800,000	20%	2,500,000
合　　　計		200	24,000,000		10,000,000

採建坪法期末存貨為 10,000,000 元，本期淨利最低，當課稅所得較高時，可採此法，但到了第二年，這批工地就一定要採用建坪法，例如：第二年 A、B 二戶出售，其售價為 14,400,000 元。

　　成本為 5,000,000 元

　　毛利為 9,400,000 元

　　不可改採售價法，認列銷貨成本 10,000,000×(30% + 30%) = 6,000,000。

三、會計處理

範例

11. 如前節營建成本 50,000,000 元房屋一批，採建坪法分攤成本，108 年已售 800
　　坪，至 109 年又售出二戶 100 坪，房屋售價 1,440 萬元，餘二戶轉供自用，其
　　分錄為何？

解答

(1) 108 年售出部分成本 4,000 萬元

銷貨成本	40,000,000	
待售房屋		40,000,000

(2) 109 年售屋及申報營業稅時，將內含稅款轉出

現　金	14,400,000	
銷貨收入		14,400,000
銷貨收入	685,714	
銷項稅額		685,714

(3) 認列 109 年售屋成本

銷貨成本	5,000,000	
待售房屋		5,000,000

(4) 轉供自用

房屋及建築	5,000,000	
待售房屋		5,000,000

待售房屋屬於存貨之一種，為流動資產不必提列折舊；房屋及建築為固定資產，應分年折舊。

4-10 ‖ 營業費用之分攤

一、要點說明

建設公司之銷售費用應遞延至收入認列年度，管理費用則列為發生年度費用，已在第 4-3 節中說明。

由於出售 104 年 12 月 31 日前取得的土地之所得免營利事業所得稅，為避免出售土地之費用併入一般費用中，減少出售房屋之所得，因此規定申報土地交易所得時應依「營利事業免稅所得相關成本費用損失分攤辦法」（詳第 6-1 節）計算出售土地應分攤之費用及利息。

例如：各項費用如下：

	房　屋	土　地	合　計
營業收入	4,000,000	6,000,000	10,000,000
營業成本	2,300,000	3,300,000	(5,600,000)
營業毛利			4,400,000
營業費用			(1,500,000)
薪　資			400,000
水電費			60,000
廣告費			600,000
稅　捐	20,000	120,000	140,000
其他費用			300,000
營業淨利			2,900,000
利息費用			(500,000)
本期淨利			2,400,000

稅捐包括房屋稅 20,000 元，地價稅 30,000 元，土地增值稅 90,000 元外，其他營業費用及利息支出均無法直接歸屬，則出售土地免稅所得為：

營業收入		6,000,000	
營業成本		(3,300,000)	
營業費用		(936,000)	
薪　　資	240,000		400,000 × 60%
水　電　費	36,000		60,000 × 60%
廣　告　費	360,000		600,000 × 60%
稅　　捐	120,000		直接歸屬
其他費用	180,000		300,000 × 60%
利息費用		(226,875)	計算說明
出售土地所得		1,537,125	

計算說明：

期初即持有該房地，於 12 月 1 日出售，另當年度依規定計算之自有資金 1,000,000 元；借入資金 5,000,000 元，列報利息收入 50,000 元。

應歸屬於土地之利息支出 ＝ 當年度利息收支差額 450,000 元 ×〔平均動用資金 3,025,000 元 ÷（自有資金 1,000,000 元 ＋ 借入資金 5,000,000 元）〕＝ 226,875 元

土地平均動用資金 ＝ 土地成本 3,300,000 元 × 持有期間比例（11 ÷ 12）＝ 3,025,000 元

建設公司購買土地所發生之借款利息須資本化，並於土地出售年度列入出售土地成本。預售屋之專案借款利息亦應資本化，較能符合收入與費用配合原則。

建設公司計算交際費限額時，以材料（包工不包料）或全部工程款（包工包料）為進貨，售屋收入為銷貨，按買賣業計算。

4-11 ‖ 房地合一實價課稅

　　營利事業交易民國 105 年 1 月 1 日以後取得之房屋、房屋及其坐落基地或依法得核發建造執照之土地（以下合稱房屋、土地），及以設定地上權方式之房屋使用權或預售屋及其坐落基地，其交易所得應依房地合一實價課稅規定課徵所得稅。

　　個人及營利事業交易其直接或間接持有股份或出資額過半數之國內外營利事業之股份或出資額，該營利事業股權或出資額之價值 50% 以上係由中華民國境內之房屋、土地所構成者，該交易視同第一項房屋、土地交易。但交易之股份屬上市、上櫃及興櫃公司之股票者，不適用之（所 4 之 4）。

　　營利事業當年度房屋、土地交易所得或損失之計算，以其收入減除相關成本、費用或損失後之餘額為所得額。但依土地稅法規定繳納之土地增值稅，除屬未自該房屋、土地交易所得額減除之土地漲價總數額部分之稅額外，不得列為成本費用。

一、處分 104 年底以前取得之房屋及土地

　　出售土地之所得，依第 4-10 節說明，扣除分攤費用後之所得免課所得稅，如有損失不得扣除。

二、處分 105 年 1 月 1 日以後買進之房屋及土地

　　營利事業依前項規定計算之房屋、土地交易所得，減除依土地公告土地現值計算之土地漲價總數額後之餘額，不併計營利事業所得額，按下列規定稅率分開計算應納稅額，合併報繳：其在中華民國境內無固定營業場所者，由營業代理人或其委託之代理人代為申報納稅：

持有期間	稅率	
	總機構在境內	總機構在境外
2 年以下	45%	45%
超過 2 年，5 年以下	35%	35%
超過 5 年	20%	35%

　　1. 因財政部公告之非自願性因素，2. 營利事業以自有土地與營利事業合作興建房屋，3. 營利事業提供土地、合法建築物、他項權利或資金，依都市更新條例參與都市更新，或依都市危險及老舊建築物加速重建條例參與重建，於興建房屋完成後取得之房屋及其坐落基地第一次移轉，此三種情形無論持有期間長短稅率為 20%。

　　營利事業依第一項規定計算之當年度房屋、土地交易損失，應先自當年度適用相、同稅率之房屋、土地交易所得中減除，減除不足部分，得自當年度適用不同稅率之房屋、土地交易所得中減除，減除後尚有未減除餘額部分，得自交易年度之次年起十年內之房屋、土地交易所得減除。

範例

12. 安珍公司出售 105 年以後取得房屋、土地交易資料如下，問應申報營事業所得額多少？（單位：新臺幣萬元）

情況	售價	成本及費用	土地漲價總數額	土地增值稅	帳載損益
1	1,500	1,200	150	30	270
2	2,000	2,100	40	8	(108)
3	3,000	2,880	180	36	84

181

解答

(1) 交易所得 = 1,500 − 1,200 = 300（萬元）

　　計入營利事業所得額 = 300 − 150 = 150（萬元）

(2) 交易損失 = 2,000 − 2,100 = 100（萬元）

　　計入營利事業所得額 = 損失 100 萬元

(3) 交易所得 = 3,000 − 2,880 = 120（萬元）

　　120 萬元 < 180 萬元，計入營利事業所得額 = 0 元

說明：① 帳載損益 = 售價 − 成本費用 − 增值稅

　　　② 計算交易所得 = 售價 − 成本費用

　　　③ 交易所得 < 0，為交易損失

　　　④ 交易所得 > 0 時，如交易所得 > 土地漲價總數額，課稅所得 = 交易所得 −

　　　　土地漲價總數額；交易所得 < 土地漲價總數額時，課稅所得為 0 元

　　　⑤ 土地漲價總數額 = 申報土地移轉現值 − 前次移轉現值 × 物價倍數 −（改良

　　　　土地費用 + 工程受益費 + 土地重劃負擔總費用 + 因土地使用變更而無償捐

　　　　贈作為公共設施用地之公告現值總額）

　　　計算土地增值稅是以出售時公告現值減取得時申報公告現值。售價高於公告現值亦得以成交金額申報計算土地增值稅，但計算房地合一稅只能扣除按公告現值計算之土地漲價總數額。

 範例

13. 臺北公司 109 年 8 月 5 日以 3,000 萬元購入土地，當時申報移轉現值為 1,200 萬元，110 年 12 月 5 日以 4,200 萬元出售，當時土地公告現值為 1,600 萬元，但申報移轉現值為 2,200 萬元，假設物價指數不變，繳納土地增值稅 200 萬元，處分土地費用為 63 萬元，問應納房地合一稅多少元？

解答

　　依公告現值計算土地增值稅

土地漲價總數額 = 1,600 萬元 − 1,200 萬元 = 400 萬元

應納土地增值稅 = 400 萬元 ×20% = 80 萬元

未自該房屋、土地交易所得額減除之土地漲價總數額部分之稅額 = 200 萬元 − 80 萬元 = 120 萬元

處分土地利益 = 4,200 萬元 − 3,000 萬元 − 63 萬元 − 120 萬元 = 1,017 萬元

持有期間 2 年以下，稅率 45%

應納稅額 = 1,017 萬元 ×45% = 4,576,500 元

營利事業房地合一稅分開計稅，合併申報。即出售房地所得單獨計算課稅所得及應納稅額，但要與出售房地以外之所得合併報繳。

三、處分 105 年 1 月 1 日以後取得之土地所興建之房屋

　　營利事業交易其興建房屋完成後第一次移轉之房屋及其坐落基地，不適用第二點規定，其房屋、土地交易所得額，減除依公告土地現值計算之土地漲價總數額後之餘額，計入營利事業所得額課稅，餘額為負數者，以零計算；其交易所得額為負者，得自營利事業所得額中減除，但不得減除土地漲價總數額。

　　即建設公司興建房屋出售，其營利事業所得稅申報和一般營利事業相同。出售之土地為 104 年 12 月 31 日以前取得者，出售土地所得免課營利事業所得稅，出售之土地為 105 年 1 月 1 日以後取得者，出售土地之所得要課稅，計算土地交易所得時，繳納之土地增值稅不得列為費用，出售土地淨利高於按公告現值計算之土地漲價總數額時，可以減除土地漲價總數額；淨利低於按公告現值計算之土地漲價總數額時，出售土地所得為 0 元，出售土地虧損時，可自一般所得中扣除。

第五章

銷貨成本

銷貨成本是已銷售之商品，在達到可供出售狀態前所發生之必要成本。買賣業以買賣商品爲主要營業活動，製造業則以產品製造及銷售爲主要獲利來源，其利潤均來自買賤賣貴，故銷貨成本之高低對營利事業所得額將有甚大影響，計算之時不可不愼。

5-1 　銷貨成本的計算

一、要點說明

(一)買賣業成本流程

　　就買賣業而言，其所能出售之商品，不外乎上期留存及本期所購入，前者稱爲「期初存貨」，後者稱爲「進貨」；本期所有之商品有部分已出售，另有部分尚未出售，已售部分爲「銷貨成本」，未售部分爲「期末存貨」。

　　上列關係可列示如下：

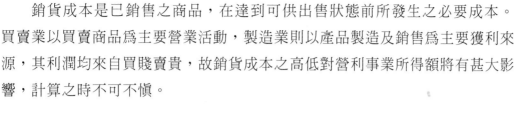

(二)製造業成本流程

　　就製造業而言，其銷貨成本之計算較買賣業麻煩，首先以原料經加工，才能變成製成品，製成品銷售後成爲銷貨成本，但這其中有部分原料未用完，部分產品已製造但尚未製成，故有期末物料、在製品、製成品盤存問題，其成本流程可圖示如下：

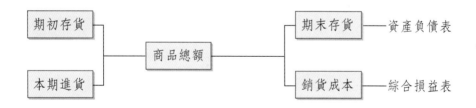

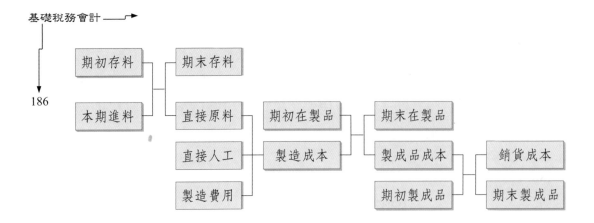

由以上流程，可知製造業之製成品成本，相當於買賣業之本期進貨，買賣業之進貨可根據進貨發票求得，而製造業之製造成本，則須經過計算才能求得。

(三)銷貨成本計算公式（*所細31*）

1. 買賣業

期初存貨 +〔進貨－（進貨退出 + 進貨折讓）〕+ 進貨費用－期末存貨
= 銷貨成本

2. 製造業

製造業進料時，亦有可能發生折讓與退出的情形，其處理方式與買賣業相同，應作爲進料成本的減項，耗用原料之公式爲：

期初存料 +〔進料－（進料退出 + 進料折讓）〕+ 進料費用－期末存料
= 直接原料
直接原料 + 直接人工 + 製造費用 = 製造成本
期初在製品成本 + 製造成本－期末在製品成本 = 製成品成本
期初製成品成本 + 製成品成本－期末製成品成本 = 銷貨成本

本章以下分別就期初存貨、進貨與進料、期末存貨、直接人工及製造費用、原料耗用審核，分別專節加以介紹。

㈣ 單位成本之計算

所謂單位成本，即每單位產品所應負擔的製造成本，為了便於製造成本之查核，製造業應編製單位成本分析表，詳列各種成品生產數量、直接原料成本及比率、直接人工成本及比率、製造費用成本及比率，茲分別說明如下：

1. 直接原料

構成產品之主要部分，包括製造過程中投入材料及配件，例如：製造成衣的布、製造桌子的木材等。成本較難歸屬之物料稱間接原料，可列為製造費用，例如：潤滑油等。

2. 直接人工

製造過程中，直接從事產品生產之工人的工資稱為直接人工，不直接從事產品製造之製造部門人員之薪資則為間接人工，間接人工以及伙食費、加班費等均列為製造費用。

3. 製造費用

製造部門所發生之成本，不屬於上列直接原料，直接人工者為製造費用，例如：廠房及機器折舊、工廠水電費等是。

製造業除了上述單位成本分析表外，尚應編製直接原料明細表，詳列各種製成品所耗用直接原料之數量及單位用量，並據此原料明細表計算原料是否超耗，作為原料超耗金額計算之根據，有關原料是否超耗之計算，本章專節介紹。

為了解期末盤存情形，尚應編製期末原料、物料、在製品、製成品盤存明細表，或原料、物料、製成品進銷（耗）存明細表，有關格式詳見申報書附件。

5-2 | 期初存貨

一、參考法條

㈠查準第四十六條～四十九條：見要點說明

二、要點說明

所謂期初存貨，在買賣業指以前年度購入尚未出售之商品，在製造業則包括以前購入尚未製造之原料、物料，已製造尚未完成之在製品，及製成尚未出售之製成品與副產品等。

稅法對於期初存貨、存料、在製品、製成品及副產品存貨之規定如下：

㈠存貨數量及金額

期初存貨之貨品、原料、物料、在製品、製成品及副產品之申報數量及金額，應與上年度稽徵機關核定數量及金額相符，其不符者，應予調整。但上期因耗用原料、物料等與耗用率不符，而調整之金額，不得列為次期之期初存貨（查46）。

㈡上年度未申報之處理

上年度未依法申報，或於年度中途設帳，或雖經申報，但無法提示有關證明所得額之帳簿文據，經依查得資料或同業利潤標準核定所得額者，應通知其列報期初存貨明細表，標明各種存貨之數量、單位、原價，並註明其為成本、淨變現價值或估定價額予以核定（查47）。

㈢上年度尚未核定

　　上年度雖辦理結算申報，而未經查帳核定，其原因與貨品、原料、物料、在製品、製成品或副產品之價格及數量無關者，應就上年度申報之期末存貨，核定本期之期初存貨（查48）。

㈣上年度核定漏匿報存貨

　　上年度已辦理結算申報，但經查帳核定貨品、原料、物料、在製品、製成品或副產品，有漏匿報者，應依稽徵機關查定之結存數量、金額為本期期初存貨（查49）。

5-3　進貨及進料

一、參考法條

㈠查準第三十七條（條文見要點說明）

㈡查準第三十八條

㈢查準第三十八條之一

㈣查準第四十二條

㈤查準第四十三條

㈥查準第四十四條

㈦查準第四十五條

二、要點說明

原料、物料及商品之購進成本，以實際成本為準。實際成本，包括取得之代價及因取得並為適於營業上使用而支付之一切必要費用（查37）。準此規定，進貨及進料成本應包括下列兩部分：

(一)取得之代價

取得之代價即購買原料、商品之價格，其以現金支付者，所支付之現金即為取得代價，其以現金以外之資產交換取得者，應以換出資產之成本作為取得之代價，若無法取得換出資產之成本者，則以取得資產之時價為其成本，無時價時以估價計算之。

(二)必要費用

進貨及進料之必要費用，常見者有下列各項，若進貨或進料之價格已包含運輸費用、保險費、佣金或匯費等在內者，不得再行列支各該項費用（查44）。

1. 保險費

進貨或進料在運輸中可能發生損害、遺失或其他意外事故，為預防損失的發生，大多向保險公司投保，此種進貨或進料之保險費，應列為進貨或進料之成本，但國外進口者，其交易條件為 CIF 或 C&I 者，其保險費應由國外供應商負擔，進口商如有墊支保險費者，該項保險費不得列為進貨、進料成本或當期費用。

2. 運輸費用

包括由賣方營業場所運至買方營業場所的人工搬運費、輪船、飛機、卡車運輸費，但自國外進口者，其交易條件若為 CIF 或 C&F，其運費應由國外出口商負擔，買方不得將墊支之運費列為進貨或進料成本，亦不得列為當期費用。

3. 稅捐

係指自國外進貨、進料所繳納之關稅、貨物稅，及特種營業人進口時繳納之營業稅。加值型營業人向國內廠商進貨或進料之營業稅、進口貨物由海關代徵之營業稅，應以「進項稅額」列帳，不得列為進貨或進料成本。

4. 其他費用

進貨佣金、報關費、推廣貿易服務費、棧儲費、銀行結匯手續費、郵電費等，均應列為進貨成本。

㈢進貨及進料成本不確定之處理

進貨、進料之價格及其運雜費用等，因特殊原因尚未確知者，得先估列相當之進貨成本或製造成本，俟確知後，再行調整或補列損益。

前項暫估進貨、進料之成本，於年度結帳時，已確知其高於應付數額而未予沖轉或補列收益者，應依所得稅法第一百十條之規定處罰（查42）。

㈣未取得或保存憑證之處罰

進貨、進料未取得憑證，或未將取得憑證保存，或按址查對不確，未能提出正當理由或未能提供證明文件者，稽徵機關得按當年度當地該項貨品之最低價格，核定其進貨成本。其屬未取得進貨憑證或未將進貨憑證保存者，應依未取得或未保存憑證而經認定之總額，處以 5% 罰鍰（查38）。

營利事業如因交易相對人應給與而未給與統一發票，致無法取得合法憑證，其已誠實入帳，能提示送貨單及支付貨款證明，經稽徵機關查明屬實者，准按實際進貨價格核定成本，並依未取得憑證規定處罰。但其於稽徵機關發現前由會計師簽證揭露或自行於申報書揭露者，免予處罰。交易相對人涉嫌違章部分，則應依法辦理（查38）。

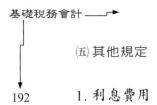

(五)其他規定

1. 利息費用

因進貨或進料借款所支付之利息,應以財務費用(利息費用)列支,不得併入進貨成本(查97)。

2. 進貨損失

進貨或進料所發生之損失,取得證明,經查屬實者,應予認定,其不應由營利事業本身負擔,或受有保險賠償部分,不得列為費用或損失。

前項損失之認定,除國內運輸損失應就有關帳證文件查核外,其屬進口貨物部分,應就下列各項文件查核認定:

(1)買賣雙方載有購貨條件之契約(應有損失歸屬之規定)。

(2)國內公證機構或經財政部認可之其他機構所出具之證明文件及到貨損失對照表。

(3)國外供應商之商業發票、裝箱單及船公司之提單副本或影本(查43)。

3. 進貨價格偏高

進貨價格顯較時價為高者,向關係企業以外之非小規模營利事業進貨,經查明與銷貨廠商金額相符,應予認定;向小規模營利事業或非營利事業者進貨,經提出正當理由及證明文據應予核定。其未能提出正當理由或證明文件,稽徵機關應按該項時價核定其進貨成本(查38之1)。

4. 退貨

進口商品亦可退貨,退貨時得申請退匯,但僅能退回結匯貨款及關稅,至於結匯各費用則不能退回,退匯所造成之損失,得以「其他損失」列帳。

三、會計處理

進貨、進料依其進貨地區可分為國內及國外,其會計處理亦有所不同,分

別說明如下：

　　㈠ 國內進貨

範例

1. 承業木材公司於 8 月 10 日向啟明公司賒購木材 1.5 公噸，每噸成交價格不含營業稅 200,000 元，另支付進貨運費 2,000 元，9 月 5 日付清貨款，9 月 6 日因品質不佳退回 0.2 公噸，價款 40,000 元收現金，則各日應有之分錄分別為何？

解答

　　(1) 進貨時

　　　8/10　進　貨（木材1.5公噸）……………………… 300,000

　　　　　　進項稅額 ……………………………………… 15,000

　　　　　　　應付帳款—啟明……………………………… 　　　 315,000

　　(2) 支付進貨運費

　　　8/10　進貨運費 ………………………………………… 2,000

　　　　　　進項稅額 ………………………………………… 100

　　　　　　　現　金……………………………………… 　　　 2,100

　　(3) 付清貨款

　　　9/5　應付帳款 ……………………………………… 315,000

　　　　　　現　金 ……………………………………… 　　　 315,000

　　(4) 進貨退出

　　　9/6　現　金 ……………………………………… 42,000

　　　　　　進貨退出 ………………………………………… 40,000

　　　　　　進項稅額 ………………………………………… 2,000

　　進貨退出應開立進貨退出及折讓證明單，供賣方作為銷貨退回之證明。

(二)國外進貨

範例

2. 飛谷公司向美國進口電子零件 20,000 個,每個美金 1 元,總價 US$20,000,其有關支出資料如下:

10/5　申請開立信用狀,並結匯 10%,各費用如下:

結匯 10%　20,000×10%×34 = NT$ 68,000

手續費	1,400
簽證費	1,050
郵電費	1,400
推廣貿易服務費	6,875
合　計	78,725

10/5　預付報關行報關費　　　　　　　　20,000

10/20　結清 90% 貨款取得提單　　　　　630,000

20,000×90%×35 = NT$630,000,營業稅 35,000

10/30　報關行結算報關費

關稅	12,000
報關費	1,200
倉儲費	3,000
進項稅額	210
雜費	2,000
退回現金	1,590
合　計	20,000

解答

有關各日之分錄如下:

(1) 申請開狀時

申報 L/C 時，因貨物尚未取得，故應以預付貨款入帳，其分錄如下：

10/5　預付貨款—電子零件……………………………………　78,725

　　　　　銀行存款……………………………………………　　　　78,725

(2) 預付報關費

進口報關通常須先支付報關行各項費用，俟提貨後再結算，此預付報關費
亦可以「預付貨款」入帳，其分錄如下：

10/15　預付貨款—暫付報關費…………………………………　20,000

　　　　　現　金………………………………………………　　　　20,000

(3) 進口結匯

至銀行結清 90% 信用狀款項，並取得提單，可列為預付款，亦可列為進
貨，設列為進貨，其分錄如下：

10/20　進　貨………………………………………………　710,725

　　　進項稅額………………………………………………　35,000

　　　　　預付貨款…………………………………………　　　　78,725

　　　　　銀行存款…………………………………………　　　665,000

　　　　　兌換利益…………………………………………　　　　2,000

兌換利益 = 20,000 × 10% × (35 − 34) = 2,000

(4) 結算報關費

報關費亦為進貨成本之一部分，亦應轉列進貨，其分錄如下：

10/30　現　金………………………………………………　1,590

　　　進　貨………………………………………………　18,200

　　　進項稅額………………………………………………　210

　　　　　預付貨款—暫付報關費…………………………　　　　20,000

合計此批商品進貨成本共：

710,725 + 18,200 = 728,925

每單位：728,925 ÷ 20,000 = 36.446

營利事業國外進貨，其入帳匯率與結匯匯率變動所產生之損益，應列為當年
度兌換損益，免再調整其進料、進貨成本。

四、合法憑證

進貨或進料之原始憑證如下（查 45）：

1. 國外進貨或進料

(1) 國外進貨或進料，應取得國外廠商之發票、海關完稅單據、各種報關提貨費用單據或其他相關證明文件；已辦理結匯者，應取得結匯文件；未辦理結匯者，應取得銀行匯付或轉付之證明文件；其運費及保險費如係由買方負擔者，並應取得運費及保險費之憑證。

(2) 向科學園區、加工出口區或自由貿易港區事業進貨或進料，其應按進口貨物報關程序向海關申報者，比照第 (1) 點規定辦理；其依有關規定無須報關者，比照第 2 之 (1) 點規定辦理。

2. 國內進貨或進料

(1) 向營利事業進貨或進料，應取得書有買受人名稱、地址及統一編號之統一發票。

(2) 向公會配購或機關團體採購或標購者，應取得配售或標售者之證明文件。

(3) 向農、漁民直接生產者及肩挑負販進貨或進料，應取得農、漁民直接生產者及肩挑負販書立載有姓名、住址、身分證統一編號、品名、單價、數量、金額及年月日，並經簽名或蓋章之普通收據或商用標準表單之出貨單作為原始憑證；其因無法取得該收據或出貨單者，當年度該項進貨進料價格，應按當時地同一貨品最低價格核定；其產品耗用原物料數量，並得按第五十八條第二項、第三項及第四項規定辦理。

(4) 委託代購商品或原料，應取得受託商號書有抬頭之佣金及依代購貨物之實際價格開立，並註明「代購」字樣之統一發票。

(5) 向舊貨商購進廢料、舊貨或羽毛者，應依規定取得統一發票或其他外來憑證，作為進貨憑證。

(6) 營利事業購進雞、鴨、魚、肉等，應依規定取得統一發票或取得出售

人書有姓名或名稱及地址，並經簽名或蓋章之收據。

(7) 向應依法辦理營業登記而未辦理者進貨或進料，應取得書有品名、數量、單價、總價、日期、出售人姓名或名稱、地址、身分證統一編號及蓋章之收據及其通報歸戶清單（申報書）存根。

(8) 聯合標購之進貨進料，應有報經稽徵機關發給之分割證明；其僅以一事業之名義代表標購者，應有報經稽徵機關核備之合約。

(9) 營利事業向免用統一發票商號進貨、進料取得普通收據者，稽徵機關得根據普通收據所載進貨、進料資料，按址查對其銷售對方之銷貨是否相符，銷貨能力是否確當，核實認定；如按址查對不確而有進貨之事實者，應依所得稅法第二十七條規定核定其進貨成本，並依稅捐稽徵法第四十四條規定辦理；若按址查對不確亦無進貨之事實者，除進貨不予認定外，應按所得稅法第一百十條規定處罰。

5-4 ‖ 期末存貨

一、參考法條

㈠查準第五十條

商品、原料、物料、在製品、製成品、副產品等存貨之估價，以實際成本為準，成本高於淨變現價值者，納稅義務人得以淨變現價值為準，跌價損失得列為銷貨成本。但以成本與淨變現價值孰低為準估價者，一經採用不得變更。成本不明或淨變現價值無法合理預期時，由該管稽徵機關用鑑定或估定方法決定之。

所稱淨變現價值，應以決算日營利事業預期正常營業出售存貨所能取得之淨額為準。

(二) 查準第五十一條

　　前條之成本，得按存貨之種類或性質，採用個別辨認法、先進先出法、加權平均法、移動平均法，或其他經主管機關核定之方法計算之。

　　其屬按月結算其成本者，得按月加權平均計算存貨價值。

　　在同一會計年度內，同一種類或性質之存貨不得採用不同估價方法。

(三) 查準第五十一條之二

　　營利事業之存貨依所得稅法第四十四條按成本與淨變現價值孰低估價時，存貨之成本應按個別項目逐項與其淨變現價值比較，同一類別或性質之存貨得按其分類或性質比較；其方法一經選定，各期應一致使用。後續年度重新衡量存貨之淨變現價值，如原導致存貨之淨變現價值低於成本之因素已消失，或有證據顯示經濟情況改變而使淨變現價值增加時，應於原沖減金額之範圍內，迴轉存貨淨變現價值增加數，並認列為當年度銷貨成本之減少。

(四) 查準第五十二條

　　期末存貨數量，經按進貨、銷貨、原物料耗用、存貨數量核算不符，而有漏報、短報所得額情事者，依所得稅法第一百十條規定辦理。但如係由於倉儲損耗、氣候影響或其他原因，經提出正當理由及證明文件，足資認定其短少數量者應予認定。

(五) 查準第五十三條

　　期末存貨數量於必要時，經稽徵機關首長核准，得實地盤點，經盤點逆算不符，足以證明在申報年度有漏報、短報所得額者，應依所得稅法第一百十條規定辦理。但如係由於倉儲損耗、氣候影響或其他原因，經提出正當理由或證明文件，並經稽徵機關查核屬實者不在此限。

(六) 查準第五十四條

　　副產品之估價，有成本可資核計者，應依所得稅法第四十四條之規定辦理，無成本可資核計者，以自其時價中減除銷售費用之價格為準。

(七) 查準第五十五條

成本會計制度不健全，不能提供有關各項成本紀錄，以供計算單位生產成本者，關於在製品及製成品之存貨估價，准按其完工程度核計製造成本，並依成本與淨變現價值孰低原則，計算其存貨價格。

(八) 查準第五十六條

關於估價方法錯誤者，應予糾正調整之。

(九) 查準第五十七條

進貨、銷貨、存貨帳簿及進貨、銷貨憑證，未載明貨物名稱、數量、其能補正並提供進、銷、存明細表，經查核相符後，應予查帳認定。

二、要點說明

(一) 盤存制度

1. 永續盤存制

又稱帳面盤存制，係對每一次貨物的購進、出售（或耗用）及結存，均於平日逐筆詳細記錄，任一筆存貨的出售（或耗用），須同時記載其存貨成本的減少，隨時可在存貨帳（或存貨明細帳）上看到目前存貨的數量。

存貨記載必須詳細，其帳務處理較費時費力，但對於企業決策者隨時可提供有關存貨完整的資訊，故適用於規模較大、會計制度健全之事業。

採用永續盤存制者，雖可由帳上隨時查出期末存貨數量，亦應定期實際盤存，以確定帳載數量與實際數量是否相符。如有多出為「商品盤盈」、短少為「商品盤損」，商品盤盈或盤損，在財務會計列為銷貨成本。

2. 定期盤存制

又稱實地盤存制，係指平日僅記錄「進貨」、「銷貨」交易，銷售時不記載存貨成本之減少，帳上無法顯示目前存貨餘額，欲知存貨數量必須定期（期

末）實際盤點，並據以計算銷貨成本。

平時僅對「進貨」、「銷貨」加以記載，至於存貨增減則無詳細記載，亦無存貨明細帳之設置，帳務處理較爲簡單，適用於商品種類多而價值較低，或數量不易控制的企業。

採定期盤存制者，則無盤盈或盤損之問題。

(二) 期末存貨之評價

期初存貨 + 進貨 − 期末存貨 = 銷貨成本，因此期末存貨估價之正確與否，將對本期損益有甚大影響，期末存貨高估則本期淨利高估，次期淨利低估；期末存貨低估，則本期淨利低估，次期淨利高估，爲免納稅義務人利用期末存貨估價調整損益，故稅法對存貨估價有下列方法：

1. 成本法

(1) 個別辨認法（財務會計只限特殊情況能採用）。
(2) 先進先出法。
(3) 加權平均法。
(4) 移動平均法。

2. 成本與淨變現價值孰低法

3. 其他經財政部許可之方法

零售價法。

三、會計處理

(一) 永續盤存制

永續盤存制原料購入、領用、製造及製成、銷售會計處理釋例如下。

範例

3. 光榮公司於 5 月 5 日購入盤元 9,000 公斤，每公斤 90 元（不含營業稅），7 月 1 日領用 1,000 公斤製造手鉗，7 月 31 日共支出直接人工 30,000 元、製造費用 40,000 元、進項稅額 2,000 元，8 月 10 日製成手鉗 5,000 只，8 月 15 日出售 4,000 只，每只 50 元（不含營業稅），試作上列日期應有之分錄。

解答

 (1) 購入原料

 5/5 原料—盤元 9,000 公斤 ················· 810,000

   進項稅額 ························· 40,500

    應付帳款 ····················· 850,500

 (2) 領用材料

 7/1 在製品—原料 ················· 90,000

    原 料 ····················· 90,000

 (3) 支付人工及製造費用

 7/31 在製品—直接人工 ················· 30,000

   在製品—製造費用 ················· 40,000

   進項稅額 ························· 2,000

    現 金（或其他科目）··········· 72,000

 (4) 產品製成

 8/10 製成品—手鉗 5,000 只 ················· 160,000

    在製品—原料 ····················· 90,000

    在製品—直接人工 ················· 30,000

    在製品—製造費用 ················· 40,000

 (5) 產品出售

 8/15 應收帳款 ························· 210,000

    銷貨收入 ····················· 200,000

    銷項稅額 ····················· 10,000

| 8/15 | 銷貨成本—手鉗 4,000 只 | 128,000 | |
| | 製成品 | | 128,000 |

　　永續盤存制下，購入商品時根據發票或其他合法憑證，以「存貨」項目登入日記簿過入總分類帳，並過入各該商品明細分類帳，因平時對存貨收、發及存均有詳細記載，因此除非有盤盈或盤損，期末無須作存貨及銷貨成本的調整分錄，存貨明細帳如下所示：

製成品明細帳

商品名稱：手鉗　　　　　　　　單位：只

| 110年 | | 憑單 | 收　入 | | | 發　出 | | | 結　存 | | |
月	日	號數	數量	單價	金　額	數量	單價	金　額	數量	單價	金　額
8	10	入 5	5,000	32	160,000				5,000	32	160,000
	15	出 7				4,000	32	128,000	1,000	32	32,000

(二) 定期盤存制

定期盤存制商品進銷釋例如下：

範例

4. 光明商店去年購入聖誕燈串 2,000 串，每串 80 元；銷售 1,700 串，每串 120 元。均為不含營業稅價格，已知期初存貨 500 串，每串 75 元，盤點期末存貨為 800 串，試作有關進銷存分錄。

解答

(1) 購入分錄

進　貨	160,000	
進項稅額	8,000	
應付帳款		168,000

(2) 出售商品

應收帳款…………………………………………………… 214,200

　　銷貨收入…………………………………………………… 204,000

　　銷項稅額…………………………………………………… 10,200

(3) 繳納營業稅

銷項稅額…………………………………………………… 10,200

　　進項稅額…………………………………………………… 8,000

　　現　　金…………………………………………………… 2,200

(4) 結算銷貨成本（加權平均法）

商品總成本 = 75 × 500 + 160,000 = 197,500

商品總數量 = 500 + 2,000 = 2,500

單價 = 197,500 ÷ 2,500 = 79

存　　貨（期末79 × 800）………………………………… 63,200

銷貨成本（79 × 1,700）…………………………………… 134,300

　　存　　貨（期初）……………………………………… 37,500

　　進　　貨………………………………………………… 160,000

㈢成本與淨變現價值孰低法

採成本與淨變現價值孰低法者，應採逐項比較法，其跌價損失列為銷貨成本，「備抵存貨跌價損失」列為存貨減項，跌價分錄如下：

範例

5. 環達公司期末存貨之淨變現價值為 300,000 元，成本為 310,000 元，試作期末存貨跌價分錄。

解答

銷貨成本…………………………………………………… 10,000

　　備抵存貨跌價損失……………………………………… 10,000

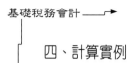

四、計算實例

　　為增加讀者之了解，特以實例說明各種成本法之存貨成本之計算釋例如下：

6. 秦鼎皮件公司去年手提箱之進銷資料如下：

1/1	上期結存	500 只	$1,000 / 只
1/10	出　售	200 只	$1,500 / 只
3/30	購　入	300 只	$1,100 / 只
4/7	出　售	500 只	$1,600 / 只
8/9	購　入	800 只	$1,140 / 只
8/10	出　售	600 只	$1,550 / 只
10/15	出　售	100 只	$1,600 / 只
12/30	購　入	50 只	$1,200 / 只

　　試依個別辨認法、加權平均法、移動平均法、先進先出法計算期末存貨價值若干？

解答

　　(1) 個別辨認法

　　期初存貨為 500 只，本期進貨 300 只 + 800 只 + 50 只 = 1,150 只，本期出售 200 只 + 500 只 + 600 只 + 100 只 = 1,400 只，期末存貨為 250 只（500 只 + 1,150 只 − 1,400 只 = 250 只），在個別辨認法下，應逐項認定期末存貨究為何時所購入，以其原購入成本為期末存貨成本，例如：經辨認後，期末存貨之購入日期分別是 12/30 為 50 只、8/9 為 100 只、3/30 為 100 只，則期末存貨之價值為：

　　12/30 購入：50 × $1,200 ＝ $60,000

　　8/9 購入：　100 × $1,140 ＝ $114,000

　　3/30 購入：100 × $1,100 ＝ $110,000

　　　　　　　　合　計　$284,000

(2) 加權平均法

採加權平均法者，應依資產之性質分類，其屬於同一類者，以自年度開始之日起，併同當年度中添置資產之總金額，除以總數量，以求得每一單位之取得價格，再以「加權平均」單位成本乘以期末存貨數量即得期末存貨成本，仍以前例資料，計算期末存貨資料如下：

加權平均單位成本

$$\frac{500 \times \$1,000 + 300 \times \$1,100 + 800 \times \$1,140 + 50 \times \$1,200}{500 + 300 + 800 + 50}$$

$$= \frac{\$500,000 + \$330,000 + \$912,000 + \$60,000}{1,650}$$

$$= \frac{\$1,802,000}{1,650} = \$1,092.121$$

期末存貨成本：$\$1,092.121 \times 250 = \$273,030$

(3) 移動平均法

採移動平均法者，應依資產之性質分類，其屬於同一類者，於每次取得時，將其數量及取得價格與上次所存同一類之數量及取得價格合併計算，以求得每一單位之平均價格，下次取得時，依同樣方法求得每一單位之平均價格，以當年度最後一次取得時調整之單位取得價格，作為盤存資產之取得價格，沿用上例，計算期末存貨成本如下：

| 年 | | 收　入 | | | 發　出 | | | 結　存 | | |
月	日	數量	單價	金　額	數量	單價	金　額	數量	單價	金　額
1	1							500	1,000	500,000
	10				200	1,000	200,000	300	1,000	300,000
3	30	300	1,100	330,000				600	1,050	630,000
4	7				500	1,050	525,000	100	1,050	105,000
8	9	800	1,140	912,000				900	1,130	1,017,000
	10				600	1,130	678,000	300	1,130	339,000
10	15				100	1,130	113,000	200	1,130	226,000
12	30	50	1,200	60,000				250	1,144	286,000

採先進先出法或移動平均法者，應採用永續盤存制。

(4) 先進先出法

採先進先出法者，應依資產之性質分類，其屬於同一類者，分別依其取得之

日期順序排列彙計，其距離年度終了最近者，列於最前，以此彙列之價格，作為盤存資產取得價格，仍以前例，採先進先出法計算期末存貨價值如下：

年 月	日	收入 數量	單價	金額	發出 數量	單價	金額	結存 數量	單價	金額
1	1							500	1,000	500,000
	10				200	1,000	200,000	300	1,000	300,000
3	30	300	1,100	330,000				300	1,000	630,000
								300	1,100	
4	7				300	1,000	520,000	100	1,100	110,000
					200	1,100				
8	9	800	1,140	912,000				100	1,100	1,022,000
								800	1,140	
8	10				100	1,100		300	1,140	342,000
					500	1,140	680,000			
10	15				100	1,140	114,000	200	1,140	228,000
12	30	50	1,200	60,000				200	1,140	288,000
								50	1,200	

五、買賣業成本結算及查核

㈠ 應設置之帳簿報表

見第 1-6 節。

㈡ 編製成本表及成本帳冊

1. 商品進銷存明細表（詳附表）。
2. 存貨分類明細帳。

㈢ 成本查核實務

買賣業成本核定方式有二：
1. 依帳載查核認定。
2. 成本依法核定：成本會計制度不健全，無法提供進銷存明細表，或內容

附表　　營利事業名稱：_____

商 品 進 銷 存 明 細 表

年　　月　　日

名　　稱	單位	上　期　結　存				本　期　進　貨				本　期　銷　貨				本　期　結　存			
		數量	單價	金	額	數量	單價	金	額	數量	單價	金	額	數量	單價	金	額
合　計																	

負責人　　　　　（蓋章）主辦會計　　　　　（蓋章）製　表　　　　　（蓋章）

不確定或不詳者，詳第 5-5 節第二點之說明。

5-5 ‖ 原物料耗用之審核

一、參考法條

㈠查準第五十八條

製造業已依稅捐稽徵機關管理營利事業會計帳簿憑證辦法設置帳簿，平時對進料、領料、退料、產品、人工、製造費用等均作成紀錄，有內部憑證可稽，並編有生產日報表或生產通知單及成本計算表，經內部製造及會計部門負責人員簽章者，其製品原料耗用數量，應根據有關帳證紀錄予以核實認定。

製造業不合前項規定者，其耗用之原料如超過各該業通常水準，超過部分，除能提出正當理由，經查明屬實者，應不予減除。

前項各該耗用原料之通常水準，由主管稽徵機關會同實地調查，並洽詢各該業同業公會及有關機關擬訂，報請財政部核定；其未經核定該業通常水準者，得比照機器、設備、製造程序、原料品質等相當之該同業原料耗用情形核定之；其無同業原料耗用情形可資比照者，按該事業上年度核定情形核定之。但上年度適用擴大書面審核者除外，若無上年度核定情形，則按最近年度核定情形核定之；其為新興事業或新產品，無同業原料耗用情形及該事業上年度核定情形可資比照者，由稽徵機關調查核定之。

前項所稱同業，指各主管稽徵機關所轄或鄰近縣（市）之該同業；所稱上年度核定情形，指上年度據以計算耗料之依據。

㈡查準第五十九條

汽車運輸業、出租遊覽車業、海運業、漁撈業、煤礦業、窯業所需燃料器材，營建業之營建材料及畜牧業之飼料等耗用數量，應比照前條規定之原則辦理。

二、要點說明

由於原物料是製造業最主要成本，原物料耗用數量之正確與否將對成本有極大之影響，因此稅法對原物料耗用數量之審核，定有其審核次序，營利事業應依序適用，計算其耗用原物料。自備原料委託他人加工者，亦應比照製造業審核原料耗用。

㈠ 應設置之帳簿報表

見第 1-6 節。

㈡ 製造業應編製之成本表

1. 原料進耗存明細表（詳附表一）。
2. 直接原料明細表（詳附表二）。
3. 單位成本分析表（詳附表三）。
4. 製成品產銷存明細表（詳附表四）。
5. 期末存貨明細表（詳附表五）。

㈢ 製成品耗用原料查核

1. 根據帳證紀錄核實認定

(1) 成本會計制度建全，帳簿及憑證齊全，成本記錄完備，符合查核準則第五十八條第一項之規定者。

（附表一）營利事業名稱：＿＿＿＿＿＿＿＿＿＿＿＿＿＿＿

原料進耗存明細表

年　　月　　日

名　　稱	單位	上期結存				本期進料				本期耗用				本期結存			
		數　量	單　價	金　額		數　量	單　價	金　額		數　量	單　價	金　額		數　量	單　價	金　額	
合　　計																	

負責人：　　　　　　（蓋章）　主辦會計：　　　　　　（蓋章）　製表：　　　　　　（蓋章）

（附表二）營利事業名稱：＿＿＿＿＿＿＿＿＿＿＿＿＿＿

直接原料明細表　　（製造業用）　　年　月　日

營利事業所得稅申報用附表之五	成品名稱	生產數量	單位	直　　接　　材　　料						單位成品平均用量及金額		製造業用
				名　稱	數　量	單　　價	單位	金　　額		數　量	金　　額	
合　　計												
備考												

負責人：　　　　（蓋章）　主辦會計：　　　　（蓋章）　製表：　　　　（蓋章）

（附表三）營利事業名稱：＿＿＿＿＿＿＿＿＿＿＿＿

單位成本分析表（製造業用）

營利事業所得稅申報用附表五之三

中華民國　年　月　日至　年　月　日止

成品名稱	生產數量	單位	直接原料	%	直接人工	%	製造費用	%	合	計	單位成本
合　　計											
備考											

負責人：　　　　（蓋章）　主辦會計：　　　　（蓋章）　製表：　　　　（蓋章）

（附表四）營利事業名稱：_____

製成品產銷存明細表

年　　月　　日

名　　稱	單位	上期結存			本期生產			本期銷貨			本期結存		
		數量	單價	金　額	數量	單價	金　額	數量	單價	金　額	數量	單價	金　額

負責人：　　　　　（蓋章）　主辦會計：　　　　　（蓋章）　製表：　　　　　（蓋章）

（附表五）　　　　　　　　　期末存貨明細表

年　月　日

品　　　　名	存 放 場 所 地 址	單 位	數　　量	單　　　　價	總　　　　價
總　　　　計					

附註：本表所列存貨估價係採用　永續　盤存制度　成本　基礎＿＿＿＿＿＿＿＿＿法。
　　　　　　　　　　　　　　　　實地　　　　　　時價

負責人：　　　　（蓋章）　經理人：　　　　　（蓋章）　主辦會計：　　　　　（蓋章）

①依稅捐稽徵機關管理營利事業會計帳簿憑證辦法設置帳簿。

②平時對進料、領料、退料、產品、人工、製造費用等均作成紀錄，有內部憑證可稽。

③編有生產日報表或生產通知單及成本計算表，並經內部製造及會計部門負責人員簽章。

(2) 不合前項之規定，耗用原料超過各該業通常水準，而對超過部分，能夠提出正當理由，經查明屬實。

(3) 合乎準則第五十八條第一項規定，但其原料耗用數量已超過各該業通常水準者，必要時報經稽徵機關首長之核准，得實地調查核定之。

2. 計算超耗

按實際耗用原料與通常水準等計算超耗，其審核標準順序如下：

(1) 通常水準：按照部頒通常水準計算原料耗用，該行業已訂有通常水準者適用之。

(2) 同業標準：無部頒通常水準者，得比照機器、設備、製造程序、使用之原料品質等相當之該同業原料耗用情形核定，超耗部分不予認列。

(3) 按照上年度核定：無部頒標準及同業標準，且上年度非採擴大書面審核者，則按上年度核定情形核定，超耗部分不予認列。所稱上年度核定情形，指上年度據以計算耗料之依據。

(4) 按照最近年度核定情形：無部頒標準、同業標準及上年度核定情形計算原料耗用者，則按最近年度核定情形核定，超耗部分不予認列。

(5) 稽徵機關調查核定：新興事業、新產品，無同業原料耗用及上年度核定情形可資比照者（如上年度採用擴大書審）。

3. 按同業利潤標準之成本率核定

製造業平時會計紀錄不健全，無法提示原料耗用明細表及單位成本分析表，或雖能提供但經核對內容不確實或不詳細致無從據以勾稽查核進、銷、存料者，依所得稅法施行細則第八十一條規定按同業利潤標準核定成本。

(1) 成本適用按同業利潤標準核定之情形：

①成本會計制度不健全，無法提供單位成本分析表及原料耗用明細表。

②或雖提供而內容不確定或不詳者。

③未設成本有關帳簿。

(2) 成本查帳時採逕行核定注意要點：

①核定前先查明製造成本憑證是否屬實，不合法憑證先予剔除。

②查明是否有營業費用應轉列製造成本。

③製造業或買賣業。

④批發或零售之毛利率。

⑤銷售多種產品可能用不同毛利率，要分別計算核定成本。

⑥關稅退稅收入要列為成本減項。

(3) 實例：

甲公司某年成本會計不健全，帳列銷貨收入 1,000 萬元，銷貨成本 800 萬元，假設財政部頒布該年該業成本標準為 70%，則核定之：

$$銷貨成本 = 1,000 萬 \times 70\% = 700 萬元$$

核定時，查核人員尚會將營業費用中應屬製造費用部分轉列，及查核銷貨成本有關憑證。

如帳列成本低於 700 萬元，例如為 650 萬元，將於剔除不合格憑證後，按帳列較低成本認列銷貨成本。

所謂成本標準，是指每年結束後，財政部所公布所得額標準及同業利潤標準，例如：所得額標準為 10，指申報營業淨利率（營業淨利 ÷ 營業收入淨額）在 10% 以上者，其申報淨利率很高，原則上以書面審核（即不必調閱帳證）核定其所得。至於同業利潤標準，則帶有處罰性質，例如：同業利潤標準之成本率 70%、費用率 18%、淨利率 12%（淨利率較所得額高），則成本記載不清，可以銷貨淨額之 70% 為逕行核定之成本，營業費用記載不清，可以銷貨淨額之 18% 為營業費用，成本費用均記載不清，可逕行核定營業淨利為營業收入淨額 12%，逕行核定時，仍應查核是否取具憑證，如帳載成本費用較低，則以帳載為準核定；如拒絕提示帳證，則以同業利潤淨利率標準逕行核定。如有營業外收益或損失，若提示帳證，則依實際查核結果，合併計課或核

實減除；若無法提示帳證，則僅將非營業收益合併計課，非營業損失則不予減除。

三、超耗之計算

製造業不符合查核準則第五十八條第一項之規定者，應依部頒標準計算原物料是否超耗，如有超耗應調整增加期末存貨成本，降低銷貨成本，但第二年仍應以帳載期末存貨轉列期初存貨，亦即超耗剔除之原物料不得轉列次期成本，為免遭受損失，對於原物料耗用數量之控制，不得不慎。

㈠ 按照通常水準計算原料耗用

部頒原物料耗用標準，對於原物料耗用數量之計算方法計有三種：

1. 損耗率法

係以每單位原料之使用，核定發生損耗之比率，計算應耗及超耗原料數量。

損耗率＝損耗量÷原料耗用量×100%（此比率由財政部頒布）

申報製成數量÷（1－損耗率）＝應耗原料數量

申報原料耗用量－應耗原料數量＝超耗數量

超耗數量×原料單價＝原料超耗金額

如申報原料耗用量小於應耗原料數量，表示並未超耗，可依申報原料耗用量認定。

此種公式適用於橡膠業、塑膠業、成衣業、紡織業等。

2. 耗用率法

係以每單位製成品應使用若干單位原料計算原料耗用數量。

耗用率＝原料耗用數量÷成品數量（此比率由財政部頒布）

申報成品產量×耗用率＝應耗原料數量

申報原料耗用數量 － 應耗原料數量 ＝ 超耗數量

超耗原料數量 × 原料單價 ＝ 原料超耗金額

3. 製成率法

係以每單位原料之使用可產生製成品之比率求得應耗及超耗原料數量。

產品生產數量 ÷ 製成率 ＝ 應耗原料數量

申報原料耗用數量 － 應耗原料數量 ＝ 超耗數量

超耗原料數量 × 原料單價 ＝ 原料超耗金額

4. 原物料耗用計算要點

(1) 業別耗用水準之適用要恰當。

(2) 產品規格或重量之依據是否正確。

(3) 原料重量或數量之統計及換算是否正確。

(4) 產品重量或數量之統計及換算是否正確。

(5) 計算耗料量應注意事項：

　　①生產量之計算單位，依產品性質可分為重量、面積、長度、材積、個、片……

　　②產品以重量計算時應以淨重為限，即產品含有物料者應將其重量予以扣除，因其與計算耗用之原料無關。

　　③生產量以當年度完工者為原則，期末未完工之在製品不予計之，待下期完工時，併入該年度產銷計算耗料。

　　④在實務上，常發現營利事業以虛增產品重量方式，規避超耗量之剔除，查核時應特別注意（產品重量可參考出口報單之申報重量或以實際稱重為依據）。

(6) 製造過程及各階段耗用原物料之計算應求正確。

(7) 耗用原料金額與耗用人工及製造費用應求合理。

(8) 營利事業自備原料委託廠商加工製造產品，其原物料耗用數量，應比照營利事業所得稅結算申報查核準則第五十八條規定查核認定（77 年臺財稅第 760193143 號函）。

5. 損耗率計算實例

(1) 單階段：

範例

7. 華中製衣公司以針織布剪裁縫製女性長袖襯衫，部頒損耗率爲 12.48%（詳附表一），本年度生產長袖襯衫 400 打（此產品之重量由出口報單中查得資料爲 1,697.67 公斤，詳附表二），申報耗用針織布 2,250 公斤，每公斤 140 元，問超耗金額若干？

解答

應耗原料＝製成品數量÷（1－損耗率）＝1,697.67 公斤÷（1－12.48%）

　　　　＝1,939.75 公斤

超耗數量＝申報原料耗用量－應耗原料數量＝2,250 公斤－1,939.75 公斤

　　　　＝310.25 公斤

超耗金額＝超耗數量 × 原料單價＝310.25×140 元＝43,435 元

附表一　各種類成衣原料損耗率

成　衣　種　類	損　耗　率	備　　　　　　　　註
長　袖　襯　衫	12.48%	1. 遇質料較特殊，如格子
短　袖　襯　衫	13.20%	布、花紋布、條紋布，
西　裝　上　衣	12.35%	又必須講究品質之完
西　　　　　褲	16.50%	美，而須對格、對花、
女　　長　　褲	17.32%	對條時，應視其格子、
男風衣、大衣	17.50%	花紋、條紋之大小，損
女風衣、大衣	16.63%	耗率須再增加 2~6%。
夾　　　　　克	12.38%	2. 童裝的損耗率比照成人服
裙　　　　　子	17.93%	裝損耗計算。
連　裙　裝（洋裝）	16.42%	
女　西　裝（短外套）	15.72%	
睡　　衣　　褲	14.50%	
內　　衣　　褲	17.50%	
運　　動　　衫	16.70%	

附表二

關 01002

出口報單

類別代號及名稱(6) G5 國貨出口		聯別	1.正本	共 頁 收單 第 1 頁
報單（收單關別 出口關別 民國年度 船或關代號 裝貨單或收序號） 號碼 (7) BC／ ／ 106／ U309 ／ 0189				收單編號或託運單號碼(13)

報關人名稱、簽章 報關運輸股份有限公司 38(1)	專責人員姓名、簽章 064(2)	統一編號 (8) 07654865	海關監管編號(9)	繳(10)	理單編號

		貨物人輸出（中、英文）名稱、地址 出售 華中製衣公司	報關日期（民國）(14) 106 年 01 月 28 日	輸出口岸(15) KAOHSIUNG TWK

| | | 案號(11) | 離岸價格
(16)
FOB Value | 金額
TWD 1,437,797
幣別
USD 41,760.00 |

檢附文件字號(3)	買方統一編號 (12) （及海關監管編號） 名稱、地址 CATHER INES, INC. USA	CSIC	運費(17)	
			保險費(18)	

| 貨物存放處所(4)
K II II 0690S #69C | 運輸方式(5)
S 2 | | 加 (19)
應 費用
減 (20) | |

申請沖退原料稅(21) N	買方國家及代碼(22) US UNITED STATES	目的地國家及代碼(23) USMEM MEMPHIS, TN	出口船（機）名及呼號（班次）(24) WRYE PRES KENNEDY V.153-1	外幣匯率 34.4300

項次(27)	貨物名稱、品質、規格、製造商等(28) CST SPORT	商 標	輸出許可證號碼一項次(29) 商品標準分類號列(30) 稅 則 號 別 統計號列 （主管機關指定代號）	檢查號碼	淨 重（公斤）(31) 數量（單位）(32) （統 計 用）(33)	簽審機關專用欄	離岸價格(34) FOB Value （新臺幣） ( )	統計方式(35)
1.	LADIES 60% COTTON 40% LONG SLEEVE SHIRT PO#3733037 ST#302-220791 PO#3733037 ST#302-220792		ZT92E0049238 1 6109.10.00.00-6 ( )		1,697.67 4,800 PCE 400 DZN ( )	339 400DZN	1,437,797 USD 41,760 ( )	
			( )		( )		( )	
			( )		( )		( )	

總件數(25) 125 CTN	單位	總毛重（公斤）(26) 1,913.77	海關簽註事項		商港建設費	
					推廣貿易服務費	596

標記及貨櫃號碼 其他相關事項	SEE PACKING LIST 長委起訖日期：1060101-1061231	建檔	補檔	合 計	596
		分估計費	放行		
		核發准單	電腦審核	繳納記錄	
		通關方式	（申請）查驗方式	證明文件核發	聯別 份數 核發紀錄

(2)多階段：多階段生產者，應查明各階段損耗率，計算由原料製成最終產品應耗原料數量。

 範例

8. 大輝電力電纜線公司去年生產裸銅線 1mm 20,000 公斤，2mm 25,000 公斤，申報耗用廢銅 64,500 公斤，每公斤 4.5 元，已知裸銅線之製程及各階段損耗率分別為：

製程　廢銅→陽極板→電解銅→電線用銅錠→裸銅線

損耗率　製程 成品	陽極板	電解銅	電線用 銅　錠	裸銅線
1mm	26.6%	1.3%	1.8%	1.8%
2mm	26.6%	1.3%	1.8%	1.3%

請問超耗金額若干？

解答

1mm 銅線應耗廢銅：

$20,000 \div (1 - 1.8\%) \div (1 - 1.8\%) \div (1 - 1.3\%) \div (1 - 26.6\%) = 28,628$ 公斤

2mm 銅線應耗廢銅：

$25,000 \div (1 - 1.3\%) \div (1 - 1.8\%) \div (1 - 1.3\%) \div (1 - 26.6\%) = 35,604$ 公斤

本期應耗廢銅數量 $= 28,628 + 35,604 = 64,232$ 公斤

本期廢銅超耗數量 $= 64,500 - 64,232 = 268$ 公斤

本期廢銅超耗金額 $= 268 \times 4.5 = 1,206$ 元

6. 耗用率計算實例

(1)單階段：

範例

9. 東鋒公司以冷軋不鏽鋼帶之軋延加工為業，其製程為：

$$\text{冷軋不鏽鋼帶（strip）} \xrightarrow{\text{軋延}} \text{冷軋不鏽鋼帶}$$

部頒耗用率為 1.06，即生產 100 公斤之冷軋不鏽鋼帶應耗用 106 公斤之冷軋不鏽鋼帶原料，去年全年製造 10,000,000 公斤，耗用原料 10,620,000 公斤，每公斤 150 元，請問超耗多少元？

解答

應耗原料重 = 10,000,000 × 1.06 = 10,600,000 公斤

超耗數量 = 10,620,000 − 10,600,000 = 20,000 公斤

超耗金額 = 20,000 × 150 = 3,000,000 元

鋼捲加工品及使用原料數量表

產　　　　品		應　用　原　料	
名　稱	數量/公斤	名　稱	數量/公斤
熱軋或冷軋鋼板、帶、捲（裁剪加工）	100	熱軋或冷軋鋼板、帶、捲	101
熱軋或冷軋不鏽鋼片、帶、捲（裁剪加工）	100	熱軋或冷軋不鏽鋼板、帶、捲	101
冷軋不鏽鋼片、帶、捲（軋延加工）	100	熱軋或冷軋不鏽鋼帶、捲（strip）	106
冷軋不鏽鋼片、帶、捲（軋延加工）	100	熱軋或冷軋不鏽鋼片、捲（sheet）	104.5
冷軋鋼帶捲（裁剪加工，寬20～350mm）	100	冷軋鋼片捲（寬≧600mm，厚度0.3～1.5mm）	102
矽鋼片成矽鋼帶捲（裁剪加工）	100	矽鋼片或矽鋼帶捲	101
矽鋼片（EI-50.1, 57.1）	100	成捲矽鋼片（寬度>150mm，厚度0.3～0.5mm）	103

矽鋼片（EI-104.8）有四孔	100	成捲矽鋼片（寬度>150mm，厚度0.3～0.5mm）	107
矽鋼片（EI-48, EI-54, EI-57, EI-60, EI-66, EI-76, EI-85.8, EI-96, EI-105, EI-114, EI-130）均有四孔、二孔或無孔	100	成捲矽鋼片（寬度>150mm，厚度0.3～0.5mm）	105
矽鋼片（EI-38.4）	100	成捲矽鋼片（寬度>150mm，厚度0.3～0.5mm）	106
矽鋼片（EI-41）	100	成捲矽鋼片（寬度>150mm，厚度0.3～0.5mm）	112
矽鋼片（EI-35）	100	成捲矽鋼片（寬度>150mm，厚度0.3～0.5mm）	118
矽鋼片（EI-28）	100	成捲矽鋼片（寬度>150mm，厚度0.3～0.5mm）	119

223

附註：(1)第1、2項成品為熱軋，則原料為熱軋；成品為冷軋；則原料為冷軋。

　　　(2)裁剪加工者，原料與成品厚度相同，成品之寬度必須小於原料之寬度。

　　　(3)軋延加工者，成品厚度小於原料厚度，成品之寬度小於或等於原料之寬度。

　　　(4)損耗數量已包含於應用原料數量內。

　　　(5)損耗部分之利用價值已扣除。

(2) 多階段生產：

範例

10. 億昌公司以廢鐵製造鋼筋，其製程為：

　　　　　　煉鋼　　　軋鋼
　　廢鐵 ──────→ 鋼錠 ──────→ 鋼筋

　　鋼筋1噸應耗鋼錠1.077噸，鋼錠1噸應耗廢鐵1.123噸，109年全年製造鋼筋10,000噸，耗用廢鐵12,500噸，每噸4,000元，請問超耗多少元？

解答

　　應耗廢鐵 = 10,000×1.123×1.077 = 12,094.7 噸

　　超耗數量 = 12,500 － 12,094.7 = 405.3 噸

超耗金額 = 405.3×4,000 = 1,621,200 元

7. 製成率計算實例

(1) 單階段:

範例

11. 同興公司 109 年生產鳳梨罐頭 1,000 箱,每箱 24 罐,每罐重 0.54 公斤,共耗用鳳梨 60,000 公斤,每公斤 2.5 元,已知鳳梨罐頭製成率為 23%,試計算損耗金額若干?

解答

申報製成品數量 = 1,000×24×0.54 = 12,960 公斤

應耗原料數量 = 12,960÷23% = 56,348 公斤

原料超耗數量 = 60,000 − 56,348 = 3,652 公斤

原料超耗金額 = 3,652×2.5 = 9,130 元

(2) 多階段生產:原料經多階段生產才能成為製成品,應以各階段製成率之積為製成率。

範例

12. 冷凍麻竹筍一般冷凍加工廠均礙於設備及廢棄物處理困難,故大多在廠外蒸煮殺青並剝殼妥後,再入廠做進一步的加工,其流程為:

原料筍→蒸煮殺青→剝殼→進廠→漂水→選別、修整→切片、切塊→漂水→加熱(殺菌)→冷卻→預冷→凍結→檢選→包裝

由原料筍至進廠之製成率一般為 40%,進廠至凍結成品之製成率為 88%。某公司 109 年製造冷凍麻竹筍 1,000 公斤,耗用原料筍 3,000 公斤,每公斤 30

元，問原料超耗多少？

解答

應耗原料數量 = 1,000 ÷ (0.4×0.88) = 2,841 公斤

原料超耗數量 = 3,000 − 2,841 = 159 公斤

原料超耗金額 = 159×30 = 4,770 元

(二) 按照上年度核定用料標準計算原料耗用

1. 營利事業原料之耗用，如無財政部核頒通常水準或同業原料耗用情形可資比較者，可按其上年度核定情形核定本年度之原料耗用。

2. 所稱上年度核定情形，指上年度據以計算耗料之依據。

3. 產品之投料：

(1) 依實際用量標準。

(2) 比照上期投料的方式。

(3) 依用量標準比例對應方式。

(4) 舊產品投料標準應與上期核定用料組成，用量比例一致，並符合實體組成之合理性。

4. 上年度核定用料標準實例計算：

範例

13. 文興公司 109 年生產運動帽 265,224 頂，上年度核定每頂運動帽耗用原料數量如下：

原料名稱	前一年度核定單位用量
針織布	0.04y
塑膠布	0.02y
帽　眉	0.05y
泡　棉	0.12kg

請問該年原料超耗金額若干？

解答

原料耗用情形，詳下列明細表（依上年度核定情形據以計算耗料之依據）：

產品名稱	生產數量	原料名稱	原料耗用量		前一年度核定單位用量	應耗量	超耗量	單價	超耗金額
			全部用量	單位用量					
運動帽	265,224	針織布	9,813.3y	0.037y	0.04y	10,609y			
		塑膠布	6,630.6y	0.025y	0.02y	5,304.5y	1,326.1y	20	26,522
		帽眉	14,057y	0.053y	0.05y	13,261y	796y	10	7,960
		泡棉	31,827kg	0.12kg	0.12kg	31,827kg			
超耗合計									34,482

原料超耗金額 = 34,482 元

範例

14. 中西公司 109 年生產運動器材之跑步機 2,640 臺，上年度每臺跑步機核定耗用
原料數量如下：

原料名稱	前一年度核定單位用量
座墊	1
煞車輪	1
培林	2
傳動鍊條	1
曲柄檔	1
電子錶	1
腳踏板	1

請問該年原料超耗金額若干？

解答

原料耗用情形，詳下列明細表（依上年度核定情形據以計算耗料之依據）：

產品名稱	生產數量	原料名稱	原料耗用量		前一年度核定單位用量	應耗量	超耗量	單價	超耗金額
			全部用量	單位用量					
跑步機	2,640 臺	座　墊	2,640	1	1	2,640			
		煞 車 輪	3,960	1.5	1	2,640	1,320	2.5	3,300
		培　林	5,280	2	2	5,280			
		傳動鍊條	2,640	1	1	2,640			
		曲 柄 檔	3,168	1.2	1	2,640	528	4	2,112
		電 子 錶	2,640	1	1	2,640			
		腳 踏 板	2,640	1	1	2,640			
超耗合計									5,412

原料超耗金額 = 5,412 元

範例

15. 績效公司 109 年度生產汽車防盜器 37,382 組，上年度經核定之每組防盜器之耗用原料情形如下：

原料名稱	前一年度核定單位用量
開　　關	4
電 晶 體	5
變 壓 器	1
喇　　叭	1
外　　殼	2
積體電路	5
繼 電 器	4
電　　池	2

請問該年度原料超耗金額若干？

解答

原料耗用情形，詳下列明細表（依上年度核定情形據以計算耗料之依據）：

產品名稱	生產數量	單位	原料名稱	原料耗用量		前一年度核定單位用量	應耗量	超耗量	單價	超耗金額
				全部用量	單位用量					
防盜器	37,382	組	開　　關	149,528	4	4	149,528	0	0.50	0
			電 晶 體	224,292	6	5	186,910	37,382	3.50	130,837
			變 壓 器	37,382	1	1	37,382	0	4.0	0
			喇　　叭	37,382	1	1	37,382	0	40.0	0
			外　　殼	74,764	2	2	74,764	0	5.0	0
			積體電路	205,601	5.5	5	186,910	18,691	2.5	46,727
			繼 電 器	149,528	4	4	149,528	0	8.0	0
			電　　池	112,146	3	2	74,764	37,382	5.0	186,910
超耗合計										364,474

營利事業如屬電子業等裝配業，其原料之耗用標準係按其上年度核定情形核定本年度之原料耗用者，則本年度同一產品之用料標準必須與上年度核定用量相同，且原料組成亦必須與上年度完全相同，否則多投之原料均視為原料超耗。

5-6　下腳及廢料之處理

一、參考法條

查準第三十六條

銷售下腳及廢料之收入，應列為收入或成本之減項。其未依規定申報致短漏報所得者，應依所得稅法第一百十條之規定辦理。

下腳及廢料未出售者，應盤存列帳，其未列帳處理者，得依查得之資料調整之。

二、要點說明

製造業在生產過程中難免產生不能使用之材料，如機械廠之鐵屑，其能出

售者，若在當年出售，銷售下腳及廢料之收入，應列爲收入或成本之減項，其未依規定申報致短漏報所得者，應依逃漏稅之規定處以二倍以下之罰鍰。下腳及廢料未出售者，應盤存列帳，其未列帳處理者，得依查得之資料調整之，免依逃漏稅移罰。

(一)製造業原料耗用超耗及下腳實務計算

1. 超耗部分

原料成品淨重 ÷（1 – 損耗率）＝應耗量

實耗量 – 應耗量＝超耗量

超耗量 × 平均單價＝超耗金額

2. 下腳部分

(1) 原料實耗量 > 應耗量

應耗量 – 原料成品淨重＝下腳重量

(2) 原料實耗量 < 應耗量

實耗量 – 原料成品淨重＝下腳重量

下腳重量 × 70%＝應產下腳數量

一般以計算下腳重量之七成，爲應產下腳數量。

(二)下腳單價

有關下腳單價之認定，如當年度下腳有出售價格者，以其出售價格爲準，如無出售價格者，以原料平均單價四分之一計價。

應產下腳數量 × 下腳實際單價或原料平均單價之四分之一＝應產下腳金額

㈢ 原料超耗與下腳

製造業申報耗用原料數量超過各該業原物料耗用通常水準者，如其申報因製造過程中所發生之下腳數量超過核定應產下腳數量時，其超過部分應先行計價自原料超耗金額中扣除後，再以其餘視爲超耗原料處理。

其所以如此規定，乃因原料損耗產生下腳，故如其申報之下腳數量多於因採用通常水準所核定之應產下腳數量時，其多出部分，自係因採通常水準計算超耗原料所致，如對超耗原料已不予認定，但對因超耗而多產之下腳，復予計算作收入處理，自有欠公允。

5-7　外銷原料沖退稅之處理

一、參考法條

㈠ 查準第三十三條

營利事業繳納之稅捐原以費用列帳者，如於繳納年度收到退稅款時，應以原科目沖回，如於以後年度始收到退稅款者，應列爲收到年度之非營業收入。

營利事業繳納外銷品進口原料之稅捐，應以成本列帳，其成品於當年度外銷並收到海關退稅款者應自成本項下沖減。如當年度未收到退稅款，應估列應收退稅款列爲成本減項，其成品於次年度始外銷者，不論是否收到海關退稅款，均應於該次年度就收到之退稅款或估列應收退稅款，列爲成本減項。

㈡ 查準第四十一條

外銷品進口原料經核准記帳之稅捐，應以備忘科目列帳，不列成本，並於核准退稅時，以原科目沖銷之。其因轉爲內銷或因逾期出口而補繳上述經核准記帳之稅捐者，如與進口日期屬同一會計年度，應根據海關通知文件列爲成本，如補繳年度與進口日期不屬同一年度，除會計基礎經核准採用現金收付制

者外，應於內銷或逾期出口之年度先行估計應補稅款列為成本。

二、要點說明

　　廠商自國外進口原料須依規定完納稅捐，但政府為鼓勵廠商外銷，乃准許產品製成後其外銷部分可沖退原料進口稅捐，以降低外銷品生產成本，並增強其在外銷市場上的競爭能力。若進口原料時，其稅捐僅記帳而未付現，製成品外銷後，可將應付稅捐沖銷，此即所謂外銷「沖稅」；若進口原料時，其稅捐先行繳現，製成品外銷後申請退還稅額，此即所謂外銷「退稅」。沖稅及退稅一般合稱為「沖退稅」。

　　進口原料繳稅者，列為材料成本，外銷退稅時，因為已經銷售商品所包含進口原料之關稅等稅捐才能退回，故將退稅收入列為銷貨成本減少。又因退稅設有專戶，並且會通報稅捐稽徵單位，所以申報時還要詳細填寫外銷退稅收入明細表，說明帳列情形。期末如有外銷並已申請退稅，但尚未收到退稅款者，應將「應收退稅款」估計入帳，以免銷貨成本虛增。

　　採進口原料稅捐記帳者，應以備忘科目記載記帳稅捐，出口時再行出帳，如有補稅，則列記銷貨成本增加。

　　除上述外銷退稅以外之稅捐，如在繳納年度收到退稅者，應沖回原科目，以後年度始收到退稅款者，應列為收到年度之非營業收入。

三、會計處理

　　外銷品進口原料稅捐之會計處理有二種方式：㈠ 進口原料稅捐採記帳處理；㈡ 進口原料稅捐採繳現處理。茲說明如下：

(一)外銷品進口原料採記帳稅捐之會計處理

範例

16. 星達棉紡公司 108 年 5 月 1 日進口棉花 100,000 包，記帳關稅 800,000 元。108 年 8 月 1 日外銷可沖原料關稅 400,000 元，轉內銷應補稅 40,000 元，於 108 年 12 月 20 日接獲通知，109 年 1 月 10 日繳納。109 年 10 月 1 日外銷可沖原料關稅 300,000 元，轉內銷於 109 年 12 月 1 日補繳關稅 60,000 元，試作有關原料沖退稅之分錄。

解答

(1) 原料進口記帳時：應以備忘科目入帳，不得列為原料成本。

108年5月1日

原料記帳稅捐···　800,000

應付記帳稅捐···　　　　800,000

(2) 原料出口沖帳時：應以原科目沖轉。

108年8月1日

應付記帳稅捐···　400,000

原料記帳稅捐···　　　　400,000

(3) 接到補稅通知：接到補稅通知應認列銷貨成本及應付費用，並沖銷記帳關稅，如至年底應補金額尚未接獲海關通知，亦應估計列帳。

108年12月20日

應付記帳稅捐···　40,000

原料記帳稅捐···　　　　40,000

銷貨成本－原料記帳稅捐·····································　40,000

應付帳款···　　　　40,000

期末原料記帳稅捐及應付記帳稅捐之餘額為 360,000 元，代表尚未沖銷之記帳關稅為 360,000 元，此金額不必列入資產負債表中，只須以附註方式

加以說明即可。

(4) 次年繳稅：108 年內銷補稅已列為當年度費用，故 109 年支付時不得再列支費用。

109年1月10日

應付帳款…………………………………………… 40,000

　　現　金…………………………………………… 40,000

(5) 原料出口沖帳：109 年出口沖帳分錄與 108 年相同。

109年10月1日

應付記帳稅捐………………………………………… 300,000

　　原料記帳稅捐………………………………………… 300,000

(6) 轉內銷補稅：轉內銷補稅並於當年繳納者，沖銷記帳關稅並直接以成本入帳。

109年12月1日

應付記帳稅捐………………………………………… 60,000

　　原料記帳稅捐………………………………………… 60,000

109年12月1日

銷貨成本－原料記帳稅捐…………………………… 60,000

　　現　金…………………………………………… 60,000

㈡ 外銷品進口原料稅捐採繳現之會計處理

範例

17. 星達棉紡公司108 年 5 月 1 日進口棉花 100,000 包，現金繳納關稅 800,000 元。108 年 8 月 1 日外銷收到原料關稅退稅款 400,000 元。108 年 12 月 25 日外銷可退原料關稅 300,000 元，109 年 1 月 10 日收到退稅款，試作有關分錄。

解答

(1) 108 年 5 月 1 日原料進口繳納稅捐時

存貨或原料		800,000
現　金		800,000

(2) 108 年 8 月 1 日外銷品出口時，並收到退稅款，可沖減銷貨成本或列為退稅收入。

現　金		400,000
銷貨成本或退稅收入		400,000

(3) 108 年 12 月 25 日外銷品出口時

應收退稅款		300,000
銷貨成本或退稅收入		300,000

(4) 109 年 1 月 10 日收到退稅款時

現　金		300,000
應收退稅款		300,000

5-8　直接人工及製造費用

一、參考法條

㈠查準第六十條

營利事業之費用與損失，應視其性質分為營業費用（如推銷、管理費用）與營業成本（如製造費用），分別審定並轉正。其應歸屬於營業成本之費用或損失，原列報於營業費用，經稽徵機關審定轉正者，應就調整部分分攤於期末存貨。

㈡查準第六十一條

直接人工、製造費用，適用本準則費用類之查核標準。

二、要點說明

(一)直接人工

係指實際從事於產品製造之工人的工資而言，其與間接人工、職員薪資在支付時，均以薪資項目辦理扣繳，但會計紀錄上此三者之性質各異，應詳加劃分，並以不同科目列帳。直接人工係製造成本的一部分，間接人工屬製造費用亦爲製造成本的一部分，職員薪資不論是銷售人員薪資或管理人員薪資，均屬營業費用，營業費用一律列爲發生當期之費用，製造成本則須視商品銷售狀況決定歸入當期費用（製成品已銷售，則列爲銷貨成本），或遞延下期（製成品未出售，則列爲期末存貨）。

直接人工之支付方式有按時間計酬者，如年薪、月薪、週薪、日薪、臨時工資等，亦有按件計資者，在稅務處理上並無太大差異。惟若按件計薪，應提示人工成本紀錄及計工單，如煤礦業之坑口紀錄、選煤紀錄、生產日報表、工程驗收單、工資計算表，供核。

直接人工之查核標準，比照營業費用「薪資」，故其稅務處理及有關規定可參照營業費用「薪資」之說明。

(二)製造費用

係指工廠中除材料、直接人工外的一切費用，包括間接人工、折舊、保險費、水電費、稅捐等費用。製造業之費用與損失，應劃分爲推銷、管理、研究發展及製造費用，依費用與損失之性質，應予分攤者，其分攤應採一貫方法爲之。

直接人工、製造費用，適用費用類之查核標準（查61）。其稅務處理，詳見營業費用之說明。常見之製造費用科目名稱如下：

01	間接人工	11	加工費
02	租金支出	12	稅捐
03	文具用品	13	折舊
04	旅費	14	各項耗竭及攤提
05	運費	15	伙食費
06	郵電費	16	職工福利
07	修繕費	90	其他製造費用
08	包裝費		
09	水電瓦斯費		
10	保險費		

(三) 製造費用之調整分攤

製造業及相當於製造業之其他事業，如將屬製造費用之科目，誤列於營業費用，將使期末盤存之在製品及製成品少攤計該筆製造費用，致使當期費用多計，影響所得額之正確。故稽徵機關查核時，若發現營利事業之費用科目有誤列之情形時，係以下列公式調整期末在製品、製成品成本：

$$調整製造費用 \times \frac{期末在製品存貨}{銷貨成本 + 期末在製品 + 期末製成品}$$
$$= 期末在製品應分攤製造費用$$

$$調整製造費用 \times \frac{期末製成品存貨}{銷貨成本 + 期末在製品 + 期末製成品}$$
$$= 期末製成品應分攤製造費用$$

第六章

營業費用㈠

6-1 ‖ 費用通則

　　營業費用認定之條件有下列數點，至於個別科目之特殊規定，詳見各該科目說明。

一、與業務有關

　　經營本業及附屬業務以外之損失，或家庭之費用，及各種稅法所規定之滯報金、怠報金、滯納金等及各項罰鍰，不得列為費用或損失（所38）。但私人契約規定之罰款，可以認定。

二、業已發生

　　未實現之費用及損失、除短期投資之有價證券跌價損失、存貨跌價損失、職工退休金準備、職工退休基金、勞工退休準備金、備抵呆帳及其他法律另有規定或經財政部專案核准者外，不予認定。依法得提列之各項損失準備仍應於帳上記載提列金額，並於年度結算申報時列報損失始予認定（查63）。

三、屬於本期

　　凡應歸屬於本年度之費用或損失，除會計基礎經核准採用現金收付制者外，應於年度決算時，就估列數字以「應付費用」科目列帳，但年度決算時，因特殊情形無法確知之費用或損失，得於確知之年度以過期帳費用或損失處理（查64）。

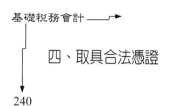

四、取具合法憑證

(一) 憑證應記載事項

費用及損失之原始憑證，除統一發票應依統一發票使用辦法第九條規定填記外，其爲收據、證明或普通收據者，應載有損費性質、金額、日期、受據（票）人或受證人之姓名或名稱、地址及統一編號，出據人或出證明人姓名或名稱、地址及統一編號暨其他必要記載之事項。其爲經手人之證明者，亦須載有損費性質、金額、日期及其他必要記載事項，由經手人簽名蓋章。

金融事業支付存款人之利息，如未取得存款人簽章領取利息憑證，應不予認定，但該項利息，如係直接轉入存款人在該事業或金融同業存款帳戶者，或經於原存款單簽名蓋章，或在利息支出傳票背面蓋章者，均應予核實認定（查68）。

廣告費除取具發票或收據外，尚應保留樣張。

(二) 未取具憑證之處理

費用及損失，未經取得原始憑證，或經取得而記載事項不符者，不予認定。但因交易相對人應給與而未給與統一發票，致無法取得合法憑證，其已誠實入帳，能提示交易相關文件及支付款項資料，證明爲業務所需，經稽徵機關查明屬實者，准依其支出性質核實認定爲費用或損失，並依稅捐稽徵法第四十四條處罰；其於稽徵機關發現前由會計師簽證揭露或自行於申報書揭露，經稽徵機關查明屬實者，免予處罰。交易相對人涉嫌違章部分，則應依法辦理。

前項之費用或損失，如經查明確無支付之事實，而係虛列費用或損失逃稅者，應依所得稅法第一百十條之規定處罰（查67）。

(三) 普通收據之限制

營利事業依規定列支之製造費用及營業費用，如係取得小規模營利事業出具之普通收據，其全年累計金額以不超過當年度稽徵機關核定之製造費用及營業費用之總額 30‰ 爲限，超過部分，不予認定（查67）。

獨資、合夥之營利事業因營業額小，每月在新臺幣二十萬元以下，所使用之收據，稱為普通收據；換言之，獨資、合夥之營利事業營業規模小，才使用普通收據，若營業規模大則須使用統一發票，公司組織之營利事業，除非有特殊規定，否則一律使用統一發票。從下列營利事業所得之收據不視為普通收據，不受上開普通收據累計金額不得超過核定之製造費用及營業費用合計金額30‰之限制。

1. 向電力公司取得之電費收據。

2. 向自來水廠或公司取得之水費收據。

3. 向雜誌社、電視臺、廣播電臺、報社等取得之廣告費收據。

4. 向金融業取得之利息支出結息單或證明書。

5. 向公益文化慈善機關或團體取得之捐贈支出收據。

6. 向公庫取得之各項稅捐繳納稅款收據。

7. 向保險公司取得之保險費收據。

8. 向工商團體所取得之收據。

9. 營利事業實際供給員工伙食向碾米業購買主食（食米、麵粉）之收據。

10. 營利事業實際供給員工伙食，委請營利事業包伙，取得之收據。

11. 向液化石油氣經銷商取得分裝費收據。

12. 個人出具之收據，如租金收據、利息收據等。

13. 由經手人出具之證明，如出差旅費報告書、計程車車資等。

14. 向個人直銷商購買商品申報之「個人一時貿易資料申報表」。

㈣ 共同費用之分攤

　　中華民國境內之外國分公司，分攤其國外總公司或區域總部之管理費用，經查符合下列規定者，應予核實認定：

　　1. 總公司或其區域總部不對外營業而另設有營業部門，其營業部門應與各地分公司共同分攤總公司或區域總部非營業部門之管理費用。

　　2. 總公司或其區域總部之管理費用未攤計入分公司之進貨成本，總公司或區域總部供應分公司營業所用之資金，未由分公司計付利息。

　　前項分攤管理費用之計算，應以總公司或區域總部所屬各營業部門與各分

支營業機構之營業收入百分比，為計算分攤標準。但其有特殊情形者，得申報該管稽徵機關核准，採用其他合理分攤標準。

　　中華民國境內之外國分公司依前二項規定，分攤國外總公司或區域總部管理費用者，應由該分公司辦理當年度所得稅結算申報時，提供國外總公司或區域總部所在地合格會計師簽證，載有國外總公司或區域總部全部營業收入及總公司或區域總部管理費用金額之國外總公司或區域總部財務報告，並經我國駐在地使領館或我國政府認許機構之驗證，或外國稅務當局之證明。但經核准採用其他分攤標準者，其所提供之國外總公司或區域總部財務報告，應另載明分攤標準內容、分攤計算方式及總公司或區域總部所屬各營業部門與各分支營業機構之分攤金額等資料。

　　前項國外總公司或區域總部財務報告未載明其管理費用金額、分攤標準內容、分攤計算方式及相關金額等資料者，應另提供國外總公司或區域總部所在地會計師查核簽證，載有該等資料之查核報告。

　　中華民國境內之外國分公司，依前四項規定，所分攤之國外總公司或區域總部管理費用，不適用營利事業所得稅不合常規移轉訂價查核準則之規定。國外總公司在中華民國境內設立之工地場所，如已依規定辦理營業登記，並依所得稅法第四十一條規定單獨設立帳簿並計算其營利事業所得額課稅者，可比照前五項規定辦理。

　　中華民國境內總公司或區域總部，將管理費用分攤予其境外分公司負擔者，準用第一項至第五項規定（查70）。

　　營利事業與其關係企業集中辦公，其共同費用之分攤，應由持有費用憑證之營利事業出具共同費用計算明細表，列明分攤共同費用之對象、內容、分攤基礎。各關係企業應憑持有費用憑證之營利事業出具以其為抬頭之共同費用憑證影本、計算明細表列支。但憑證繁多者，得報經該管稽徵機關核准免檢附該項憑證影本（查70之1）。

五、未超過限額

　　各項費用如有限額者，尚不得超過規定限額，超過者應予剔除，所得稅

法及附屬法規對所得額計算有限制規定之項目有利息、職工退休金、捐贈、交際費、呆帳、折舊、各項耗竭及攤折、旅費、職工福利、伙食費、國外投資損失、普通收據，詳見各該科目及 88 年第 881935783 號函說明。

六、事先報備

部分費用如災害損失應於事實發生後之次日起三十日內，檢具清單及證明文件報請該主管稽徵機關派員勘查，否則除能提出確實證據證明其損失屬實者，將因事後無法查核而被剔除（查 102）。

七、不得列支項目

不得列為費用或損失項目有：

㈠ 民國 104 年以前取得之土地交易損失。

㈡ 證券交易損失。

㈢ 期貨交易損失。

㈣ 資本之利息。

㈤ 災害損失──受有保險賠償部分。

㈥ 家庭之費用，各種稅法規定之滯報金、怠報金、滯納金等及各項罰鍰。

㈦ 未實現之費用及損失（881935783 號函）。

八、免稅所得應分攤相關成本、費用及損失

免稅所得如土地、土地改良物交易所得、證券交易所得、期貨交易所得，以及股利收入或盈餘金額（以下簡稱各項免稅所得），應依「營利事業免稅所得相關成本費用損失辦法」分攤成本費用及損失。

㈠ 以房地或有價證券或期貨買賣為業者（免3）

於計算應稅所得及各項免稅所得時，其可直接合理明確歸屬之成本、費

用、利息或損失，應作個別歸屬認列；其無法直接合理明確歸屬之營業費用及利息支出，應依下列規定分別計算各該款免稅收入之應分攤數。

1. 營業費用之分攤

(1)營利事業因目的事業主管機關規範而分設部門營運，且作部門別損益計算者，得選擇按營業費用性質，以部門營業收入、薪資、員工人數或辦公室使用面積等作為基準，分攤計算之。其未經選定者，視為以部門營業收入為基準。其計算基準一經選定，不得變更。如同一部門有應稅所得及免稅所得，或有二類以上之免稅所得者，於依本規定分攤計算後，應再按部門之免稅收入占應稅收入與免稅收入之比例或免稅收入占全部免稅收入之比例分攤計算。

(2)營利事業非因目的事業主管機關規範而分設部門營運，或未作部門別損益計算者，應按各該免稅收入淨額占全部營業收入淨額及非營業收入合計數之比例為基準，分攤計算之。

2. 利息支出之分攤

(1)如利息收入大於利息支出，則全部利息支出得在應稅所得項下減除；如利息收入小於利息支出時，其利息收支差額分別按購買土地、土地改良物、有價證券或期貨之平均動用資金，占全體可運用資金之比例為基準，採月平均餘額計算分攤之。所稱利息收支差額，其利息支出不包括可明確歸屬於購買固定資產土地、土地改良物之利息支出；所稱全體可運用資金，包括自有資金及借入資金；所稱自有資金，指權益總額減除固定資產淨額及存出保證金後之餘額，餘額為負數者，以零計算；借入資金包括股東往來。

(2)其購買之非屬固定資產土地、土地改良物、有價證券或期貨，於出售當年度，經運用後產生應稅收入及免稅收入，或產生二類以上之免稅收入者，於依第(1)點規定分攤計算後，應再按全部免稅收入占應稅收入與全部免稅收入之比例或各項免稅收入占全部免稅收入之比例分攤計算之。

(3)所稱全部免稅收入，指處分其購買之非屬固定資產土地、土地改良物、有價證券或期貨產生之收入及經運用後產生免稅收入之合計數。

(4)其購買之有價證券屬債券者，依第(1)點規定計算分攤屬債券之利息

支出後，於出售當年度，經運用後產生應稅債券利息收入及處分債券免稅收入，得選擇以全部處分債券免稅利益及損失合併計算之淨損益絕對值，占全部處分債券免稅利益及損失合併計算之淨損益絕對值與應稅債券利息收入合計數之比例，計算處分債券免稅收入應分攤之利息支出，不適用第 (2) 點規定。其經選定者，當年度全部債券處分損益及債券利息收入應依本目規定計算應分攤之利息支出。

3. 年度結束前尚未出售 （免4）

營利事業購買之非屬固定資產土地、土地改良物、有價證券或期貨，於年度結束前尚未出售者，其依規定計算應分攤之利息支出及可直接合理明確歸屬之成本、費用、利息或損失，應以遞延費用列帳，配合出售免稅收入列為出售年度之費用；如部分出售，應按出售及未售成本之比例計算，分別轉作出售年度之當期費用及遞延費用列帳。

未出售之土地、土地改良物、有價證券或期貨，經運用後如有產生應稅收入者，其當年度可直接合理明確歸屬及應分攤之利息支出，可於各該產生應稅收入範圍內列為當期費用，並准自計算當年度課稅所得中減除。

㈡ 非以房地或有價證券或期貨買賣為業 （免5）

如有各項免稅收入，於計算各款免稅所得時，應將可直接合理明確歸屬之成本、費用、利息或損失，自發生當年度各該款免稅收入項下減除，免分攤無法直接合理明確歸屬之營業費用及利息支出。

持有非屬固定資產之土地、土地改良物，於年度結束前尚未出售者，應依第㈠之 2 之 (2) 點規定計算應分攤之利息支出，併同該土地、土地改良物可直接合理明確歸屬之利息支出，以遞延費用列帳，於土地、土地改良物出售時，再轉作出售年度之費用；如部分出售者，應按出售及未售成本之比例計算，分別轉作出售年度之當期費用及遞延費用列帳。

持有非屬固定資產土地、土地改良物，於出售當年度，經運用後產生應稅收入及免稅收入，或產生二類以上之免稅收入者，應依第 2 之 (2) 點及第 (3) 點規定辦理。

持有非屬固定資產之土地、土地改良物，於年度結束前尚未出售，其經

運用後如有產生應稅收入者，其當年度直接合理明確歸屬及應分攤之利息支出可於各該產生應稅收入範圍內，列為當期費用，並准自當年度課稅所得額中減除。

(三)應分攤費用不得列為當年度課稅所得減除項目（免6）

可直接歸屬及應分攤之成本、費用、利息或損失，不得列為計算當年度課稅所得額之減除項目，應分別轉作當年度各免稅收入之減項。

6-2 薪資支出

一、參考法條

(一)查準第七十一條（薪資支出）

1.所稱薪資總額包括：薪金、俸給、工資、津貼、獎金、營業盈餘之分配、按公司權益商品價格基礎之給付、退休金、退職金、養老金、資遣費、按期定額給付之交通費及膳宿費、各種補助費及其他給與。

2.公司、合作社職工之薪資，經事先決定或約定，執行業務之股東、董事、監察人之薪資，經組織章程規定或股東大會或社員大會預先議決，不論盈虧必須支付者，准予核實認列。

3.合夥及獨資組織執行業務之合夥人，資本主及經理之薪資，不論盈虧必須支付者，准予核實認列；其他職工之薪資，不論盈虧必須支付並以不超過規定之通常水準為限。其超過部分，應不予認定。上述薪資通常水準，由財政部各地區國稅局於會計年度開始二個月前調查擬訂，報請財政部核定之。民國108年1月1日以後，財政部核定的通常水準為核實認定，所有薪資均核實認定，無上限。

4.公司為獎勵及酬勞員工，以員工酬勞入股、發行員工認股權憑證、現金

增資保留部分股份供員工認購、買回庫藏股轉讓予員工等獎酬公司員工者，自中華民國 97 年 1 月 1 日起，可核實認定為薪資費用。

　　5.公司股東、董事或合夥人兼任經理或職員者，應視同一般之職工，核定其薪資支出。

　　6.薪資支出非為定額，但依公司章程、股東會議決、合夥契約或其他約定有一定計算方法，而合於第二款及第三款之規定者，應予認定。

　　7.聘用外國技術人員之薪資支出，於查帳時，應依所提示之聘用契約核實認定。

　　8.及 9.營利事業職工退休金費用見第 6-3 節。

　　10.薪資支出未依法扣繳所得稅款者，除應通知限期補繳，補報扣繳憑單，並依法處罰外，依本條有關規定予以認定。

　　11.支付臨時工資，應有簽名或蓋章之收據或名冊為憑。

　　12.薪資支出之原始憑證，為收據或簽收之名冊，其由工會或合作社出具之收據者，應另附工人之印領清冊；職工薪資如係送交銀行分別存入各該職工帳戶者，應以銀行蓋章證明存入之清單予以認定。

　　13.因業務需要延時加班而發給之加班費，應有加班紀錄，憑以認定；其未提供加班費紀錄或超出勞動基準法第三十二條所訂定之標準部分，仍應按薪資支出列帳，並應依規定合併各該員工之薪資所得扣繳稅款。

二、要點說明

　　薪資支出為營利事業支付職工之工資，包括薪金、俸給、工資、津貼、歲費、獎金、紅利、退休金、退職金、養老金、按期定額給付之交通費、膳宿費及各種補助費及其他給與。惟機關、團體、公私事業員工加班而給付之加班誤餐費，全月伙食費在新臺幣二千四百元以下者，免予計入員工個人所得課徵所得稅。上述所謂各種補助費，係指營利事業支付員工之結婚補助費、生育補助費、子女教育補助費、醫藥補助費、災害補助費等。所謂其他給與係指營利事業支付員工之加班費、董監事車馬費、員工遣散費、撫卹金、招待員工出國觀光、旅遊等。惟加班費不超過勞動基準法規定之每小時工資率及工作時數，免

予計入員工所得課稅。營利事業支付員工薪資，原則上按照實際支付核實認定，惟對獨資、合夥事業之員工之薪資不得超過通常水準，始可列支。

三、薪資扣繳規定

1.居住者按 5% 或薪資扣繳辦法扣繳，每月扣繳金額不超過新臺幣 2,000 元者免扣繳。

2.非居住者課稅年度居留合計未滿一百八十三天者，110 年 1 月 1 日起月薪 36,000 元（最低薪資 1.5 倍）以下者扣繳 6%，超過 36,000 元者扣繳 18%，個人免辦申報。

3.餘見第 12-2 節。

四、加班費免計入員工所得之標準

個人為雇主目的而執行職務所領之加班費，在勞動基準法第二十四條規定「延長工作時間之工資」及第三十二條規定「每月平日延長工作總時數」限度內支領之加班費，員工可免納所得稅。

1.延長工作時間之工資，依勞動基準法第二十四條規定標準之限度內加給者：

(1)延長工作時間在二小時以內者，按平日每小時工資額加給三分之一以上。

(2)再延長工作時間在二小時以內者，按平日每小時工資額加給三分之二以上。

(3)因天災、事變或突變事件，必須於正常工作時間以外工作者，其延長工作時間，按平日每小時工資額加倍發給之。

2.延長工作時數在勞動基準法第三十二條規定範圍之限度內者：延長勞工之工作時間連同正常工作時間，一日不得超過十二小時。延長之工作時間，一個月不得超過四十六小時，但雇主經工會同意，如事業單位無工會者，經勞資會議同意後，延長之工作時間，一個月不得超過五十四小時，每三個月不得超過一百三十八小時。

3.雇主使勞工於第三十六條所定休息日工作,工作時間在二小時以內者,其工資按平日每小時工資額另再加給一又三分之一以上;工作二小時後再繼續工作者,按平日每小時工資額另再加給一又三分之二以上。

個人爲雇主目的而領之加班費,不超過上述加班時數及工資額者,個人之加班所得免予計入薪資所得課稅（所14）,如超過上述標準者,則個人所領取之加班費要併入其薪資所得課徵綜合所得稅,而營利事業支付時須併入薪資支出並辦理扣繳。

五、會計處理

有關薪資支出之會計處理,依其性質可分爲三類:㈠ 本章討論之營業費用之薪資支出;㈡ 製造業中製造成本之直接人工之薪資支出;㈢ 製造成本之間接人工之薪資支出。茲分別舉例說明如下。

範例

1. 大中公司本年 8 月底發放當月薪資 950,000 元,設薪資扣繳稅款爲 10,000 元,代扣員工負擔之勞保費爲 20,000 元及健保費 30,000 元,則其發放時應作分錄如下:

8 月底支付薪資:

薪資支出	950,000	
現金或銀行存款		890,000
代扣稅款		10,000
代扣勞保費		20,000
代扣健保費		30,000

9 月 10 日前,將代扣稅款繳庫時,其分錄爲:

代扣稅款	10,000	
現金或銀行存款		10,000

代扣勞保費、健保費,於繳納勞保費、健保費時,再一併繳納。

如支付直接人工或間接人工,支付時之會計科目改爲「直接人工」、「製造費用—間接人工」即可。

六、合法憑證

㈠ 收據或簽收之名冊。

㈡ 其由工會或合作社出具之收據,應另附工人之印領清冊。

㈢ 職工薪資如係送交銀行分別存入各該職工帳戶者,應以銀行蓋章證明存入之清單。

㈣ 臨時工資應有簽名或蓋章之收據或名冊爲憑。如係按件或按工計資者,除有簽名或蓋章之收據或名冊外,尚應有人工成本紀錄及計工單。

七、外國特定專業人才減所得稅辦法

從事專業工作且符合一定條件之外國特定專業人才,在我國無戶籍並因工作而首次核准在我國居留者,或依規定取得就業金卡,在就業金卡有效期間受聘僱從事專業工作者,於首次符合在我國居留滿一百八十三日且薪資所得超過新臺幣三百萬元之課稅年度起算三年度內,其各該在我國居留滿一百八十三日之課稅年度薪資所得超過新臺幣三百萬元部分之半數免予計入綜合所得總額課稅,且不適用所得基本稅額條例第十二條第一項第一款規定。

6-3 職工退休金及勞工退休準備金

一、參考法條

㈠查準第七十一條（部分條文）

8.營利事業職工退休金費用認列規定如下：

(1) 適用勞動基準法之營利事業，依勞動基準法提撥之勞工退休準備金，或依勞工退休金條例提繳之勞工退休金或年金保險費，每年度得在不超過當年度已付薪資總額 15% 限度內，以費用列支。

(2) 非適用勞動基準法之營利事業定有職工退休辦法者，每年度得在不超過當年度已付薪資總額 4% 限度內，提列職工退休金準備，並以費用列支。但營利事業設置職工退休基金，與該營利事業完全分離，其保管、運用及分配等符合財政部之規定者，每年度得在不超過當年度已付薪資總額 8% 限度內，提撥職工退休基金，並以費用列支。

(3) 營利事業得依前二目擇一提撥勞工退休準備金、職工退休基金、提繳勞工退休金或年金保險費、提列職工退休金準備。

(4) 依勞動基準法第五十六條第二項規定，於每年年度終了前，估算勞工退休準備金專戶餘額不足給付次一年度內預估成就同法第五十三條或第五十四條第一項第一款退休條件勞工之退休金數額，其因補足上開差額，一次或分次提撥之金額，以該事業單位勞工退休準備金監督委員會名義專戶存儲至勞動部指定之金融機構者，得於實際提撥年度以費用列支。

(5) 已依前四目規定提列職工退休金準備、提撥職工退休基金、勞工退休準備金者，以後職工退休、資遣發給退休金或資遣費時，應儘先沖轉職工退休金準備，或由職工退休基金或依法由勞工退休準備金項下支付；不足時，始得以當年度費用列支。

(6) 依勞工退休金條例第七條第二項第三款、第四款及第十四條第二項規

定，為受委任工作者或不適用勞動基準法之勞工提繳之退休金，每年度得在不超過當年度已付薪資總額 6% 限度內，以費用列支。但不得再依第一目及第二目規定重複列報退休金費用。

9.營利事業因解散、廢止、合併或轉讓，依所得稅法第七十五條規定計算清算所得時，勞工退休準備金、職工退休金準備或職工退休基金之累積餘額，應轉作當年度收益處理。但轉讓時，經約定全部員工均由新組織留用，並繼續承認其年資者，其以往年度已依法提列之職工退休金準備累積餘額，得轉移新組織列帳。

二、要點說明

退休金費用為薪資費用的一部分，由於制度經多次改變，因此本項費用認列較為複雜。

㈠ 適用勞動基準法之營利事業

依勞動基準法提撥之勞工退休準備金，或依勞工退休金條例提繳之勞工退休金或年金保險費，每年度得在不超過當年度已付薪資總額 15% 限度內，以費用列支。

1.勞工退休準備金

我國自 73 年 7 月 30 日公布實施勞動基準法，規定在同一事業工作符合下列條件者可申請退休。

(1)服務滿二十五年。

(2)服務滿十五年，且年齡在 55 歲以上。

(3)服務滿十年，且年齡在 60 歲以上（98 年新增）。

退休者可請領退休金，其金額為前十五年每年二個基數，後十五年每年一個基數；不滿六個月部分以半年計算，六個月以上不滿一年以一年計算。所謂基數，指退休前六個月平均薪資。

範例

2. 張三 54 歲在臺北公司上班滿 14 年 7 個月，105 年辭職，當時平均月薪資 60,000 元。

李四在臺南公司服務 25 年 3 個月退休，當時平均月薪資 60,000 元。

王五在臺中公司服務 36 年退休，當時平均月薪資 60,000 元。

請問三人各可領退休金多少元？

解答

張三不符合退休資格，退休金 0 元。

李四服務滿 25 年 3 個月，符合退休資格，可領退休金如下：

15×2 + 10.5×1 = 40.5 個基數

退休金 = 60,000×40.5 = 2,430,000 元

王五服務滿 36 年，符合退休資格，可領退休金如下：

15×2 + 15×1 = 45 個基數（31 年以後年資無退休金）

退休金 = 60,000×45 = 2,700,000 元

為讓企業有足夠資金支付退休金，因此政府規定適用勞基法的企業，應設置「勞工退休準備金」，即在臺灣銀行以「××公司勞工退休金管理委員會」名義開戶，每月按已付薪資 2% ～ 15% 提撥現金存入該專戶，分錄借：退休金，貸：銀行存款。以後員工退休時，按上例算出可領退休金金額，由退休金專戶支付，企業不必作分錄，如專戶不足支付，企業應以自有資金支付，企業解散時，退休金專戶如有餘額則退還企業，列為其他收入。

2. 勞工退休金或年金保險費

由於在同一企業連續工作滿二十五年才能領退休金，許多人轉換工作時因年資不足，領不到退休金。94 年 7 月 1 日勞工退休金條例修訂，民營企業除私立學校外，聘用本國籍員工適用本規定：

(1) 報備手續

雇主應將僱用員工薪資依規定級距通知勞保局，由勞保局彙總整個企業應繳退休金，寄交企業於規定期限內繳納。

(2) 提撥標準

①雇主強制提繳率：不得低於勞工每月工資 6%（一般 6%）。

②勞工自願提繳率：不得高於勞工每月工資 6%。本項由員工薪資中扣款，由勞工自己決定要不要提繳。

以上二項均存於勞保局，以勞工個人名義存入，但要滿 60 歲才一次支付或逐月領回。

(3) 年金保險費

勞工人數 200 人以上之事業單位，經工會或二分之一以上勞工同意，且有過半數勞工參加，得投保年金保險，雇主負擔之年金保險費之提繳率，不得低於勞工每月工資 6%。

3. 舊制員工處理

94 年 6 月 30 日以前僱用勞工，因當時大部分企業已適用勞基法，應提列勞工退休準備金，94 年 7 月 1 日以後這些勞工退休金如何處理呢？

(1) 維持舊制

企業不必為 94 年 6 月 30 日以前員工提撥 6% 勞工退休金，但要提撥 2% ～ 15% 退休準備金，員工符合退休資格者可領退休金，不符合者 0 元。

(2) 保留年資

假設 94 年 6 月 30 日止已服務五年八個月，職工也可以保留此項年資。94 年 7 月 1 日起採新制，按每月薪資提 6% 勞工退休金，以後如符合退休金條例退休，保留年資部分可領十二個基數（五年八個月）；如不符合退休資格離職者，舊制年資不能領退休金。

(3) 結清年資

雇主亦可和勞工結清舊制年資，但要發給和退休一樣多基數的退休金，即年資三年者結清時，應發給六個基數退休金。

㈡ 非適用勞基法之營利事業

1. 職工退休金準備

定有職工退休辦法者，每年度得在不超過當年度已付薪資總額 4% 限度內，提列職工退休金準備，並以費用列支。即可以在帳上，同時承認退休金費用和退休金負債。

2. 職工退休基金

符合第 1 點，並設置職工退休基金，與該營利事業完全分離，其保管、運用及分配等符合財政部之規定者，每年度得在不超過已付薪資總額 8% 限度內，提撥職工退休基金，並以費用列支。

即照第 1 點規定處理，同時存入同額款項到退休基金專戶中者，提撥率為 8%。

㈢ 提撥方法選擇

可擇一採用，但實務上由於大部分行業均已適用勞基法，故大部分 94 年 7 月 1 日新進員工採提撥 6%「勞工退休金」，94 年 6 月 30 日以前員工如採舊制者，續提「勞工退休準備金」；保留年資者，則在補足原提勞工退休準備金不足金額後，與 94 年 7 月 1 日以後員工相同，只要按月提撥 6% 勞工退休金。

實施勞基法（73 年 7 月 30 日，有些行業更晚）之前，原已提撥職工退休金準備、職工退休基金在 94 年 7 月 1 日後，大部分停止提撥。

㈣ 委任經理人等退休金

委任經理人不適用勞動基準法，退休時不能由「勞工退休準備金」專戶支付退休金，因此另規定。

依勞工退休金條例第七條第二項、第十四條第四項及同條例施行細則第二十條第三項規定，為不適用勞動基準法之本國籍工作者或委任經理人提繳之退休金，每年度得在不超過當年度已付薪資總額 6% 限度內，以費用列支。

256

(五)退休金支付

員工退休、資遣發給退休金或資遣費時，應儘先沖轉職工退休金準備，或由職工退休基金、勞工退休準備金項下支付；不足者，始得以當年度費用列支。

營利事業因解散、廢止、合併或轉讓時，勞工退休準備金或職工退休金準備或職工退休基金之累積餘額，應轉作當年度收益處理。

三、職工退休金之課稅

職工退休時，其領取之退休金如何課徵綜合所得稅，規定如下：

(一)一次領取

退休金÷服務年資之金額，十五萬元以下免稅，十五萬元至三十萬元部分半數免稅，三十萬元以上全部課稅（106 年起為 180,000 元及 362,000 元，111 年起為 188,000 元及 377,000 元）。

例如：某甲服務十五年又三個月於 109 年中退休，退休金六百萬元，退休金應課稅金額計算如下：

1. 服務年資：不滿半年以半年計，15.5 年
2. 免稅金額

　6,000,000 元 ÷15.5 = 387,096 元，超過 362,000 元

　全部免稅（180,000 元以下）　　　　　　180,000 元 ×15.5 = 2,790,000 元

　半數免稅（180,000 元～362,000 元）　　182,000 元 ×15.5× $\frac{1}{2}$ = 1,410,500 元

3. 應申報退職所得 = 6,000,000 元 − 2,790,000 元 − 1,410,500 元 =1,799,500 元

同上如領取退休金三百一十萬元，退休金應課稅金額計算如下：

1. 服務年資：15.5 年

2. 免稅金額

  3,100,000 元 ÷ 15.5 = 200,000 元

  全部免稅（180,000 元以下）　　　　　180,000 元 × 15.5 = 2,790,000 元

  半數免稅　　　　　　（3,100,000 元 − 2,790,000 元）× $\frac{1}{2}$ = 155,000 元

3. 應申報課稅所得 = 3,100,000 元 − 2,790,000 元 − 155,000 元 = 155,000 元

㈡分期領取

以全年領取總額，減除 65 萬元（106～109 年 781,000 元，111 年起 814,000 元）後之餘額為所得額。

四、會計處理

㈠平時不提列職工退休金

範例

3. 假設中一公司平時並未提列為委任經理人職工退休金，而於 109 年度時有工作年資十年委任經理人申請退休，中一公司實際支付員工退休金 150 萬元，分錄為何？

解答

  薪資支出—退休金…………………………………………… 1,500,000

  　　現金或銀行存款…………………………………………　　1,500,000

  1,500,000 ÷ 10 = 150,000（全部免稅）

(二) 提列職工退休金準備

範例

4. 假設文中公司於109年度支付委任經理人之薪資總額為12,000,000元,其年底
   提列退休金準備分錄為何?

解答

薪資支出一退休金	720,000	
職工退休金準備		720,000

退休金 = 12,000,000×6% = 720,000

5. 文中公司於109年2月實際支付委任經理退休金500,000元,該退休金經計算
   可全部免稅,其分錄為何?

解答

職工退休金準備	500,000	
現金或銀行存款		500,000

(三) 設置獨立職工退休基金

範例

6. 假設文友公司為委任經理人設有職工退休基金,且由退休基金管理委員會保管運
   用,108年度支付之薪資總額為5,000,000元,按8%提撥基金,其分錄為何?

解答

薪資支出一退休金	400,000	
現金或銀行存款		400,000

退休金 =5,000,000×8%=400,000

7. 於 109 年度 9 月實際給付委任經理人之退休金 300,000 元時，文友公司不必作分錄，只須於職工退休時，由人事及會計管理依照職工退休辦法核計退休金，報經營利事業負責人核定後，通知退休基金管理委員會支付之。

　　(四) 提撥勞工退休準備金

範例

8. 假設文先公司設有勞工退休準備金監督委員會，其退休金提撥率為 2%，108 年度支付之維持舊制員工薪資總額為 14,000,000 元，按 2% 提撥勞工退休準備金，其分錄為何？

解答

薪資支出—退休金……………………………………………… 280,000
　　現金或銀行存款……………………………………………… 280,000
　退休金 = 14,000,000 × 2% = 280,000

9. 於 109 年度 5 月實際支付員工退休金，並由退休金專戶支付時，其中若未超過免稅部分，文先公司不必作分錄，若不足由文先公司給付時，則文先公司就超過免稅部分扣繳申報。

　　(五) 依勞工退休金條例提繳勞工退休金存入勞工個人退休金專戶

範例

10. 假設文革公司雇主每月替員工提繳薪資 2,000,000 元之 6% 勞工退休金計 120,000 元，分別存入勞工個人退休金專戶，而勞工亦自願提繳 6% 計 120,000 元，其分錄為何？

解答

(1) 雇主支付薪資，並代扣員工自願提繳退休金

薪資支出……………………………………………… 2,000,000

　　代扣款—退休金…………………………………… 120,000

　　現金或銀行存款………………………………… 1,880,000

(2) 提繳退休金

薪資支出—退休金…………………………………… 120,000

　　代扣款—退休金…………………………………… 120,000

　　現金或銀行存款………………………………… 240,000

㈥ 茲將上列內容摘列如下表

退休金之會計帳務處理表

1.提列方式	A.平時未提列退休金	B.勞工退休準備金	C.職工退休基金	D.職工退休金準備	E.新制個人退休金專戶
2.適用行業	不適用勞動基準法	適用勞動基準法（94.6.30 前僱用且選舊制員工）	不適用勞動基準法	不適用勞動基準法	所有行業之本國勞工（除委任經理人外之勞工及私立學校法之私校員工均適用）
3.設置	無	勞工退休準備金監督委員會	職工退休基金管理委員會	沒有規定	勞保局個人退休金專戶
4.限額提撥標準	無	提撥率 2%～15%	提撥率限 8%內	提撥率限 4%內	1.雇主負擔之提撥率，固定為6% 2.勞工自願提撥不超過 6%
5.課稅規定	全民定額免稅，超過定額部分課稅				
6.提撥基金或帳上提列時	無	借方：薪資—退休金××× 貸方：現金××× （因已撥交臺灣銀行退休金專戶，其保管運用均記於該委員會帳簿，公司不作帳。）	借方：薪資—退休金××× 貸方：現金×××	借方：薪資—退休金××× 貸方：職工退休準備××× （因是帳上提列，故實際支付退休金前，仍由雇主自由保管運用。）	借方：薪資—退休金××× 貸方：現金××× （由勞保局繕具繳款單於次月二十五日前寄送事業單位，雇主應於再次月底前繳納。）

7.支付退休金時	公司帳： 借方：薪資—退休金××× 　貸方：代扣所得稅款（若超過免稅金額）××× 　　現金×××	由監委會向臺灣銀行申請 1.足夠時，公司不必作帳。若超過免稅金額，臺灣銀行代扣所得稅款6%。 2.不足，其差額由公司支付。 借方：薪資—退休金××× 　貸方：代扣所得稅款（若超過免稅金額）××× 　　現金××× 3.歇業、解散、轉讓時餘額轉回： 借方：現金××× 　貸方：其他收入×××	1.額度足夠時： 　不必作帳 2.額度不夠時： 借方：薪資—退休金××× 　　代扣所得稅款（若超過免稅金額）××× 　貸方：現金××× 3.歇業、解散、轉讓時餘額轉回： 借方：現金××× 　貸方：其他收入×××	1.正常且額度足夠時： 借方：職工退休金準備××× 　貸方：代扣所得稅款××× 　　（若超過免稅金額） 　　現金××× 2.正常但額度不夠時： 借方：職工退休金準備××× 　　薪資—退休金××× 　貸方：代扣所得稅款××× 　　（若超過免稅金額） 　　現金××× 3.歇業、解散、轉讓時餘額轉回： 借方：職工退休金準備××× 　貸方：其他收入×××	不必作帳 1.勞工年滿六十歲，工作年資滿十五年以上者，得向勞保局申請領月退休金。 2.工作年資未滿十五年者，應向勞保局申請領一次退休金。
8.報備手續	—	報經勞工主管機關核准	報經社政勞工主管機關及稅捐機關核准	報經稅務主管機關核准	—

　　為受委任工作者或不適用勞動基準法之勞工，得在不超過已付薪資總額6%限度內提繳退休金。

五、合法憑證

　　營利事業於撥付退休金給予退休金基金時，應取得退休金管理委員會所出具之收據爲列帳憑證，而職工退休基金管理委員會給付退休職工時，則取得職工簽收之收據爲列帳依據。適用勞基法者，爲繳付臺灣銀行之繳款收據。新制退休金則爲勞保局之收據，年金保險者爲保險公司之收據。

6-4 ‖ 職工福利

一、參考法條

查準第八十一條（職工福利）

㈠ 職工福利金之提撥，以已依職工福利金條例之規定，成立職工福利委員會者為限。

㈡ 合於前款規定者，其福利金提撥標準及費用認列規定如下：

1. 創立時實收資本總額之 5% 限度內一次提撥。每年得在不超過提撥金額 20% 限度內，以費用列支。

2. 增資資本額之 5% 限度內一次提撥。每年得在不超過提撥金額 20% 限度內，以費用列支。

3. 每月營業收入總額內提撥 0.05% ～ 0.15%。

4. 下腳變價時提撥 20% ～ 40%。

5. 以上福利金之提撥，以實際提撥數為準。但按每月營業收入總額之比例提撥部分，其最後一個月應提撥金額，得以應付費用列帳。

㈢ 下腳撥充職工福利者，仍應先以雜項收入列帳。

㈣ 副產品及不堪使用之固定資產並非下腳，不得比照下腳提撥福利金。

㈤ 已依職工福利金條例提撥福利金及經中央政府核准列支福利費用者，不得再以福利費科目列支任何費用。但員工醫藥費應准核實認定。

㈥ 營利事業已依法成立職工福利委員會，並依規定提撥職工福利金者，其舉辦員工文康、旅遊活動及聚餐等費用，應先在福利金項下列支，不足時，再以其他費用列支。

㈦ 已依法成立職工福利委員會者，應就其職工福利委員會之帳冊，調查其收支情形，以資核對。

㈧ 未成立職工福利委員會者，不得提撥福利金。實際支付之福利費用，

除員工醫藥費應核實認定外，在不超過第二款第三目、第四目規定之限度內，應予認定。

㈨ 未成立職工福利委員會者，其舉辦員工文康、旅遊活動及聚餐等費用，應先以職工福利科目列支，超過前款規定限度部分，再以其他費用列支。

㈩ 職工福利金之原始憑證如下：

1. 依職工福利金條例提撥者，應檢具職工福利委員會之收據。但直接撥入職工福利委員會在金融機構之存款帳戶，並取得該金融機構發給之存款證明者，不在此限。

2. 實際支付者，職工醫藥費應取得醫院之證明與收據，或藥房配藥書有抬頭之統一發票，其非屬營業組織之個人，提供勞務之費用，應取得收據。

二、要點說明

㈠ 內容

職工福利係營利事業為酬謝員工所贈送之贈品，所舉辦之員工旅遊、晚會及慶生會或年節之酬謝金等支出，除支付之員工醫藥費、員工文康、旅遊活動、聚餐及員工制服准核實認定，不受限額限制外，其餘之職工福利支出必須取得合法憑證且不得超過限額。

㈡ 限額

成立職工福利委員會之營利事業，福利金之提撥，以實際支付者為準。換言之，如僅提列準備而未實際支付，不得認列。但按每年營業收入總額之比例提撥部分，其最後一個月應提撥金額得以應付費用列帳。

限額之計算，須視其已否成立職工福利會而有所不同，茲說明如下：

1. 已成立職工福利委員會

(1) 就創立時實收資本總額或增資時所實際增收之資本額 5% 限度內一次提撥，每年列帳分攤之金額，至多以不超過 20% 為限。

(2) 每月營業收入總額提撥 0.05% ～ 0.15%。

(3) 下腳變價時提撥 20% ～ 40%，但此項下腳出售時應先以雜項收入列帳。

2. 未成立職工福利委員會

營利事業如未成立職工福利委員會，其職工福利之支出，除支付員工醫藥費及制服外，其支出如未超過下列限度內，可核實認列：

(1) 每月營業收入總額之 0.15%。

(2) 下腳變價收入之 40%，但此項下腳出售時應先以雜項收入列帳。

(3) 舉辦員工之文康、旅遊活動及聚餐等費用，應先以職工福利科目列支，超過前款規定限度部分，再以其他費用列支。

(三) 員工醫藥費

1. 一般疾病或傷害之診療費及藥劑費。

2. 依「勞工安全衛生法」及「勞工健康管理規則」支付之員工體格檢查及定期健康檢查費用（69 年 33355 號函）。

一般定期健診不包括在內。

(四) 得以其他費用列支項目

下列各項得以其他費用（查 103）列支，亦即不受職工福利費用列支限額之限制：

1. 因業務關係支付員工喪葬費、撫卹費或賠償金。

2. 因業務需要免費發給員工之工作服。

3. 購置體育器具及本身舉辦員工體育活動所支付之各項費用。

4. 表揚特優員工或慶典獎勵優良員工等之獎品。

5. 舉辦年終晚會所支付之各項費用（68 年 33571 號函）。

6. 已成立職工福利委員會，舉辦員工旅遊、摸彩等文康活動及三節聚餐費用，因福利金不足列支而由公司負擔不足之部分（7548044 號函）。

㈤ 員工旅遊

全體員工均可參加者，可列為其他費用；無金額限制，特定員工參加者，視為員工薪資所得（*831608021* 號函）。

三、會計處理

 範例

11. 中美公司 109 年度成立，該公司資本額 100,000,000 元並已成立職工福利委員會，按資本額 5% 提撥職工福利金，本年度營業收入 200,000,000 元，按 0.15% 提撥職工福利，下腳變賣收入 100,000 元，並已開立發票，按 40% 提撥職工福利，其有關提撥職工福利之會計處理為何？

解答

(1) 資本額 5% 一次提撥時

職工福利……………………………………………… 5,000,000

　　現金或銀行存款………………………………………… 5,000,000

平時會計處理依財務會計規定，列為提撥年度費用，年底再帳外調整，承認 20% 計 1,000,000 元為本年度費用，餘遞延以後年度。

(2) 按營業收入之 0.15% 提撥時

職工福利……………………………………………… 300,000

　　現金或銀行存款………………………………………… 300,000

(3) 按下腳變價收入之 40% 提撥時

職工福利……………………………………………… 40,000

　　現金或銀行存款………………………………………… 40,000

12. 中興公司未成立職工福利委員會，本年度爲酬勞員工舉辦中南部遊覽，計支付
費用 500,000 元，進項稅額 25,000 元，因酬勞員工其進項稅額不得扣抵銷項
稅額，宜併入職工福利列帳，中興公司該年度職工福利限額爲 300,000 元，其
分錄爲何？

解答

職工福利……………………………………………………… 300,000
其他費用……………………………………………………… 225,000
現金或銀行存款……………………………………………………… 525,000

四、合法憑證

㈠成立職工福利委員會者

1. 依福利金條例提撥者，應檢具職工福利委員會之收據。但如直接撥入職
工福利委員會在金融機構之存款帳戶，得以該金融機構發給之存款證明，作爲
原始憑證，職工福利委員會不必再開立收據。

2. 實際支付職工醫藥費應取得醫院之證明與收據，或藥房配藥書有抬頭之
統一發票，其非屬營利組織之個人，提供勞務之費用，應取得收據。

㈡未成立職工福利委員會

1. 支付職工福利金時，要取得統一發票或收據。

2. 實際支付職工醫藥費應取得醫院之證明與收據，或藥房配藥書有抬頭之
統一發票。

五、扣繳

給　付　內　容	給　付　單　位	是否應扣繳	是否應申報扣繳免扣繳憑單
年節慰問金、禮品。	營　利　事　業	是	是
	職工福利委員會	否	是
撥付一單位全體員工之活動經費，包括摸彩、慶生會、敬老金等。	兩　者　同	否	否
職工福利委員會給付午膳營養補助費與營利事業支付之伙食費，合計未超過每月 2,400 元之限額者。	職工福利委員會	否	否
職工福利委員會給付午膳營養補助費與營利事業支付之伙食費，合計超過每月 2,400 元之限額者，其超過部分。	職工福利委員會	否	是
醫藥補助費、眷屬喪葬補助費。	營　利　事　業	是	是
	職工福利委員會	否	是
因工作傷害之醫藥費。	兩　者　同	否	否
員工死亡喪葬費。	兩　者　同	否	否
舉辦全體員工均可參加之國內外旅遊活動。	兩　者　同	否	否
舉辦特定員工（如達一定年資、職位、業績等）國內外旅遊。	營　利　事　業	是	是
	職工福利委員會	否	是
以現金定額補貼員工國內外旅遊。	營　利　事　業	是	是
	職　工　福　利　會	否	是
職工福利委員會舉辦全體員工均可參加之國內外旅遊活動，因超過福利金動支標準，而由營利事業負擔超過部分之金額。	營　利　事　業	否	否
其他各類給付。	營　利　事　業	是	是
	職工福利委員會	否	是

6-5 ‖ 租金支出

一、參考法條

查準第七十二條（租金支出）

㈠ 租金支出，應查核其約定支付方法及數額，其支出數額超出部分應不予認定。

㈡ 支付租金，以實物折算者，應查明當地之市價予以核算，但依租賃契約另有約定者，從其約定。

㈢ 承租人代出租人履行其他債務及支付任何損費或稅捐，經約定由承租人負擔者，視同租金支出。但承租人以融資租賃方式取得資產者，其約定負擔之租賃物修繕、維護、保險、稅捐等費用，得按其支出科目列支，並免視為出租人之租金收入。

㈣ 給付租金如未依法扣繳所得稅款，應通知限期補繳及補報扣繳憑單並依法處罰，其給付金額仍應准依本條規定予以核實認定。承租人倘有代替出租人支付費用抵付租金情事者，應由出租人合併其當年度所得申報。

㈤ 前款租金，如經稽徵機關查明出租人已將是項租賃所得，合併其取得年度之所得申報繳稅者，得免再責令扣繳義務人補繳應扣繳稅款，惟仍應依法處罰。

㈥ 預付租金，應以其有效期間未經過部分，列為遞延費用。

㈦ 依所得稅法第十四條第一項第五類第四款及第五款計算或調整租金者，其計算或調整部分，借（租）用人不得列報租金支出。

㈧ 出租財產所收取之押金，按月或按年計算銷售額者，出租人及承租人得分別以租金收入（支出）及利息支出（收入）列帳。

㈨ 營利事業承租土地，並於該土地以地主或他人名義自費建屋，約定租賃期間土地承租人無償使用房屋者，其房屋建造成本視同租賃期間之租金支

出，得依建物之營建總成本，按租賃期間平均計算各年度租金支出加計當年度支付之現金爲其租賃支出之總額。但在原訂租賃期間內，如遇有解約或建物出售時，應就剩餘租賃期間應歸屬之建造成本列報租賃契約解約年度或建物出售年度之租金支出。

　　㈩ 租金支出之合法憑證，爲統一發票、收據或簽收之簿摺。如經由金融機構撥款直接匯入出租人之金融機構存款帳戶者，應取得書有出租人姓名或名稱、金額及支付租金字樣之銀行送金單或匯款回條。

二、要點說明

　　租金支出爲營利事業向他人租用財產所需支付之費用。租金支出，應按雙方約定支付方法及數額，其支出數額超出部分則不予認定。營利事業使用他人財產，不得無償借用，否則出租人應參照當地一般租金情況（每年一至二月公布，可上財政部網站查詢），計算租賃收入。營利事業承租本公司董事、監察人，所支付之租金，實務上不再限定最高限額。

　　營利事業出租資產，其融資租賃之認定與會計處理，依國際會計準則第十七號或企業會計準則公報第二十號規定辦理。營利事業採營業租賃方式出租資產者，按每期應收之租金認列收入，除有正當理由者外，合約內各期應認列之收入，應按合約租金總額以平均法攤至各期。

　　營利事業將資產出售再租回者，依下列規定處理：

　　㈠ 租賃合約依第一項規定認定屬融資租賃者，其資產出售價格與未折減餘額之差額，應列爲未實現出售損益，予以遞延以後年度，按租賃期間調整折舊、其他收入或支出。

　　㈡ 租賃合約屬營業租賃者，租金給付及資產出售價格均爲時價，應按資產出售價格與未折減餘額之差額，立即認列損益。其資產出售價格低於時價之損失部分，或資產出售價格超過時價之利得部分，應予以遞延以後年度，按租賃期間調整租金支出（查36之2）。

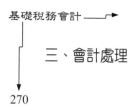

三、會計處理

(一)營業租賃 —— 向個人承租

 範例

13. 大有公司本年 7 月 1 日向王清山租賃房屋一棟。供營業之用,租期三年,租金每個月 100,000 元約定租金二個月一付,設王君為中華民國境內居住之個人,則其分錄為何?

解答

7/1	租金支出…………………………………………………	200,000	
	代扣稅款…………………………………………………		20,000
	現金或銀行存款…………………………………………		180,000

說明:(1) 出租人為個人及使用普通收據之小規模營利事業,應予扣繳,又其為國內居住者,所以扣繳率為 10%。

(2) 若出租人為營利事業,應開立統一發票或合於所得稅法第四條第十三款所規定之團體或其作業組織,則依法免予扣繳。

8/10	代扣稅款…………………………………………………	20,000	
	現金或銀行存款…………………………………………		20,000

(二)營業租賃 —— 向營利事業承租

 範例

14. 大利公司於本年 1 月 1 日向明明公司承租房屋一棟,設雙方言明,每月租金 100,000 元,押租金 300,000 元,租期一年,房屋稅及地價稅由明明公司負責

繳納，設 1 月 1 日郵政儲金匯業局一年期定期儲金固定利率為 6%，則其每月應有之分錄為何？

解答

(1) 1 月 1 日支付押金及房租

1/1	租金支出……………………………………………	100,000
	存出保證金…………………………………………	300,000
	進項稅額……………………………………………	5,000
	現金或銀行存款…………………………………	405,000

明明公司收取租金應開立發票並收取 5% 營業稅，存出保證金則不必開立發票。大利公司已取得發票，支付時不必辦扣繳。

(2) 1 月 31 日設算租金

押租金部分應按月設算租金，由明明公司開立發票交付大利公司，其銷售額為：

$$\frac{300,000 \times 6\% \div 12}{1 + 5\%} = 1,429$$

$$稅額 = 1,429 \times 5\% = 71$$

大利公司收到此項押租金發票不必支付任何款項，且其稅額可扣抵銷項稅額。押租金 300,000 元依定期存款利率計算，每月利息為 1,500 元，但明明公司並未支付利息，相當於租金增加 1,500 元，含營業稅租金共為 1,500 元，不含稅租金為 1,500 元 ÷（1 + 5%）= 1,429 元，營業稅為 1,429 元 ×5% = 71 元，故大利公司收到發票應作分錄如下，押金設算租金金額較小者，亦可全年開立一次：

1/31	租金支出……………………………………………	1,429
	進項稅額……………………………………………	71
	利息收入…………………………………………	1,500

(3) 其餘各月初

	租金支出……………………………………………	100,000
	進項稅額……………………………………………	5,000
	現　　金…………………………………………	105,000

其餘各月底分錄同 1 月 31 日，茲不贅述。

(三) 融資租賃 (財政部72臺財稅第38970號函 —— 融資租賃會計分錄舉例改編)

範例

15. 假設某公司（承租人）於 106 年 12 月 31 日向租賃公司（出租人）租用機器設備一臺，雙方簽訂租賃契約，其主要條款如下：

(1) 出租人購置租賃設備日期及成本：106 年 12 月 31 日，總價不含稅新臺幣 2,676,676 元。

(2) 租賃期間：三年。

(3) 租金每半年支付一次，第一次於 106 年 12 月 31 日支付，每期租金 500,000 元（不含稅），折算其租約利率為年息 12%。

(4) 109 年 12 月 31 日租約屆滿，承租人得以不含稅 100,000 元優先購買。又設上項租賃資產之法定耐用年限為十年，殘值 243,334 元，採平均法計提折舊。

解答

期　　　別	① 支付現金	② = ④ × 6% 利息費用	③ = ① − ② 償還本金	④ = ④ − ③ 餘　　額
106.12.31				2,676,676
160.12.31	500,000			2,176,676
107.6.30	500,000	130,601	369,399	1,807,277
107.12.31	500,000	108,437	391,563	1,415,714
108.6.30	500,000	84,943	415,057	1,000,657
108.12.31	500,000	60,039	439,961	560,696
109.6.30	500,000	33,642	466,358	94,338
109.12.31	100,000	5,662	94,338	0

(1) 承租人分錄：

① 租賃開始時（106.12.31）

租賃資產···2,676,676

進項稅額···25,000

　　應付租賃款··2,176,676

　　現　金···525,000

②支付租金時（107.6.30）

應付租賃款···369,399

進項稅額···25,000

利息支出···130,601

　　現　金···525,000

應付租賃款 $= 500,000 - 130,601 = 369,399$

利息支出 $= 2,176,676 \times 12.6\% \times 6/12 = 130,601$

③提列折舊（107.12.31）

折舊費用···243,334

　　累計折舊－租賃資產····································243,334

$(2,676,676 - 243,334) \div 10 = 243,334$

④租賃屆滿取得所有權時（109.12.31）

應付租賃款···94,338

利息支出···5,662

進項稅額···5,000

　　現　金···105,000

機器設備···2,676,676

累計折舊－租賃資產···730,002

　　租賃資產···2,676,676

　　累計折舊－機器設備····································730,002

說明：上例中之④承租人有優先購買權，符合融資租賃條件之②承租人享有優

惠購買權，故為融資租賃。

(2) 出租人分錄：

① 購買租賃設備時（106.12.31）

出租資產	2,676,676	
進項稅額	133,834	
現　金		2,810,510

② 租賃開始時（106.12.31）

現　金	525,000	
應收租賃款	2,600,000	
出租資產		2,676,676
未實現利息收入		423,324
銷項稅額		25,000

應收租賃款 = 500,000 × 5 + 100,000 = 2,600,000

未實現利息收入 = 2,600,000 − (2,676,676 − 500,000) = 423,324

③ 收取租金時（107.6.30）

現　金	525,000	
應收租賃款		500,000
銷項稅額		25,000
未實現利息收入	130,601	
利息收入		130,601

④ 租賃屆滿移轉所有權時（109.12.31）

現　金	105,000	
應收租賃款		100,000
銷項稅額		5,000
未實現利息收入	5,662	
利息收入		5,662

四、合法憑證

(一) 租金支出之原始憑證，除租賃契約外尚須統一發票、收據或簽收之簿摺，其屬收據或簿摺應貼 4‰ 之印花。在收據上註明所收票據種類，票號者免貼印花。

(二) 租金支出如經由金融機構撥款直接匯入出租人之金融機構存款帳戶者，應取得有出租人姓名或名稱、金額及支付租金字樣之銀行送金單或匯款回條。

6-6 ‖ 文具用品

一、參考法條

查準第七十三條（文具用品）

(一) 文具用品支出之合法憑證，為統一發票，其為核准免用統一發票之小規模營利事業者，應取得普通收據。

(二) 購進文具用品，在當年度未耗用者，應予盤存列帳。

二、要點說明

文具用品支出為營利事業購買文具用品及紙張所支付之費用。購進如以「文具用品」之費用科目入帳，則期末時要將未耗用之文具用品，轉列資產科目「用品盤存」。

三、會計處理

文明公司本年 3 月 1 日購進一批文具用品計 20,000 元，營業稅 1,000 元，

期末 12 月 31 日盤點時，尚有 2,000 元文具用品未使用，則其分錄如下：

3/1	文具用品…………………………………………	20,000	
	進項稅額…………………………………………	1,000	
	現金或銀行存款…………………………………		21,000
12/31	用品盤存…………………………………………	2,000	
	文具用品…………………………………………		2,000

四、合法憑證

㈠ 統一發票。

㈡ 普通收據。

 6-7　旅　費

一、參考法條

查準第七十四條（旅費）

㈠ 旅費支出，應提示詳載逐日前往地點、訪洽對象及內容等之出差報告單及相關文件，足資證明與業務有關者，憑以認定；其未能提出者，應不予認定。

㈡ 旅費支出，尚未經按實報銷者，應以暫付款科目列帳。

㈢ 旅費支出之認定標準及合法憑證如下：

1.膳宿雜費：除國內宿費部分，應取得旅館業書有抬頭之統一發票、普通收據或旅行業開立代收轉付收據及消費明細，予以核實認定外，國內出差膳雜

費及國外出差膳宿雜費日支金額，不超過下列最高標準者，無須提供外來憑證，准予認定，超過標準部分，屬員工之薪資所得，應依所得稅法第八十九條第三項規定，列單申報該管稽徵機關：

(1) 國內出差膳雜費：

　・營利事業之董事長、總經理、經理、廠長每人每日七百元。

　・其他職員，每人每日六百元。

(2) 國外出差膳宿雜費：比照國外出差旅費報支要點所定，依中央政府各機關派赴國外各地區出差人員生活費日支數額表之日支數額認定之。但自行訂有宿費檢據核實報銷辦法者，宿費部分准予核實認定外，其膳雜費按上述標準之五成列支。

(3) 營利事業派員赴大陸地區出差，其出差之膳宿雜費比照國外出差旅費報支要點所定，依中央政府各機關派赴大陸地區出差人員生活費日支數額表之日支數額認定之。

(4) 出差期間跨越新、舊標準規定者，依出差日期分別按新、舊標準計算之。

2. 交通費：應憑下列憑證核實認定：

(1) 乘坐飛機之旅費：

　・乘坐國內航線飛機之旅費，應以飛機票票根（或電子機票）及登機證為原始憑證。其遺失上開證明者，應取具航空公司之搭機證旅客聯或其所出具載有旅客姓名、搭乘日期、起訖地點及票價之證明代之。

　・乘坐國際航線飛機之旅費，應以飛機票票根（或電子機票）及登機證與機票購票證明單（或旅行業開立代收轉付收據）為原始憑證。其遺失機票票根（或電子機票）及登機證者，應取具航空公司之搭機證旅客聯或其所出具載有旅客姓名、搭乘日期、起訖點之證明代之；其遺失登機證者，得提示足資證明出國事實之護照影本代之。

(2) 乘坐輪船旅費，應以船票或輪船公司出具之證明為原始憑證。

(3) 火車、汽車及大眾捷運系統之車資，准以經手人（即出差人）之證明為準；乘坐高速鐵路應以車票票根或購票證明為原始憑證。

(4) 乘坐計程車車資，准以經手人（即出差人）之證明為憑。但包租計程車應取具車行證明及經手人或出差人證明。

(5) 租賃之包車費應取得車公司（行）之統一發票或收據為憑。

(6) 駕駛自用汽車行經高速公路電子收費車道所支付之通行費，准以經手人（即出差人）之證明為憑。

二、要點說明

旅費為營利事業派遣員工出差所支付之交通費、膳費、宿費及雜費。旅費之列支可分：㈠ 國內旅費，㈡ 國外旅費二類。

旅費支付應提示詳載逐日前往地點，訪洽對象及內容等之出差報告單及相關文件，足資證明與營業有關才能認定。

㈠ 國內旅費之列報

1. 交通費

(1) 乘坐國內航線飛機之旅費，應以飛機票票根（或電子機票）及登機證為原始憑證；其遺失飛機票票根者，應取具航空公司之搭機證旅客聯或其所出具載有旅客姓名、搭乘日期、起訖地點及票價之證明代之。

(2) 乘坐火車、汽車、大眾捷運系統及計程車之車資，則以出差人證明為憑。

(3) 乘坐高速鐵路應以車票票根或購票證明為憑。

2. 宿費

應取得旅館業開立之統一發票、普通收據或旅行業開立代收轉付收據及消費明細。

3. 膳雜費

國內出差膳雜費：

(1) 營利事業之董事長、總經理、經理、廠長每人每日七百元。

(2) 其他職員，每人每日六百元。

(二)國外（大陸）旅費之列報

1. 交通費

乘坐國際航線飛機之旅費，應以飛機票票根（或電子機票）及登機證與機票購票證明單，（或旅行業開立代收轉付收據）為原始憑證；其遺失飛機票票根（或電子機票）及登機證者，應取具航空公司之搭機證旅客聯或其所出具載有旅客姓名、搭乘日期、起訖地點之證明；其遺失登機證者，得提示足資證明出國事實之護照影本代之。

2. 膳宿雜費

國外出差膳宿雜費，比照國外出差旅費報支要點所定，依中央政府各機關派赴國外（大陸）各地區出差人員生活費日支數額表之日支數額認定之。但自行訂有宿費檢據核實報銷辦法者，宿費部分准予核實認定外，其膳雜費按上述標準之五成列支。

三、會計處理

範例

16. 大有公司派遣經理張大可於 110 年 9 月 1 日赴紐約出差五天、洛杉磯三天，並預支旅費 50,000 元，回國後於 9 月 12 日檢具下列憑證報銷：

(1) 機票票價：票價來回 30,300 元

(2) 國外交通費美金 500 元

設當日美元與新臺幣兌換率 1：30，則其應有之分錄如何？

解答

9/1 暫付款……………………………………………	50,000	
現金或銀行存款……………………………………		50,000

9/12	旅　費	……………………………………………………	117,150	
	暫付款	……………………………………………………		50,000
	現金或銀行存款	…………………………………………		67,150

說明：國外旅費得列報之費用爲交通費及日支費。

交通費 = 30,300 + 500×30 = 45,300

日支費：

洛杉磯三天　　　285×3×30 = 25,650

紐約五天　　　　308×5×30 = 46,200

合　　計　　　　　　　　　71,850

旅費總額 = 45,300 + 71,850 = 117,150

日支費免憑證，交通費應檢據報銷。

機票價款應以旅行社實際售價爲準，故須附上旅行社開立之代收轉付收據，或購票證明單，不可以機票上的價款入帳。

 範例

17. 大利公司派遣職員 3 月 1 日赴臺中出差，3 月 15 日提出出差報告單，計交通費來回 390 元（含營業稅 11 元），旅館費收據 3,000 元，出差五日膳雜費 3,000 元（600 元 ×5 = 3,000 元），則其分錄如何？

解答

3/15	旅　費	……………………………………………………	6,379	
	進項稅額	…………………………………………………	11	
	現　金	…………………………………………………		6,390

四、合法憑證

㈠國內出差

1. 交通費

應憑下列憑證核實認定：

(1)乘坐飛機之旅費，應以飛機票票根（或電子機票）及登機證，或航空公司之搭機證旅客聯或其所出具載有旅客姓名、搭乘日期、起訖地點及票價之證明。

(2)乘坐輪船旅費，應以船票或輪船公司出具之證明為原始憑證。

(3)火車、汽車、大眾捷運系統之車資，准以經手人（即出差人）之證明為準，高速鐵路應以車票票根或購票證明為原始憑證。

(4)乘坐計程車車資，准以經手人（即出差人）之證明為憑。

(5)租賃之包車費應取得車公司（行）之統一發票或收據為憑。

2. 宿費

要取得書有營利事業名稱或出差員工姓名之統一發票或普通收據（69年37296號函）。

3. 膳雜費

(1)不超過下列標準為限，不必取得外來憑證：

　①營利事業之董事長、總經理、經理、廠長及相當階級者，每人每日七百元。

　②其他職員，每人每日六百元。

(2)如超過上列標準，超過之數額應轉列為出差人之薪資課稅。

㈡國外出差

1. 交通費

營利事業列報乘坐國際航線飛機之交通費應檢附憑證如下：

(1) 證明行程之文件，如機票票根、電子機票或其他證明文件。

(2) 證明出國事實之文件，如登機證（含電子登機證）、護照影本或其他證明文件。

(3) 證明支付票款之文件，如機票購票證明單、旅行業代收轉付收據或其他證明文件。

第 (1)、(2) 點憑證得以航空公司出具載有旅客姓名、搭乘日期、起訖地點之搭機證明替代（10904029800 號令）。

2. 膳宿費

比照國外出差旅費報支要點所定，依中央政府各機關派赴國外各地區出差人員生活費日支數額表之日支數額認定之。但自行訂有宿費檢據核實報銷辦法宿費部分准予核實認定外，其膳雜費按出差日支標準之五成列支。

㈢外籍人員旅費

1. 交通費

(1) 依聘僱契約約定由營利事業負擔本人及眷屬之來回旅費者，其本人及眷屬交通費可以核實按國外出差之交通費檢據列支（69 年 35247 號函）。

(2) 營利事業對其聘僱之外籍人員工作至一定期間，依契約規定回國度假所支付之旅費，其本人部分可以旅費列支，眷屬部分則須併計該外籍人員之薪資支出（69 年 39323 號函）。

2. 膳宿雜費

外籍專家來華工作，僅支領備付膳宿雜費之日支費用而無其他報酬者，其每日支領在新臺幣二千元範圍內，得視為因公支領之費用而以旅費列支，如超

過二千元以上部分，應併入薪資所得稅法扣繳。以聘約所載一課稅年度來華工作期間不超過 90 天為限（831583525 號函）。

(四) 執行業務所得者之出差旅費標準，比照營利事業標準（90年900451105號函）

中央政府各機關派赴國外各地區出差人員生活費日支數額表

（自 105.1.1. 起實施）

單位：美元

地區（國家或城市或其他）	日支數額
京都	263
東京	283
首爾	260
紐約	308
洛杉磯	285

其餘可上網查詢，此處從略。

6-9　運　費

一、參考法條

查準第七十五條（運費）

(一) 因取得資產並為適於營業上使用而支付之運費，應計入該項資產之實際成本。

(二) 運費之合法憑證如下：

1. 輪船運費，應取得輪船公司出具之統一發票或收據。

2. 鐵路運費，應取得鐵路局之收據，或貨運服務所之統一發票。

3.交付民營運送業之運費，應取得統一發票或普通收據。

4.交付非屬於營業組織之牛車、三輪車、工人運費，以收據為憑，並應依所得稅法第八十九條第三項規定辦理。

5.委託承攬運送業，運送貨物支付之各項運送費用，除鐵路運費外，應取得該受託承攬運送業出具統一發票為憑。

二、要點說明

運費主要分為進貨運費及銷貨運費兩大類。進貨運費為購入資產商品或原料時，由進貨廠商所負擔之運費，原則上應資本化，列入資產或商品成本。例如：購入固定資產所發生則應計入資產成本，借記資產，將來透過每期折舊之提列轉為費用。如為購入商品或原料所發生，則視其會計處理採用定期或永續而定，前者則借記進貨費用，將來再轉入商品或原料成本，後者則直接借記存貨或原料科目。

銷貨運費則為銷售貨品所發生，因此列為營業費用之運費科目，惟在列記時，宜注意銷貨條件是否由銷售單位負擔，否則易造成虛列運費。如外銷以 CIF 或 C&F 貿易條件出口，則運費由國內出口商負擔，如以 FOB 起運點交貨，則運費並非由國內出口商負擔，不可列記運費。

三、會計處理

㈠購入營業上使用之機器而支付之運費 1,000 元，營業稅 50 元。

機　　　器	1,000
進項稅額	50
現金或銀行存款	1,050

㈡ 購入原料之運費 500 元，營業稅 25 元。

原　　料…………………………………………… 500
進項稅額…………………………………………… 25
　　現金或銀行存款…………………………………… 525

㈢ 購入商品之運費 300 元——採永續盤存。

存　　貨…………………………………………… 300
進項稅額…………………………………………… 15
　　現金或銀行存款…………………………………… 315

㈣ 購入商品之運費 300 元——採定期盤存。

進貨費用…………………………………………… 300
進項稅額…………………………………………… 15
　　現金或銀行存款…………………………………… 315

㈤ 銷貨運費 600 元，營業稅 30 元。

運　　費…………………………………………… 600
進項稅額…………………………………………… 30
　　現金或銀行存款…………………………………… 630

四、合法憑證

㈠ 輪船或航空運費

須取得輪船或航空公司之統一發票或收據。

㈡ 鐵路運費

須取得鐵路局之收據或貨運服務所之統一發票。

㈢ 民營運送業運費

須取得統一發票或普通收據。

㈣ 承攬運送費

須取得該受託承攬運送業之統一發票。

㈤ 交付非屬於營業組織之牛車、三輪車、工人運費

要取得收據外，並應於每年一月底前，將受領人姓名、住址、國民身分證統一編號及全年給付額等，依規定格式列單申報主管稽徵機關。

6-9　郵電費

一、參考法條

查準第七十六條（郵電費）

㈠ 郵費應取得郵局之回單或證明單。

㈡ 電報費、電傳打字機費、傳真機使用費及其他電傳視訊系統之使用費，應取得電信事業書有抬頭之收據。

㈢ 電話費應取得電信事業書有抬頭之收據；其以郵政劃撥方式繳費者，應取得郵局書有抬頭及電話號碼之劃撥收據；如因電話過戶手續尚未辦竣，致收據抬頭與實際使用人不符者，由實際使用人給付列支。

㈣ 共同使用之電話機，其電話費應由持有收據之營利事業出具證明，憑以認定；必要時，得向原出證明之營利事業調閱帳冊。

㈤ 使用其他營利事業之電傳打字機拍發電報所支付之電報費，准憑提供電傳打字機之營利事業出具之證明，連同其支付電信事業電報費收據之影本予以認定；如實付金額超過電信事業收費標準者，該提供電傳打字機之營利事業，應就此項收入全部列爲其他收益處理。

㈥ 營利事業負責人或業務有關人員，因國際時差關係，於下班後利用其私用電話與國外客戶接洽業務，或出差期間利用其私用電話與該營利事業或國內外客戶接洽業務，經取得電信事業出具之收據及附有註明受話人電話號碼之國際長途電話費清單者，其電話費准予認列。

二、要點說明

營利事業之郵電費係指購買郵票、使用電話或電報等所支付之費用，由下列數點加以闡釋：㈠ 郵費爲購買郵票之郵費，須取得郵局之回單或證明單；㈡ 電話費要取得電信事業書有抬頭之收據，如電話過戶手續尙未辦竣，已實際使用，但收據抬頭與實際使用者不符，仍可由實際使用人給付列報爲費用；㈢ 共同使用之電話機，其電話費之列報，則應由持有收據之共用人，出具收據，交由使用者憑以列帳；㈣ 營利事業負責人寓所所裝之電話，如確爲營利事業業務上所需要，則應列入營利事業之財產目錄，即可以費用入帳；㈤ 使用其他營利事業之電傳打字機拍發電報所支付電報費，可由提供打字機之營利事業出具證明，連同電信事業電報費收據之影本，由使用人憑以入帳；㈥ 營利事業負責人或業務有關人員，因國際時差關係，於下班後利用其私用電話與國外客戶接洽業務，或出差期間利用其私用電話與該營利事業或國內外客戶接洽業務，經取得電信事業出具之收據及附有註明受話人電話號碼之國際長途電話費清單者，其電話費准予認列。

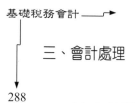
三、會計處理

㈠支付郵資費 3,600 元。

郵電費……………………………………………………………	3,600	
現金或銀行存款…………………………………………		3,600

㈡期末發生惟尚未支付之電話費 1,500 元及營業稅 75 元。

郵電費……………………………………………………………	1,500	
進項稅額……………………………………………………	75	
應付費用…………………………………………………		1,575

四、合法憑證

㈠郵費:須取得郵局之回單或證明單。

㈡電報費、電傳打字機費、傳真機使用費及其他電傳視訊系統使用費:須取得電信事業書有抬頭之收據。

㈢電話費:須取得電信事業書有抬頭之收據。

㈣共同使用電話機之電話費:須由持有收據之營利事業出具證明。

㈤使用其他營利事業之電傳打字機拍發電報所支付之電報費:由提供電傳打字機之營利事業出具之證明,連同電信事業電報費之收據影本。

㈥出差期間或下班後利用其私用電話接洽業務,要取得電信事業出具之收據及附有註明受話人電話號碼之國際電話費清單。

第七章

營業費用(二)

7-1 ‖ 修繕費及雜項購置

一、參考法條

(一) 查準第七十七條 (修繕費)

1. 修繕費支出凡足以增加原有資產之價值者,應作為資本支出,例如:

(1) 屋頂、牆壁、地板、通風設備、氣溫調節、室內配電設備之換置。

(2) 地下室加裝不透水設備、貯藏池槽加裝防水設備。

(3) 因加開窗門將原有牆壁加強等支出。

(4) 為防水加築水泥圍牆等。

2. 修繕費支出其效能非二年內所能耗竭者,應作為資本支出,加入原資產實際成本餘額內計算,但其效能所及年限可確知者,得以其有效期間平均分攤。例如:

(1) 房屋內添設冷暖氣設備等支出,應列為資本支出。

(2) 輪船業之特檢大修支出,應依據中國驗船中心所出具之特檢證明分四年攤銷。

(3) 租賃物之修繕費,租賃契約約定由承租之營利事業負擔者,得以費用列支。其有遞延性質者,得照效用所及在租賃期限內分攤提列。

3. 凡因維持資產之使用,或防止其損壞,或維持正常使用而修理或換置之支出,應准作為費用列支。例如:

(1) 凡油漆、粉刷牆壁、天花板或生財設備、屋頂修補、地板修補、籬笆或圍牆修補等支出。

(2) 水電設備修理支出。

(3) 輪船業之歲檢支出,經中國驗船中心證明屬實者。

4. 機器裝修或換置零件,其增加之效能為二年內所能耗竭者,以及為維護工作人員安全之各種修繕,均得作為費用列支。例如:

(1) 為保持機器有效運轉，其換置之零件使用年限短暫者。

(2) 為工作人員之安全，關於機器安全裝置之換置者。

(3) 地下通道、撐木（如坑木）之換置。

(4) 建築物因土地下沉、傾斜所支付之支撐費用。

5. 煤礦業主坑、卸道及使用年限與主坑相同之風坑，其掘進費（包括坑木）列為資本支出，其餘支坑之掘進費及主支坑之改修費（均包括坑木）得以費用列支，但支坑作為主坑使用者，應列作資本支出。

6. 修繕費之原始憑證如下：

(1) 支付國內廠商之修繕費，應取得統一發票。其為核准免用統一發票之小規模營利事業者，應取得普通收據。

(2) 支付國外廠商修理費（如輪船在國外修理費用），應以修理費收據、帳單為憑。

(3) 支付非營業組織之零星修理費用，得以普通收據為憑。

(4) 購買物料零件自行裝修換置者，除應有外來之憑證外，並應依領料換修之紀錄予以核實認定。但裝修換置每件金額不超過新臺幣一萬元者，得免查核領料換修之紀錄。

(二) 查準第七十七條之一

營利事業修繕或購買固定資產，其耐用年限不及二年，或其耐用年限超過二年，而支出金額不超過新臺幣八萬元者，得以其成本列為當年度費用。但整批購買大量器具，每件金額雖未超過新臺幣八萬元，其耐用年限超過二年者，仍應列作資本支出。

(三) 查準第八十四條（雜項購置）

1. 以雜項購置列帳之資產，符合第七十七條之一規定者，得以其成本列為取得年度之費用。

2. 以雜項購置列帳之資產，不符合第七十七條之一規定者，應按其性質歸類，轉列固定資產有關科目，並依固定資產耐用年數表之規定核列折舊，不得列為取得年度之費用。

3.在購入年度以雜項購置科目列爲損費之資產，於廢損時，不得再以損費列帳。

4.雜項購置之原始憑證爲統一發票，其爲核准免用統一發票之小規模營利事業者，應取得普通收據。

二、要點說明

爲維持資產之良好使用情況之經常性維護費，不增加資產服務能力，不提高服務品質及重大延長資產耐用年限者，通常列爲當期修繕費。反之，如增加資產服務能力，提高服務品質及重大延長資產耐用年限者，則列爲原資產成本或另設新資產帳戶，如遞延資產科目，將來透過折舊或攤銷轉列爲費用。

會計理論上，對資本支出與收益支出劃分之基本原則爲：

㈠ 凡是一項支出，其受益期限超過一年，則列爲資本支出，資本支出應借記資產。

㈡ 凡是一項支出，其受益期間僅及於本期或金額微小，則列爲收益支出，收益支出應借記費用。

我國稅法上對修繕費是否列爲收益支出 —— 借記當期費用，或列爲資本支出 —— 借記原資產科目或另設新資產科目，按下列三原則決定：

1.耐用年限：凡是耐用年限在二年以下者爲收益支出，列記修繕費或雜項購置。超過二年者爲資本支出，列記原資產科目或另設新資產科目。

2.金額大小：凡是金額在新臺幣八萬元以下者，列爲收益支出，借記修繕費或雜項購置；凡是金額在超過八萬元者，列爲資本支出，列記原資產科目或另設新資產科目。

3.採用列舉規定：例如：屋頂、牆壁、地板、通風設備、氣溫調節、室內配電設備之換置，應作爲資本支出。

又如下列應爲收益支出，列記修繕費：

1.凡油漆、粉刷牆壁、天花板或生財設備、屋頂修補、地板修補、籬笆或圍牆修補等支出。

2.水電設備修理支出。

3.輪船業之歲修支出，經中國驗船中心證明屬實者。

若承租人以融資租賃方式取得資產者，其約定負擔之租賃物修繕費、維護費，可以修繕費處理。

營利事業與其僱用之外務員訂有契約，利用外務員自有車輛訪問客戶、推銷商品，其車輛修繕費得列為修繕費，由營利事業負擔，免視為外務員之薪資所得（7523491號函）。

營利事業購置資產金額在新臺幣八萬元以下，或耐用年限在二年以下，得以「雜項購置」科目列帳，作為當年度費用。不必按固定資產耐用年限表攤提折舊，以簡化帳務處理（查77-1）。

三、會計處理

 範例

1. 中央公司購置鐵釘一批計 2,000 元，另營業稅 100 元，供公司修理之用，設其耐用年限不及二年。

解答

修繕費……………………………………………………	2,000	
進項稅額…………………………………………………	100	
現金或銀行存款…………………………………………		2,100

2. 中大公司汽車故障，送廠修理，支付修理費 5,000 元，另加營業稅 250 元。

解答

修繕費……………………………………………………	5,000	
進項稅額…………………………………………………	250	
現金或銀行存款…………………………………………		5,250

3. 中明公司水電設備修理支付 20,000 元，另加營業稅 1,000 元。

解答

修繕費…………………………………………	20,000
進項稅額………………………………………	1,000
現金或銀行存款………………………………	21,000

4. 中美機械公司，因機械故障翻修，支付 8,000 元，另付營業稅 400 元，因為屬於製造部門費用，則分錄為何？

解答

製造費用—修繕費………………………………	8,000
進項稅額………………………………………	400
現金或銀行存款………………………………	8,400

5. 中美公司購置會議用椅子十張，計 8,000 元，另加營業稅 400 元。

解答

雜項購置………………………………………	8,000
進項稅額………………………………………	400
現金或銀行存款………………………………	8,400

四、合法憑證

㈠支付國內部分

支付廠商之修繕費，應取得統一發票，其為小規模營利事業者，應取得普通收據，支付非營業組織之零星修理費用，應取得普通收據。

㈡支付國外部分

支付國外廠商修理費，應取得修理費收據及帳單。

7-2 ‖ 廣告費

一、參考法條

查準第七十八條（廣告費）

㈠ 所稱廣告費包括下列各項：

1. 報章雜誌之廣告。

2. 廣告、傳單、海報或印有營利事業名稱之廣告品。

3. 報經稽徵機關核備之參加義賣、特賣之各項費用。

4. 廣播、電視、戲院幻燈廣告。

5. 以車輛巡迴宣傳之各項費用。

6. 彩牌及電動廣告其係租用場地裝置廣告者，依其約定期間分年攤提。

7. 贈送樣品、銷貨附贈物品或商品饋贈，印有贈品不得銷售字樣，含有廣告性質者，應於帳簿中載明贈送物品之名稱、數量及成本金額。

8. 代理商之樣品關稅與宣傳廣告等費用，非經契約訂明由各該代理商負擔，不予認定。

9. 樣品進口關稅與宣傳費等，如經國外廠商匯款支付者，代理商不得再行列支。

10. 營建業樣品屋之成本，其有處分價值者，應於處分年度列作收益處理。

11. 營建業合建分售（或分成）之廣告費，應由地主與建主按其售價比例分攤。

12. 贊助公益或體育活動，具有廣告性質之各項費用。

13. 其他具有廣告性質之各項費用。

㈡ 廣告費之原始憑證如下：

1. 報章雜誌之廣告費應取得收據，並檢附廣告樣張；其因檢附有困難時，得列單註記刊登報社或雜誌之名稱、日期或期別及版（頁）次等。

2.廣告、傳單、海報、日曆、月曆、紙扇、霓虹、電動廣告牌、電影及幻燈之廣告費，應取得統一發票；其為核准免用統一發票之小規模營利事業者，應取得普通收據。

3.參加展覽、義賣、特賣之各項費用，應取得統一發票或其他合法憑證。

4.廣播、電視應取得統一發票或其他合法憑證。

5.租用車輛，巡迴宣傳之各項費用，應取得統一發票或其他合法憑證。

6.購入樣品、物品作為贈送者，應以統一發票或普通收據為憑；其係以本身產品或商品作為樣品、贈品或獎品者，應於帳簿中載明。

7.贈送樣品應取得受贈人書有樣品品名、數量之收據。但贈送國外廠商者，應取得運寄之證明文件及清單。

8.銷貨附贈物品，應於銷貨發票加蓋贈品贈訖戳記，並編製書有統一發票號碼、金額、贈品名稱、數量及金額之贈品支出日報表，憑以認定。但加油站業者銷貨附贈物品，得以促銷海報、促銷辦法及促銷相片等證明，及每日依所開立之統一發票起訖區間，彙總編製贈送物品名稱、數量、金額，經贈品發送人簽章之贈品支出日報表為憑。

9.舉辦寄回銷貨包裝空盒換取贈品活動，應以買受者寄回空盒之信封及加註贈品名稱、數量及金額之贈領清冊為憑。

10.以小包贈品、樣品分送消費者，得以載有發放人向營利事業領取贈品、樣品日期、品名、數量、單價、分送地點、實際分送數量金額及發放人簽章之贈品日報表代替收據。

11.給付獎金、獎品或贈品，應有贈送紀錄及具領人真實姓名、地址及簽名蓋章之收據。

12.贊助公益或體育活動具有廣告性質之各項費用，應取得統一發票或合法憑證，並檢附載有活動名稱及營利事業名稱之相關廣告品；其檢附困難者，得以相片替代。

13.其他具有廣告性質之各項費用，應取得統一發票或合法憑證，並檢附載有活動名稱及營利事業名稱之相關廣告或促銷證明文件。

二、要點說明

營利事業為促銷其產品，贈送新產品建立企業新形象，或為招募員工所發生之推廣費用，即為營業費用之廣告費，廣告費項下有下列三點在列報時須注意，以免申報時被稽徵機關剔除：

㈠ 報章雜誌之廣告，除取得收據，並需保存廣告之樣張。

㈡ 贈送樣品或饋贈商品不必報備，但須取得統一發票或普通收據。

㈢ 彩牌及電動廣告按約定年限分年攤提。

㈣ 贈送國內樣品，應取得受贈人書有樣品品名、數量之收據。贈送國外廠商者，應取得運寄之證明文件及清單，如郵局國際快捷執據或出口報關單。

㈤ 銷貨附贈物品，應於銷貨發票加蓋贈品贈訖戳記，並編製書有統一發票號碼、金額、贈品名稱、數量及金額之贈品支出日報表，憑以認定。但加油站業者銷貨附贈物品，得以促銷海報、促銷辦法及促銷相片等證明，及每日依所開立之統一發票起訖區間，彙總編製贈送物品名稱、數量、金額，經贈品發送人簽章之贈品支出日報表為憑。

㈥ 舉辦寄回銷貨包裝空盒換取贈品活動，應以買受者寄回空盒之信封及加註贈品名稱、數量及金額之贈領清冊為憑。

㈦ 以小包贈品、樣品分送消費者，得以載有發放人向營利事業領取贈品、樣品日期、品名、數量、單價、分送地點、實際分送數量金額及發放人簽章之贈品日報表代替收據。

㈧ 給付獎金、獎品或贈品，應有贈送紀錄及具領人真實姓名、地址及簽名或蓋章之收據。

㈨ 贊助公益或體育活動具有廣告性質之各項費用，應取得統一發票或合法憑證，並檢附載有活動名稱及營利事業名稱之相關廣告品，其檢附困難者，得以相片替代。

㈩ 依所得稅法規定，獎額超過一千元者，須填寫個人資料，請攜帶身分證領取，填寫扣繳憑單。獎金應扣繳 10% 稅款，但每次應扣繳稅款不超過新臺幣二千元者，得免扣繳。

三、會計處理

範例

6. 大新公司於中國時報刊登產品廣告三天計 15,000 元，另付營業稅 750 元。

解答

廣告費……………………………………	15,000	
進項稅額…………………………………	750	
現金或銀行存款…………………………		15,750

7. 大同公司為其新產品上市在電視上廣告，計支付廣告費 300,000 元，另付營業稅 15,000 元。

解答

廣告費……………………………………	300,000	
進項稅額…………………………………	15,000	
現金或銀行存款…………………………		315,000

8. 大有貿易公司贈送樣品 50,000 元，另付營業稅 2,500 元，郵寄國外廠商。

解答

廣告費……………………………………	50,000	
進項稅額…………………………………	2,500	
現金或銀行存款…………………………		52,500

運送時要保存運送證明，購入之樣品如未即時寄送，則應列入「樣品存貨」科目，等寄送時，再轉列為廣告費並保存運送證明。

範例

9. 貿達公司本年度以本身生產之毛衣100件，成本100,000元，時價150,000元，贈送國內廠商，以作爲櫥窗之展示樣品。

解答

廣告費……………………………………	100,000	
存貨……………………………………		100,000

　　營利事業以本身生產之產品，作爲樣品贈送廠商，不必開立發票，但應於帳簿中載明贈送物品名稱、數量及成本金額。

四、合法憑證

　　㈠ 報章、雜誌之廣告費：要取得收據及樣張。

　　㈡ 廣告、傳單、海報、日曆、月曆、電動廣告牌、電影幻燈、參加展覽、義賣、特賣、廣播、電視及租用車輛巡迴宣傳等之廣告費：要取得統一發票或普通收據。

　　㈢ 贈送國內廠商樣品：若以購入之樣品或物品贈送客戶，須取得發票或收據。若以本身生產之產品或商品作爲樣品、贈品或獎品者，應於帳簿中載明。

　　㈣ 贈送國外廠商樣品：要取得統一發票或普通收據，並保存運送之證明文件及清單。該運送之證明文件可包括出口報單（註明樣品不收費），或郵局包裹執據或空運提單等文件。

　　㈤ 銷貨附贈物品：應於銷貨發票上加蓋贈品贈訖戳記，並編製書有統一發票編號、金額、贈品名稱及數量之贈品支出日報表，憑以認定。但加油站業者銷貨附贈物品，得以促銷海報、促銷辦法及促銷相片等證明，及每日依所開立之統一發票起訖區間，彙總編製贈送物品名稱、數量、金額，經贈品發放人簽章之贈品支出日報表爲憑。

㈥ 舉辦寄回銷貨包裝空盒換取贈品：要保存買受者寄回之空盒信封及贈品贈送清冊。

㈦ 給付獎金、獎品或贈品，應有贈送紀錄及具領人真實姓名、地址及簽名蓋章之收據。

㈧ 以小包贈品、樣品分送消費者，得以載有發放人向營利事業領取贈品、樣品日期、品名、數量、單價、分送地點、實際分送數量、金額及發放人簽章之贈品日報表代替收據。

㈨ 贊助公益或體育活動具有廣告性質之各項費用，應取得統一發票或合法憑證，並檢附載有活動名稱及營利事業名稱之相關廣告品；其檢附困難者，得以相片替代。

㈩ 其他具有廣告性質之各項費用，應取得統一發票或合法憑證，並檢附載有活動名稱及營利事業名稱之相關廣告或促銷證明文件。

7-3 水電瓦斯費

一、參考法條

查準第八十二條（水電瓦斯費）

㈠ 製造工廠之水、電、瓦斯費，應作為製造費用，攤入製造成本。

㈡ 水錶、電錶、瓦斯錶未過戶之水、電、瓦斯費，如約定由現使用人給付者，應予認定。

㈢ 共同使用之水、電、瓦斯，其費用由持有收據之營利事業出具證明以憑認定，必要時，得向原出證明之營利事業調閱帳簿。

㈣ 水、電及瓦斯費之原始憑證如下：

1. 電費為電力公司之統一發票或收據。

2. 自來水費為自來水廠之統一發票或收據。

3. 瓦斯費為公司行號之統一發票或收據。

二、要點說明

營利事業使用之自來水、電力、瓦斯所支付之費用，如為銷貨部門及管理部門所使用，則列為水電瓦斯費科目；如為製造工廠所使用之水、電、瓦斯，則應列為製造費用。

三、會計處理

 範例

10. 中美公司支付水費 1,000 元，另支付營業稅 50 元，其分錄為何？

解答

水電瓦斯費…………………………………………	1,000	
進項稅額…………………………………………	50	
現金或銀行存款…………………………………		1,050

 範例

11. 中美公司支付工廠電費 10,000 元，另付營業稅 500 元，其分錄為何？

解答

製造費用－水電瓦斯費………………………………	10,000	
進項稅額…………………………………………	500	
現金或銀行存款…………………………………		10,500

四、合法憑證

㈠電費：電力公司統一發票或收據。

㈡ 自來水費：自來水廠之統一發票或收據。

㈢ 瓦斯費：統一發票或收據。

㈣ 共同使用之水、電、瓦斯，其費用之憑證，由持有收據之營利事業出具之證明或收據為憑。

7-4　保險費

一、參考法條

查準第八十三條（保險費）

㈠ 保險之標的，非屬於本事業所有，所支付之保險費，不予認定。但經契約訂定應由本事業負擔者，應核實認定。

㈡ 保險費如有折扣，應以實付之數額認定。

㈢ 跨越年度之保險費部分，應轉列預付費用科目。

㈣ 勞工保險及全民健康保險，其由營利事業負擔之保險費，應予核實認定，並不視為被保險員工之薪資。

㈤ 營利事業為員工投保之團體人壽保險、團體健康保險、團體傷害保險及團體年金保險，其由營利事業負擔之保險費，以營利事業或被保險員工及其家屬為受益人者，准予認定。每人每月保險費合計在新臺幣二千元以內部分，免視為被保險員工之薪資所得；超過部分，視為對員工之補助費，應轉列各該被保險員工之薪資所得，並應依所得稅法第八十九條規定，列單申報該管稽徵機關。

㈥ 營利事業如因國內保險公司尚未經營之險種或情形特殊，需要向國外保險業投保者，除下列跨國提供服務投保之保險費，經取得該保險業者之收據及保險單，可核實認定外，應檢具擬投保之公司名稱、險種、保險金額、保險費及保險期間等有關資料，逐案報經保險法之主管機關核准，始得核實認定。

1. 海運及商業航空保險：包括被運送之貨物、運送貨物之運輸工具及所衍生之任何責任。

2. 國際轉運貨物保險。

(七) 保險費之原始憑證，除向國外保險業投保，依前款之規定者外，爲保險法之主管機關許可之保險業者收據及保險單；其屬團體人壽保險、團體健康保險、團體傷害保險及團體年金保險之保險費收據者，除應書有保險費金額外，並應檢附列有每一被保險員工保險費之明細表。

二、要點說明

保險費係營利事業爲其本身財產或員工投保所支付之保險費。一般營利事業投保之標的，分爲產物保險及人壽保險。

產物保險係指財產方面之保險，保險之標的須屬營利事業本事業所有，所支付之保險費才可認定。對進口機器設備及原料、商品之保險必須資本化，分別記入機器設備及原料、商品之成本，以符合會計學上成本原則。對工廠原料及財產之投保，應列入製造費用。外銷貨品其條件爲CIF，其保險費才可認列。

勞保費業主所負擔之部分，才可認列，員工負擔部分，不可列入保險費。人壽保險方面營利事業爲員工投保之團體人壽保險、團體健康保險、團體傷害保險及團體年金保險，其由營利事業負擔之保險費，以營利事業或被保險員工及其家屬爲受益人者，准予認定。每人每月保險費合計在新臺幣二千元以內部分，免視爲保險員工之薪資所得；超過部分，視爲對員工之補助費，應轉列各該被保險員工之薪資所得，並應依所得稅法第八十九條規定，列單申報該主管稽徵機關。

營利事業以員工爲被保險人所投保之團體壽險，其稅務處理依受益人爲營利事業或被保險員工或其家屬而有不同。

(一) 以營利事業本身爲受益人

營利事業爲員工投保之團體壽險，因期滿或保險事故發生而取得之保險給付，應列爲其他收入，課徵營利事業所得稅。

(二) 以被保險員工或其家屬爲受益人

保險給付時營利事業未領取任何款項，無須爲帳務處理；受益人所領之人

壽保險給付，則可適用所得稅法第四條第一項第七款，免納所得稅。

團體保險提前解約，員工所領取的解約保險金應列爲員工其他所得，不得免稅。倘未將提前解約金分予員工，應列營利事業之「其他收入」，俟轉撥員工再以費用列支。

跨年度之保險費要轉列預付保險費。保險費支付時，如有折扣，應以實付之金額列帳。

勞保費用：營利事業負擔 70%、員工本身負擔 20%、政府負擔 10%。

健保費用：營利事業負擔 60%、員工本身負擔 30%、政府負擔 10%。

以上兩項費用屬營利事業負擔部分，才可列爲保險費。

三、會計處理

範例

12. 中美公司進口原料一批，條件 C&F，支付保險費 10,000 元，其分錄爲何？

解答

原料……………………………………………	10,000	
現金或銀行存款……………………………		10,000

13. 中美公司爲廠房投保產物保險，本年度之保險費 5,000 元，其分錄爲何？

解答

製造費用—保險費……………………………	5,000	
現金或銀行存款……………………………		5,000

14. 中利公司出口商品一批，其貿易條件爲 CIF，支付保險費 20,000 元，其分錄爲何？

解答

保險費…………………………………………	20,000	
現金或銀行存款……………………………		20,000

15. 中明公司 3 月 25 日支付本月份員工薪資 100,000 元，並應支付勞工保險費 1,800 元，其中 400 元為員工負擔，公司負擔 1,400 元，其分錄為何？

解答

(1) 發放薪資時

薪資支出……………………………………… 100,000

    現金或銀行存款…………………………… 99,600

    代扣保險費………………………………… 400

(2) 支付保險費時

保險費………………………………………… 1,400

代扣保險費…………………………………… 400

    現金或銀行存款…………………………… 1,800

四、合法憑證

(一) 保險公司之收據及保險單。

(二) 團體壽險之保險費收據，除應書有保險費金額外，並應檢附列有每一被保險員工保險費之明細表。

7-5 交際費

一、參考法條

查準第八十條（交際費）

(一) 營利事業列支之交際費，經依規定取有憑證，並經查明與業務有關者，應予認定，但其全年支付總額，以不超過下列最高標準為限：

1. 進貨部分：全年進貨淨額在新臺幣三千萬元以下者，以不超過全年進

貨淨額 1.5‰ 為限；使用藍色申報書者，以不超過全年進貨淨額 2‰ 為限。全年進貨淨額超過新臺幣三千萬元至一億五千萬元者，超過部分，以不超過 1‰ 為限；使用藍色申報書者，以不超過 1.5‰ 為限。全年進貨淨額超過新臺幣一億五千萬元至六億元者，超過部分以不超過 0.5‰ 為限；使用藍色申報書者，以不超過 1‰ 為限。全年進貨淨額超過新臺幣六億元者，超過部分以不超過 0.25‰ 為限；使用藍色申報書者，以不超過 0.5‰ 為限。

2. 銷貨部分：全年銷貨淨額在新臺幣三千萬元以下者，以不超過全年銷貨淨額 4.5‰ 為限；使用藍色申報書者，以不超過全年銷貨淨額 6‰ 為限。全年銷貨淨額超過新臺幣三千萬元至一億五千萬元者，超過部分以不超過 3‰ 為限；使用藍色申報書者，以不超過 4‰ 為限。全年銷貨淨額超過新臺幣一億五千萬元至六億元者，超過部分以不超過 2‰ 為限；使用藍色申報書者，以不超過 3‰ 為限。全年銷貨淨額超過新臺幣六億元者，超過部分以不超過 1‰ 為限；使用藍色申報書者，以不超過 1.5‰ 為限。

3. 以運輸客貨為業者：全年運費收入淨額在新臺幣三千萬元以下者，以不超過全年運費收入淨額 6‰ 為限；使用藍色申報書者，以不超過全年運費收入淨額 7‰ 為限。全年運費收入淨額，超過新臺幣三千萬元至一億五千萬元者，超過部分以不超過 5‰ 為限；使用藍色申報書者，以不超過 6‰ 為限。全年運費收入淨額超過新臺幣一億五千萬元者，超過部分以不超過 4‰ 為限；使用藍色申報書者，以不超過 5‰ 為限。

4. 供給勞務或信用為業者，包括旅館、租賃業：全年營業收益淨額在新臺幣九百萬元以下者，以不超過全年營業收益淨額 10‰ 為限；使用藍色申報書者，以不超過全年營業收益淨額 12‰ 為限。全年營業收益淨額超過新臺幣九百萬元至四千五百萬元者，超過部分以不超過 6‰ 為限；使用藍色申報書者，以不超過 8‰ 為限，全年營業收益淨額超過新臺幣四千五百萬元者，超過部分以不超過 4‰ 為限；使用藍色申報書者，以不超過 6‰ 為限。

5. 保險業者依第四款之規定辦理，其收益額之計算如下：

(1) 產物保險部門，應以全年保費、分保費收入，及其他收益，減除分保費支出後之餘額為準。

(2) 人壽保險部門，應以全年保費收入，及其他收益，減除責任準備金後之餘額為準。

6.放映電影業者,以全年票價總收入為銷貨額,以價購影片成本及支付片商之租金(即分成部分)為進貨額,分別依第一、二目之規定辦理。

7.營利事業經營外銷業務,取得外匯收入者,除依前項各目規定列支交際應酬費用外,並得在不超過當年度外銷收入 2% 範圍內,列支特別交際應酬費。其屬預收外匯款者,應於該項預收外匯沖轉營業收入年度列報。

㈡ 委託會計師或其他合法代理人簽證申報者,適用前款有關藍色申報書之規定。

㈢ 屬於交際性質之饋贈支出,仍以交際費認定。

㈣ 交際費之原始憑證如下:

1.在外宴客及招待費用,應以統一發票為憑,其為核准免用統一發票之小規模營利事業者,應取得普通收據。

2.自備飯食宴客者,應有經手人註明購買菜餚名目及價格之清單為憑。

3.購入物品作為交際性質之饋贈者,應以統一發票或普通收據為憑,其係以本身產品或商品饋贈者,應於帳簿中載明贈送物品之名稱、數量及成本金額。

二、要點說明

交際費係指營利事業為推廣業務,以廣招徠,基於業務上之需要而招待顧客,贈送禮品所發生之支出。如取得合法憑證,未超過法定之最高限額者,均得以交際費列報。交際費限額之計算分為普通申報及藍色申報兩種,藍色申報享有較高交際費列報之額度,委託會計師或其他合法代理人簽證申報者,適用前述有關藍色申報之規定。交際費限額之計算以營業收入淨額為準,不得以毛額為基礎。

另製造業以進貨為目的計算交際費之限額,該進貨部分應包括本期原料進料淨額、本期物料進料淨額及本期商品進貨淨額之合計數。

買賣有價證券為專業之營利事業,其交際費限額如下:

㈠ 買賣有價證券:比照進貨及銷貨。

㈡ 投資收益(不含免計入所得之股利收入部分)及利息(含短期票券利

息收入）等投資收入：比照供給勞務。

　　營利事業經營外銷業務，得列支特別交際費為當年度外銷收入 2%，其條件有二：1.須為外銷收入；2.取得外匯收入，才合乎規定。例如：銷售與科學工業園區之園區事業或免稅出口區中之外銷事業為外銷收入，惟如未取得外匯收入，則不得列支特別交際費。

三、交際費限額之計算及實例

(一) 限額之規定

項　目　及　級　距	普通申報	藍色及簽證申報
(1)以進貨為目的，按進貨淨額計算：	‰	‰
30,000,000 元以下	1.5	2
30,000,001～150,000,000 元	1	1.5
150,000,001～600,000,000 元	0.5	1
600,000,001 元以上	0.25	0.5
(2)以銷貨為目的，按銷貨淨額計算：		
30,000,000 元以下	4.5	6
30,000,001～150,000,000 元	3	4
150,000,001～600,000,000 元	2	3
600,000,001 元以上	1	1.5
(3)以運輸貨物為目的，按運費收入淨額計算：		
30,000,000 元以下	6	7
30,000,001～150,000,000 元	5	6
150,000,001 元以上	4	5
(4)以供給勞務信用為目的，按營業收益淨額計算：		
9,000,000 元以下	10	12
9,000,001～45,000,000 元	6	8
45,000,001 元以上	4	6
(5)外銷業務特別交際費，取得外匯收入者。	20	20

(二)限額計算實例

 範例

16. 大明公司本年度銷貨收入淨額 200,000,000 元,其中 150,000,000 元係屬外銷
    且取得外匯收入,進貨 140,000,000 元,本年度委由會計師簽證申報,試計算
    本年度交際費可申報之最高限額。

解答

   (1) 進貨部分

      30,000,000 元 ×2‰ = 60,000 元

      110,000,000 元 ×1.5‰ = 165,000 元   合計 225,000 元

   (2) 銷貨部分

      30,000,000 元 ×6‰ = 180,000 元

      120,000,000 元 ×4‰ = 480,000 元

      50,000,000 元 ×3‰ = 150,000 元   合計 810,000 元

   (3) 外銷特別交際費部分

      150,000,000 元 ×20‰ = 3,000,000 元

   (4) 合計 4,035,000 元

      本年度大明公司可列報交際費限額為 4,035,000 元

四、會計處理

範例

17. 臺北公司於 11 月 2 日宴客,設餐費 5,000 元,進項稅額 250 元,因交際應酬之營業稅不得扣抵,其分錄爲何?

解答

交際費……………………………………… 5,250

　　現金或銀行存款……………………… 5,250

進項稅額不得扣抵,併入交際費科目。

18. 臺中公司以自製錄影帶贈送客戶,設錄影帶成本 2,000 元,時價 3,000 元,因營業稅法規定須視爲銷貨,以本公司名義按時價開立三聯式發票,惟該項餽贈,其進項稅額不得扣抵,應併入原科目處理。

解答

交際費……………………………………… 2,150

　　存貨……………………………………… 2,000

　　銷項稅額………………………………… 150

五、合法憑證

　(一) 在外宴客及招待費用:統一發票或普通收據。

　(二) 自備飯食宴客:經手人註明之購買菜餚名目及價格清單。

　(三) 購入物品作爲交際性質之餽贈:統一發票或普通收據。

　(四) 以本身產品或商品贈送者:以本身營利事業名義爲抬頭,按時價開立三聯式統一發票,並應於帳簿中載明贈送物品之名稱、數量及成本金額。

㈤贈送百貨公司之現金禮券者：百貨公司出具之證明書。

㈥贈送郵政禮券或現金作為婚喪喜慶之禮金者：應取得郵局收據或謝帖及請帖或訃文。

7-6 捐　贈

一、參考法條

查準第七十九條（捐贈）

㈠營利事業之捐贈，得依下列規定，列為當年度費用或損失：

1. 為協助國防建設、慰勞軍隊、對各級政府、合於運動產業發展條例第二十六條、災害防救法第四十四條之三、中小企業發展基金之捐贈及經財政部專案核准之捐贈，不受金額限制。

2. 依政治獻金法規定，對政黨、政治團體及擬參選人之捐贈，以不超過所得額 10% 為限，其總額並不得超過新臺幣五十萬元。上述所稱不超過所得額 10% 計算公式如下：

$$\frac{\begin{array}{l}經認定之收益總額（營業毛利、分離課稅收益及非營業收益）\\-各項損費（包括第一目之捐贈及第六目未指定對特定學校法人或\\私立學校之捐款，但不包括第二目、第四目及第五目之捐贈、\\第六目指定對特定學校法人或私立學校之捐款及第七目之捐贈）\end{array}}{1+10\%} \times 10\%$$

3. 有政治獻金法第十九條第三項情形之一者，不適用前目規定。

4. 對大陸地區之捐贈，應經行政院大陸委員會許可，並應透過合於所得稅法第十一條第四項規定之機關或團體為之，且應取得該等機關團體開立之收據；其未經許可，或直接對大陸地區捐贈者，不得列為費用或損失。

5. 對合於第四目之捐贈、合於所得稅法第十一條第四項規定之機關或團體之捐贈及成立、捐贈或加入符合同法第四條之三各款規定之公益信託之財

産，合計以不超過所得額 10% 爲限。上述所稱不超過所得額 10% 爲限，準用第二目規定之計算公式計算之。

313

6.依私立學校法第六十二條規定，透過財團法人私立學校興學基金會，未指定對特定學校法人或私立學校之捐款，得全數列爲費用；其指定對特定學校法人或私立學校之捐款，以不超過所得額 25% 爲限。上述所稱不超過所得額 25% 爲限，類推適用第二目規定之計算公式計算之。

7.依文化創意產業發展法第二十六條規定所爲捐贈，以不超過新臺幣一千萬元或所得額 10% 爲限。上述所稱不超過所得額 10% 爲限，準用第二目規定之計算公式計算之。

㈡ 捐贈之原始憑證及捐贈金額之認定如下：

1.購入供作贈送之物品應取得統一發票，其屬向核准免用統一發票之小規模營利事業購入者，應取得普通收據，並以購入成本認定捐贈金額；其係以本事業之產品、商品或其他資產贈送者，應於帳簿中載明贈送物品之名稱、數量及成本金額，並以產品、商品或其他資產之帳載成本，認定捐贈金額。

2.捐贈應取得受領機關團體之收據或證明；其爲對政黨、政治團體及擬參選人之捐贈，應取得依監察院所定格式開立之受贈收據。

3.依運動產業發展條例第二十六條及文化創意產業發展法第二十六條規定所爲捐贈，應依規定取得相關證明文件。

二、要點說明

營利事業以物品或金錢贈送他人稱爲捐贈，惟捐贈是否得列爲當年度之費用或損失，須注意到對象及限額。

㈠下列對象之捐贈，列記金額不受限額限制

1.協助國防建設。

2.慰勞軍隊。

3.對各級政府之捐贈。捐款各級政府所屬機關單位及公立學校，視爲對政府捐獻（63 年 32313 號函）。

4. 合於運動產業發展條例第二十六條之捐贈。

5. 對中小企業發展基金之捐贈。

6. 災害防救法第四十四條之三規定,對災區受災居民之捐贈。

7. 經財政部專案核准之捐贈。目前經財政部專案核准之項目如下:

(1) 對大學校院國防及重點科技研究生獎學金,教授研究獎助金之捐贈。

(2) 對海峽交流基金會之捐贈(*80.6.19. 臺財稅第 800213320 號函*)。

(3) 中央通訊社(*851172920 號函*)。

(4) 亞洲蔬菜研發中心(*860303582 號函*)。

(5) 花蓮縣觀光推展基金(*910453969 號函*)。

(6) 證券投資人及期貨交易人保護中心(*920452425 號函*)。

(7) 中央廣播電臺(*920454411 號令*)。

(8) 金融機構對中小企業信保基金之捐贈(*900457122 號令*)。

(二) 捐贈對象列記金額及其他限制之規定

1. 捐贈對象必須為教育、文化、公益及慈善之財團法人、社團法人或依其他關係法令,經向主管機關登記或立案成立者。

2. 政治獻金捐贈對象、期間及金額須受限制:

(1) 營利事業依規定對政黨、政治團體及擬參選人捐贈者,得於申報所得稅時,作為當年度費用或損失,不適用所得稅法第三十六條規定,其可減除金額不得超過所得額 10%,其總額並不得超過新臺幣五十萬元。

(2) 捐贈期間須於規定期間,始可認列。

3. 對大陸地區之捐贈:應經行政院大陸委員會許可,並應透過合於所得稅法第十一條第四項規定之機關或團體為之,其未經許可或直接對大陸地區捐贈者,不得列為費用或損失,捐贈金額以不超過所得額 10% 為限。

4. 透過財團法人私立學校興學基金會指定對特定學校法人或私立學校之捐款,不得超過所得總額 25%。

5. 對政黨捐贈而政黨之得票率須受限制:對於政黨之捐贈,政黨推薦之候選人於該年度立法委員選舉之平均得票率未達 1% 者,則不予認定。該年度未辦理選舉者,以上次選舉之年度得票率為準。如其為新成立之政黨者,以下次選舉之年度得票率為準。

6.政治獻金法、私立學校法為所得稅法之特別法,其限額可分別計算。

7.依文化創意產業發展法第二十六條規定所為捐贈,以所得額 10% 或一千萬元為限。

三、捐贈限額之計算公式及釋例

計算公式見查核準則第七十九條第二目。

範例

19. 中大公司本年度資料如下,試計算該公司本年度可認列捐贈之金額。

銷售收入	100,000,000
銷貨成本	80,000,000
銷貨毛利	20,000,000
營業費用	10,000,000
非營業收益	4,000,000
非營業損失	3,000,000
帳面所得	11,000,000
帳面累積盈餘	15,000,000

該公司營業費用中,含對政府之捐贈 500,000 元,合於政治獻金法對候選人候選經費之捐贈 300,000 元,對合法之公益財團法人之捐贈 200,000 元,合計 1,000,000 元。

解答

(1) 可認列之捐贈金額協助國防建設、慰勞軍隊、對政府捐贈,財政部專案核准者(核實認定) ………………………………… 500,000 元

(2) 對候選人競選經費之捐贈,以不超過所得額 10% 為限,其總額不得超過新臺幣 50 萬元 …………………………………… 300,000 元

限額計算如下（限額計算同第 (3) 點）：

$$[(20,000,000 + 4,000,000) - (10,000,000 - 300,000 - 200,000 + 3,000,000)] \times \frac{10}{110}$$

= 1,045,454，及 500,000，取低者 500,000 元（核未超限）

(3) 其他合於所得稅法第十一條第四項規定之教育、文化、公益、慈善機關或團體之捐贈，限額計算如上為 1,045,454 元，未超限。

200,000 元

合計 <u>1,000,000</u> 元

四、會計處理

範例

20. 設大中公司購買電視機二臺計 60,000 元，另付營業稅 3,000 元捐贈鄉公所。

解答

捐　贈 ………………………………………	60,000	
進項稅額 ………………………………………	3,000	
現金或銀行存款 ………………………………		63,000

對政府之捐贈，按營業稅法第十九條規定，其進項稅額可以扣抵。

21. 大友公司以現金 100,000 元捐贈軍隊。

解答

捐　贈 ………………………………………	100,000	
現金或銀行存款 ………………………………		100,000

22. 大力公司以本公司生產電腦成本 100,000 元，時價 140,000 元捐贈給私立輔仁大學以作為教學之用。

解答

捐　　贈……………………………………………　107,000

　　存貨…………………………………………………　100,000

　　銷項稅額……………………………………………　7,000

　　該公司捐贈對象為私立大學，依加值型及非加值型營業稅法第三條規定視同銷售，應按時價以本公司名義開立三聯式發票，惟按加值型及非加值型營業稅法第十九條規定，非供本事業或附屬業務使用之貨物或勞務，其進項稅額不得扣抵，故視同銷售發票之進項稅額，應併入捐贈科目列報。

五、合法憑證

　　㈠ 一般捐贈，應取得受領機關或團體之收據或證明。營利事業若開立遠期支票捐贈，應以該支票票載發票日之年度為捐贈之歸屬年度。

　　㈡ 購入供贈送用之物品，應取得統一發票或普通收據。

　　㈢ 營利事業以本事業之產品或商品贈送者，應於帳簿中載明贈送物品之名稱、數量及成本金額，並應以營利事業本身之名義，按時價開立發票，因非供本事業及附屬業務使用之貨物或勞務，除為協助國防建設、慰勞軍隊及對政府捐獻者外，其進項稅額不得扣抵，應併入捐贈科目列報。

　　㈣ 對政黨、政治團體及擬參選人之捐贈，應取得依監察院所定格式之受贈收據。

　　㈤ 財團法人私立學校興學基金會之捐贈，應取得該團體之捐贈收據。

　　㈥ 依運動產業發展條例第二十六條、文化創意產業發展法第二十六條及災害防救法第四十四條之三規定所為捐贈，應依規定取得相關證明文件。

7-7 稅捐

一、參考法條

查準第九十條（稅捐）

㈠ 個人綜合所得稅及依加值型及非加值型營業稅法第五十一條、第五十二條規定追繳或繳納之營業稅，不得列爲本事業之費用或損失。

㈡ 營利事業所得稅係屬盈餘分配，不得列爲費用或損失。

㈢ 扣繳他人之所得稅款，不得列爲本事業之損費。

㈣ 對不動產課徵之稅捐（如房屋稅、地價稅及教育捐等），除本事業所有或取得典權者外，不予認定。

㈤ 依加值型及非加值型營業稅法第三十三條規定得以扣抵銷項稅額之進項稅額及依同法第三十九條規定得以退還或留抵之溢付稅額；如自動放棄扣抵，得就其支出性質，列爲成本或損費。

㈥ 各種稅法所規定之滯納金、滯報金、怠報金等及各種法規所科處之罰鍰，暨未依法扣繳而補繳之稅款不予認定。

㈦ 營利事業出售土地所繳納之土地增值稅，應在該項出售土地之收入項下減除。但出售屬所得稅法第四條之四第一項規定之土地，依土地稅法規定繳納之土地增值稅，不得列爲成本費用或損失。

㈧ 租用或借用不動產或交通工具等之稅捐，經契約約定由承租人或借用人負擔者，應視同租金支出。

㈨ 應納貨物稅及菸酒稅廠商，繳納原物料之貨物稅及菸酒稅，應准併當年度進貨成本或製造成本核實認定。

㈩ 進口貨物之關稅，應列爲貨物之成本。

(十一)購買土地、房屋所繳納之契稅、印花稅等，應併入土地或房屋之成本。

(十二) 稅捐之原始憑證爲稅單收據，其貼用之印花稅票，應以經售印花稅票

之收據或證明為憑。

㈢ 依加值型及非加值型營業稅法第十九條第一項及第二項規定不得扣抵之進項稅款，得就其支出之性質按原支出科目列支。

㈣ 依兼營營業人營業稅額計算辦法規定計算不得扣抵之進項稅額，得分別歸屬原支出科目或以其他費用列支。

㈤ 依加值型及非加值型營業稅法第四章第二節計算繳納之營業稅，應以稅捐科目列支。

㈥ 營利事業於中華民國 100 年 1 月 26 日加值型及非加值型營業稅法第十六條及第二十條修正施行前，已代付菸品健康福利捐餘額，於施行當日得轉列為進貨成本或製造成本。其於修正施行後，繳納之原物料菸品健康福利捐，應准併當年度進貨成本或製造成本核實認定。

㈦ 營利事業繳納之特種貨物及勞務稅，依下列規定辦理：

1. 屬銷售房屋、土地者：已停徵。

2. 屬產製特種貨物者：應列為出廠當年度之稅捐費用。

3. 屬進口特種貨物者：應列為該特種貨物之進貨成本或製造成本。

4. 屬向法院及其他機關（構）買受其拍賣或變賣尚未完稅之特種貨物者：應列為該特種貨物之進貨成本或製造成本。

5. 屬銷售特種勞務者：應於該項出售特種勞務之收入項下減除。

二、要點說明

稅捐係指營利事業所支付之各種稅款，如非加值型營業人所繳納之營業稅及持有土地之地價稅，房屋之房屋稅，應以稅捐科目列之，但並非全部可以費用科目列支，因有部分稅捐必須轉列成本如貨物稅、進口關稅、購買土地及房屋所繳納之印花稅、契稅。有部分屬收入之減項如出售土地所繳納之土地增值稅，有部分屬代收代付性質如加值型營業稅之進項稅額、銷項稅額、扣繳他人之所得稅。有部分屬盈餘分配性質如營利事業所得稅等。至於各稅之滯納金、滯報金、怠報金等罰鍰，則不予認定，說明如下：

(一) 得列為費用

1.對不動產課徵之稅捐（如房屋稅、地價稅等），除本事業所有或取得典權者外，不予認定。

2.得以扣抵銷項稅額之進項稅額及得以退還或留抵之溢付稅額；如自動放棄扣抵，得就其支出性質，列為成本或損費。

3.租用或借用不動產或交通工具等之稅捐，經契約約定由承租人或借用人負擔者，應視同租金支出。

4.非加值型營業人繳納之營業稅，應以稅捐科目列支。

(二) 得列為銷貨成本或資產成本

1.營利事業出售土地所繳納之土地增值稅，應在該項出售土地之收入項下減除。

2.應納貨物稅及菸酒稅廠商，繳納原物料之貨物稅及菸酒稅，應准併當年度進貨成本或製造成本核實認定。

3.進口貨物之關稅，應列為貨物之成本。

4.購買土地、房屋所繳之契稅、印花稅等，應併入土地或房屋之成本。

5.依加值型及非加值型營業稅法規定不得扣抵之進項稅款，得就其支出之性質按原支出科目列支。

6.依兼營營業人營業稅額計算辦法規定計算不得扣抵之進項稅額，得分別歸屬原支出科目或以其他費用列支。

7.營利事業繳納之原物料菸品健康福利捐，應准併當年度進貨成本或製造成本核實認定。

8.營利事業繳納之特種貨物及勞務稅（已停徵），屬產製特種貨物者，應列為出廠當年度之稅捐費用；屬進口特種貨物者，應列為該特種貨物之進貨成本或製造成本；屬向法院及其他機關（構）買受其拍賣或變賣尚未完稅之特種貨物者，應列為該特種貨物之進貨成本或製造成本；屬銷售特種勞務者，應於該項出售特種勞務之收入項下減除。

(三) 代收代付

扣繳他人之所得稅款，不得列為本事業之損費。

(四) 不得認列為費用

1. 個人綜合所得稅及依加值型及非加值型營業稅法第五十一條、第五十二條規定追繳或繳納之營業稅，不得列為本事業之費用或損失。

2. 營利事業所得稅係屬盈餘分配，不得列為費用或損失。

3. 各種稅法所規定之滯納金、滯報金、怠報金等及各種法規所科處之罰鍰，暨未依法扣繳而補繳之稅款不予認定。

三、會計處理

範例

23. 設大中公司 5 月 1 日出售土地一塊，成本 100,000 元，售價 300,000 元，繳納土地增值稅 20,000 元，其分錄為何？

解答

(1) 收到現金時

現　金……………………………………	300,000	
土　地……………………………………		100,000
出售資產增益……………………………		200,000

(2) 繳納土地增值稅時

出售資產增益……………………………	20,000	
現金或銀行存款…………………………		20,000

出售土地之收益免納稅捐，而出售土地所繳納之土地增值稅也不得列為費用，應列作出售收益之減項。

範例

24. 設大明公司進口貨品一批計 200,000 元，並支付進口關稅 100,000 元，其分錄
    為何？

   解答

   進　貨…………………………………………………… 300,000
   　　現金或銀行存款………………………………………　　　 300,000

25. 設大中公司購入廠房一棟 6,000,000 元，並支付契稅 300,000 元，其分錄為
    何？

   解答

   房　屋…………………………………………………… 6,300,000
   　　現金或銀行存款………………………………………　　　 6,300,000

26. 設大中公司支付本年度車輛使用牌照稅共計 50,000 元，地價稅 20,000 元，房
    屋稅 100,000 元，其分錄為何？

   解答

   稅　捐…………………………………………………… 170,000
   　　現金或銀行存款………………………………………　　　 170,000

四、合法憑證

   (一) 稅捐之原始憑證為稅單收據。
   (二) 印花稅票為購買之收據或證明單。

7-8 ║ 呆帳損失

一、參考法條

查準第九十四條

㈠ 提列備抵呆帳，以應收帳款及應收票據為限，不包括已貼現之票據。但該票據到期不獲兌現經執票人依法行使追索權而由該營利事業付款時，得視實際情形提列備抵呆帳或以呆帳損失列支。

㈡ 備抵呆帳餘額，最高不得超過應收帳款及應收票據餘額之 1%；其為金融業者，應就其債權餘額按上述限度估列之。

㈢ 營利事業依法得列報實際發生呆帳之比率超過前款標準者，得在其以前三個年度依法得列報實際發生呆帳之比率平均數限度內估列之。

㈣ 營利事業分期付款銷貨採毛利百分比計算損益者，其應收債權；採普通銷貨法計算損益者，其約載分期付款售價與現銷價格之差額部分之債權，不得提列備抵呆帳。

㈤ 應收帳款、應收票據及各項欠款債權，有下列情事之一，視為實際發生呆帳損失，並應於發生當年度沖抵備抵呆帳。

1.債務人倒閉、逃匿、重整、和解或破產之宣告，或其他原因，致債權之一部或全部不能收回者。

2.債權中有逾期兩年，經催收後，未經收取本金或利息者。上述債權逾期二年之計算，係自該項債權原到期應行償還之次日起算；債務人於上述到期日以後償還部分債款者，亦同。

㈥ 前款第一目債務人倒閉、逃匿，致債權之一部或全部不能收回之認定，應取具郵政事業無法送達之存證函，並依下列規定辦理：

1.債務人為營利事業，存證函應書有該營利事業倒閉或他遷不明前之確實營業地址；所稱確實營業地址以催收日於主管機關依法登記之營業所在地為

準：其與債務人確實營業地址不符者，如經債權人提出債務人另有確實營業地址之證明文件並經查明屬實者，不在此限。債務人為個人，已辦理戶籍異動登記者，由稽徵機關查對戶籍資料，憑以認定；其屬行方不明者，應有戶政機關發給之債務人戶籍謄本或證明。

2. 債務人居住國外者，應取得債務人所在地主管機關核發債務人倒閉、逃匿前登記營業地址之證明文件，並經我國駐外使領館、商務代表或外貿機構驗證屬實；登記營業地址與債務人確實營業地址不符者，債權人得提出經濟部駐外商務人員查證債務人倒閉、逃匿前之確實營業地址之復函，或其他足資證明債務人另有確實營業地址之文件並經稽徵機關查明屬實。

3. 債務人居住大陸地區者，應取得債務人所在地主管機關核發債務人倒閉、逃匿前登記營業地址之證明文件，並經行政院大陸委員會委託處理臺灣地區與大陸地區人民往來有關事務之機構或團體驗證；登記營業地址與債務人確實營業地址不符者，債權人得提出其他足資證明債務人另有確實營業地址之文件並經稽徵機關查明屬實。

㈦ 第五款第一目債務人重整、和解或破產之宣告，或其他原因，致債權之一部或全部不能收回者，應檢具下列憑證憑以認定：

1. 屬和解者，如為法院之和解，包括破產前法院之和解或訴訟上之和解，應有法院之和解筆錄，或裁定書；如為商業會、工業會之和解，應有和解筆錄。

2. 屬破產之宣告或依法重整者，應有法院之裁定書。

3. 屬申請法院強制執行，債務人財產不足清償債務或無財產可供強制執行者，應有法院發給之債權憑證。

4. 屬債務人依國外法令進行清算者，應依國外法令規定證明清算完結之相關文件及我國駐外使領館、商務代表或外貿機關之驗證或證明。

㈧ 第五款第二目屬債權有逾期二年，經債權人催收，未能收取本金或利息者，應取具郵政事業已送達之存證函、以拒收或人已亡故為由退回之存證函或向法院訴追之催收證明。

二、要點說明

㈠ 呆帳損失為營利事業對應收帳款及應收票據等債權，預期可能因為發生倒帳所造成之損失，期末預先提列呆帳；或對應收帳款及應收票據等債權因故無法收回，所造成損失，實際承認之呆帳損失。期末預先提列呆帳損失，符合會計學上收入及費用配合原則及應收款項之評價原則。

㈡ 稅法上備抵呆帳之提列規定：

1. 以應收帳款及應收票據為限，提列備抵呆帳之計算方式如下：

(1) 備抵呆帳金額＝（應收帳款餘額＋應收票據餘額）×1%。

(2) 實際發生呆帳之比率超過前項標準時，得於前三年度實際發生呆帳比率平均數限額內估列之，其計算公式為：

$$\frac{前三年度經核定實際呆帳之合計數}{前三年度應收帳款及應收票據餘額合計數}$$

其有未經核定者，得暫以自行申報數估列，俟稽徵機關核定時，再依上項比率調整之。

2. 已貼現之應收票據及分期付款銷貨按毛利百分比法計算損益者，或普通銷貨法，其約載有分期付款售價與現銷價格之差額部分之債權，不得提列備抵呆帳。

㈢ 稅法上實際發生呆帳損失之處理：應收帳款及應收票據債權，因故無法收回時，已於期末提列備抵呆帳者，應自備抵呆帳沖抵，不可再度承認呆帳損失，其未提列備抵呆帳者，應於實際發生呆帳年度，承認呆帳損失。

實際發生呆帳見查核準則第九十四條之規定。

三、會計處理

範例

27. 大興公司 109 年度期末應收帳款餘額 100 萬元，應收票據餘額 200 萬元，110 年度內並無實際發生呆帳，110 年度期末應收帳款餘額為 500 萬元，應收票據餘額 300 萬元。試作 109 年及 110 年期末提列備抵呆帳分錄。

解答

    (1) 109 年 12 月 31 日

        呆帳損失⋯⋯⋯⋯⋯⋯⋯⋯⋯⋯⋯⋯⋯⋯⋯⋯ 30,000

           備抵呆帳⋯⋯⋯⋯⋯⋯⋯⋯⋯⋯⋯⋯⋯⋯ 30,000

    備抵呆帳金額 = (1,000,000 + 2,000,000)×1% = 30,000

    (2) 110 年 12 月 31 日

        呆帳損失⋯⋯⋯⋯⋯⋯⋯⋯⋯⋯⋯⋯⋯⋯⋯⋯ 50,000

           備抵呆帳⋯⋯⋯⋯⋯⋯⋯⋯⋯⋯⋯⋯⋯⋯ 50,000

    備抵呆帳金額 = (5,000,000 + 3,000,000)×1% − 30,000 = 50,000

28. 上例大興公司 110 年 7 月 1 日應收帳款 50,000 元，實際發生呆帳，其餘均同，試作其分錄。

解答

    (1) 110 年 7 月 1 日實際發生呆帳

        備抵呆帳⋯⋯⋯⋯⋯⋯⋯⋯⋯⋯⋯⋯⋯⋯⋯⋯ 50,000

           應收帳款⋯⋯⋯⋯⋯⋯⋯⋯⋯⋯⋯⋯⋯⋯ 50,000

    (2) 110 年 12 月 31 日提列備抵呆帳分錄

        呆帳損失⋯⋯⋯⋯⋯⋯⋯⋯⋯⋯⋯⋯⋯⋯⋯⋯ 100,000

           備抵呆帳⋯⋯⋯⋯⋯⋯⋯⋯⋯⋯⋯⋯⋯⋯ 100,000

    呆帳 = (5,000,000 + 3,000,000)×1% + (50,000 − 30,000) = 100,000

29. 大有公司並未提列備抵呆帳，該年 8 月 1 日實際發生呆帳 30,000 元，試作 8 月 1 日發生呆帳之分錄。

解答

8 月 1 日發生呆帳

呆帳損失……………………………………………　30,000

　　應收帳款……………………………………………　　30,000

四、合法憑證

㈠債務人倒閉或逃匿者

1. 債務人在國內倒閉或逃匿

(1)取具郵政機關無法送達之存證信函，保存退回之信封及存證信函，其保存退回信封係證明已行催收，而存證信函係證明並無放棄債權。

(2)債務人為營利事業，存證函應書有該營利事業倒閉或他遷不明前之確實營業地址；所稱確實營業地址以催收日於主管機關依法登記之營業所在地為準；其與債務人確實營業地址不符者，如經債權人提出債務人另有確實營業地址之證明文件並經查明屬實者，不在此限。

(3)債務人為個人，已辦理戶籍異動登記者，由稽徵機關查對戶籍資料，憑以認定；其屬行方不明者，應有戶政機關發給之債務人戶籍謄本或證明。

2. 債務人在國外居住

應取得債務人所在地主管機關核發債務人倒閉、逃匿前登記營業地址之證明文件，並經我國駐外使領館、商務代表或外貿機構驗證屬實；登記營業地址與債務人確實營業地址不符者，債權人得提出經濟部駐外商務人員查證債務人倒閉、逃匿前之確實營業地址之復函，或其他足資證明債務人另有確實營業地址之文件並經稽徵機關查明屬實。

3.債務人居住大陸地區

應取得債務人所在地主管機關核發債務人倒閉、逃匿前登記營業地址之證明文件,並經行政院大陸委員會委託處理臺灣地區與大陸地區人民往來有關事務之機構或團體驗證;登記營業地址與債務人確實營業地址不符者,債權人得提出其他足資證明債務人另有確實營業地址之文件並經稽徵機關查明屬實。

㈡和解者

1.若屬法院之和解,包括破產前法院之和解或訴訟上之和解者,應取得法院和解筆錄或裁定書。

2.若屬商業會、工業會之和解者,應取得和解筆錄,如僅取得經法院公證或律師見證等之其他和解證明文件,不得作為實際發生呆帳之合法證明。

3.若經各地區調解委員會調解,與債務人達成和解拋棄部分貸款之請求經取得調解委會員證明,並經法院審查核定者,該項拋棄部分無法收回之貨款得列為當年度呆帳損失,嗣後如經收回,應作為收回年度之其他收入列帳。

㈢破產之宣告或依法重整者

應取得法院之裁定書。

㈣取得法院債權憑證者

應收債權經申請法院強制執行後,如債務人財產不足清償債務,或無財產可供強制執行,由法院發給債權憑證者,當年度得以呆帳損失列帳。

㈤債務人依國外法令進行清算者

應依國外法令規定證明清算完結之相關文件及我國駐外使領館、商務代表或外貿機關之驗證或證明。

㈥逾期二年經債權人催收未能收取本金或利息者

1.取得郵政機關已送達之存證信函回執聯,保有該營利事業已收之證明及存證信函影本、以拒收或人已亡故為由退回之存證函。

2. 其向法院訴追者，應取得向法院訴追之催收證明。

7-9 折 舊

一、參考法條

查準第九十五條（折舊）

㈠營利事業在同一會計年度內，對不同種類之固定資產，得依照所得稅法第五十一條規定採用不同方法提列折舊。

㈡固定資產之折舊，應按不短於固定資產耐用年數表規定之耐用年數，逐年依率提列不得間斷，耐用年數之變更無須申請稽徵機關核准；其未提列者，應於應提列之年度予以調整補列；其因未供營業上使用而閒置，除其折舊方法採用工作時間法或生產數量法外，應繼續提列折舊。至按短於規定耐用年數提列者，除符合中小企業發展條例第三十五條規定者外，其超提折舊部分，不予認定。

㈢取得已使用之固定資產，以其未使用年數作為耐用年數，按照規定折舊者，准予認定。

㈣上期係未申報單位，其固定資產之估價，已使用年限或耐用年數，得照其申報表件之審核認定之；如有必要，得通知提供有關之估價證明文件。

㈤裝修費或重大檢查費屬於資本支出者，應併入該項資產之實際成本餘額內計算，同時除列前次重大檢查成本之剩餘帳面金額，以其未使用年數作為耐用年數，按照規定折舊率計算折舊。

㈥固定資產提列折舊採用平均法、定率遞減法或年數合計法者，以一年為計算單位；其使用期間未滿一年者，按實際使用之月數相當於全年之比例計算之；不滿一月者，以月計。

㈦營利事業固定資產計算折舊時，各該項資產事實上經查明應有殘值可

以預計者，應依法先自其成本中減除殘值後，以其餘額為計算基礎。

㈧ 營利事業折舊性固定資產，於耐用年限屆滿仍繼續使用者，其殘值得自行預估可使用年數並重新估計殘值後，按原提列方法計提折舊。以平均法為例，其續提折舊公式為：

$$（原留殘值 - 重行估列殘值）\div 估計尚可使用之年數 = 折舊$$

㈨ 折舊應按每一固定資產分別計算，固定資產之各項重大組成部分，得按不短於固定資產耐用年數表規定之耐用年數單獨提列折舊，並應於財產目錄列明。

㈩ 固定資產因特定事故未達固定資產耐用年數表規定耐用年數而毀滅或廢棄者，營利事業除可依會計師查核簽證報告或年度所得稅查核簽證報告，並檢附相關資料，或提出經事業主管機關監毀並出具載有監毀固定資產品名、數量及金額之證明文件等核實認定者外，應於事前報請稽徵機關核備，以其未折減餘額列為該年度之損失。但有廢料售價之收入，應將售價作為收益。

(十一) 煤礦主坑卸道風坑之掘進費（包括坑木、鐵軌）列為資本支出者，應按其耐用年數計提折舊。但維持安全所支付改修坑木費用，得於當年度以費用列之。

(十二) 營利事業選擇加速折舊獎勵者，以依所得稅法第五十一條規定，採用平均法及定率遞減法折舊方法為限；其計算方法，並適用同法第五十四條規定。

(十三) 營利事業新購置乘人小客車，依規定耐用年數計提折舊時，其實際成本以不超過新臺幣一百五十萬元為限；自中華民國 93 年 1 月 1 日起新購置者，以不超過新臺幣二百五十萬元為限；超提之折舊額，不予認定。實際成本高於限額者，計算超提之折舊額之計算公式如下：

$$依實際成本提列之折舊額 \times (1 - \frac{成本限額}{實際成本}) = 超限折舊額$$

(十四) 經營小客車租賃業務之營利事業，自中華民國 88 年 1 月 1 日起新購置營業用乘人小客車，依規定耐用年數計提折舊時，其實際成本以不超過新臺幣三百五十萬元為限；自中華民國 93 年 1 月 1 日起新購置者，以不超過新臺幣

五百萬元為限；超提之折舊額，不予認定。上述所稱超提之折舊額，準用前款計算公式計算之。

　　(五) 前二款小客車如於使用後出售，或毀滅、廢棄時，其收益或損失之計算，仍應以依所得稅法規定正常折舊方法計算之未折減餘額為基礎。

　　(六) 營利事業依促進民間參與公共建設法規定，投資興建公共建設並為營運，營運期間屆滿後，移轉該建設之所有權予政府者，應按興建公共建設之營建總成本，依約定營運期間計提折舊費用。但該建設依固定資產耐用年數表規定之耐用年數短於營運期間者，得於營運期間內按不短於固定資產耐用年數表規定之耐用年數計提折舊費用。

二、要點說明

　　折舊係指營利事業購置使用除土地外之固定資產，如房屋及建築、機器設備、運輸設備等，在使用期間，為符合成本與收益配合原則，依有系統而合理的方法，將成本作合理的分攤，轉為當期費用。影響折舊計提的因素有成本、殘值、耐用年數及折舊方法，現行稅法為課稅公平，對前項之因素有詳細的規定如下。

　　(一) 成本

固定資產係以實際成本入帳，包括可供使用前的必要支出。

　　(二) 殘值

稅法原規定平均法、工作時間法殘值 = 成本 ÷（年限 + 1），定率遞減法殘值成本 × 1/10。98 年修訂所得稅法，規定應留殘值，但殘值可自行估計。

　　(三) 耐用年限

估計固定資產之耐用年數，除應考慮因資產之使用而磨損，或自然因素之風化侵蝕等外，尚受到因技術創新所引起之陳舊或功能不足等因素之影響。惟在稅法上為避免營利事業估計分歧，乃規定固定資產之耐用年數須依行政院頒

布之「固定資產耐用年數表」規定之年數提列折舊，該表將固定資產分為房屋建築及設備、交通及運輸設備、機械及設備三類，並按類分項條列各資產項目及耐用年數，稅法對於耐用年限之規定如下：

1. 購買全新之資產

取得全新之固定資產其耐用年限不得短於「固定資產耐用年數表」所載之年數為原則，如原年限較長者，得變更，無須申請核准。稅法規定得予加速折舊者，得從其規定，縮短耐用年數，計提折舊。

2. 取得已使用之舊資產

營利事業取得已使用相當年數之資產時，得以未使用年數作為耐用年數，依照規定折舊率計算折舊。例如：小客車耐用年數為五年，某公司取得已使用二年之小客車時，得以未使用年數三年為計算折舊的耐用年數。

3. 取得已逾耐用年限之資產

依估計可使用年數計算折舊。

4. 改良、增添設備及重估後資產

均依原資產或重估前資產未使用年數為耐用年數，計算折舊。

5. 防治污染設備

防止水污染或空氣污染所增置之設備，耐用年數得縮短為二年。

6. 可列為費用項目

下列項目可列為購入年度費用，不必分年折舊：
(1) 塑膠製品所用模具（59 年第 28339 號函）。
(2) 製造玻璃容器用鋼模（62 年第 38777 號函）。
(3) 生產卡式錄音機外殼之模具（66 年第 36088 號函）。
(4) 生產電視影像玻璃管之熱鋼模具（67 年第 32388 號函）。

(5) 鞋類及玩具之模具（77 年第 761126903 號函）。

(6) 拖網漁船使用之鋼索應按實際耗損數量列為當期費用（65 年第 37008 號函）。

(7) 車刀鑽針鑽頭（67 年第 34179 號函）。

(8) 耐火板及不銹鋼板（68 年第 33969 號函）。

㈣ 折舊方法

　　稅法允許採用折舊方法有平均法、定率遞減法、工作時間法、年數合計法、生產數量法及其他經主管機關核准之方法，種類繁多者，得分類綜合計算。折舊方法之採用，不必先行報備。

㈤ 多提折舊之處理

　　營利事業計提折舊之耐用年數小於規定之年限提列折舊，在稽徵機關發現前，可自行改按年數表規定之年限提列折舊，但應將以前各年度超提之折舊額全部列為更正年度之收益課稅，再就該項經更正後固定資產之未折減餘額，按規定使用年數減去已使用年數，據以計提以後年度之折舊（64 年第 33039 號函）。

㈥ 往年未提折舊之處理

　　營利事業之固定資產應依照規定逐年提列折舊，不得間斷，其未提列者，稽徵機關應於提列之年度予以調整補列。如應提列折舊之年度並未發生虧損，而稽徵機關亦未於當年度糾正補列者，其帳載未折減餘額得於該項資產達到規定年限後之次年起，以原折舊率繼續提列折舊，至提列足額為止。

㈦ 折舊期滿之處理

　　折舊已達使用年限，如報廢，依第 ㈧ 點處理。如繼續使用，應重新估計使用年限及殘值，繼續提列折舊。

㈧ 固定資產報廢處理

1. 如期報廢

固定資產於使用期間屆滿，折舊額提足後其資產已無法使用，在毀滅或廢棄時，無須報備，其廢料售價收入不足預留之殘值者，不足之額，得列為當年度之損失。其超過預留之殘值者，超過之額列為當年度之收益。

2. 提前報廢

係指固定資產未達耐用年數表規定耐用年數即行提前報廢，又可分為兩種情況：

(1) 特定事故提前報廢者：固定資產因特定事故未達規定耐用年數而毀滅或廢棄者，得提出確實證明文件，其無證明文件者，除可依會計師查核簽證報告（財簽或稅簽）或主管機關監毀之證明文件等核實認定者外，應於事前向稽徵機關報備，以其未折減餘額列為該年度之損失，但有廢料售價之收入者，應將售價作為收益。至於報廢，應以不堪繼續使用為其認定標準。

(2) 災害損失提前報廢者：係指因災害等不可抗力之原因，使固定資產毀損而必須提前報廢者，應於災害發生三十天內向稽徵機關報備，將毀損之設備保留供稽徵機關查驗，若是專業固定資產之毀滅，須具有專業技術或專門知識鑑定者，應取得事業主管機關證明文件，並於該資產毀滅時向主管稽徵機關核備。

㈨ 豪華轎車提列折舊之限制

營利事業購置乘人小客車，即每車乘人座位在九人座以下，供自用而非經營客貨運之車輛，其購置成本 93 年起若超過新臺幣二百五十萬元以上者提列折舊之計算，平時仍按正常方法計算，但年終結算申報時必須作帳外調整，其計算基礎最高不得超過二百五十萬元，小客車租賃業自 93 年 1 月 1 日起新購置者，以不超過新臺幣五百萬元為限，但該小客車使用後如有出售或毀損廢棄時，其損益之計算仍應按照正常折舊方法計算之未折減餘額。

稅法規定營利事業購進自用乘人小客車其所支付之進項稅額，依照規定

不得扣抵銷項稅額，應加入該汽車成本合併提列折舊。惟租賃業購置乘人小客車，以融資租賃方式租予他人使用，該租賃業購車所支付之進項稅額得扣抵，但承租人給付租賃業租金、利息及手續費所支付之進項稅額，不得扣抵銷項稅額。小客車修理費進項稅額可以扣抵。

三、會計處理

範例

30. 設大中公司於 110 年年初，購入辦公設備成本 1,200,000 元加營業稅 5%，採平均法計提折舊，耐用年數五年，殘值 200,000 元，其 110 年度有關分錄為何？

解答

(1) 年初購入時

辦公設備	1,200,000	
進項稅額	60,000	
現金或銀行存款		1,260,000

(2) 年終調整

折舊費用	200,000	
累計折舊－辦公設備		200,000

31. 設某甲捐贈給大明公司一批辦公設備，捐贈時之公平市價為 84,000 元，估計可用五年，殘值 14,000 元，其分錄為何？

解答

辦公設備	84,000	
其他收入		84,000

年終提列折舊時 (84,000 − 14,000) ÷ 5 = 14,000

折　舊……………………………………………………… 14,000

　　累計折舊－捐贈設備………………… 14,000

　　年底申報時，接受個人捐贈免稅，其他收入 84,000 元及折舊 14,000 元應帳外調整為 0 元。

32. 該上項設備係由另一營利事業捐贈，其分錄為何？

解答

(1) 捐贈時

辦公設備……………………………………………… 84,000

進項稅額……………………………………………… 4,200

　　其他收入……………………………………… 88,200

(2) 年終調整折舊時

折　舊……………………………………………………… 14,000

　　累計折舊－捐贈設備………………… 14,000

年底申報其他收入 88,200 元，折舊 14,000 元。

33. 設大明公司機器設備成本 240,000 元，使用年限為七年，殘值 30,000 元，已使用期滿該機器無法再使用而予報廢，其廢料出售得款 5,000 元，另加營業稅 250 元，該項機器報廢時分錄為何？

解答

現　金……………………………………………… 5,250

累計折舊－機器設備……………………………… 210,000

處分資產損失……………………………………… 25,000

　　機器設備…………………………………… 240,000

　　銷項稅額…………………………………… 250

34. 設上例其廢料出售款為 36,000 元，另外營業稅 1,800 元，其他條件相同，其機器報廢時分錄為何？

解答

現　金	37,800	
累計折舊－機器設備	210,000	
機器設備		240,000
銷項稅額		1,800
處分資產利益		6,000

35. 設上項機器設備使用至第五年已無法再繼續使用，而必須提前報廢，其報廢機器出售價款為 10,000 元，另加營業稅 500 元，則報廢時之分錄為何？

解答

累計折舊－機器設備	150,000	
處分資產損失	80,000	
現　金	10,500	
機器設備		240,000
銷項稅額		500

36. 大明公司於 108 年 1 月 2 日購置小客車一部，包括營業稅計 3,000,000 元，耐用年數五年，採平均法計提折舊，殘值為 500,000 元，其帳務處理為何？

解答

應依照購入成本提列折舊：

(1) 1 月 2 日購入時

運輸設備	3,000,000	
現金或銀行存款		3,000,000

(2) 12 月 31 日調整

折　舊	500,000	
累計折舊－運輸設備		500,000

$(3,000,000 - 500,000) \div 5 = 500,000$

(3) 結算申報時之調整

超限折舊額 = 500,000×(1－2,500,000/3,000,000) = 83,333

應在結算書表上自行依法調整後，金額欄調整為 416,667 元，而帳載金額為 500,000 元。

(4) 111 年 6 月 30 日出售該輛小客車，售價 1,000,000 元，銷項稅額為 50,000 元，其出售之損益計算：

① 帳面累計折舊為　500,000×3.5 = 1,750,000

② 損益計算：

實際成本　　3,000,000

累計折舊　　1,750,000

未折減餘額　1,250,000

售價 1,000,000 元 － 未折減餘額 1,250,000 元 = －250,000 元（出售損失）

③ 分錄：

現　金…………………………………………… 1,050,000	
累計折舊－運輸設備………………………… 1,750,000	
處分資產損失………………………………… 250,000	
運輸設備…………………………………………	3,000,000
銷項稅額…………………………………………	50,000

四、合法憑證

為購置或建造固定資產，所取得之統一發票或收據。

五、固定資產耐用年數表（部分）

固定資產耐用年數表

中華民國 106 年 02 月 03 日
臺財稅第 10604512060 號令

第一類　房屋建築及設備
　　第一項　房屋建築

號碼	細		目	新修正耐用年數
10101	辦公用、商店用、住宅用、公共場所用及不屬下列各項之房屋	(1)鋼筋（骨）混凝土建造、預鑄混凝土建造、鋼結構		50
		(2)加強磚造		35
		(3)磚構造		25
		(4)金屬建造（有披覆處理）		20
		(5)金屬建造（無披覆處理）		15
		(6)木造		10

第二類　交通及運輸設備
　　第一項　水運設備

號碼	細		目	新修正耐用年數
20101	鋼鐵造船	(1)浮塢船		10
		客船、客貨船、貨船、全貨櫃船、半貨櫃船	(2)一萬噸以上	18
			(3)未滿一萬噸	12
		(4)液體化學品船、漁船、駁船		8
		(5)水翼船、遊艇		8
		(6)油船、挖泥船及其他		8
20102	FRP 船、無動力木船、動力木船、動力鐵木合造船及其他			5

　　第二項　陸運設備

號碼	細		目	新修正耐用年數
20301	鐵路車輛	(1)機車、客車、貨車		15
		(2)其他		10
20302	鐵路軌道			10
20303	纜車			5
20304	電車、網索式車、架空索道鐵運器			10
20305	汽車	(1)運輸業用客車、貨車		4
		(2)其他業用客車、貨車		5
20306	貨櫃及拖車架、起重車輛、堆高機、堆土機與採石機、掃街車、車輛式電動地板擦洗機及掃地機、其他特種車輛			5
20307	機車、電動機車及其他			3

7-10 各項耗竭與攤折

一、參考法條

查準第九十六條

各項耗竭及攤折：

㈠ 各項耗竭及攤折，其原始之資產估價如有不符，應予轉正，溢列之數，不予認定。

㈡ 遞延資產耗竭之計算，得就下列方法擇一適用之，但採用後不得變更：

1. 就遞耗資產之成本，按可採掘之數量預計單位耗竭額，年終結算時，再就當年度實際採掘數量，按上項預計單位耗竭額，計算該年度應減除之耗竭額。

2. 就採掘或出售產品之收入總額，依規定遞耗資產耗竭率，按年提列之。但每年度提列之耗竭額，不得超過該資產當年度未減除耗竭前之收益額50%；其累計額，並不得超過該資產之成本；生產石油及天然氣者，每年得就當年度出售產量收入總額，依規定耗竭率提列，至該項資產生產枯竭時止。但每年提列之耗竭額，以不超過該項遞耗資產當年度未減除耗竭前之收益額50% 為限。

3. 各類遞耗資產之耗竭率規定如下：

(1) 石油及油頁岩、天然氣 27.5%。

(2) 鈾、鐳、鈹、鈦、釷、鋯、釩、錳、鎢、鉻、鉬、鉍、汞、鈷、鎳、天然硫磺、錫、石棉、雲母、水晶、金鋼石等礦 23%。

(3) 鐵、銅、銻、鋅、鉛、金、銀、鉑、鋁、硫磺礦及硫化鐵等礦 15%。

(4) 煤炭 12.5%。

(5) 寶石及玉石、螢石、綠柱石、硼砂、鈉硝石、芒硝、重晶石、天然鹼、明礬石、鹽礦、石膏、砒磺、磷、鉀、大理石及方解石、鎂礦及白雲石等

礦 10%。

　　(6) 瓷土、長石、滑石、火黏土、琢磨砂、顏料石等礦 5%。

　　(7) 果樹類之耗竭年限如下：

　　　・柑桔類果樹二十五年。

　　　・柑桔類以外之果樹，柿四十年、李十年、桃十年、枇杷三十年、楊

　　　　桃四十年、荔枝五十年、番石榴十年、檬果三十年、梨三十年、香

　　　　蕉十年、葡萄二十年、鳳梨五年、木瓜二年。

　㈢ 無形資產應以出價取得者為限，其計算攤折之標準如下：

　1. 營業權為十年。

　2. 著作權為十五年。

　3. 商標權、專利權及其他特許權為取得後法定享有之年數。

　4. 商譽最低為五年。

　㈣ 及 ㈤ 開辦費 98 年 5 月 28 日起列為費用，內容略。

　㈥ 繳付電力線路補助費，應按約定使用年限分年攤提，其未約定使用年限者，按五年攤提；其屬租用者，亦同。

　㈦ 支付土地改良暨探測礦藏、漁場等費用支出，均分三年攤銷之。

　㈧ 營利事業之遞耗資產及無形資產，一律逐年依率提列不得間斷；其未提列者，應於應提列之年度調整補列。

二、要點說明

㈠ 耗竭

　　係指營利事業所有的天然資源（遞耗資產），如油井、礦山、森林等因開採或砍伐，而使其儲藏量減少致其價值也逐漸降低之資產，會計上以合理的方法將其成本合理分攤稱為耗竭，也稱為折耗。

㈡ 攤折

　　係指營利事業所有的無形資產，如商標權、著作權等為達到收入與成本配合的原則，在會計上將其成本作合理的分攤謂之攤折，也稱攤提或攤銷。依稅

法之規定分別說明如下：

有數項資產之成本或攤折較為特殊，特說明如下：

1. 畜牧成本

肉牛育種生產期間成本，包括購入種牛育種成長交配至第二代犢牛出生時，所發生之成本，包括種牛購入成本、育種成本、飼養成本及其管理費用，得列為遞延費用，按五年以上年限攤折。

購買乳牛或購進小乳牛飼養，其能擠乳前所發生之成本（包括管理費），按五年提列（66年第30571號函）。

2. 開辦費

開辦費係指因設立營利事業所發生之必要費用，如發起人報酬、律師與會計師公費、設立登記之規費、發起人會或創立會之費用、股份招募與承銷之費用及其他與設立直接有關之費用。開辦費98年起列為費用。

(三) 遞延資產之耗竭

1. 遞耗資產成本之決定

包括取得成本及其他如介紹費、登記費、探測費等，一切為使該項資產達到可供開採或使用狀態之必要支出。

2. 耗竭計算之方法

營利事業對於遞耗資產耗竭之計算方法有兩種方法擇一採用，但一經採用後即不得變更，亦不得間斷攤提。

(1) 生產數量法：依遞耗資產成本減殘值後除以預計可採掘總數量，為單位耗竭額，再乘以當年度實際採掘數量，即當年度之耗竭額。公式如下：

$$耗竭額 = \frac{遞耗資產成本 - 殘值}{估計可採掘總數量} \times 當年度實際採掘數量$$

(2) 收益百分比法：就採掘或出售產品之收入總額，依遞耗資產耗竭率表

之規定按年提列之。但每年提列之耗竭額，不得超過該資產當年度未減除耗竭額前之收益額 50%，其累計金額並不得超過該資產之成本。收入總額之計算，原則上應以採掘產品數量為準，其計價已出售部分以售價為準，未出售部分以決算日之市價為準。未減除耗竭前之收益額，係指未減除耗竭前之營業淨利，與營業外收入及支出、前期虧損無關。

㈣ 無形資產之攤折

稅法上對無形資產攤折限制，必須是出價取得者才能攤銷，非出價取得之無形資產，不得攤銷。攤折方法採平均法，逐年攤折不得中斷，其計算標準如下：

1. 營業權為十年。
2. 著作權為十五年。
3. 商標權為十年。
4. 專利權：發明十五年，新型十年，新式樣五年。
5. 商譽最低五年。
6. 開辦費應列為費用，不必分年攤提。

三、會計處理

 範例

37. 設大明公司於 110 年初購入貓眼石礦場成本 10,000,000 元，無殘值，預計可採掘貓眼石礦 10,000 噸，設 110 年實際採掘量為 1,500 噸，其購入及期末之分錄為何？

解答

(1) 購入時

礦山─貓眼石礦……………………………… 10,000,000

　　現金或銀行存款…………………………… 10,000,000

(2) 期末調整分錄

各項耗竭及攤折—貓眼石礦…………………… 1,500,000

累積耗竭—貓眼石礦…………………… 1,500,000

$(1,500 \times \frac{10,000,000}{10,000} = 1,500,000)$

38. 大新公司於110年初以250,000元向王五購買黃金地段的營業權，使用期間五年，則本年度應有之分錄為何？

解答

(1) 購入時

營業權…………………………………… 250,000

　現　金………………………………… 250,000

(2) 年終攤提時

各項耗竭及攤折………………………… 50,000

　營業權……………………………… 50,000

39. 設大發公司於110年初籌設貿易公司，該年度共支付會計師公費70,000元及設立登記規費30,000元，計100,000元，其有關分錄為何？

解答

110年度支付各項費用

勞務費…………………………………… 70,000

其他費用………………………………… 30,000

　現金或銀行存款……………………… 93,000

　代收稅款…………………………… 7,000

四、合法憑證

應取得統一發票或收據。

第八章

營業費用(三)

8-1 ｜ 權利金

一、參考法條

查準第八十七條（權利金）

㈠ 權利金支出，應依契約或其他相關證明文件核實認定。但契約或其他相關證明文件約定金額，超出一般常規者，除經提出正當理由外，不予認定。

㈡ 有關生產製造技術之權利金支出，應於契約有效期間內按期攤折，並列為製造費用。

㈢ 給付權利金，如應扣繳所得稅款而未依法扣繳者，除應通知限期補繳及補報扣繳憑單並依法處罰外，依本條有關規定，予以核實認定。

㈣ 權利金之支出憑證如下：

1. 支付國內廠商者，應有統一發票及契約證明；支付我國境內居住之個人者，應有收據及契約證明。

2. 支付國外廠商及非我國境內居住之個人者，除應有契約證明並取得對方發票或收據外，已辦理結匯者，應有結匯證明文件；未辦理結匯者，應有銀行匯付或轉付之證明文件；其屬符合所得稅法第四條第一項第二十一款規定免納所得稅者，應有目的事業主管機關核准適用免稅規定之證明文件。

二、要點說明

㈠ 權利金乃因營利事業使用他人之專利權、著作權、商標權、祕密方法及各種特許權等權利所支付之代價。其訂有契約者，應按契約規定列支，超過約定部分，不得列支，其中專利權及商標權須經中央標準局核准或註冊有案。權利金可視其使用性質，列為營業費用或製造費用。支付國外營利事業之權利金，除符合所得稅法第四條第一項第二十一款免稅規定免予扣繳外，其他

不符合免稅規定，則要依法辦理扣繳。惟支付國外營利事業或個人權利金，應按 20% 扣繳稅款，而技術服務報酬得以其成本費用分攤計算困難為由，申請按所得稅法第二十五條規定，就此技術服務報酬的 15% 列為提供技術者之所得額，再就所得額扣繳 20%，即按技術服務報酬額的 3% 扣繳。兩者之扣繳稅款，相差甚大，必須注意。

　　㈡ 上述權利金中之專利權、著作權及商標權，屬以往之創造、發明或著作，可以一用再用，提供企業使用時，無須再投入成本之權利，此為權利金無庸置疑。惟使用他人之專門技術，則可再區分技術權利金及技術服務報酬金，前者按權利金扣繳，後者則按技術服務報酬扣繳。一般言之，技術權利金及技術服務報酬金之區分，在於人與事之劃分。凡是因事之因素，如提供建廠技術資料、技術情報及專門技術資料，因而使營利事業支付費用者為技術權利金，按權利金扣繳。反之，凡是因人之因素而使營利事業支付技術服務費，例如：建廠可行性之評估研究、經營管理技術、國外營利事業派遣技術人員來華指導，及操作安裝、試車等各項技術，則為技術報酬金，按技術服務報酬扣繳。

　　㈢ 權利金之免稅規定

　　1.外國營利事業以其經中央標準局核准有案之專利權，在其有效期間內，以技術合作方式提供我國廠商使用，經申請經濟部核准，而取得之技術報酬金，可視為給付該外國營利事業之權利金，適用所得稅法第四條第一項第二十一款規定免納所得稅。

　　2.外國營利事業以其經中央標準局註冊有案之商標權，在其有效期間內，授權我國廠商使用，經申請中央標準局核准，而取得之權利金，可適用上述條款規定免納所得稅。

　　3.外國營利事業將其所有之專門技術，申請經濟部核准，專供策略性工業或其他重點科技工業使用者，視為所得稅法第四條第二十一款所稱之「各種特許權利」，其因而取得之技術報酬金，免納所得稅。

　　上項所稱專門技術，指建廠資料、製造技術及產品設計而言。據以審查免稅之法令為「外國營利事業收取製造業技術服務業及發電業之權利金及技術服務報酬免稅案件審查原則」。

三、會計處理

範例

1. 大中公司因設廠需要使用外國專利權，6 月 1 日支付 100,000 元，該項權利金不符合免稅規定，惟大中公司為專營課徵一般營業稅之營業人，其分錄為何？

解答

    (1) 6 月 1 日支付時

       權利金………………………………………………　100,000

          現金或銀行存款………………………………………　　80,000

          代收稅款………………………………………………　　20,000

    因大中公司為專營營業人，符合營業稅法第三十六條規定免課營業稅，惟要代扣所得稅 20%。非居住者於十日內繳庫。

    (2) 6 月 10 日前將代扣稅款繳庫分錄

       代收稅款………………………………………………　　20,000

          現金或銀行存款………………………………………　　20,000

2. 大利公司 5 月 1 日支付國外營利事業在其建廠期間之工程技術服務費 1,000,000 元，該國外營利事業不符合技術服務報酬之免稅規定，惟已向財政部申請因成本費用分攤困難為由，准按該所得的 15% 為所得額，其分錄為何？

解答

    (1) 5 月 1 日支付技術服務費時

       廠　　房………………………………………………　1,000,000

          現金或銀行存款………………………………………　　970,000

          代收稅款………………………………………………　　30,000

    因大利公司為專營營業人，符合營業稅法第三十六條規定免課營業稅，惟要按技術服務報酬，扣繳 3% 之所得稅。

(2) 5 月 10 日前代繳稅款時

代收稅款…………………………………………… 30,000

現金或銀行存款……………………………………… 30,000

四、合法憑證

㈠支付國內廠商者，應有統一發票及契約證明，支付我國境內居住之個人者，應有收據及契約證明。

㈡支付國外廠商及非我國境內居住之個人者，除應有契約證明並取得對方發票或收據外，已辦理結匯者，應有結匯證明文件；未辦理結匯者，應有銀行匯付或轉付之證明文件。並取有扣繳稅款憑單（依法免稅者免扣外），且依下列取得證明文件：

1.營利事業與國外營利事業技術合作，而使用其專利權或專利技術所支付的權利金，或因建廠而支付的技術服務報酬，或使用經中央標準局註冊有案的商標權所支付的權利金，符合所得稅法第四條第一項第二十一款規定免稅者，應取得經濟部核准適用免稅規定的文件。

2.營利事業使用國外營利事業或非我國境內居住個人的著作權所支付的權利金，或非屬上開案件所支付的權利金或技術服務報酬金，應由稽徵機關憑雙方簽訂契約，核實認定，但其支付的金額，超出一般常規者，應提示正當理由及證明文件。

8-2 ‖ 外銷損失

一、參考法條

查準第九十四條之一（外銷損失）

㈠ 營利事業經營外銷業務，因解除或變更買賣契約致發生損失或減少收入，或因違約而給付之賠償，或因不可抗力而遭受之意外損失，或因運輸途中發生損失，經查明屬實者，應予認定。其不應由該營利事業本身負擔，或受有保險賠償部分，不得列為損失。

㈡ 外銷損失之認定，除應檢附買賣契約書（應有購貨條件及損失歸屬之規定）、國外進口商索賠有關文件、國外公證機構或檢驗機構所出具足以證明之文件等外，並應視其賠償方式分別提示下列各項文件：

1.以給付外匯方式賠償者，其經銀行結匯者，應提出結匯證明文件，未辦理結匯者，應有銀行匯付或轉付之證明文件。

2.補運或掉換出口貨品者，應檢具海關核發之出口報單或郵政機關核發之國際包裹執據影本。

3.在臺以新臺幣支付方式賠償者，應取得國外進口商出具之收據。

4.以減收外匯方式賠償者，應檢具證明文件。

㈢ 外銷損失金額每筆在新臺幣九十萬元以下者，得免附前款規定之國外公證或檢驗機構出具之證明文件。

二、要點說明

所謂外銷損失，係營利事業經營外銷業務，因下列事項所發生之損失：

㈠ 因違約而給付之賠償。

㈡ 因解除或變更買賣契約，致發生損失或減少收入。

㈢ 因不可抗力而遭受之意外損失。

㈣ 因運輸途中發生損失。

營利事業經營外銷事務，因前項原因致發生賠償或損失，其未受有保險理賠部分，如依買賣契約規定應歸由出口商負擔者，營利事業應於實際發生外銷損失時，取據列帳。該項外銷損失在未實現前，原則上不能預計費用列報。

外銷損失金額每筆在新臺幣九十萬元以下者，得免附國外公證或檢驗機構出具之證明文件。所稱每筆，係以出口報單為認定基準。

三、合法憑證

營利事業發生外銷損失，應取具下列憑證：

㈠ 買賣契約（應有購貨條件及損失歸屬之規定）。

㈡ 國外進口商索賠有關文件。

㈢ 國外公證機構或檢驗機構所出具之證明文件，但損失金額每筆在新臺幣九十萬元以下者，得免附。

㈣ 視賠償方式分別另行提示下列各項文件：

1. 經銀行結匯者：應提出結匯證明文件。

2. 未辦理結匯者：應提出銀行匯付或轉付之證明文件。

3. 在臺以新臺幣支付方式賠償者：應取得國外進口商出具之收據。

4. 以減收外匯方式賠償者：應檢具證明文件。

5. 補運或掉換出口貨品者：應檢具海關核發之出口報單或郵政機關核發之國際包裹執據影本。

8-3 伙食費

一、參考法條

查準第八十八條（伙食費）

(一) 營利事業不論實際供給膳食或按月定額發給員工伙食代金，應提供員工簽名或蓋章之名單。但國際航運業供給膳食，得免提供員工簽名或蓋章之就食名單。

(二) 營利事業實際供給膳食或按月定額發給員工伙食代金，在下列標準範圍內，免視為員工之薪資所得。其超過部分，如屬按月定額發給員工伙食代金者，應轉列員工之薪資所得；如屬實際供給膳食者，除已自行轉列員工薪資所得者外，不予認定：

1. 一般營利事業列支標準：職工每人每月伙食費，包括加班誤餐費，自民國 104 年 1 月 1 日起，最高以新臺幣二千四百元為限。

2. 航運業及漁撈業自民國 87 年 8 月 1 日起之列支標準：

(1) 國際遠洋航線：每人每日最高以新臺幣二百五十元為限。

(2) 國際近洋航線（含臺灣、香港、琉球航線）：每人每日最高以新臺幣二百十元為限。

(3) 國內航線：每人每日最高以新臺幣一百八十元為限。

(三) 伙食費之原始憑證如下：

1. 主食及燃料為統一發票，其為核准免用統一發票之小規模營利事業者，應取得普通收據。

2. 蔬菜、魚類、肉類，應由經手人出具證明。

3. 委請營利事業包伙或在其他營利事業搭伙者，為統一發票或普通收據。

4. 營利事業員工伙食費，係委由已依職工福利金條例成立之職工福利委員會辦理者，為職工福利委員會出具之收據。

二、要點說明

伙食費係營利事業供給員工膳食之費用，有按月定額核發伙食代金，及實際供給膳食者兩種，均按伙食費科目處理。分述如下：

㈠ 按月定額發給伙食代金

營利事業基於營業需要，按月定額發給員工伙食代金，由員工自行就食，以代替供給膳食，每人每月伙食費，以新臺幣二千四百元為限。每一職工所領數額若超過新臺幣二千四百元以上部分，應與薪資合併計算。若營利事業基於業務需要而另發給員工之加班誤餐費，應合併計算。

㈡ 實際供給膳食

營利事業實際供給膳食，除國際航運業供給船員膳食外，應於僱用員工時，在僱用契約或約僱辦法內，事先訂明供給膳食，於固定薪資清冊外另設員工簽名或蓋章之就食名單，依限額內列支。

三、會計處理

範例

3. 設大明股份有限公司共有員工 30 人，每月每人發給伙食代金 2,400 元自行就食，其分錄為何？

解答

伙食費	72,000	
現　金		72,000

4. 設大中有限公司成立伙食團，自辦伙食，本月計向中興米行購米 5,000 元，向

市場菜販購買雞、鴨、魚、肉、蔬菜等副食品共計 35,000 元，其分錄為何？

解答

伙食費……………………………………………………… 40,000

　　現　金…………………………………………………… 40,000

四、合法憑證

㈠ 實際供應伙食

1. 主食及燃料之原始憑證為統一發票，其為核准免用統一發票之營利事業者，應取得普通收據，該項普通收據，免受查核準則第六十七條規定之限制。

2. 蔬菜、魚類、肉類，應由經手人出具證明。

3. 委請營利事業包伙者其原始憑證為統一發票或普通收據，如屬取得小規模營利事業出具之普通收據，亦免受查核準則第六十七條規定之限制。

4. 如委由已依職工福利金條例規定成立之職工福利委員會辦理員工伙食者，為職工福利委員會出具之收據。

㈡ 發給伙食代金

營利事業如於固定薪資外，基於營業需要另行給付伙食津貼，未超過規定之免稅金額，可將該項津貼於薪津名冊內另設一欄與固定薪資分開，由員工一次蓋章領取或撥入其在銀行開立之帳戶，無須另行造具印領清冊。但如另行發放伙食津貼，則應單獨造冊，以憑認列伙食費支出。

一、參考法條

(一)查準第八十六條（研究發展費）

1. 研究發展費包括營利事業為研究新產品、新技術、新服務或新創作、改進生產技術、改進提供勞務技術及改善製程所支出之下列費用：

(1) 從事研究發展工作之人員之薪資。

(2) 生產單位為改進生產技術或提供勞務技術之費用。

(3) 具有完整進、領料紀錄，並能與研究計畫及紀錄或報告相互勾稽，供研究用消耗性器材、原料、材料及樣品之費用。

(4) 供研究用儀器設備之當年度折舊費用。

(5) 供研究用建築物之折舊費用或租金。

(6) 為研究發展購買或使用之專利權、專用技術及著作權之當年度攤折或支付之費用。

(7) 為研究發展所購買之專業性或特殊性資料庫、軟體程式及系統之當年度攤折或支付費用。

(8) 委託經濟部工業局認定之國內醫藥研發服務業者從事研究發展之費用。

(9) 委託國內大專校院或研究機構研究，或聘請國內大專校院專任教師或研究機構研究人員之費用。所稱研究機構，包括政府之研究機構、中央衛生福利主管機關評鑑合格之教學醫院、認可之藥物臨床試驗醫院、經政府核准登記有案以研究為主要目的之財團法人、社團法人及其所屬研究機構。

(10) 委託國外大專校院或研究機構研究，或聘請國外大專校院專任教師或研究機構研究人員之費用。

2. 前款之原始憑證，依本準則有關條文之規定辦理。

3. 供研究、實驗或品質檢驗用之器材設備，其耐用年數不及二年者，得

列爲當年度費用；其耐用年數在二年以上者，應列爲資本支出，逐年提列折舊。並得依中小企業發展條例第三十五條規定，按固定資產耐用年數表所載年數，縮短二分之一計算折舊；縮短後餘數不滿一年者，不予計算。

　　㈡查準第八十六條之二（建立國際品牌形象費用）

　　營利事業在國際市場爲推廣其自創並依法向經濟部指定辦理商標業務之專責機關請准註冊之商標或服務標章所需之費用，應予核實認定。

　　前項費用之範圍，包括爲開發新產品而從事國際市場調查之費用及爲推廣自創之註冊商標或服務標章而參加國際組織、國際會議或國際商展之費用在內。

　　建立國際品牌形象費用之原始憑證，依本準則有關條文辦理。

二、要點說明

　　研究發展費係營利事業爲研究新產品或新技術、改進生產技術、改進提供勞務技術及改善製造流程，而支付之研究發展及實驗費用。包括內容見查核準則第八十六條。

三、會計處理

範例

5. 大中公司本年度爲開發新產品，支付下列研究費：

　(1) 研究員薪資 2,000,000 元，代扣所得稅 50,000 元。

　(2) 現購研究用消耗性器材 630,000 元，內含營業稅 30,000 元。

　(3) 研究用儀器設備之折舊 110,000 元。

　(4) 自購入原料中領取供研究用 500,000 元。

試作有關分錄。

解答

(1) 支付研究員薪資

研究發展費……………………………………………	2,000,000	
現金或銀行存款…………………………………		1,950,000
代扣所得稅………………………………………		50,000

(2) 支付消耗性器材

研究發展費……………………………………………	600,000	
進項稅額……………………………………………	30,000	
現金或銀行存款…………………………………		630,000

(3) 研究用儀器設備提列折舊時

研究發展費……………………………………………	110,000	
累積折舊—儀器設備……………………………		110,000

(4) 領取原料供研究用

研究發展費……………………………………………	500,000	
原　料……………………………………………		500,000

8-5 佣金支出

一、參考法條

查準第九十二條（佣金支出）

㈠ 佣金支出應依所提示之契約，或其他具居間仲介事實之相關證明文件，核實認定。

㈡ 佣金支出應辦理扣繳稅款而未扣繳者，除責令補繳並依法處罰外，該項佣金應予以認定。

㈢財產保險業及人身保險業支付非經取得目的事業主管機關核發執業證書之經紀人佣金，或代理人之代理費，不予認定。

㈣外銷佣金超過出口貨物價款 5%，經依規定取得有關憑證，提出正當理由及證明文據並查核相符者，准予認定。

㈤佣金支出之原始憑證如下：

1.支付營業人之佣金，應以統一發票爲憑；其爲免用統一發票之營業人，以收據爲憑。

2.支付個人之佣金，應以收據或書有受款人姓名、金額及支付佣金字樣之銀行送金單或匯款回條爲憑。

3.支付國外佣金以下列對象爲受款人者，不予認定：

(1)口廠商或其員工。

(2)國外經銷商。

(3)直接向出口廠商進貨之國外其他廠商，但代理商或代銷商不在此限。

4.支付國外代理商或代銷商之佣金，應提示雙方簽訂之合約；已辦理結匯者，應提示結匯銀行書明匯款人及國外受款人姓名（名稱）、地址、結匯金額、日期等之結匯證明；未辦結匯者，應提示銀行匯付或轉付之證明文件；以票匯方式匯付者，應提示收款人確已實際收到該票匯款項或存入其帳戶之證明憑予認定；非屬代理商或代銷商，無法提示合約者，應於往來函電或信用狀載明給付佣金之約定事項。

5.在臺以新臺幣支付國外佣金者，應在不超過出口貨物價款 3% 範圍內取具國外代理商或代銷商名義出具之收據爲憑予以認定；其超過 3% 者，如另能提供國外代理商或代銷商確已收到該新臺幣款項或存入其帳戶之證明及其他相關證明文件時，准予認定。

二、要點說明

所謂佣金係指營利事業對代理人代銷商或經紀人，因介紹或代理銷售本事業之產品或勞務，而支付之報酬，支付的對象可分個人或營利事業，依受款人所在地之不同，又可分爲國內佣金與國外佣金兩種。其認列要件如下：

㈠ 國內佣金

1. 應依所提示之契約或其他具居間仲介事實之相關證明文件，按約定標準支付，其超過部分不予認列。

2. 支付之對象爲國內代理商或貿易商者，仍依規定核實認定。

3. 委託代銷所支付之佣金，應由雙方書立契約，如無契約及其他證明文件足以證明確有代銷關係存在，應依查核準則第二十六條規定視同自購自銷。

4. 多層次傳銷事業支付參加人佣金，如係送交銀行分別存入各該個人參加人帳戶者，准以銀行蓋章證明存入之清單查明核實認定。

㈡ 國外佣金

1. 以票匯方式匯付者，應提示收款人確已實際收到該票匯款項或存入其帳戶之證明憑予認定。

2. 支付國外佣金之對象爲代理商或代銷商時，應提示雙方簽訂之合約，已辦理結匯者，應提示結匯銀行書明匯款人及國外受款人姓名（名稱）、地址、結匯金額、日期等之結匯證明；未辦結匯者，應提示銀行匯付或轉付之證明文件。以票匯方式匯付者，應提示收款人確已實際收到該票匯款項或存入其帳戶之證明憑予認定。非屬代理商或代銷商，無法提示合約者，應於往來函電或信用狀載明給付佣金之約定事項。

3. 貿易商接獲國外信用狀，轉請國內銀行開發國內信用狀與其他廠商者，得以國內外信用狀差額視爲佣金收入或手續費收入處理，其與國外代理商訂有代理契約依約應支付之國外佣金，可在不超過其佣金收入或手續費收入範圍內匯付。

4. 支付國外佣金以下列對象爲受款人者，不予認列：

(1) 出口廠商或其員工。

(2) 國外經銷商。

(3) 向出口廠商進貨之國外其他廠商，但代理商或代銷商不在此限。

㈢ 佣金與交際費、廣告費之認定

1. 營利事業爲加強促銷活動，按經銷金額之比例，支付經銷商出國考察

之費用，屬於佣金性質，應憑其出具之統一發票列支。若未以經銷業績爲要件，基於業務需要而招待經銷商出國觀光旅遊者，則可按交際費認列。

2. 營利事業爲推銷產品，以實物贈送居間介紹該項產品之個人作爲酬勞，雖受贈人未以經常介紹買賣貨品爲業，但贈送物品價值超過新臺幣五千元者，仍應按佣金支出認列。其未超過上項限額者，可適用交際費列支規定辦理。

3. 營利事業對零售商因代售其產品所贈送之物品，應列爲代銷佣金支出，憑零售商開立之憑證核實認定（57 年第 6150 號令）。但如透過經銷商或零售商舉辦銷貨附贈物品活動，可按廣告費認列（73 年第 56337 號函）。

三、會計處理

範例

6. 大中公司支付國外代理商佣金計美金 1,000 元，結匯時匯率爲 28.78 元，因其勞務提供在國外，無須課徵營業稅及扣繳所得稅款，其分錄爲何？

解答

　　佣金支出……………………………………………… 28,780

　　　　現金或銀行存款………………………………………　　　28,780

7. 大中公司支付國內某貿易商佣金 30,000 元，該貿易商已開立統一發票，除另加進項稅額 1,500 元外，無須代扣所得稅款，其分錄如下：

解答

　　佣金支出……………………………………………… 30,000

　　進項稅額……………………………………………… 1,500

　　　　現金或銀行存款………………………………………　　　31,500

8. 大華公司支付王五佣金 40,000 元，王五為中華民國境內居住之個人，其扣繳率為 10%，其分錄為何？

解答

佣金支出……………………………………………… 40,000		
現金…………………………………………………		36,000
代收稅款…………………………………………………		4,000

四、合法憑證

㈠ 支付國內佣金或手續費，應取得下列合法憑證：

1. 支付國內營利事業之佣金，應取得書有抬頭及統一編號之統一發票為憑，其為免用統一發票之營利事業，以普通收據為憑。

2. 支付國內個人之佣金，應取得書有身分證統一編號及詳細地址之收據，或書有受款人姓名、金額及支付佣金字樣之銀行送金單或匯款回條。

㈡ 支付國內佣金或手續費，已依規定取得統一發票得免扣繳外，支付個人應辦理扣繳稅款。其應辦理扣繳稅款，而未扣繳者，除責令補繳並依法送罰外，該項佣金或手續費應予認定。

㈢ 支付國外代理商代銷商之佣金，應提示雙方簽訂之合約。已辦理結匯者，應提示結匯銀行書明匯款人及國外受款人姓名（名稱）、地址、結匯金額、日期等之結匯證明文件。未辦理結匯者，應提示銀行匯付或轉付之證明文件。以票匯方式匯付者，應提示收款人確已實際收到該票匯款項或存入其帳戶之證明憑予認定。非屬代理商或代銷商，無法提示合約者，應於往來函電或信用狀載明給付佣金之約定事項。

㈣ 在臺以新臺幣支付國外佣金者，應在不超過出口貨物價款 3% 範圍內取具國外代理商或代銷商名義出具之收據為憑予以認定。其超過 3% 者，如另能提供國外代理商或代銷商確已收到該新臺幣款項或存入其帳戶之證明，及其他相關證明文件時，准予認定。

8-6 ‖ 訓練費

一、參考法條

查準第八十六條之一（訓練費）

㈠ 營利事業為培育受僱員工、辦理或指派參加與公司業務相關之訓練活動所支付之費用，應依下列規定核實認定：

1. 師資之鐘點費及旅費。

2. 受訓員工之旅費及繳交訓練單位之費用。

3. 教材費、實習材料費、文具用品費、醫療費、保險費、教學觀摩費、書籍雜誌費、訓練期間伙食費、場地費及耐用年數不及二年之訓練器材設備費。

4. 參加技能檢定之費用。

5. 其他經中央目的事業主管機關及財政部專案認定屬訓練費。

6. 選派員工赴國外進修或研習所支付之費用，應訂有員工出國進修辦法，期滿並應返回公司服務，其由國外有關機構負擔部分，不得列支。

7. 建教合作給付該合作學校之費用或補助費，應有合作計畫或契約。

㈡ 營利事業依照職業訓練法規規定提繳之職業訓練費或差額，得以當年度費用列支。

㈢ 訓練費之原始憑證，依本準則有關條文辦理。

二、要點說明

人才培訓支出之定義如第八十六條之一所列，該費用得以當年費用列支。

三、會計處理

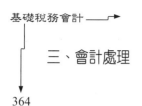

 範例

9. 大有公司本年度為培育人才，其支付下列訓練費：

(1) 派員工赴工業局參加講習會支付 50,000 元。

(2) 購買員工訓練設備 100,000 元。（耐用年限不滿二年）

(3) 支付實習教材及訓練期間之伙食、場地費 540,000 元。

試作應有分錄。

解答

(1) 支付講習費

訓練費…………………………………………………	50,000	
現金或銀行存款…………………………………………		50,000

(2) 支付訓練設備

訓練費…………………………………………………	100,000	
進項稅額…………………………………………………	5,000	
現金或銀行存款…………………………………………		105,000

(3) 支付實習教材，及訓練期間之伙食、場地費

訓練費…………………………………………………	540,000	
進項稅額…………………………………………………	27,000	
現金或銀行存款…………………………………………		567,000

四、合法憑證

依查核準則有關條文規定，取具發票或收據。

8-7 | 書報雜誌費

一、參考法條

查準第八十九條（書報雜誌費）

㈠ 購入與本事業有關之書籍，得列爲費用，但自願按年攤提者，其耐用年數確定後，不得變更。

㈡ 書報雜誌之原始憑證，爲書有抬頭之統一發票及國外發票憑證或報社雜誌之收據。

二、要點說明

書報雜誌費係指營利事業購入與業務有關之書籍、報章雜誌等費用。購入與本事業有關之書籍得列爲費用，但自願按年攤提者，其耐用年數確定後不得變更。

三、會計處理

範例

10. 設大中公司訂有《經濟日報》及《工商時報》各一份，每月支付報費各600元，其分錄爲何？

| 解答 |

書報雜誌費⋯⋯⋯⋯⋯⋯⋯⋯⋯⋯⋯⋯⋯⋯⋯⋯⋯⋯⋯⋯⋯⋯ 1,200

　　現　　金⋯⋯⋯⋯⋯⋯⋯⋯⋯⋯⋯⋯⋯⋯⋯⋯⋯⋯⋯⋯⋯⋯ 1,200

11. 設大中公司訂閱二年期專業雜誌，自 109 年 7 月 1 日起至 111 年 6 月止，共付 4,000 元，其分錄為何？

| 解答 |

(1) 7 月 1 日付款時

預付費用⋯⋯⋯⋯⋯⋯⋯⋯⋯⋯⋯⋯⋯⋯⋯⋯⋯⋯⋯⋯⋯⋯ 4,000

　　現　　金⋯⋯⋯⋯⋯⋯⋯⋯⋯⋯⋯⋯⋯⋯⋯⋯⋯⋯⋯⋯⋯ 4,000

(2) 12 月 31 日年終調整時

書報雜誌費⋯⋯⋯⋯⋯⋯⋯⋯⋯⋯⋯⋯⋯⋯⋯⋯⋯⋯⋯⋯⋯ 1,000

　　預付費用⋯⋯⋯⋯⋯⋯⋯⋯⋯⋯⋯⋯⋯⋯⋯⋯⋯⋯⋯⋯⋯ 1,000

12. 設大中公司從國外購入參考書籍一批計 100,000 元，預計可供五年參考，分別就列為費用及資本支出作應有分錄。

| 解答 |

(1) 如列為當期費用支出

書報雜誌費⋯⋯⋯⋯⋯⋯⋯⋯⋯⋯⋯⋯⋯⋯⋯⋯⋯⋯⋯⋯⋯ 100,000

　　現金或銀行存款⋯⋯⋯⋯⋯⋯⋯⋯⋯⋯⋯⋯⋯⋯⋯⋯⋯⋯ 100,000

(2) 如列為資本支出，並按五年攤提時

①付款時：

圖書設備⋯⋯⋯⋯⋯⋯⋯⋯⋯⋯⋯⋯⋯⋯⋯⋯⋯⋯⋯⋯⋯⋯ 100,000

　　現金或銀行存款⋯⋯⋯⋯⋯⋯⋯⋯⋯⋯⋯⋯⋯⋯⋯⋯⋯⋯ 100,000

②年終調整每年按五分之一攤提：

書報雜誌費⋯⋯⋯⋯⋯⋯⋯⋯⋯⋯⋯⋯⋯⋯⋯⋯⋯⋯⋯⋯⋯ 20,000

　　圖書設備⋯⋯⋯⋯⋯⋯⋯⋯⋯⋯⋯⋯⋯⋯⋯⋯⋯⋯⋯⋯⋯ 20,000

四、合法憑證

㈠ 訂購書籍雜誌之原始憑證應書有抬頭之統一發票，或普通收據，或國外之發票憑證。

㈡ 報章雜誌應取得報社或發售人之收據。

8-8 棧儲費

一、參考法條

查準第九十一條（棧儲費）

㈠ 進貨、進料到達前之棧儲費，為取得進貨、進料所需支付之費用，應併入進貨、進料之實際成本計算。

㈡ 棧儲費跨越年度者，其屬於以後年度部分，作「預付費用」處理。

㈢ 棧儲貨料之損失，依據契約應由倉庫負責人賠償者，本事業不得列為損失，但經訴訟未能取得賠償者，不在此限。

㈣ 棧儲費之原始憑證，為書有抬頭之統一發票。

二、要點說明

棧儲費係指營利事業為存放存貨物料等所支付之倉儲費，營利事業所付進貨、進料之棧儲費，如該項進貨、進料尚未到達營利事業所在地前（通關前），應併入進貨、進料之成本。如已到達營利事業所在地（通關後）而暫存於倉庫，所支付之棧儲費，始可列入營業費用項下之棧儲費。存放於棧儲之貨物、材料，若有毀損，應取得證明列帳。如契約約定由倉庫負責人賠償者，不得列為損失，但經訴訟未能取得賠償者，不在此限。

三、會計處理

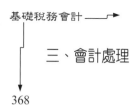

 範例

13. 設大中公司向國外進口原料一批計 200,000 元，另付港口棧儲費 5,000 元，另
    加報關手續費 5,000 元，其分錄為何？

解答

進　料	210,000	
現金或銀行存款		210,000

14. 設大中公司產品倉庫已滿，存貨無法存放而暫寄存倉庫，每月須付倉庫租金
    2,000 元，其分錄為何？

解答

棧儲費	2,000	
進項稅額	100	
現　金		2,100

15. 大明公司自 109 年 1 月 1 日起租用碼頭倉庫二年，共付倉租 60,000 元租用時
    付訖，其分錄為何？

解答

(1) 付款時

棧儲費	60,000	
進項稅額	3,000	
現　金		63,000

(2) 年終調整

預付費用	30,000	
棧儲費		30,000

四、合法憑證

應取得書有抬頭之統一發票，或小規模營利事業之普通收據。

 8-9 ‖ 燃料費

一、參考法條

查準第九十三條（燃料費）

㈠ 製造所耗之燃料費應列入製造成本。

㈡ 員工伙食所消耗之燃料費用，應併入伙食費計算，不得另以燃料費科目認列。

㈢ 年終購入大批燃料其未能耗盡部分，應列物料盤存。

㈣ 燃料之原始憑證：

1. 為依規定格式填記之統一發票，其為核准免用統一發票之小規模營利事業者，應取得普通收據。

2. 向加油站購用油料，應取得載有營利事業統一編號之收銀機發票，始予認定。

3. 營利事業與另一營利事業共同使用同一鍋爐，其燃料費由持有收據之營利事業出具證明，以憑證明，必要時得向原出證明之營利事業查對。

二、要點說明

燃料費係指營利事業支付汽油、煤炭、木炭、瓦斯等燃料之支出，可分為製造費用及營業費用兩類。

㈠ 製造所耗用之燃料費，應列入製造成本。

㈡ 其他非製造產品所耗用之燃料，應列為營業費用項下。

㈢ 員工伙食所耗用之燃料費用，應併入伙食費計算。

三、會計處理

 範例 ○

16. 大中公司 11 月 20 日購入燃料油 20,000 元，另加營業稅 1,000 元，以供製造
    使用，其分錄爲何？

解答

製造費用—燃料費………………………………	20,000	
進項稅額……………………………………	1,000	
現金或銀行存款…………………………		21,000

17. 大中公司伙食團供給伙食用瓦斯費，每月一桶價計 500 元，另加營業稅 25
    元，其分錄爲何？

解答

伙食費…………………………………………	525	
現　　金……………………………………		525

（財政部 75.10.2 臺財稅第 7526396 號函不得扣抵）

18. 大中公司送貨卡車及接送員工車輛之加油單合計 6,000 元，及進項稅額合計
    300 元，其分錄爲何？

解答

燃料費…………………………………………	6,000	
進項稅額………………………………………	300	
現　　金……………………………………		6,300

四、合法憑證

(一)為依規定格式填記之統一發票，其為核准免用統一發票之小規模營利事業者，應取得普通收據。

(二)向加油站購用油料，應取得載有營利事業統一編號之收銀機發票，始予認定。

(三)營利事業與另一營利事業共同使用同一鍋爐，其燃料費由持有收據之營利事業出具證明，以憑證明，必要時得向原出證明之營利事業查對。

8-10　勞務費

一、參考法條

查準第八十五條（勞務費）

(一)凡支付律師、會計師、建築師、技師、醫師、藥師、地政士、工匠等之報酬，均屬勞務費用，應於給付時，依法扣繳所得稅款。

(二)給付勞務費用之原始憑證為收據或簽收之簿摺；如經由金融機構撥款直接匯入執行業務者之金融機構存款帳戶者，應取得書有執行業務者姓名、金額及支付勞務費字樣之銀行送金單或匯款回條。

二、要點說明

勞務費係指營利事業支付律師、會計師、建築師、技師、醫師、藥師、地政士、工匠等之報酬。勞務費之重點在於支付時，除取得收據外，要注意扣繳。其扣繳率如屬中華民國境內居住之個人為 10%，如屬非中華民國境內居住之個人為 20%。

三、會計處理

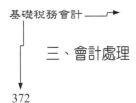

範例

19. 中美公司本年度 7 月 1 日支付會計師稅務簽證公費 50,000 元，其分錄為何？

解答

(1) 7 月 1 日支付時

勞務費……………………………………………… 50,000

　　現金或銀行存款……………………………………… 45,000

　　代收稅款……………………………………………… 5,000

(2) 8 月 10 日繳納稅款時

代扣所得稅……………………………………………… 5,000

　　現金或銀行存款……………………………………… 5,000

四、合法憑證

(一) 取得收據或簽收之簿摺，依法扣繳，並依規定填寫扣繳憑單或免扣繳憑單。

(二) 經由金融機構撥款直接匯入執行業務者之金融機構存款帳戶者，應取得書有執行業務者姓名、金額及支付勞務費字樣之銀行送金單或匯款回條。

第九章

營業外損益

9-1 || 利息收入

一、參考法條

所第二十四條之三

公司組織之股東、董事、監察人代收公司款項不於相當期間照繳，或挪用公司款項，應按該等期間所屬年度 1 月 1 日臺灣銀行之基準利率計算公司利息收入課稅。但公司如係遭侵占、背信或詐欺，已依法提起訴訟或經檢察官提起公訴者，不予計算。

公司之資金貸與股東或任何他人未收取利息，或約定之利息偏低者，除屬預支職工薪資者外，應按資金貸與期間所屬年度 1 月 1 日臺灣銀行之基準利率計算公司利息收入課稅。

二、要點說明

利息收入為營利事業將多餘資金借給他人，取自借款人之孳息收入，或購買短期票券、債券之利息收入，或銀行存款之利息收入，其產生之原因各異，茲分別敘述如下：

㈠ 應列入課稅所得課稅之利息收入

1. 實際發生之利息收入

(1) 營利事業實際收現之利息及基於權責基礎期末調整應收未收之利息收入。漏未列報應收利息，將被視為逃漏稅。

(2) 退稅加計之利息收入。

(3) 公司股東延期繳納股款所收之利息收入。

(4) 營利事業相互融資所收之利息收入。

2. 計算之利息收入

(1) 公司組織之股東、董事、監察人代收公司款項，不於相當期間照繳或挪用公司款項，應按該等期間所屬年度 1 月 1 日臺灣銀行之基準利率計算公司利息收入。但如係遭侵占、背信或詐欺，已依法提起訴訟者，不予計算。

(2) 關係企業相互融資，約定不計收付利息，如彼此因適用之所得稅級距稅率不同，應同時以帳外調整方式分別按該等期間所屬年度 1 月 1 日臺灣銀行基準利率，分別列報利息收入及利息費用。

㈡ 免列入課稅所得課稅之利息收入

1. 購買政府發行之公債，依公債發行之規定為免納所得稅之利息收入，得免予計入當年度之課稅所得額。如無免稅規定者，仍應課稅。

2. 外國政府或國際經濟開發金融機構，對中華民國政府或中華民國境內之法人所提供之貸款，及外國金融機構，對其在中華民國境內之分支機構或其他中華民國境內金融事業之融資，其所得之利息。

3. 外國金融機構，對中華民國境內之法人所提供用於重要經濟建設計畫之貸款，經財政部核定者，其所得之利息。

4. 以提供出口融資或保證為專業之外國政府機構及外國金融機構，對中華民國境內之法人所提供或保證之優惠利率出口貸款，其所得之利息。

㈢ 採取分離課稅之利息收入

民國 99 年 1 月 1 日起營利事業利息收入不再有分離課稅規定。

㈣ 債券利息

營利事業買賣國內發行之公債、公司債及金融債券，可由該事業按債券持有期間，依債券之面值及利率計算「利息收入」，如其係於兩付息日間購入債券並於取息前出售者，則以售價減除其購進該債券之價格及依上述計算之利息收入後之餘額，作為其證券交易損益（所 24-1）。

三、會計處理

範例

1. 大永公司 7 月 1 日收到活期存款之利息收入 50,000 元，另外 10 月 1 日存入華南銀行一年期定期存款 2,000,000 元，年利率 6%，其有關利息分錄為何？

解答

(1) 7 月 1 日收到利息

現　金	45,000	
預付所得稅	5,000	
利息收入		50,000

(2) 12 月 31 日應收利息調整分錄

應收利息	30,000	
利息收入		30,000

$(2,000,000 \times 6\% \times 3/12 = 30,000)$

2. 大順公司於 109 年 8 月 20 日，向國際票券金融公司購買正中公司發行之六十天期商業本票，面額 1,000,000 元，買價為 920,000 元，賣方於 10 月 20 日按面額贖回上列票券並按 10% 代扣稅款，大順公司有關分錄為何？

解答

(1) 8 月 20 日購買時

交易目的金融商品	920,000	
現　金		920,000

(2) 10 月 20 日贖回時

現金或銀行存款	992,000	
預付所得稅	8,000	
交易目的金融商品		920,000
利息收入		80,000

3. 大興公司於 109 年 9 月 1 日購買每年 3 月 1 日付息，年息 9%，面額 1,000,000 元，買價爲 1,010,000 元加應計利息 45,000 元，12 月 1 日賣出，共得款 1,060,000 元，大興公司有關分錄爲何？

解答

(1) 9 月 1 日購買時

交易目的金融商品……………………………………	1,010,000	
應收利息…………………………………………	45,000	
現　　金………………………………………		1,055,000

(2) 12 月 1 日出售時

現　　金…………………………………………	1,060,000	
處分投資損失…………………………………	17,500	
交易目的金融商品…………………………		1,010,000
應收利息……………………………………		45,000
利息收入……………………………………		22,500

利息收入 $= 1,000,000 \times 9\% \div 12 \times 3 = 22,500$

＊會計項目「交易目的金融商品」已改爲透過損益按公允價值衡量之金融資產。

9-2 ‖ 利息支出

一、參考法條

(一) 查準第六十八條（金融業利息）

金融事業支付存款人之利息，如未取得存款人簽章領取利息憑證，應不予認定，但該項利息，如係直接轉入存款人在該事業或金融同業存款帳戶者，或

經於原存款單簽名蓋章，或在利息支出傳票背面蓋章者，均應予核實認定。

(二)查準第九十七條（利息）

1.資本利息為盈餘之分配，不得列為費用或損失。

2.非營業所必需之借款利息，不予認定。

3.借入款項未於帳內載明債權人之真實姓名與地址者，不予認定。但傳票憑證記載詳實，並依稅捐稽徵機關管理營利事業會計帳簿憑證辦法之規定保存者，不在此限。

4.支付利息，記載債權人之姓名與事實不符，並查無其人者，不予認定，並應依所得稅法第一百十條規定處理。

5.獨資之資本主及合夥組織之合夥人，所借貸之款項，均應以資本主往來論，不得列支利息。

6.營利事業資本主或合夥人支付其配偶之利息，如查明該資本主或合夥人與配偶係採分別財產制，並經依法登記有案者應予認定。

7.因購置土地以外固定資產而借款之利息，自付款至取得資產期間應付之利息費用，應列入該項資產之成本。所稱取得，指辦妥所有權登記之日或實際受領之日；其屬拍賣取得者，指領得執行法院所發給權利移轉證書之日。

8.因增建固定資產而借款在建造期間應付之利息費用，應作為該項資產之成本，以資本支出列帳。但建築完成後，應行支付之利息，可作費用列支。所謂建築完成，指取得使用執照之日或實際完工受領之日。

9.購買土地之借款利息，應列為資本支出；經辦妥過戶手續或交付使用後之借款利息，可作費用列支。但非屬固定資產之土地，其借款利息應以遞延費用列帳，於土地出售時，再轉作其收入之減項。

10.利息支出未扣繳所得稅款者，除依所得稅法第一百十四條規定辦理外，應予認定。

11.營業人一方面借入款項支付利息，一方面貸出款項並不收取利息，或收取利息低於所支付之利息者，對於相當於該貸出款項支付之利息或其差額，不予認定。當無法查明數筆利率不同之借入款項，何筆係用以無息貸出時，應按加權平均法求出之平均借款利率核算之。

12.營利事業向金融業借款，其利息支出之認定，以使用該事業名稱所借入之款項為限；其以個人名義借款轉貸營利事業運用者，除第五款規定情形外，該事業支付個人之利息，如經取得個人出具之收據，並依法辦理扣繳所得稅者，可核實認定。

13.因土地以外進貨借款所支付之利息，應以財務費用列支，不得併入進貨成本計算。

14.向金融業以外之借款利息，超過利率標準部分，不予認定。利率之最高標準，由財政部各地區國稅局參酌該區市場利率擬訂，報請財政部核定。

15.代銷商及經銷商保證金事先約定支付利息，並經查明對方列有利息收入者，應予核實認定。

16.分期付款購置設備之利息支出，或分期付款價格與現購價格之差額，應併入該項資產之實際成本。但因購置設備向金融業借款，於取得該項資產後所支付之利息，得以費用列支。

17.依所得稅法第六十八條規定，補繳暫繳稅款所加計之利息，及依同法第一百條之二規定，因結算申報所列報之各項成本、費用或損失超限經核定補繳稅款所加計之利息；依稅捐稽徵法第三十八條規定行政救濟程序確定應補繳稅款所加計之利息，及依同法第四十八條之一規定，自動補報並補繳漏稅款所加計之利息；各種稅法規定加計之滯納利息，得以費用列支。

18.利息支出之原始憑證如下：

(1) 支付金融業之利息，為金融業之結算單或證明書。

(2) 支付其他債權者之利息，為收息者之收據。

(3) 支付國外債權人之借款利息，除應取得收息者之收據外，已辦理結匯者應有結匯證明文件，未辦結匯者，應有銀行匯付或轉付之證明文件。

（三）所第四十三條之二

自一百年度起，營利事業對關係人之負債占業主權益超過一定比率者，超過部分之利息支出不得列為費用或損失。

前項營利事業辦理結算申報時，應將對關係人之負債占業主權益比率及相關資訊，於結算申報書揭露。

第一項所定關係人、負債、業主權益之範圍、負債占業主權益一定比率及其他應遵行事項之辦法，由財政部定之。

銀行、信用合作社、金融控股公司、票券金融公司、保險公司及證券商，不適用前三項規定。

（四）營利事業對關係人負債之利息支出不得列為費用或損失查核辦法

（法律授權依據）

第 1 條　本辦法依所得稅法（以下簡稱本法）第四十三條之二第三項及第八十條第五項規定訂定之。

（適用範圍）

第 2 條　營利事業直接或間接對關係人之負債，其負債占業主權益之比率超過本辦法規定之標準者，超過部分之利息支出不得列為費用或損失。

營利事業辦理營利事業所得稅結算申報時，應依本辦法規定計算不得列為費用或損失之利息支出；稽徵機關調查及核定時，亦同。

（關係人之範圍）

第 3 條　本辦法所稱關係人，包括關係企業及關係企業以外之關係人。

前項所稱關係企業，指營利事業與國內外其他營利事業相互間有下列從屬或控制關係者：

一、營利事業直接或間接持有另一營利事業有表決權之股份或資本額，超過該另一營利事業已發行有表決權之股份總數或資本總額 20% 以上。

二、營利事業與另一營利事業直接或間接由相同之人持有或控制之已發行有表決權之股份總數或資本總額各達 20% 以上。

三、營利事業持有另一營利事業有表決權之股份總數或資本總額百分比為最高且達 10% 以上。

四、營利事業與另一營利事業之執行業務股東或董事有半數以上相同。

五、營利事業及其直接或間接持有之股份總數或資本總額達 50% 以

上之營利事業，派任於另一營利事業之董事，合計超過該另一營利事業董事總席次半數以上。

六、營利事業之董事長、總經理或與其相當或更高層級職位之人與另一營利事業之董事長、總經理或與其相當或更高層級職位之人爲同一人，或具有配偶或二親等以內親屬關係。

七、總機構在中華民國境外之營利事業，其在中華民國境內之分支機構，與該總機構或該營利事業在中華民國境外之其他分支機構；總機構在中華民國境內之營利事業，其總機構或其在中華民國境內之分支機構，與該營利事業在中華民國境外之分支機構。

八、營利事業直接或間接控制另一營利事業之人事、財務或業務經營，包括：

㈠ 營利事業指派人員擔任另一營利事業之總經理或與其相當或更高層級之職位。

㈡ 非金融機構之營利事業對另一營利事業之資金融通金額或背書保證金額達該另一營利事業總資產之三分之一以上。

㈢ 營利事業之生產經營活動須由另一營利事業提供專利權、商標權、著作權、祕密方法、專門技術或各種特許權利，始能進行，且該生產經營活動之產值達該營利事業同年度生產經營活動總產值 50% 以上。

㈣ 營利事業購進之原物料、商品，其價格及交易條件由另一營利事業控制，且該購進之原物料、商品之金額達該營利事業同年度購進之原物料、商品之總金額 50% 以上。

㈤ 營利事業商品之銷售，由另一營利事業控制，且該商品之銷售收入達該營利事業同年度銷售收入總額 50% 以上。

九、營利事業與其他營利事業簽訂合資或聯合經營契約。

十、其他足資證明營利事業對另一營利事業具有控制能力或在人事、財務、業務經營或管理政策上具有重大影響力之情形。

營利事業與另一營利事業相互間，如因特殊市場或經濟因素所致而有前項第八款第三目至第五目規定之情形，但確無實質控制或從屬

關係者，除屬營利事業與公營事業、代理商或經銷商及公平交易法第五條規定之獨占事業相互間得視爲無從屬或控制關係外，得於辦理當年度所得稅結算申報前提示足資證明之文件送交該管稽徵機關確認；其經確認者，得視爲無從屬或控制關係。

第一項所稱關係企業以外之關係人，指營利事業與國內外個人或教育、文化、公益、慈善機關或團體有下列關係之人：

一、營利事業與受其捐贈之金額達實收基金總額三分之一以上之財團法人。

二、營利事業與其董事、監察人、總經理或與其相當或更高層級職位之人、副總經理、協理及直屬總經理之部門主管。

三、營利事業與其董事、監察人、總經理或與其相當或更高層級職位之人之配偶。

四、營利事業與其董事長、總經理或與其相當或更高層級職位之人之二親等以內親屬。

五、營利事業與其他足資證明對該營利事業具有控制能力或在人事、財務、業務經營或管理政策上具有重大影響力之人。

（關係人之負債及業主權益之範圍）

第 4 條　本辦法所稱關係人之負債，指營利事業直接或間接自關係人取得應償還本金及支付利息或以其他具有支付利息性質方式予以補償之資金，包括：

一、關係人提供之借款。

二、關係人透過非關係人提供之借款。

三、非關係人提供由關係人擔保且負有連帶責任之借款。但關係人提供擔保已依第六條第一項規定視爲該營利事業對關係人之負債者，不在此限。

四、其他自關係人或透過非關係人自關係人獲得之各種具有負債性質之資金融通。

前項關係人之負債，不包括：

一、營利事業符合下列規定情形之一者，其關係人之負債：

　　㈠當年度申報之營業收入淨額及非營業收入合計金額在財政部

規定標準以下。

㈡當年度申報之利息支出及屬第五條所稱當年度關係人之利息支出金額均在財政部規定標準以下。

㈢當年度申報未減除利息支出前之課稅所得為負數,且其虧損無本法第三十九條第一項但書規定適用。

二、依營利事業所得稅查核準則第九十七條第七款或第八款規定應列為資本支出之利息相對應之負債。

三、依營利事業所得稅查核準則第九十七條第九款規定應列為資本支出或應以遞延費用列帳之利息相對應之負債。

四、其他經財政部核准之負債。

本辦法所稱業主權益,總機構在中華民國境內之營利事業,指營利事業資產負債表所列之淨值總額。淨值總額小於實收資本額與營利事業所得稅查核準則第三十條第四款規定超過票面金額發行股票所得溢額作為資本公積部分之合計數者,業主權益為實收資本額與該等資本公積之合計數。總機構在中華民國境外之營利事業在中華民國境內之分公司,指無需支付利息之實際投入營運資金。

(不得列為費用或損失之利息支出)

第 5 條　營利事業直接或間接對關係人之負債占業主權益比率超過第三項規定標準者,應依下列公式計算依本法第四十三條之二規定不得列為費用或損失之利息支出:

不得列為費用或損失之利息支出 = 當年度關係人之利息支出合計數 × (1 - 關係人之負債占業主權益之比率標準 / 關係人之負債占業主權益之比率)

前項所稱當年度關係人之利息支出,指營利事業依權責發生制認列並計入當年度成本、費用或損失之利息支出,包括因前條第一項規定直接或間接對關係人之負債當年度實際支付及應付之利息、利息加碼、違約利息、擔保費、抵押費、貸款承諾費、融資費、參與放款費用及其他具有利息性質之費用,及非關係人提供由關係人擔保且負有連帶責任之借款依前條第一項第三款但書規定不計入關係人

負債之利息支出。但不包括前條第二項各款規定關係人負債之利息。

第一項規定之負債占業主權益之比率標準爲三比一。關係人之負債占業主權益之比率，依下列公式計算：

關係人之負債占業主權益之比率 ＝ 當年度每月平均各關係人之負債合計數 / 當年度每月平均業主權益合計數

每月平均各關係人之負債 ＝（每月各關係人之負債月初帳面餘額 ＋ 月底帳面餘額）/ 2

每月平均業主權益 ＝（每月業主權益月初帳面餘額 ＋ 月底帳面餘額）/ 2

（移轉訂價調整之處理原則）

第 6 條　營利事業直接或間接自關係人取得資金，因約定免支付利息或其他具有利息性質之費用而未計入關係人之負債計算，經稽徵機關依營利事業所得稅不合常規移轉訂價查核準則規定，按常規交易結果調增該關係人之利息收入或其他具有利息性質之收入並相對調增該營利事業之利息支出或其他具有利息性質之費用者，該資金視爲該營利事業對關係人之負債，計入前條第三項比率之分子計算；該利息支出並應依前條第一項規定計入當年度關係人之利息支出合計數，計算不得列爲費用或損失之利息支出。營利事業及其關係人辦理營利事業所得稅結算申報時，依營利事業所得稅不合常規移轉訂價查核準則規定按常規交易結果調整申報者，亦同。

營利事業對關係人之負債，其利息支出經稽徵機關依營利事業所得稅不合常規移轉訂價查核準則規定調整者，應以調整後金額依前條第一項規定計入當年度關係人之利息支出合計數，計算不得列爲費用或損失之利息支出。營利事業及其關係人辦理營利事業所得稅結算申報時，依營利事業所得稅不合常規移轉訂價查核準則規定按常規交易結果調整申報者，亦同。

（申報時應揭露相關資訊及應備妥之資料）

第 7 條　營利事業與其關係人間有資金使用之受控交易者，辦理所得稅結算

申報時，應依營利事業所得稅不合常規移轉訂價查核準則第二十一條規定揭露相關資料。其資金為第四條第一項所稱關係人之負債者，營利事業除符合第四條第二項第一款各目規定情形之一，得免予揭露外，應依規定格式揭露關係人之負債占業主權益比率及相關資訊，並備妥及保存第二項文據供稽徵機關查核。

前項所稱應備妥及保存供稽徵機關查核之文據如下：

一、營利事業實收資本額、資本公積、保留盈餘（或累積虧損）及其他業主權益科目之變動情況說明。

二、負債之性質、目的及取得時之市場狀況。

三、負債之貨幣種類、金額、利率、期限、融資條件及匯率計算依據。

四、營利事業提供之抵押品及條件。

五、擔保人及擔保條件。

六、同類同期貸款利率情況及融資條件。

七、可轉換公司債券之轉換條件。

八、其他與關係人、負債、業主權益有關且影響計算利息支出不得列為費用或損失之資料。

營利事業未依第一項規定揭露並備妥負債及業主權益相關文據者，稽徵機關得依查得之資料，核定其關係人之負債占業主權益之比率。

（施行日期）

第 8 條　　本辦法自一百年度營利事業所得稅結算申報案件適用之。

 範例

4. 假設甲公司 109 年度符合「營利事業對關係人負債之利息支出不得列為費用或損失查核辦法（以下簡稱查核辦法）」第五條規定之當年度關係人之利息支出合計數新臺幣（以下同）2,500 萬元，且其關係人之負債占業主權益比率為 4：

1（當年度每月平均各關係人之負債合計數為 4 億元：當年度每月平均業主權益合計數為 1 億元），超過查核辦法第五條第三項規定之 3：1 比率標準，則其依同條第一項規定公式計算之當年度不得列為費用或損失之利息支出金額為何？

解答

不得列為費用或損失之利息支出

＝當年度關係人之利息支出合計數 ×（1 − $\dfrac{\text{關係人之負債占業主權益之比率標準}}{\text{關係人之負債占業主權益之比率}}$）

＝ 2,500 萬元 ×（1 − $\dfrac{3}{4}$）

＝ 625 萬元

二、要點說明

營利事業向金融機構、民間或其他營利事業取得資金，以便資金之融通及調度，或補助本身自有資金之不足，其所支付之代價即為利息。換言之，利息為營利事業使用資金之成本，惟營利事業支付之利息，因其內容及性質有所不同，稅法上對其處理方式也有所不同，有得列為營業費用之利息支出者，有不得列為營業費用之利息支出者，及應轉列資本化者，說明如下：

㈠得列為費用之利息支出

1.在購置固定資產取得所有權後，向金融機構借款所支出之利息，例如：土地、房屋及機器設備之取得。但非屬固定資產之土地，其借款利息應以遞延費用列帳，於土地出售時，作為其收入之減項。

2.在建造廠房設備建造完成後，向金融機構借款所支付之利息支出。

3.因土地以外進貨借款所支付之利息支出。

4.代銷商及經銷商保證金，事先約定支付利息，並經查明對方列有利息收入者。

5.依所得稅法第六十八條規定，補繳暫繳稅款所加計之利息，及依同法第一百條之二規定，因結算申報所列報之各項成本、費用或損失超限經核定補繳稅款所加計之利息：依稅捐稽徵法第三十八條規定行政救濟程序確定應補繳稅

款所加計之利息，及依同法第四十八條之一規定，自動補報並補繳漏稅款所加計之利息；各種稅法規定加計之滯納利息，得以費用列支。

388

6.營利事業向員工借款，如用於事業為營業所必需，且利率未超過非金融業借款利率之限額者。

(二)不得列為費用之利息支出

1.資本利息為盈餘之分配，不得列為費用或損失。

2.非營業所必需之借款利息，不予認定。

3.借入款項未於帳內載明債權人之真實姓名與地址者，不予認定。但傳票憑證記載詳實，並依稅捐稽徵機關管理營利事業會計帳簿憑證辦法之規定保存者，不在此限。

4.獨資之資本主及合夥組織之合夥人，所借貸之款項，均應以資本主往來論，不得列支利息。

5.營業人一方面借入款項支付利息，一方面貸出款項並不收取利息，或收取利息低於所支付之利息，對於相當於該貸出款項支付之利息或其差額，不予認定。

6.向金融業以外之借款利息，超過利率標準年息 15.6%（91 到 110 年為月息最高不得超過 1.3%）部分，不予認定。

7.國外總公司供應其在中華民國境內分公司資金，未經政府核准者，其分公司應付總公司之資金利息不予認定。

8.依所得稅法第四十三條之二及營利事業對關係人負債之利息支出不得列為費用或損失查核辦法規定，自一百年度起營利事業對關係人之負債超過業主權益三倍者，對關係人之利息支出不予認定。

(三)應轉列資本化之利息支出

1.因購置土地以外固定資產而借款，自付款至取得資產期間應付之利息費用，應列入該項資產之成本。

2.因增建設備而借款，在建造期間應付之利息費用，應作為該項資產之成本以資本支出列帳。

3. 購買土地辦妥過戶前借款利息，應列為資本支出。但非屬固定資產之土地，其借款利息應以遞延費用列帳，於土地出售時，作為其收入之減項。

4. 分期付款購置設備之利息支出，或分期付款價格與現購價格之差額，應併入該項資產之實際成本。

三、扣繳規定

見第 12-2 節。

四、會計處理

 範例

5. 大昌公司本年 6 月 1 日向王大德先生借款 1,000,000 元，年利率 15%，同年 12 月 1 日還款並支付利息，其支付利息分錄為何？

解答

12 月 1 日支付利息時：

利息支出……………………………………………	75,000	
現金或銀行存款……………………………………		67,500
代扣稅款……………………………………………		7,500

6. 大中公司於 8 月 1 日經由華南銀行開信用狀，向國外進口機器一部成本 1,000,000 元，進口時銀行收取手續費 6,000 元及利息 8,000 元，分錄為何？

解答

8 月 1 日購買機器之分錄：

機器設備	1,014,000	
現金或銀行存款		1,014,000

（機器設備 = 1,000,000 + 6,000 + 8,000 = 1,014,000）

7. 東一公司於 4 月 1 日發行面額 1,000,000 元，10 月 1 日到期商業本票，發行價格為 960,000 元，分錄如下：

解答

(1) 4 月 1 日發行時

現　金	960,000	
利息費用（或應付商業本票折價）	40,000	
應付商業本票		1,000,000

(2) 10 月 1 日到期，其中利息扣繳 10%

應付商業本票	1,000,000	
現　金		996,000
代扣稅款		4,000

(3) 11 月 10 日前繳納代扣稅款

代扣稅款	4,000	
現　金		4,000

五、合法憑證

㈠ 支付金融業之利息，為金融業之結算單或證明書。

㈡ 支付其他債權者之利息，為收息者之收據，及扣繳稅款憑單。

㈢ 支付國外債權人之借款利息，除應取得收息者之收據外，已辦理結匯者應有結匯證明文件；未辦結匯者，應有銀行匯付或轉付之證明文件。

9-3 ‖ 投資收益

一、參考法條

查準第三十條（投資收益）

㈠ 營利事業投資於其他公司，倘被投資公司當年度經股東同意或股東會決議不分配盈餘時，得免列投資收益。

㈡ 營利事業投資於其他公司，其投資收益，應以經被投資公司股東同意或股東會決議之分配數為準，並以被投資公司所訂分派股息及紅利基準日之年度，為權責發生年度；其未訂分派股息及紅利基準日或其所訂分派股息及紅利基準日不明確者，以同意分配股息紅利之被投資公司股東同意日或股東會決議日之年度，為權責發生年度。

㈢ 前二款投資收益，如屬公司、合作社、有限合夥及醫療社團法人投資於國內其他營利事業者，其自中華民國 87 年 1 月 1 日起所獲配之股利或盈餘，不計入所得額。

㈣ 股份有限公司之營利事業將下列超過票面金額發行股票所得之溢額，作為資本公積時，免予計入所得額課稅：

1. 以超過面額發行普通股或特別股溢價。

2. 公司因企業合併而發行股票取得他公司股權或資產淨值所產生之股本溢價。

3. 庫藏股票交易溢價。

4. 轉換公司債相關之應付利息補償金，於約定賣回期間屆滿日可換得普通股市價高於約定賣回價格時轉列之金額。

5. 因認股權證行使所得股本發行價格超過面額部分。

6. 特別股或公司債轉換為普通股，原發行價格或帳面價值大於所轉換普通股面額之差額。

7. 附認股權公司債行使普通股認股權證分攤之價值。

8. 特別股收回價格低於發行價格之差額。

9. 認股權證逾期未行使而將其帳面餘額轉列者。

10. 因股東逾期未繳足股款而沒收之已繳股款。

11. 公司因企業分割而發行股票取得他公司營業或資產淨值所產生之股本溢價。

12. 公司因股份轉換而發行股票取得他公司股份或股權所產生之股本溢價。

二、要點說明

㈠ 營利事業購買其他公司之股權及股票等投資，其投資收入以取得股利為主。

㈡ 公司法第十三條規定公司組織之營利事業，不得為他公司無限責任股東或合夥事業之合夥人，如為他公司有限責任股東時，其所投資總額，除以投資為專業或公司章程另有規定，或依公司法規定取得股東同意或股東會決議者外，不得超過本公司實收股本 40%。但公司轉投資達到前項數額後，其因被投資公司以盈餘或公積增資配股所得之股份，不受前項限制。公司負責人違反上項規定時，應賠償公司因此所受之損失。

㈢ 營利事業投資於其他公司，其投資收益應以被投資公司股東會同意或決議之分配數為準，並以被投資公司所訂分派股息及紅利基準日之年度，為投資收益權責發生年度。其未訂分派股息及紅利基準日或不明確者，以同意分配權利之決議日之年度，為權責發生年度。

㈣ 公司投資國內其他營利事業所獲配之股利，不計入所得額課稅。

㈤ 股份有限公司有印製股票者，出售股票應繳納 3‰ 證券交易稅，如有所得則停徵所得稅，如有損失亦不得扣抵。被投資公司未發行股票或股票未簽證者，免繳納 3‰ 證交稅，此項交易之損益應按財產交易所得課稅，不能停徵所得稅。

證券交易所得停徵所得稅，可直接歸屬之費用及利息應自證券交易所得項下扣除。詳見第 6-1 節。

三、財務會計規定

見第 10-5 節。

四、反避稅條款

　　營利事業及其關係人直接或間接持有在中華民國境外低稅負國家或地區之關係企業股份或資本額合計達 50% 以上，或對該關係企業具有重大影響力者，除符合下列各款規定之一者外，營利事業應將該關係企業當年度之盈餘，按其持有該關係企業股份或資本額之比率及持有期間計算，認列投資收益，計入當年度所得額課稅：

　　㈠ 關係企業於所在國家或地區有實質營運活動。

　　㈡ 關係企業當年度盈餘在一定基準以下。但各關係企業當年度盈餘合計數逾一定基準者，仍應計入當年度所得額課稅。

　　前項所稱低稅負國家或地區，指關係企業所在國家或地區，其營利事業所得稅或實質類似租稅之稅率未逾第五條第五項第二款所定稅率之 70%，或僅對其境內來源所得課稅者。

　　關係企業自符合第一項規定之當年度起，其各期虧損經所在國家或地區或中華民國合格會計師查核簽證，並由營利事業依規定格式填報及經所在地稽徵機關核定者，得於虧損發生年度之次年度起十年內自該關係企業盈餘中扣除，依第一項規定計算該營利事業投資收益（所 43 之 3）。

　　營利事業於實際獲配該關係企業股利或盈餘時，在已依第一項規定認列投資收益範圍內，不計入所得額課稅；超過已認列投資收益部分，應於獲配年度計入所得額課稅。其獲配股利或盈餘已依所得來源地稅法規定繳納之所得稅，於認列投資收益年度申報期間屆滿之翌日起五年內，得由納稅義務人提出所得來源地稅務機關發給之納稅憑證，並取得所在地中華民國駐外機構或其他經中華民國政府認許機構之驗證後，自各該認列投資收益年度結算應納稅額中扣抵；扣抵之數，不得超過因加計該投資收益，而依國內適用稅率計算增加之結算應納稅額。

　　前四項之關係人及關係企業、具有重大影響力、認列投資收益、實質營運活動、當年度盈餘之一定基準、虧損扣抵、國外稅額扣抵之範圍與相關計算方法、應提示文據及其他相關事項之辦法，由財政部定之。

　　第一項之關係企業當年度適用第四十三條之四規定者，不適用前五項規定（所43之3）。

　　本條文已通過但尚未正式實施，當其正式實施後，一些投資在租稅天堂的子公司其盈餘未分配，仍將被視為股利收入依法課稅。例如：甲公司與乙公司合資於租稅天堂維京群島（B.V.I）成立紙上公司丙公司，甲公司持股75%、乙公司25%。丙公司再與他人合資於大陸成立丁公司持股90%，設2020年度丁公司獲利1,000萬元，則該年度依權益法，丙公司認列投資收入1,000萬元×90%＝900萬元，甲公司認列投資收入＝900萬元×75%＝675萬元，乙公司認列投資收入＝900萬元×25%＝225萬元，依目前規定因未分配股利，收益尚未實現不必課稅，如反避稅條款正式實施，甲公司持有丙公司股份超過50%，維京群島紙上公司營所稅稅率0%，且投資境內公司股利收入免稅，投資境外公司之股利收入不能免稅，依權益法認列投資收入675萬元將被列為所得課稅，乙公司持股不到50%，仍然免列入所得。

9-4 ‖ 投資損失

一、參考法條

查準第九十九條（投資損失）

　　㈠ 投資損失應以實現者為限；其被投資之事業發生虧損，而原出資額並未折減者，不予認定。

　　㈡ 投資損失應有被投資事業之減資彌補虧損、合併、破產或清算證明文件。但被投資事業在國外且無實質營運活動者，應以其轉投資具有實質營運之

事業，因營業上虧損致該國外被投資事業發生損失之證明文件，並應有我國駐外使領館、商務代表或外貿機關之驗證或證明；在大陸地區者，應有行政院大陸委員會委託處理臺灣地區與大陸地區人民往來有關事務之機構或團體之證明。

㈢ 因被投資事業減資彌補虧損而發生投資損失，其需經主管機關核准者，以主管機關核准後股東會決議減資之基準日為準；其無需經主管機關核准者，以股東會決議減資之基準日為準。因被投資公司經法院裁定重整並辦理減資者，以法院裁定之重整計畫所訂減資基準日為準。

㈣ 因被投資事業合併而發生投資損失，以合併基準日為準。

㈤ 因被投資事業破產而發生投資損失，以法院破產終結裁定日為準。

㈥ 因被投資事業清算而發生投資損失，以清算人依法辦理清算完結，結算表冊等經股東或股東會承認之日為準。

二、要點說明

營利事業從事各種投資，其收回之資金較原始投資成本為少，則產生投資損失，惟投資損失應以實現者始得認列，如所投資之事業發生虧損，而原出資額並未折減不能認列。因此，營利事業會計上採用權益法之會計處理，期末認列之投資損失，在結算申報時，因並未實現，需帳外調整予以剔除。同時申報投資損失時，除須取得證明文件外，尚須注意投資損失之認列年度，若被投資事業減資而認列虧損者，其須經主管機關核准者，如上市公司減資需經證期局核准，重整公司之減資須經法院核准，則以主管機關核准之年度為準，其無需經主管機關核准者，則以股東會決議減資之基準日之年度為投資損失之認列年度。

三、會計處理

見第 10-5 節。

四、會計憑證

㈠投資損失應有被投資事業之減資彌補虧損、合併、破產或清算證明文件。在國外者應有駐外單位驗證或證明，大陸地區則為陸委會委託機構證明。若被投資事業在國外且無實質營運活動者，應以其轉投資具有實質營運之事業，因營業上虧損致該國外被投資事業發生損失之證明文件辦理認證。

㈡投資損失基準日，減資者為股東會決議日；合併者為合併基準日；破產者為法院裁定日；清算者為結算表冊經股東會承認之日。

9-5 兌換盈益及兌換虧損

一、參考法條

㈠查準第二十九條（兌換盈益）

1. 兌換盈益應以實現者列為收益，其僅係因匯率調整而發生之帳面差額，免列為當年度之收益。

2. 兌換盈益應有明細計算表以資核對，有關兌換盈虧之計算，得以先進先出法或移動平均法之方式處理。

3. 營利事業國外進、銷貨，其入帳匯率與結匯匯率變動所產生之收益，應列為當年度兌換盈益，免再調整其外銷收入或進料、進貨成本。

㈡查準第九十八條（兌換虧損）

1. 兌換虧損應以實現者列為損失，其僅係因匯率之調整而產生之帳面差額，不得列計損失。

2. 兌換虧損應有明細計算表以資核對。有關兌換盈虧之計算，得以先進先出法或移動平均法之方式處理。

3.營利事業國外進、銷貨，其入帳匯率與結匯匯率變動所產生之損失，應列為當年度兌換虧損，免再調整其外銷收入或進料、進貨成本。

二、要點說明

　　營利事業因經營出口及進口業務，或因向國外購買固定資產設備或因營業上資金調度之需要，向國外金融機構借款所產生應收款項及應付款項，規定須以外幣為結算單位。若因各國貨幣之兌換匯率時有變動，因而產生兌換盈益或兌換虧損，依照所得稅法規定，兌換盈益或兌換虧損，原則上應以實際發生並已實現者，始得認列。其他因匯率調整而發生之帳面差額，不得認列為當年度之利益或損失。

　　營利事業國外進、銷貨，其入帳匯率與結匯匯率變動所產生之收益或損失，應列為當年度兌換盈益或虧損，免再調整其外銷收入或進料、進貨成本。

　　兌換虧損應有明細計算表，以資核對，至於兌換盈虧之計算，得以先進先出法或移動平均法之方式處理。

三、會計處理

範例

8.大興公司於 1 月 20 日通關出口貨品一批，計美金 10,000 元，設該日美元及臺幣之匯率為 1：28.50，該貨款於 2 月 10 日收到並辦理結匯，匯率為 1：28.00，另匯出佣金支出新臺幣 20,000 元，扣除銀行手續費新臺幣 3,000 元，則其分錄為何？

解答

　　(1) 1 月 20 日出口日

　　　　應收帳款……………………………………………… 285,000

　　　　　　銷貨收入……………………………………………… 285,000

(2) 2 月 10 日結匯日

現金或銀行存款……………………………………………… 257,000

出口費用…………………………………………………… 3,000

佣金支出…………………………………………………… 20,000

兌換虧損…………………………………………………… 5,000

　　應收帳款……………………………………………………… 285,000

9. 大南公司於 2 月 10 日向大通銀行辦理外銷貸款美金 10,000 元，該日美元及臺幣之匯率為 1：28.50，該款項於同年 4 月 10 日清償，設當時匯率為 1：29，則其分錄為何？

解答

(1) 2 月 10 日借款時

現金或銀行存款…………………………………………… 285,000

　　短期借款…………………………………………………… 285,000

(2) 4 月 10 日清償時

短期借款…………………………………………………… 285,000

兌換虧損…………………………………………………… 5,000

　　現金或銀行存款…………………………………………… 290,000

10. 安貞公司 12 月 31 日銀行美元存款 500,000 美元，帳上金額 14,800,000 元，當日匯率 30：1。

解答

兌換利益 = 30 × 500,000 − 14,800,000 = 200,000

銀行存款…………………………………………………… 200,000

　　兌換利益…………………………………………………… 200,000

年底因匯率調整而發生之帳面差額，申報時不必列為收入。

四、會計憑證

(一) 兌換虧損或盈益應有明細計算表，以資核對。

(二) 須有向銀行押匯之憑證。

9-6 出售資產增益及出售資產損失

一、參考法條

(一) 查準第三十二條（出售或交換資產利益）

1. 出售資產之售價，大於資產之未折減餘額部分，應列為出售資產收益課稅。但依政府規定儲備戰備物資而處理財產之增益，出售非屬所得稅法第四條之四第一項規定之土地之增益，及符合同法第四條之五第一項第二款、第四款規定之土地、第三款規定之土地及其土地改良物之增益，免納所得稅；如有損失，應自該項增益項下減除。

2. 資產之交換，應以時價入帳，如有交換利益，應予認列。其時價無法可靠衡量時，按換出資產之帳面金額加支付之現金，或減去收到現金，作為換入資產成本入帳。

3. 自中華民國 75 年 1 月 1 日起，營利事業與地主合建分成、合建分售土地及房屋或自行以土地及房屋合併銷售時，其房屋款及土地款未予劃分或房屋款經查明顯較時價為低者，稽徵機關應依查得時價計算房屋銷售價格；其無查得時價者，房屋銷售價格（含營業稅）應依房屋評定標準價格（含營業稅）占土地公告現值及房屋評定標準價格（含營業稅）總額之比例計算。其計算公式如下：

房屋銷售價格（含營業稅）＝土地及其房屋之銷售價格（含營業稅）×〔房屋評定標準價格×（1＋營業稅徵收率）÷〔土地公告現值＋房屋評定標準價

格 × （1 ＋ 營業稅徵收率）〕｝

房屋銷售收入 ＝ 房屋銷售價格（含營業稅）÷（1 ＋ 營業稅徵收率）

4.房屋款或土地款之時價，應參酌下列資料認定之：

(1) 金融機構貸款評定之價格。

(2) 不動產估價師之估價資料。

(3) 大型仲介公司買賣資料扣除佣金加成估算之售價。

(4) 法院拍賣或國有財產署等出售公有房屋、土地之價格。

(5) 報章雜誌所載市場價格。

(6) 臨近地區政府機關或大建築商建造房屋之成本價格，加上同業之合理利潤估算之時價。

(7) 出售土地帳載金額或房屋帳載未折減餘額估算之售價。

(8) 其他具參考性之時價資料。

(9) 時價資料同時有數種者，得以其平均數認定。

5.營利事業以應收債權、他公司股票或固定資產等作價抵充出資股款者，該資產所抵充出資股款之金額超過成本部分，應列為收益；其自中華民國93年1月1日起，以技術等無形資產作價抵充出資股款者，亦同。

(二)查準第一百條（出售或交換資產損失）

1.資產之未折減餘額大於出售價格者，其差額得列為出售資產損失。

2.資產之交換，應以時價入帳，如有交換損失應予認列。其時價無法可靠衡量時，按換出資產之帳面價值加支付之現金，或減去收到現金，作為換入資產成本入帳。

3.營利事業以應收債權、他公司股票或固定資產等作價抵充出資股款者，該資產所抵充出資股款之金額低於成本部分，得列為損失；其自中華民國93年1月1日起，以技術等無形資產作價抵充出資股款者，亦同。

(三)查準第二十四條之二（出售不動產所得歸屬年度之認定）

營利事業出售不動產，其所得歸屬年度之認定，應以所有權移轉登記日期為準，但所有權未移轉登記予買受人以前，已實際交付者，應以實際交付日期

為準；兩者皆無從查考時，稽徵機關應依其買賣契約或查得資料認定之。

二、要點說明

營利事業出售資產之售價，大於帳面未折減餘額部分，或固定資產與他人交換固定資產，其換進資產之價格大於換出資產之未折減餘額部分，稱為出售資產增益；反之，營利事業出售資產之售價小於帳面未折減餘額部分，或固定資產與他人交換固定資產，其換進資產之價格小於換出資產未折減餘額部分，稱為出售資產損失。

稅法對出售資產增益或損失，係以出售資產之價格與該項資產之帳面價值大小，來決定其損益，售價大於帳面價值有出售資產增益；反之，則有出售資產損失。

資產交換應按時價入帳，並認列交換損益。如無時價，則以換出資產帳面價值加上支付現金，或減去收到現金，作為換入資產成本。

營利事業以應收債權、他公司股票或固定資產等作價抵充出資股款者，該資產所抵充出資股款之金額低（高）於成本部分，得列為損失（利益）；以技術等無形資產作價抵充出資股款者，亦同。

三、出售資產增益與營業稅及所得稅之免徵規定

㈠依照營業稅法之規定，固定資產之交易除出售土地可免開立統一發票外，其他均須開立統一發票，至於其課徵營業稅之方法，則按下列原則辦理：

1.若屬按加值額課徵營業稅之營業人，除出售土地可免開立統一發票外，應課徵營業稅，並依規定開立統一發票。

2.非加值型營業人銷售其非經常買進、賣出而持有之固定資產，免徵營業稅。

㈡依照所得稅法規定，除下列外，均應列入出售資產增益課稅：

1.出售 94 年 12 月 3 日以前取得的土地而產生之增益。

2.依照政府之規定為儲備戰備物資，而處理財產之增益。

四、會計處理

 範例

11. 大全公司 7 月 1 日出售機器一部售價 1,000,000 元,稅外加,該機器購入成本為 2,000,000 元,帳上截至出售時為止累計折舊 1,600,000 元,試做 7 月 1 日出售時之分錄。

解答

　　7 月 1 日

現金或銀行存款…………………………………… 1,050,000	
累計折舊─機器設備…………………………… 1,600,000	
機器設備…………………………………		2,000,000
出售資產增益……………………………		600,000
銷項稅額…………………………………		50,000

12. 大肯公司 8 月 1 日同時出售 104 年以前取得之房屋及土地,總售價 240 萬元含營業稅,未分別約定房屋及土地售價,已知土地公告現值為 70 萬元,房屋評定價值為 90 萬元,設該土地取得成本 75 萬元,房屋取得成本為 150 萬元,截至出售時,已提列折舊 105 萬元,繳土地增值稅 10 萬元,試作:(1) 繳土地增值稅之分錄;(2) 該項土地及房屋出售之分錄。

解答

　(1) 8 月 1 日繳納土地增值稅

土　地………………………………………… 100,000	
現金或銀行存款…………………………………	100,000

　　營利事業出售土地所繳納之土地增值稅,應在該項出售土地收入項下減除,不得列為稅捐。

(2) 8 月 1 日出售土地及房屋

現金或銀行存款……………………………………… 2,400,000

累計折舊—房屋……………………………………… 1,050,000

　　房　屋………………………………………… 1,500,000

　　土　地………………………………………… 850,000

　　銷項稅額……………………………………… 65,653

　　出售資產增益—房屋………………………… 863,070

　　出售資產增益—土地………………………… 171,277

說明：

① 營業稅方面

　　營業人以土地及其定著物合併銷售時，除銷售價格表土地與定著物分別載明者外，依房屋評定標準價格（含營業稅）占土地公告現值及房屋評定標準價格（含營業稅）總額之比例，計算定著物部分之銷售額，土地免徵營業稅，其他固定資產須加徵營業稅，該項資產出售因契約未分別載明土地及房屋之售價，故按上述公式分別計算其銷售額，本例房屋銷售額為 1,313,070 元，加徵營業稅 65,653 元。

$$房屋銷售價格 = 240 萬 \times \frac{90 \ (1+5\%)}{70 + 90 \times (1+5\%)} = 1,378,723$$

$$房屋之銷售額 = \frac{1,378,723}{1+5\%} = 1,313,070$$

$$營業稅 = 1,313,070 \times 5\% = 65,653$$

$$土地 = 2,400,000 - 1,313,070 - 65,653 = 1,021,277$$

② 所得稅方面

　　營利事業出售土地之財產交易所得免徵所得稅，應在結算申報營利事業所得稅時以帳外方式調整。本例土地之出售資產增益為 171,277 元（1,021,277 − 850,000），房屋之出售資產增益為 863,070 元〔1,313,070 − (1,500,000 − 1,050,000)〕。105 年 1 月 1 日以後取得之土地要課所得稅，見第 4-11 節說明。

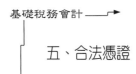

五、合法憑證

出售資產增益或損失，應保留出售時所開立發票及原始取得憑證。

9-7　　商品盤盈及商品盤損

一、參考法條

查準第一百零一條（商品盤損）

㈠ 商品盤損之科目，僅係對於存貨採永續盤存制或經核准採零售價法者適用之。

㈡ 商品盤損，已於事實發生後三十日內檢具清單報請該管稽徵機關調查，或經會計師盤點並提出查核簽證報告或年度所得稅查核簽證報告，經查明屬實者，應予認定。

㈢ 商品盤損，依商品之性質可能發生自然損耗或滅失情事，無法提出證明文件者，如營利事業會計制度健全，經實地盤點結果，其商品盤損率在 1% 以下者，得予認定；盤損率之計算公式如下：

1.買賣業

$$\frac{盤損金額}{期初存貨＋本期進貨－進貨退出及折讓}$$

2.製造業

$$\frac{盤損金額}{原物料、製成品及在製品期初存貨＋本期進料－進料退出及折讓＋直接人工＋製造費用}$$

二、要點說明

　　營利事業採用永續盤存制或經核准採零售價法者，期末實地盤點存貨時其原物料、在製品、製成品及商品等存貨，實際存量大於帳載存量，則為商品盤盈，要借記存貨，貸記商品盤盈。反之，若實地盤點之存貨，其實際存量小於帳載存量，則為商品盤損，要借記商品盤損，貸記存貨。營利事業平時採用永續盤存制，隨時記錄原物料之進、銷、存及商品之買賣者，始有商品盤盈或商品盤損，營利事業期末必定要盤點一次，以便決定商品盤盈或盤損。若平時對存貨採用實地盤存制，則無商品盤盈或盤損可言。盤盈、盤損依公認會計原則，應列為銷貨成本。

三、會計處理

範例

13. 大華公司平時對存貨採用永續盤存制，年終實地盤點時，發現原料較帳載少2,000元，商品較帳載少5,000元，則其分錄為何？

解答

銷貨成本－商品盤損………………………………	7,000	
原　料……………………………………………		2,000
存　貨……………………………………………		5,000

四、合法憑證

　㈠ 平時採用永續盤存制或經核准採零售價法者。

　㈡ 商品盤損應有下列憑證之一，始可認定：

　1. 盤點發生盤損於事實發生後三十日內檢具盤損清單，報請該管稽徵機關

調查屬實者。

2. 經會同會計師盤點，由會計師提出盤點簽證報告或年度所得稅查核簽證報告，並有正當理由及證明文件證明盤損事實，並經稽徵機關查明屬實者。

3. 商品盤損，依商品之性質，不可能提出證明文件，如營利事業會計制度健全，經實地盤點結果，其商品盤損率在 1% 以下者。

9-8 商品報廢

一、參考法條

查準第一百零一條之一（商品報廢）

㈠ 商品或原料、物料、在製品等因過期、變質、破損或因呆滯而無法出售、加工製造等因素而報廢者，除可依會計師查核簽證報告或年度所得稅查核簽證報告，並檢附相關資料核實認定其報廢損失者外，應於事實發生後三十日內檢具清單報請該管稽徵機關派員勘查監毀，或事業主管機關監毀並取具證明文件，核實認定。

㈡ 生鮮農、魚類商品或原料、物料、在製品，因產品特性或相關衛生法令規定，於過期或變質後無法久存者，可依會計師查核簽證報告或年度所得稅查核簽證報告，並檢附相關資料核實認定報廢損失。

㈢ 依前二款規定報廢之商品或原料、物料、在製品等，如有廢品出售收入，應列為其他收入或商品報廢損失之減項。

二、要點說明

商品或原料、物料、在製品等因過期、變質、破損等因素而報廢者，或生鮮農、魚類商品或原料、物料、在製品，因產品特性或相關衛生法令規定，於

過期或變質後無法久存者，除可依會計師查核簽證報告或年度所得稅查核簽證報告，並檢附相關資料核實認定其報廢損失者外，應於事實發生後三十日內檢具清單，報請該管稅捐稽徵機關派員勘查監毀，或事業主關機關監毀並取具證明文件，核實認定其報廢損失。

三、會計處理

範例

14. 大嘉藥品公司，因藥品儲存有效期間過期藥品 100,000 元，報請國稅局派員監毀，取具文件，准予核實認定，其分錄為何？

解答

銷貨成本－商品報廢………………………………………	100,000	
存　貨……………………………………………		100,000

四、合法憑證

(一) 取具會計師查核簽證報告或年度所得稅查核簽證報告。

(二) 稽徵機關派員監毀或事業主管機關監毀之證明文件。

(三) 會計師簽證之按月報廢清單。

9-9 || 災害損失

一、參考法條

查準第一百零二條（災害損失）

(一) 凡遭受地震、風災、水災、火災、旱災、蟲災及戰禍等不可抗力之災害損失，受有保險賠償部分，不得列為費用或損失。

(二) 前款災害損失，除船舶海難、空難事件，事實發生在海外，勘查困難，應憑主管官署或海事報告書及保險公司出具之證明處理外，應於事實發生後之次日起三十日內，檢具清單及證明文件報請該管稽徵機關派員勘查；其未受保險賠償部分，並依下列規定核實認定：

1.建築物、機械、飛機、舟車、器具之一部分遭受災害損壞，應按該損壞部分所占該項資產之比例，依帳面未折減餘額計算，列為當年度損失。

2.建築物、機械、飛機、舟車、器具遭受災害全部滅失者，按該項資產帳面未折減餘額計算，列為當年度損失。

3.商品、原料、物料、在製品、半製品及在建工程等因災害而變質、損壞、毀滅、廢棄，有確實證明文據者，應依據有關帳據核實認定。

4.因受災害損壞之資產，其於出售時有售價收入者，該項售價收入，應列入收益。

5.員工及有關人員因遭受災害傷亡，其由各該事業支付之醫藥費、喪葬費及救濟金等費用，應取得有關機關或醫院出具之證明書據，予以核實認定。

(三) 災害損失，未依前款規定報經該管稽徵機關派員勘查，但能提出確實證據證明其損失屬實者，仍應核實認定。

(四) 災害損失應列為當年度損失。但損失較為鉅大者，得於五年內平均攤列。

(五) 運輸損失：運輸損失均應提出證明。但依商品之性質不可能提出證明

者，得參酌當地同業該商品通常運輸損失率認定之。

二、要點說明

㈠營利事業凡受地震、風災、水災、火災、旱災、蟲災及戰禍等不可抗力之災害，其所遭受之損失，稱為災害損失。營利事業處理災害損失之扣除時，有兩點需要特別注意：(1) 受有保險賠償部分，不得扣除；(2) 須經過一定之報備程序，例如：一般災害損失，要向稅捐稽徵機關報備，竊盜損失則向警察機關報備。前項災害損失之報備，須注意下列三點：

1. 報請勘查：除船舶海難、空難事件，事實發生在海外，勘查困難，應憑主管官署或海事報告書及保險公司出具之證明處理，應於事實發生後之次日起三十日內，報請該管稽徵機關派員勘查。

2. 報備之稽徵機關：臺北市之營利事業，應向總公司所在地之轄區稽徵所報備，惟如該公司之工廠、分支機構設於臺北市以外之縣市者，可就近向工廠、分支機構所在地之國稅局分局、稽徵所申請派員勘查。例如：總公司設於臺北市中華路，工廠設於新北市土城區，工廠遭受颱風災害損失，可就近向北區國稅局新北市分局報備。

3. 報備應檢附之文件

(1) 報備災害損失申請函。

(2) 檢具災害損失申報書：如「營利事業固定資產及設備報廢或災害申報書」、「營利事業原物料、商品變質報廢或災害申報書」等書表。

(3) 檢具證明文件：查核準則並無明文規定何項文件，通常指災害現場之照片、保險公司或警察機關之證明、公證報告。

(4) 檢具損失清單。

㈡災害損失之認定，因為標的內容之不同，應依下列規定分別辦理：

1. 建築物、機械、飛機、舟車、器具之一部分遭受災害損壞，應按該損壞部分所占該項資產之比例，依帳面未折減餘額計算，列為當年度損失。

2. 建築物、機械、飛機、舟車、器具遭受災害全部滅失者，按該項資產未折減餘額計算，列為當年度損失。

　　3.商品、原料、物料、在製品、半製品及在建工程等因災害而變質、損壞、毀滅、廢棄,有確實證明文據者,應依據有關帳據核實認定。

　　4.員工及有關人員因遭受災害傷亡,其由各該事業支付之醫藥費、喪葬費及救濟金等費用,應取得有關機關或醫院出具之證明書據,予以核實認定。

　　5.運輸損失:運輸損失均應提出證明。但依商品之性質不可能提出證明者,得參酌當地同業該商品通常運輸損失率認定之。惟目前財政部並未訂定商品通常運輸損失率,可比照一般資產災害損失報經稽徵機關勘查核定。

　　㈢ 災害損失應列為當年度損失。但損失較為巨大者,得於五年內平均攤列。

三、會計處理

範例

15.大仁公司原料受水災浸濕全毀,該批原料取得成本 1,000,000 元,保險公司同意賠償 400,000 元,則其分錄為何?

解答

　　(1) 災害發生時

　　　　應收保險賠償款‥‥‥‥‥‥‥‥‥‥‥‥‥‥‥‥‥‥‥‥‥ 400,000

　　　　災害損失‥‥‥‥‥‥‥‥‥‥‥‥‥‥‥‥‥‥‥‥‥‥‥ 600,000

　　　　　原　料‥‥‥‥‥‥‥‥‥‥‥‥‥‥‥‥‥‥‥‥‥‥‥‥‥ 1,000,000

　　(2) 取得保險公司賠償時

　　　　現金或銀行存款‥‥‥‥‥‥‥‥‥‥‥‥‥‥‥‥‥‥‥‥ 400,000

　　　　　應收保險賠償款‥‥‥‥‥‥‥‥‥‥‥‥‥‥‥‥‥‥‥‥ 400,000

四、合法憑證

㈠ 建築物、機械、舟車及存貨等資產災害損失，應取得：1. 報經稽徵機關勘查核定或其他確實證據之證明文件；2. 帳載憑證文據。

㈡ 員工及有關人員因遭受災害傷亡之非資產災害損失，由營利事業支付醫藥費、喪葬費及救濟金等費用，則依下列取得憑證：1. 支付醫藥費應取得醫院之傷害證明及醫療收費收據；2. 死亡支付之喪葬費及救濟金（損害賠償金）應取得具領人之收據，及死亡證明書或戶籍機關之證明，因其為免稅所得，不必扣繳。

㈢ 運輸損失，因銷貨或進貨於運輸途中，因災害發生損失，應由營利事業取得證明文件，經查明核實認定。

9-10 ‖ 其他收入及其他費用或損失

一、參考法條

㈠ 查準第三十六條

銷售下腳及廢料之收入，應列為收入或成本之減項。其未依規定申報致短漏報所得者，應依所得稅法第一百十條之規定辦理。

下腳及廢料未出售者，應盤存列帳，其未列帳處理者，得依查得之資料調整之。

㈡ 查準第一百零三條（其他費用或損失）

1. 公會會費及不屬以上各條之費用，皆為其他費用或損失。

2. 下列其他費用或損失，可核實認定：

(1)因業務關係支付員工喪葬費、撫卹費或賠償金，取得確實證明文據者。

(2)因業務需要免費發給員工之工作服。

(3)違約金及沒收保證金經取得證明文據者。

(4)竊盜損失無法追回，經提出損失清單及警察機關之證明文件者，其未受有保險賠償部分。

(5)因車禍支付被害人或其親屬之醫藥費、喪葬費、撫卹費或賠償金等，經取得確實證明文件者，其未受有保險賠償部分。

(6)購置體育器具及本身舉辦員工體育活動所支付之各項費用。

(7)舞廳等依政府規定所繳納之特別許可年費。

(8)聘請外籍人員來臺服務，附有聘僱合約者，其到任及返任歸國之行李運送費用。

(9)表揚特優員工或慶典獎勵優良員工等之獎品。

(10)營利事業依法令規定應負擔之廢一般容器及廢輪胎等回收清除或處理費用。

(11)自中華民國 102 年 1 月 1 日起，營利事業與經銷商或客戶約定，以達到一定購銷數量或金額為招待旅遊之條件者，其招待經銷商或客戶國內外旅遊之費用，應按其他費用列支，並依所得稅法第八十九條規定列單申報該管稽徵機關。

3.其他費用或損失之原始憑證，除應取得確實證明文件者外，為統一發票或普通收據。

㈢所第二十四條第二項

營利事業帳載應付未付之帳款、費用、損失及其他各項債務，逾請求權時效尚未給付者，應於時效消滅年度轉列其他收入，俟實際給付時，再以營業外支出列帳。

㈣查準第一百零八條之二

營利事業帳載應付未付之帳款、費用、損失及其他各項債務，逾請求權時效尚未給付者，應於時效消滅年度轉列其他收入，俟實際給付時，再以營業外支出列帳。請求權可行使之日與帳載債務發生日期不同，或有時效中斷情

事，致未逾請求權時效者，應由營利事業提出證明文件據以核實認定；未能提出確實證明文件者，稽徵機關得依帳載債務發生日期及民法規定消滅時效期間認定時效消滅年度，轉列該年度之其他收入。

　　營利事業帳載應付股利，依所得稅法施行細則第八十二條第二項規定視同給付者，無所得稅法第二十四條第二項轉列其他收入規定之適用。

二、要點說明

㈠ 常見之其他收入

　　營業外收入，除利息收入、投資收入、兌換盈益、財產交易增益外，常見之其他收入有下列情形：

1. 佣金收入。
2. 保險公司之賠償收入。
3. 出售樣品收入。
4. 出售下腳或廢料之收入。
5. 帳載應付未付之費用或損失，逾請求權時效尚未給付者，應轉列其他收入。
6. 備抵呆帳限額超過法定部分，應轉列其他收入。

㈡ 常見之其他費用

　　營利事業常見之其他費用有下列情形：

1. 因業務關係支付員工喪葬費、撫卹費或賠償金，取得確實證明文據者。
2. 因業務需要免費發給員工之工作服。
3. 違約金及沒收保證金經取得證明文據者。
4. 竊盜損失無法追回，經提出損失清單及警察機關之證明文件者，其未受有保險賠償部分。
5. 因車禍支付被害人或其親屬之醫藥費、喪葬費、撫卹費或賠償金等，經取得確實證明文件者，其未受保險賠償部分。
6. 購置體育器具及本身舉辦員工體育活動所支付之各項費用。

7.舞廳等依政府規定所繳納之特別許可年費。

8.聘請外籍人員來臺服務,附有聘僱契約者,其到任及返任歸國之行李運送費用。

9.表揚特優員工或慶典獎勵優良員工等之獎品。

10.公會會費。

11.招待達到一定購銷數量或金額之經銷商或客戶國內外旅遊之費用。

以上第 2、6、7、8、9、10、11 點可列為營業費用之其他費用。

三、會計處理

範例

16.大通公司 4 月 1 日轎車一部被竊,該車成本 1,000,000 元,截至失竊時,累計折舊 600,000 元,經向警察機關報案,惟未尋回,則其分錄為何?

解答

　4 月 1 日遺失時

其他費用……………………………………………	400,000	
累計折舊—運輸設備………………………………	600,000	
運輸設備……………………………………………		1,000,000

17.大誠貨運公司,因發生車禍致行人張大德當場死亡,公司賠償張大德家屬 600,000 元並取具和解書一份,則其分錄為何?

解答

其他費用……………………………………………	600,000	
現金或銀行存款……………………………………		600,000

18.大勇公司發生車禍,轎車全毀,該轎車成本為 1,000,000 元,截至車禍時已提

列 400,000 元折舊，保險公司同意賠償 360,000 元，則其分錄爲何？

解答

(1) 車禍發生時

應收保險賠償款……………………………………	360,000	
累計折舊─運輸設備…………………………………	400,000	
其他損失……………………………………………	240,000	
運輸設備…………………………………………		1,000,000

(2) 收到保險公司賠償時

現金或銀行存款………………………………………	360,000	
應收保險賠償款…………………………………		360,000

四、合法憑證

㈠ 除應取得確實證明文件者外，爲統一發票或普通收據。

㈡ 違約金或沒收保證金，應取得契約及統一發票或收據。

㈢ 竊盜損失，應取得損失清單及向警察機關之報備文件。

㈣ 因車禍支付被害人或親屬之醫藥費、喪葬費、撫卹金或賠償金，應取得和解書或支付醫藥費、喪葬費之確實證明文件，但免辦扣繳。

㈤ 營利事業申報招待達到一定購銷數量或金額之經銷商或客戶國內外旅遊之費用，應檢具受招待之客戶、經銷商國內外觀光旅遊有關憑證；並應列單申報主管機關並填發免扣繳憑單予接受旅遊招待的經銷商或客戶，該經銷商或客戶亦應相對列報「其他收入」或「其他所得」，併計營利事業所得額或綜合所得總額，課徵所得稅。

第十章

資產、負債及權益

資產、負債及權益之估價，對損益亦有影響，故本章對資產、負債及權益之估價，以及未分配盈餘課稅加以說明。

10-1　流動資產之估價

一、存　貨

存貨之估價，可採成本與淨變現價值孰低法，亦可採用成本法，其中成本法又分為個別辨認法、先進先出法、加權平均法、移動平均法。銷售商品在二萬種以上者，可採零售價法，詳見〈銷貨成本〉一章之說明。

二、短期投資

有關投資之會計處理，財會已改變，見第 10-5 節說明。

三、應收款項

應收帳款及應收票據之估價，係以債權總額扣除預計備抵呆帳，有關呆帳之提列，詳見第 7-8 節呆帳之說明。

10-2 固定資產之估價

一、定　義

　　供營業上長期使用的資產稱之為固定資產，財會為「不動產、廠房及設備」，其估價係以成本扣除累計折舊後之餘額為準，茲就各種情況分別說明其成本如下。

二、成　本

㈠出價取得者

　　以現金購買者，其成本包括取得之代價，及因取得並為適於營業上使用而支付之一切必要費用。

㈡自行製造或建築者

　　自行製造或建築者，應按建造成本入帳。所謂建造成本，包括直接成本及應分攤之間接成本、稅捐及其他建造完成為止所發生之必要支出。

　　建築期間的利息應予資本化，依一般公認會計原則，係以月初累積支出額與當月支出款之二分之一，按月複利計算，其公式為：

$$（月初累積支出額＋當月支出款×1/2）×月利率＝當月應計資本化利息$$
$$月初累積支出額＋當月支出款＋當月應計資本化利息＝下月初累積支出額$$

　　至於稅務會計方面，則將付款至取得資產期間應付之利息費用、因建造或增建設備而借款之利息，在建造期間應付之利息費用，應作為該項資產之成本，但建造完成後，應行支付之利息，可作費用列支。據此可知應予資本化之利息金額，取決於取得期間（或建造期間）、資本化利率及借款用以取得（或

建造）資產之金額等之認定。

　　1.取得期間之認定：以取得所有權之時間爲準。所有權之取得須以登記爲要件者，其取得所有權之認定，以建築物爲例，係指取得該項建築物所有權狀爲準，但營利事業購置辦公用房屋，如因情形特殊，於遷入開始使用後，尙無法辦妥過戶手續取得所有權狀，可以付清價款開始使用之日爲取得資產日。

　　以分期付款購買資產者，如在價款付清前即已取得所有權者，其取得資產後所支付之利息，得以當年度費用列支；如於價款付清時方取得所有權者，在價款付清時所支付之利息，應併入資產之實際成本。以購置之固定資產向金融機構抵押借款者，其利息應列當期費用。

　　2.利率之決定：如以專案借款或僅有一筆借款，則以該借款利率資本化，如有多項借款且資金統一運用者，則以加權平均法計算。

　　3.取得資產之資金來源認定：營利事業借入款項與其自有之資金，一般均統籌運用，故取得資產或建造資產之資金，究來自於自有資金或借入款項，在認定上頗有困難，財政部規定如下：

　　(1)營利事業購置資產、增建設備或購置土地所支付之價款，與其借入款是否有關，稽徵機關應根據事實，予以查核認定。如營利事業認爲其取得資產或建築完成前所支付之借款利息與其固定資產或增建設備無關，應就其資金來源及運用情形提出充分說明，詳予查核。

　　(2)一般營利事業均提供取得資產資金來源分析表，及借入款資金去處分析表。

　　4.資本化利息之計算：應資本化之利息，通常以用於取得資產之借款，依利率按日或按月計算。

 範例

1.4 月 1 日以年利率 12% 借入款購買設備，預付訂金 1,200,000 元，5 月 1 日支付 1,800,000 元，該設備於 5 月 11 日安裝完成正式啓用，該借入款應資本化利息計算爲何？

解答

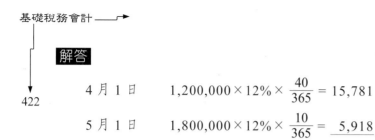

4 月 1 日　　　$1,200,000 \times 12\% \times \dfrac{40}{365} = 15,781$

5 月 1 日　　　$1,800,000 \times 12\% \times \dfrac{10}{365} = \underline{5,918}$

資本化利息合計……………………　$\underline{21,699}$

㈢ 接受租賃改良物

營利事業以土地出租與另一營利事業，於租期屆滿無條件取得承租人在租用土地上所建之固定資產時，應按該項資產依固定資產耐用年數表規定之年限，計提折舊後之帳面未折減餘額，列為當期營業外收入課稅，並按其剩餘之耐用年限，繼續逐年提列折舊。

㈣ 受贈資產

受贈資產按受贈時之公允價值入帳。來自營利事業之贈與應以收入處理可按期提列折舊准予認定；接受個人贈與帳上作收益，申報時帳外調整免列收入，但其折舊不予認定。

㈤ 交換取得之資產

其處理詳見第 9-6 節出售資產增益及損失之說明。

㈥ 無法提出證明文據之處理

納稅義務人對於各種資產之估價，不能提出確實證明文據時，該管稽徵機關得逕行估定其價額。

㈦ 租賃

以資本租賃方式取得資產，租金費用之處理，分為資本租賃及營業租賃二種狀況，詳見第六章〈營業費用〉之租金費用的說明。

㈧工程受益費

營利事業支付之道路工程受益費，屬資本支出，應按受益之土地及其改良物之價值，比例分攤該項受益費。（財政部 62.11.28. 臺財稅第 38878 號函）

三、折 舊

詳見第 7-9 節營業費用之說明。

四、處 分

詳見第 9-6 節出售資產增益及出售資產損失之說明。

10-3 遞耗資產

礦藏及森林、果樹等天然資源，稱為遞耗資產，遞耗資產之估價，是以成本扣除累計折耗後之價額為標準，耗竭之計算方法有生產數量法、收益百分比法，詳見第 7-10 節之說明。

10-4 無形資產之估價

營業上長期使用，沒有實際形體存在之資產為無形資產，無形資產之估價，係以成本扣除累計攤銷後之價額為準，其成本為可供使用前的必要支出，自己發展出來的無形資產，如商譽、專利權、商標等，僅以登記費用列為成本，至於攤銷，詳見第 7-10 節說明。

10-5 轉投資之估價

有關股票及債券投資之會計處理，商業會計法及國際財務報導準則均已改變，申報書會計項目也配合修改，但稅法仍未配合修改，分別說明如下：

一、採權益法之投資

投資公司對被投資公司有重大影響力（一般以持有投票權股份占 20% 以上爲判斷標準）時，應採權益法，採權益法於被投資公司結算損益時承認損益，收現金股利時，作爲投資收回（減少）；收股票股利時，只記載股數增加不必作分錄。但稅務申報時，收現金股利、盈餘配股的股票股利，以股利金額認列投資利益。依所得稅法規定，收到境內公司的股利免計入所得課稅；被投資公司結算損益，按投資比例認列損益之份額，因屬未實現損益，亦免列入課稅所得；但如被投資公司辦理減資彌補虧損，減資部分可認列損失。認列投資損益之會計項目爲「採用權益法之關聯企業及合資損益之份額」，範例中爲簡化，仍用投資利益、投資損失。

 範例

2. 大明公司於 109 年 1 月 1 日以每股 10 元，購入大欣股份有限公司股票 100,000 股，共 1,000,000 元，占大欣公司資本總額 4,000,000 元的 25%。

  109 年度大欣公司淨利 1,200,000 元

  110 年 5 月 1 日大欣公司發放現金股利 200,000 元

  　　　8 月 1 日大欣公司發放股票股利 600,000 元

  　　　12 月 31 日大欣公司全年淨損 300,000 元

  分別列示其會計處理。

解答

		分　　錄			稅務申報

109　1/1　採用權益法之投資……………………　1,000,000

　　　　　　現　金………………………………　　　　　　　1,000,000

　　12/31　採用權益法之投資……………………　300,000　　未實現收入，

　　　　　　投資利益……………………………　　　　　300,000　申報0元

　　　　投資利益 = 1,200,000×25% = 300,000

110　5/1　現　金…………………………………　50,000　　　股利免稅

　　　　　　採用權益法之投資……………　　　　　　　50,000

　　　　現金股利 = 200,000×25% = 50,000

　　8/1　不作分錄　　　　　　　　　　　　　　　　　　　　股利免稅

　　　　股數增加 600,000×25%÷10 = 15,000 股

　　12/31　投資損失……………………………　75,000　　　未實現損失，

　　　　　　採用權益法之投資……………　　　　　　　75,000　申報0元

　　　　投資損失 = 300,000×25% = 75,000

二、透過損益按公允價值衡量之金融資產

　　當企業購入金融資產，會計處理選擇以公允價值評價，而且將公允價值變動列入損益，為「透過損益按公允價值衡量之金融資產」，會計項目太長故以 FVTPL 代替，舉例說明如下：

 範例

3. 大明公司於 108 年 11 月 1 日，以每股 12 元購入大欣股份有限公司股票 100,000 股，共 1,200,000 元，持股不足 1%，不具影響力，該股票作為「FVTPL」。
   108 年 12 月 31 日大明公司每股市價 13 元

109 年 4 月 1 日大欣公司發放現金股利每股 1 元，大明公司獲配 100,000 元

8 月 1 日大欣公司發放股票股利每股 0.5 元，大明公司獲配 50,000 元，5,000 股

12 月 31 日大欣公司每股市價 11.8 元

110 年 3 月 1 日以每股 12 元，將大欣公司 105,000 股股票全部出售

解答

	分　　　　錄		稅務申報
108　11/1	FVTPL……………………　1,200,000		
	現　金…………………	1,200,000	
12/31	FVTPL評價調整…………　100,000		未實現收益，
	FVTPL利益……………	100,000	申報0元

評價利益 = $13 \times 100,000 - 1,200,000$

　　　　　= $100,000$

評價利益為收益科目，列入損益表

109　4/1	現　金……………………　100,000		股利免稅，申
	股利收入………………	100,000	報0元

收到現金股利列為收益

8/1	股票股利不作收入		股利免稅，申
	股數 = 100,000 + 5,000 = 105,000 股		報0元
12/31	FVTPL損失…………………　61,000		未實現損失，
	FVTPL評價調整………	61,000	申報0元

評價損失 = $1,300,000 - 11.8 \times 105,000$

　　　　　= $1,300,000 - 1,239,000 = 61,000$

110　3/1	現　金……………………　1,260,000		證券交易所得
	FVTPL…………………	1,200,000	免稅，申報0
	FVTPL評價調整………	39,000	元，但要計算
	處分投資利益…………	21,000	基本稅額

三、透過其他綜合損益

不是交易目的、未指定公允價值變動列入損益金融資產，將歸類為「透過其他綜合損益按公允價值衡量之金融資產（FVOCI）」，其會計處理與FVTPL不同處為期末評價：

㈠ 現金股利

列為股利收入。

㈡ 期末評價

兩者均按公允價值評價，但「FVTPL」評價科目為「FVTPL 利益」、「FVTPL 損失」，為收益或費損科目，列入損益表；「FVOCI」評價科目為「FVOCI 未實現評價利益」、「FVOCI 未實現評價損失」，為其他綜合損益，期末結轉其他權益，列入資產負債表，兩科目亦可併為「FVOCI 未實現評價損益」，有借餘為減項，貸餘為加項。

㈢ 處分

處分時，「FVOCI」之「其他權益—FVOCI 未實現評價損益」可以轉入保留盈餘，不得重分類為損益。

 **範例**

4. 同前例 3，但購入作為「FVOCI」，各日應有分錄如下：

解答

分　　　錄			稅務申報
108　11/1　FVOCI……………………	1,200,000		
現　金…………………		1,200,000	
12/31　FVOCI評價調整…………	100,000		未實現收益，
FVOCI未實現評價損益		100,000	不作收入

評價利益 = $13 × 100,000 − $1,200,000 = $100,000

未實現利益為其他綜合損益，期末結帳時轉入其他權益

| 109 | 4/1 | 現　金…………………………… | 100,000 | | 股利免稅，申 |
| | | 　　股利收入………………… | | 100,000 | 報0元 |

　　收現金股利列收入

| | 8/1 | 股票股利不作收入 | | | 股利免稅，申 |

　　股數 = 100,000 + 5,000 = 105,000 股　　　報0元

| | 12/31 | FVOCI未實現評價損益 | 61,000 | | 未實現損益， |
| | | 　　FVOCI評價調整………… | | 61,000 | 不作損失 |

評價損失 = 1,300,000 − $11.8 × 105,000

　　　　 = 1,300,000 − 1,239,000 = 61,000

結帳後項目餘額為：

FVOCI 評價調整 = 100,000 − 61,000

　　　　　　　 = 39,000

其他權益—FVOCI 未實現評價損益 = 100,000 − 61,000

　　　　　　　　　　　　　　　 = 39,000（貸餘）

110	3/1	現　金……………………………	1,260,000		證 券 交 易 所
		FVOCI評價調整…………		1,239,000	得免稅，申報
		FVOCI未實現評價損益…		21,000	0 元，要申報
					所得基本稅額

「FVOCI 未實現評價損益」貸方餘額 21,000 元期末轉入「其他權益—FVOCI 未實現評價損益」，轉入後「其他權益—FVOCI 未實現評價損益」貸方餘額為 39,000 + 21,000 = 60,000 元，因股票已出售，收益已實現，「其他權益— FVOCI 未實現評價損益」應轉未分配盈餘。

| 12/31 | 其他權益−FVOCI未實現評價損益 | 60,000 | |
| | 　　未分配盈餘 | | 60,000 |

四、債券投資

持有債券依持有目的分成：

㈠ 透過損益按公允價值衡量之金融資產（FVTPL）。

㈡ 按攤銷後成本衡量之金融資產（AC）。

㈢ 透過其他綜合損益按公允價值衡量之金融資產（FVOCI）。

分別說明如下：

㈠ 透過損益按公允價值衡量之金融資產

依債券面額及利率計算所得之利息列為利息收入，債券折價、溢價不必攤銷，期末按公允價值評價，評價損益列入損益表。仍以 FVTPL 釋例：

範例

5. 109 年 1 月 1 日以 950,258 元購入亞泥公司發行，年息 8%，每年 12 月 31 日付息，111 年 12 月 31 日到期，面額 1,000,000 元債券，作為 FVTPL，已知實際利率為年息 10%，109 年 12 月 31 日公允價值 960,000 元，110 年 12 月 31 日公允價值 990,000 元，債券在 110 年 12 月 31 日收息後以 990,000 元出售，試作 109 年到 110 年應有分錄。

解答

		分　　錄		稅務申報
109	1/1	FVTPL…………………… 950,258		
		現　金………………	950,258	
	12/31	現　金………………… 80,000		利息收入80,000元
		利息收入……………	80,000	
	12/31	FVTPL評價調整………… 9,742		未實現收入，申報
		FVTPL利益…………	9,742	0元

評價利益：960,000 － 950,258 ＝ 9,742，列入損益表

109 12/31	現　金………………………	80,000		利息收入80,000元
	利息收入………………		80,000	
12/31	FVTPL評價調整……………	30,000		處分債券損益為證
	FVTPL利益……………		30,000	券交易損益，不列
				所得，損失也不能
				扣除，申報0元

評價利益＝990,000－960,000＝30,000，列入損益表

12/31	現　金………………………	990,000	
	FVTPL…………………		950,258
	FVTPL評價調整………		39,742

已按市價評價，故出售時只有評價損益，無處分損益

(二) AC—債券

　　企業購入債券目的在收取本金及依本金計算的利息者列入本類。會計處理為折價、溢價要攤銷，期末不必按公允價值評價。

範例

6. 沿用上例購入亞泥公司債券例子，採利息法攤銷，作為按攤銷後成本衡量金融資產，其應有分錄為何？

解答

				折價攤銷表
年度	利息收入	利息收現	攤銷	債券投資餘額
109 1/1	—	—	—	950,258
109	95,026	80,000	15,026	965,284
110	96,528	80,000	16,528	981,812
111	98,188	80,000	18,188	1,000,000
111 12/31		1,000,000		0

分　　錄		稅務申報
109　1/1　按攤銷後成本衡量金融資產……　950,258		
現　金……………………	950,258	
12/31　現　金…………………… 80,000		利息收入80,000
按攤銷後成本衡量金融資產…… 15,026		元，按票面計算利
利息收入…………………	95,026	息申報
利息收入 = 950,258×10% = 95,026		
110　12/31　現　金………………… 80,000		利息收入80,000元
按攤銷後成本衡量金融資產… 16,528		
利息收入………………	96,528	
利息收入 = 965,284×10% = 96,528		
12/31　現　金………………… 990,000		證券交易所得免
按攤銷後成本衡量金融資產	981,812	稅，申報所得0元
處分投資利益…………	8,188	

(三)透過其他綜合損益按公允價值衡量金融資產

債券投資目的在收取合約現金流量及出售債券兩種目的兼具者，列為本類資產。其會計處理為要作折價或溢價攤銷，期末還要依公允價值評價，評價損益列為其他綜合損益，可比照前兩種處理，在此不作介紹。

10-6 ‖ 遞延資產之估價

遞延資產又稱遞延費用，是指分由數年負擔之費用，目前資產分類中，已將此項消除，預付費用、用品盤存等，列入流動資產中，公司債之發行費用及折價，按公司債償還期限分攤，發行費用列為其他費用或溢價減項，公司債折價則列為應付公司債減項。

開辦費係指因設立營利事業所發生之必要費用，如發起人報酬、律師與會計師公費、設立登記之規費、發起人開會之費用、股份招募與承銷之費用及其

他與設立有關之費用。開辦費為費用科目,正式營業前與開辦無關之費用,如租金支出、水電費等,則以租金費用、水電費……列帳,不再併入開辦費。

10-7 解散廢止資產之估價

解散、廢止或轉讓時,有些資產並未實際出售,並無成交價格,因此宜對其估價加以規定,合併時以時價為估價標準,如無時價,房屋及土地以外之固定資產、無形資產及遞耗資產,得以合併基準日臺灣地區躉售物價指數調整,建築物以稽徵機關評定房屋現值為估價標準,土地以公告現值為準;清算終結尚有資產者,存貨得以查得之市價為準,固定資產則按帳面價值適用資產重估倍數調整。

10-8 未分配盈餘之課稅

一、參考法條

(一) 所第六十六條之九

自 87 年度起至 106 年度止,營利事業當年度之盈餘未作分配者,應就該未分配盈餘加徵 10% 營利事業所得稅。自 107 年度起,營利事業當年度之盈餘未作分配者,應就該未分配盈餘加徵 5% 營利事業所得稅。

前項所稱未分配盈餘,指營利事業當年度依商業會計法、證券交易法或其他法律有關編製財務報告規定處理之本期稅後淨利,加計本期稅後淨利以外純益項目計入當年度未分配盈餘之數額,減除下列各款後之餘額:

1. 彌補以往年度之虧損及經會計師查核簽證之次一年度虧損。

2. 已由當年度盈餘分配之股利或盈餘。

3. 已依公司法或其他法律規定由當年度盈餘提列之法定盈餘公積,或已依

合作社法規定提列之公積金及公益金。

4.依本國與外國所訂之條約，或依本國與外國或國際機構就經濟援助或貸款協議所訂之契約中，規定應提列之償債基金準備，或對於分配盈餘有限制者，其已由當年度盈餘提列或限制部分。

5.依其他法律規定，由主管機關命令自當年度盈餘已提列特別盈餘公積或限制分配部分。

6.依其他法律規定，應由稅後純益轉為資本公積者。

7.本期稅後淨利以外純損項目計入當年度未分配盈餘之數額。

8.其他經財政部核准之項目。

前項第二款至第六款，應以截至各該所得年度之次一會計年度結束前，已實際發生者為限。

營利事業當年度之財務報表經會計師查核簽證者，第二項所稱之本期稅後淨利、本期稅後淨利以外之純益項目及純損項目計入當年度未分配盈餘之數額，應以會計師查定數為準。其後如經主管機關查核通知調整者，應以調整更正後之數額為準。

營利事業依第二項第四款及第五款規定限制之盈餘，於限制原因消滅年度之次一會計年度結束前，未作分配部分，應併同限制原因消滅年度之未分配盈餘計算，加徵 5% 營利事業所得稅。

㈡ 所細第四十八條之十

本法第六十六條之九第二項第一款所稱彌補以往年度之虧損，指營利事業以當年度之未分配盈餘實際彌補其截至上一年度決算日止，依商業會計法、證券交易法或其他法律有關編製財務報告規定處理之待彌補虧損數額；所稱經會計師查核簽證之次一年度虧損，指營利事業次一年度財務報表經會計師查核簽證查定之本期稅後淨利（或淨損），加計本期稅後淨利（或淨損）以外純益項目計入該年度未分配盈餘數及減除本期稅後淨利（或淨損）以外純損項目計入該年度未分配盈餘數後之稅後純損金額。

本法第六十六條之九第二項第二款所定已由當年度盈餘分配之股利或盈餘，應以該股利或盈餘分配日在所得年度之次一會計年度結束前者為限。所稱

分配日,指營利事業分派股息及紅利之基準日;其未定分派股息及紅利之基準日或分派股息及紅利之基準日不明確者,以營利事業股東、社員、有限合夥合夥人同意或股東會決議分派股息及紅利之日為準。

本法第六十六條之九第二項第三款所定之法定盈餘公積、公積金及公益金,應以營利事業當年度盈餘實際提列數計算之。

營利事業當年度財務報表經會計師查核簽證查定之本期稅後淨利、本期稅後淨利以外之純益及純損項目計入當年度未分配盈餘之數額,如經主管機關查核通知調整者,營利事業應依本法第六十六條之九第四項規定,辦理當年度未分配盈餘之更正。

營利事業於九十四年度或以後年度依本法第六十六條之九第二項第四款及第五款規定限制之盈餘,於限制原因消滅年度之次一會計年度結束前,未作分配部分,應依本法第六十六條之九第五項規定加徵營利事業所得稅。

　　㈢所第一百零二條之二

營利事業應於其各該所得年度辦理結算申報之次年 5 月 1 日起至 5 月 31 日止,就第六十六條之九第二項規定計算之未分配盈餘填具申報書,向該管稽徵機關申報,並計算應加徵之稅額,於申報前自行繳納。其經計算之未分配盈餘為零或負數者,仍應辦理申報。

營利事業於依前項規定辦理申報前經解散或合併者,應於解散或合併日起四十五日內,填具申報書,就截至解散日或合併日止尚未加徵 10% 或 5% 營利事業所得稅之未分配盈餘,向該管稽徵機關申報,並計算應加徵之稅額,於申報前自行繳納。營利事業未依規定期限申報者,稽徵機關應即依查得資料核定其未分配盈餘及應加徵之稅額,通知營利事業繳納。

營利事業於報經該管稽徵機關核准,變更其會計年度者,應就變更前尚未申報加徵 10% 或 5% 營利事業所得稅之未分配盈餘,併入變更後會計年度之未分配盈餘內計算,並依第一項規定辦理。

營利事業依第一項及第二項辦理申報時,應檢附自繳稅款繳款書收據及其他有關證明文件、單據。

㈣ 所第一百零二條之三

稽徵機關應協助營利事業依限辦理未分配盈餘申報，並於申報期限屆滿前十五日填具催報書，提示延遲申報之責任。催報書得以公告方式為之。

營利事業未依規定期限，辦理未分配盈餘申報者，稽徵機關應即填具滯報通知書，送達營利事業，限於接到滯報通知書之日起十五日內補辦申報；其逾限仍未辦理申報者，稽徵機關應依查得資料，核定其未分配盈餘及應加徵之稅額，並填具核定稅額通知書，連同繳款書，送達營利事業依限繳納；嗣後如經調查另行發現課稅資料，仍應依稅捐稽徵法有關規定辦理。

㈤ 所第一百零二條之四

稽徵機關接到未分配盈餘申報書後，應派員調查，核定其未分配盈餘及應加徵之稅額，其調查核定，準用第八十條至第八十六條之規定。

㈥ 產業創新條例第二十三條之三

自辦理 107 年度未分配盈餘加徵營利事業所得稅申報起，公司或有限合夥事業因經營本業或附屬業務所需，於當年度盈餘發生年度之次年起三年內，以該盈餘興建或購置供自行生產或營業用之建築物、軟硬體設備或技術達一定金額（新臺幣 100 萬元），該投資金額於計算當年度未分配盈餘時，得列為減除項目。

二、要點說明

為避免公司藉保留盈餘為股東規避綜合所得稅，107 年以後年度未於次一年底前分配應加徵 15% 營利事業所得稅。

㈠ 未分配盈餘之計算

見第一點，參考法條 ㈠ 說明。

自辦理 107 年度未分配盈餘加徵營利事業所得稅申報起，公司或有限合夥事業因經營本業或附屬業務所需，於當年度盈餘發生年度之次年起三年內，該

盈餘興建或購置供自行生產或營業用之建築物、軟硬體設備或技術達一定金額（100萬元），該投資金額於計算當年度未分配盈餘時，得列為減除項目（產創 23-3）。

三、申報及繳納

自 87 年度起，營利事業當年盈餘應在次一年底前分配，未分配盈餘應在再次一年 5 月 1 日至 5 月 31 日止申報並繳納稅款。

四、釋例

中西公司 108 年度經會計師查核簽證之財務報表稅後純益 56,000,000 元，原依所得稅法第六十六條之九第二項第五款規定限制提列之特別盈餘公積 1,000,000 元，其限制原因於 108 年度消滅，並已於 108 年度盈餘分配中全數分配。

中西公司 108 年度經股東會承認之盈餘分配表如下：

中西公司
盈餘分配表
民國 108 年度

期初未分配盈餘	10,000,000	
加：本期稅後淨利	56,000,000	
加：以前年度提列特別盈餘公積本期轉回	1,000,000	
本期可供分配盈餘		67,000,000
分配項目：		
提列法定盈餘公積	5,600,000	
分配現金股利（註 1）	50,000,000	(55,600,000)
期末未分配盈餘		11,400,000

註 1：108 年度分配盈餘包括以前年度轉回特別盈餘公積 1,000,000 元及 108 年度稅後淨利分配 49,000,000 元。

108年度未分配盈餘申報書

☐本營利事業符合背面申報須知二免申報情形之一，本年度得免填報本申報表。（請於☐中打勾）

營利事業名　稱			

項次	項　　　　　　　目		金　　額
1	☐1～1 會計師查核簽證當年度財務報表所載之本期稅後淨利（經主管機關查核通知調整者，以調整更正後之數額為準）。 ☐1～2 當年度依商業會計法、證券交易法或其他法律有關編製財務報告規定處理之本期稅後淨利（當年度財務報表非經會計師查核簽證之營利事業適用）。	1	56,000,000
2-1	加：本期稅後淨利以外之純益項目計入當年度未分配盈餘之數額。	2-1	0
2-2	加：於94年度或以後年度依所得稅法第66條之9第2項第4款及第5款規定限制或提列之盈餘，於限制原因消滅年度之次一會計年度結束前未作分配之金額。	2-2	
3		3	
4		4	
5		5	
6	減：彌補以往年度之虧損。	6	
7	經會計師查核簽證之次一年度虧損額。	7	
8	已由當年度盈餘分配之股利或盈餘（分配日在108年度：＿＿＿＿元；分配日在109年度：＿＿＿＿元）。	8	49,000,000
9	已依公司法或其他法律規定由當年度盈餘提列之法定盈餘公積，或已依合作社法規定提列之公積金及公益金。	9	5,600,000
10	依本國與外國所訂之條約，或依本國與外國或國際機構就經濟援助或貸款協議所訂之契約中，規定應提列之償債基金準備，或對於分配盈餘有限制者，其已由當年度盈餘提列或限制部分。	10	
11	依其他法律規定，由主管機關命令自當年度盈餘已提列特別盈餘公積或限制分配部分。	11	
12	依其他法律規定，應由稅後純益轉為資本公積者。	12	
13	本期稅後淨利以外之純損項目計入當年度未分配盈餘之數額。	13	
14	其他經財政部核准之項目。	14	
15		15	
22	合計：當年度依所得稅法第66條之9規定計算之未分配盈餘。(1+……+5)-(6+……+15)	22	1,400,000
22-1	減：依產業創新條例第23條之3規定實質投資減除金額（即第A30頁(F)欄金額）	22-1	
22-2	未分配盈餘減除實質投資金額後之餘額（第22項－第22-1項）	22-2	
23	未分配盈餘應加徵稅額。（第22-2項×5%）	23	70,000
24	減：依法律規定之投資抵減稅額，本年度抵減稅額。	24	
25	減：行政救濟留抵稅額於本年度抵減額。	25	
26	減：以109年度結算申報應退還營利事業所得稅額抵繳之金額。（即第1頁第116欄金額）	26	
27	應自行繳納之未分配盈餘加徵5% 營利事業所得稅稅額（附自繳稅額繳款書）。(23-24-25-26)	27	70,000

表一、87年度以後特別盈餘公積變動表				
109年度期初餘額（一）	提列金額（二）	撥充資本、分配現金股利或轉回盈餘金額（三）	彌補虧損金額（四）	109年度期末餘額（五）=(一)+(二)-(三)-(四)

表二、以109年度上半年估計虧損列為107年度未分配盈餘減除項目者於本年度檢視結果			
☐是　☐否：107年度未分配盈餘申報書減除項目有列報109年度上半年估計虧損【勾選「是」者，請續填下列檢視表】			
以109年度上半年估計虧損列為107年度未分配盈餘減除項目之申報金額（一）	109年度財務報表經會計師查核簽證之實際虧損金額（若為盈餘或未經會計師查核簽證者，請填0）（二）	本年度申報加徵7減除金額（三）	應辦理更正增加107年度未分配盈餘之金額【(四)若為負值，請填寫0】(四)=(一)-(二)-(三)

附註：107年度未分配盈餘減除項目有列報109年度上半年估計虧損者（下稱估計虧損減項），依財政部109年5月4日台財稅字第10904550440號令規定，於辦理108年度未分配盈餘申報時，應檢視109年度財務報表全年度實際盈虧，如有上開釋令規定應調整估計虧損減填數額之情形，應更正107年度未分配盈餘申報，並補繳107年度未分配盈餘加徵之營利事業所得稅。

備註：請參閱背面申報須知

簽證會計師：　　　　　　　　　　（蓋章）

營利事業統一編號		分　局稽徵所收件編號	

（第11頁）

第十一章

資產重估價

11-1 參考法條

一、所得稅法第六十一條

本法所稱之固定資產、遞耗資產以及無形資產遇有物價上漲達 25% 時，得實施資產重估價；其實施辦法及重估公式由行政院定之。

二、查準第一百零九條

營利事業依資產重估價辦法辦理資產重估之未實現重估增值，免予計入所得課徵營利事業所得稅。但該資產於重估後發生轉讓、滅失或報廢情事者，應於轉讓、滅失或報廢年度，轉列為營業外收入或損失。

三、營利事業資產重估價辦法（中華民國 97 年 7 月 15 日修正發布）

第一章　總　　則

第 1 條　本辦法依所得稅法第六十一條之規定訂定之。

第 2 條　本辦法用詞，定義如下：

(1) 營利事業：指所得稅法第十一條第二項所稱之公營、私營或公私合營，以營利為目的，具備營業牌號或場所之獨資、合夥、公司及其他組織方式之工、商、農、林、漁、牧、礦、冶等營利事業。

(2) 重估價：指營利事業之資產，依本辦法之規定，重行估定其價值。

(3) 重估價基準日：指營利事業依第三條之規定，就該日營利事業帳面所有之資產辦理重估之日。

(4) 會計年度：指所得稅法第二十三條所規定之年度，以每年 1 月 1 日起至 12 月 31 日止爲一年度。但因原有習慣或營業季節之特殊情形，報經該管稽徵機關核准者，得變更起迄日期。

(5) 重估年度：指資產重估價基準日所屬之會計年度。

(6) 固定資產：指所得稅法第五十條所稱之固定資產，包括建築物、裝修附屬設備及船舶、機械、工具、器具等項，以及固定資產耐用年數表所列之細目。

(7) 遞耗資產：指所得稅法第五十九條所稱之遞耗資產，包括礦藏、森林、樹、油井等天然資源。

(8) 無形資產：指所得稅法第六十條所稱之無形資產，包括營業權、商標權、著作權、專利權及各種特許權等項目。

(9) 取得價值：包括下列二部分。但因轉讓、滅失或報廢情事，致減少之部分，應分別扣除之。

　①原始部分：指營利事業因購置、建築或製造資產所付之代價；其向外購入者，包括取得之代價及因取得並爲適於營業上使用而支付之一切必要費用；其自行製造或建築者，包括自設計、製造、建築以至適於營業上使用而支付之一切必要工料及費用；其因受贈、交換、抵償及其他情形而取得者，以原估價格，爲取得價值之原始部分。

　②增添部分：指資產取得後因擴充、換置、改良、修理而增加其價值或效能時所支付之代價。

(10) 帳面價值或稱帳載未折減餘額：指營利事業所有之固定資產、遞耗資產及無形資產在重估價基準日，各該資產帳戶所記載之取得價值減除折舊、耗竭及攤折累積額後之餘額。遞耗資產之耗竭及無形資產之攤折，如直接貸入各該資產帳戶項下不另設準備科目者，以各該資產帳戶結餘數額爲帳面價值。

(11) 資產重估價值：指營利事業所有固定資產、遞耗資產及無形資產在重估價以後之價值；其內容包括下列二部分：

　①帳面價值。

　②重估差價：指重估價值減除帳面價值後之差額。

(12) 物價指數，指臺灣地區年度躉售物價全年平均總指數。

第 3 條　營利事業之固定資產、遞耗資產及無形資產，於當年度物價指數較該資產取得年度或前次依法令規定辦理資產重估價年度物價指數上漲達 25% 以上時，得向該管稽徵機關申請辦理資產重估價，並以其申請重估日之上一年度終了日為基準日。

營利事業申請辦理資產重估價所適用之物價指數，由財政部洽請行政院主計總處於每年 1 月 25 日前提供，並據以編造物價倍數表發布之。

第 4 條　營利事業採非曆年制之會計年度而依本辦法之規定辦理資產重估價者，應以其開始月份所屬年序為其年序，適用財政部以曆年制為依據所發布之各該年度物價倍數重估之。

第二章　重估價資產之範圍及數量

第 5 條　營利事業重估資產之範圍，限於所得稅法第五十條、第五十九條及第六十條所稱之固定資產、遞耗資產與無形資產三類。

土地如有調整帳面價值之必要，應依土地法、平均地權條例之規定辦理，不適用本辦法之規定。

租用其他事業或個人之資產或已出售而尚未交付之資產，不論其資產本身或增添部分，均不得重估。

第 6 條　前條所列得重估之三類資產，其數量以該營利事業在重估價基準日，確為該營利事業所有之帳載數量為限；如經盤點後，發現其數量較帳面短少者，應按實有數量予以重估。

重估價基準日，帳載數量經盤點後較實有數量為少時，仍按帳載數量重估。在重估價基準日前，已提足折舊之資產，其帳面僅餘殘餘價值而未經報廢繼續使用者，不得重估。

營利事業購入已折舊足額或已逾出售人原定耐用年數之資產繼續使用時，其尚可使用之年數，曾於營利事業所得稅結算申報時，向稽徵機關申報，並提列折舊經認定有案者，得就其帳載未折減餘額辦理資產重估價。

重估價資產以出價取得並為重估價基準日帳面所有之資產及因受

贈、交換、抵償或其他情形而取得有帳面價值之資產為限。

第 7 條　營利事業所有固定資產、遞耗資產及無形資產，有下列各款情形之一者，得於重估價基準日前調整其帳面價值，作為重估價之依據：

(1) 在基準日前各年度中所提之折舊額，於申報所得額時，經稽徵機關核減，而未調整其累計折舊數額。

(2) 在基準日前各年度中，資產之取得價值，原列為費用支出，於計算所得額時，經調整為資本支出，而未記載於資產帳戶。

(3) 在基準日前，原未記載於資產帳戶之資產，而在重估價基準日前已將取得價格補列入資產帳戶。

第三章　重估價方法

第 8 條　營利事業各項資產重估價值，應按下列公式重估計算之：

(1) $(\text{取得價值}-\text{累計折舊}) \times \dfrac{\text{重估年度物價指數}}{\text{取得資產年度物價指數}} = \text{資產重估價值}$

(2) 營利事業之資產，曾於以往年度辦理重估價者：

$(\text{上次重估價值}-\text{上次重估後之累計折舊}) \times \dfrac{\text{重估年度物價指數}}{\text{上次重估年度物價指數}}$

$= \text{資產重估價值}$

第 9 條　營利事業依本辦法辦理資產重估價者，其部分資產價值雖未重估，仍以原帳面價值為重估價值。

第 10 條　營利事業經核准辦理資產重估價者，如其部分資產之重估年度物價指數未超過該資產取得年度物價指數達 25% 以上，該資產仍可辦理重估。

第 11 條　依本辦法辦理重估價資產之取得年度，依下列之規定認定之：

(1) 資產之取得，以取得所有權之年度為取得年度；其屬分期付款者，以入帳使用年度為取得年度。

(2) 資產取得後如發生擴充、換置、改良、修理等情事者，其增添部分，以其完成年度為取得年度。

(3) 訂購資產及跨年度工程，以完成取得記入資產科目之年度為取得年度，其屬向國外進口者，以實際取得並記入該資產科目之年度為取得年度。

(4) 資產由營利事業依法併購而取得者，取得時以原帳面數額轉入者，得以被併購事業原始取得該項資產之年度爲取得年度；其以成交價格入帳者，以併購年度爲取得年度。

(5) 資產之取得價值原列爲費用支出，於計算所得額時，經調整爲資本支出，而於基準日前補列入資產帳戶者，以其實際發生之年度爲取得年度。

(6) 原未記載於資產帳戶之資產，於基準日前已將其取得價值與數量補列入資產帳戶，且原始憑證齊全者，以其實際取得資產之年度爲取得年度。

(7) 資產由於受贈、交換、抵償或其他情形而取得者，應以其實際取得之年度爲取得年度。

(8) 重估資產實際支付款項，或實際取得之日期無從查考者，以完成取得記入資產科目之年度爲取得年度。

第 12 條　資產取得後，如發生擴充、換置、改良、修理等情事者，其增添部分與原始取得部分，應按照本辦法之規定，分別計算重估價值，並以其總和爲此項資產之重估價值。

第 13 條　營利事業之資產在重估價基準日前各年度中，如有依法應列計之折舊、耗竭及攤折而帳面未經調整者，應依所得稅法規定，補列折舊、耗竭及攤折額後，再行計算其重估價值。

第 14 條　重估資產增添部分之耐用年數，應以原始部分之未使用年數爲準。

第 15 條　重估資產以往年度折舊方法曾有變更者，於計算補列折舊額時，以應提列折舊年度所使用之折舊方法爲準。

第 16 條　資產取得後，如發生轉讓、滅失或報廢情事，而未於轉讓、滅失或報廢當時自帳上扣除者，於計算重估價值時，應追溯其取得年度而扣除之，取得年度無法決定時，按先進先出法計算，其累計折舊並應配合扣除之。

第四章　重估價程序

第一節　申　請

第 17 條　營利事業辦理資產重估價，應於其會計年度終了後第二個月一個月

内，檢具資產重估價申請書，敘明營利事業設立日期、會計年度起訖日期及曾否辦理資產重估價，向該管稽徵機關申請辦理。

446

第 18 條　該管稽徵機關接到前條規定之資產重估價申請書時，除有特殊情形者外，應自收到之日起一個月內，核定准否辦理；其未能於一個月內通知者，視為對於申請之核可。

第二節　重估申報

第 19 條　申請辦理資產重估價之營利事業，應自接到該管稽徵機關核准辦理重估通知書之日起六十日內，填具下列書表，向該管稽徵機關辦理重估價申報；其逾六十日之期限者，得展期於三十日內申報之：

(1) 資產重估價申報書。

(2) 重估資產總表及其明細表。

(3) 重估前後比較資產負債表。

第 20 條　營利事業遇有天災、戰禍以及其他不可抗力事故，不能於前條規定申報期限內辦理重估申報者，應於事故終了後三十日內，向該管稽徵機關申請核准展期申報。

前項展期申請以一次為限，最長不得超過一年。

第 21 條　營利事業以前各年度雖未辦理所得稅結算申報，而其歷年帳冊文據齊全記載連續者，亦得申請辦理資產重估價。

第 22 條　營利事業得委託經財政部核准登記為稅務代理人之會計師代為辦理資產重估事務，承辦會計師應依本辦法與其他有關法令規定負責辦理，就重估資產有關帳冊資料核點、複算，對於第十九條所規定之申報書表加以簽證，並向稽徵機關提出辦理資產重估報告書，敘明重估事實經過及意見。

第三節　改正申報

第 23 條　依照規定辦理重估申報之營利事業，如發現其重估價值有錯誤時，得於接到審定通知書前，填具規定書表向該管稽徵機關申報改正。

第 24 條　營利事業依第十九條及第二十條規定展期辦理重估申報者，不得為改正申報。

第四節　調查與審定

第 25 條　稽徵機關於接到重估價申報後，應即指定專人進行調查，其有改正

申報者，如係在審定通知書尚未發生前接到者，應併予調查。

稽徵機關進行調查時，營利事業應依稽徵機關規定時間提示有關重估資產之歷年帳冊文據備查，其未依限提示者，得通知限期補辦，屆期仍未補辦者，本年度不予重估。

營利事業有關重估資產之歷年帳冊文據過多搬送不易者，稽徵機關認有必要或因營利事業之申請，得派員就地調查。查審人員對重估資產之種類、數量，必要時得報經稽徵機關首長之核准，實地盤點。

查審人員實地調查或盤點時，應出示身分及指定調查範圍之證明文件，依法令規定進行調查或盤點，不得越出範圍，並應就查得情況作成報告。

稽徵機關對於營利事業依第二十二條規定委託會計師代為辦理資產重估簽證申報之案件進行調查時，除對所提供之簽證申報書表、資產重估報告書及其他有關表報說明尚有疑問或認為尚有應行查核事項，得向該會計師查詢，或通知會計師限期補具查核說明文件，或通知會計師向委託人調閱帳簿文據並備詢說明外，應就書面審查核定。但會計師屆期未提供帳簿文據或喪失稅務代理人資格，或其他原因致無法通知時，稽徵機關得直接向該委託人調取帳簿文據查核。

第 26 條　營利事業有關重估資產之歷年帳冊文據，因天災人禍等不可抗力之事故而滅失，經檢具證明文件或因逾法定保存年限予以銷燬，而於重估申報時聲明有案者，稽徵機關應就其現有帳冊、決算報表及稽徵機關現有之資料，進行調查。

第 27 條　營利事業辦理資產重估申報檢送之附表不全，稽徵機關應通知限期補送，逾期未予補送者，應就其已送之附表部分與有關之帳冊文據調查核定其重估價值。

第 28 條　稽徵機關於進行調查審核工作時，如發現其重估價值確有明顯之計算錯誤，應逕予更正。

第 29 條　稽徵機關於調查工作完成後，應組設資產重估審核小組，就調查報告、各項重估申報書表及改正申報書表予以審核，審定其重估價

值。

第 30 條　經依第十八條核准重估者，稽徵機關應於接到重估申報書表之日起九十日內，發出資產重估價審定通知書。如因案情複雜，未能於上述期間內審定者，得延長之；延長最長以九十日為限，並應於原處理期間屆滿前通知辦理申報之營利事業。

第 31 條　稽徵機關未能於前條所定期限內發出資產重估價審定通知書時，應以營利事業原申報或改正申報數額，視為審定資產重估價值。

第五節　複　審

第 32 條　營利事業對於審定重估價值不服時，得於接到資產重估價審定通知書後三十日內，填具複審申請書，向稽徵機關申請複審。但對於依第三十一條規定以原申報或改正申報數額視為審定資產重估價值者，不得申請複審。

第 33 條　稽徵機關接到複審申請書後，應即另行指派人員三人組成複審小組，於接到複審申請書之日起六十日內為複審之審定，並繕發複審審定通知書。

第六節　訴願及行政訴訟

第 34 條　（刪除）

第 35 條　營利事業不服審定資產重估價值提起訴願及行政訴訟期間，仍應以原審定之資產重估價值計課營利事業所得稅。

第五章　會計處理

第 36 條　營利事業應根據審定資產重估價值，自重估年度終了日之次日起調整原資產帳戶，並將重估差價，記入業主權益項下之未實現重估增值帳戶。

　　　　前項未實現資產重估增值，免予計入所得課徵營利事業所得稅。但該資產於重估後發生轉讓、滅失或報廢情事者，應於轉讓、滅失或報廢年度，轉列為營業外收入或損失。

第 37 條　營利事業按照前條第一項之規定調整原資產帳戶後，應就其重估價值自調整年度起依所得稅法之規定提列折舊、耗竭或攤折額，列為計算所得額之損費。

折舊、耗竭或攤折額計算時，應就資產未使用年數、產量或工作時間為依據，其原列有殘值者，並應根據重估倍數，比例增加。

受贈之固定資產，如於受贈時將該捐贈收入列為資本公積處理未予課稅者，其按重估價值所提列之折舊，不得列為當年度損費自所得額中減除。

第 38 條　營利事業如對審定之資產重估價值不服，而申請複審或提起訴願或行政訴訟者，仍應按原審定之資產重估價值調整，俟複審、訴願或行政訴訟確定應予變更後，再按確定之數額更正。

第 39 條～第 42 條　（刪除）

第六章　附　則

第 43 條　本辦法所用書表格式，由財政部訂之。

第 44 條　公營事業依本辦法之規定辦理資產重估價後，仍應依審計法第五十三條之規定將有關紀錄送交審計機關。

第 45 條　本辦法自發布日施行。

四、歷年來中華民國臺灣地區躉售物價指數及資產重估用物價倍數表

　　本表每年 1 月底左右公布，請上網查詢。

11-2 ‖ 要點説明

　　物價上漲是世界各國共同現象，為了避免物價上漲使得資產價值低估及費用偏低，造成虛盈或虛盈實虧，我國設有資產重估及資產漲價補償準備，其有關條件分別說明如下：

一、辦理重估條件

須物價指數上漲 25% 時,方可申請資產重估,例如:76 年物價倍數表中,67 年物價指數為 67.16,76 年為 89.24,物價上漲比例為 89.24÷67.16 − 1 = 32.88%,已超過 25%,故可申請資產重估。有一項資產符合重估條件,所有資產均可申請重估。例如:前例 67 年內購入一項資產,76 年物價上漲已超過 25%,68 年購入部分雖只上漲 16.73%,仍可辦理重估。

辦理重估時,如有物價指數下跌之情形,該下跌部分可不辦資產重估「減值」。例如:72 年物價指數為 98.64,76 年為 89.24,物價指數已下跌 1 − 89.24÷98.64 = 9.53%,辦理重估時,72 年部分可不申請重估。

民國 107 年 1 月,以 106 年底為準,68 年以前物價累積上漲達 25%,可以辦理重估,69 年至 105 年物價累積上漲未達 25%,不得重估。

二、辦理重估範圍

可以辦理資產重估價的項目,包括:

㈠ 固定資產

指所得稅法第五十條所稱之固定資產,包括建築物裝修附屬設備及船舶機械工具器具等項,以及固定資產耐用年數表所列之細目。

㈡ 遞耗資產

指所得稅法第五十九條所稱之遞耗資產,包括礦藏、森林、樹、油井等天然資源。

㈢ 無形資產

指所得稅法第六十條所稱之無形資產,包括營業權、商標權、著作權、專利權及各種特許權等項目。

不屬上列各項之資產,如存貨、應收帳款等均不得辦理資產重估。

在重估價基準日前，已提足折舊之資產，其帳面僅餘殘餘價值而未經報廢繼續使用者，不得重估。但購入已折舊足額或已逾出售人原定耐用年數之資產繼續使用時，其尚可使用之年數，曾於營利事業所得稅結算申報時，向稽徵機關申報，並提列折舊經認定有案者，得就其帳載未折減餘額辦理資產重估價。

在重估基準日之後出售的設備，雖重估時已出售，仍可辦理重估，例如：以 97 年 12 月 31 日為基準，在 98 年 3 月 1 日辦理重估，則 98 年 2 月 1 日出售之資產亦可辦理重估價。

三、重估價資產之數量

重估價資產之數量，以該營利事業在重估價基準日，確為該營利事業所有之帳載數量為限，如經盤點後，發現其數量較帳面短少者，應按實有數量予以重估。例如：帳載機器設備為三臺，實存機器僅為二臺，應將未存在一臺之成本及累積折舊沖銷，僅將實存二臺機器重估；如無法認定短少者究為哪一臺設備，按先入先出法計算。

經盤點後較帳載數為高時，例如：實存數為四臺時，仍按帳載三臺重估。

四、重估價值之計算

資產重估價值之計算，係以帳面價值乘以物價倍數而得。

 範例

1. 85 年 8 月 20 日購入加強磚造房屋成本 900,000 元，98 年中，以 97 年 12 月 31 日為基準辦理重估，則重估價值及重估差價分別計算為何？（97 年物價倍數表中，85 年倍數為 1.4527）

解答

(1) 加強磚造房屋耐用年限為 40 年

(2) 97 年物價為 85 年之 1.4527 倍

(3) 85 年折舊 $= \dfrac{900,000}{40+1} \times \dfrac{5}{12} = 9,146$

　　86 年折舊 $= \dfrac{900,000}{40+1} = 21,951$

　　97 年底止累計折舊 $= 9,146 + 21,951 \times 12 = 272,558$

(4) 重估價值 $= (900,000 - 272,558) \times 1.4527 = 911,485$

(5) 重估差價 $= 911,485 - (900,000 - 272,558) = 284,043$

(6) 重估後折舊之計算

　　重估後剩餘年限 $= 40 - 12\dfrac{5}{12} = 27\dfrac{7}{12}$，可四捨五入以 28 年計算以求簡便

　　重估後折舊 $= \dfrac{911,485}{28+1} = 31,430$

　　自 98 年起每年折舊增為 31,430 元。

　　以前年度如有少提折舊者，應先補提折舊再計算重估價值，但依法申請減提折舊，及適用加速折舊者因盈餘較少而減提折舊者，均可免補提折舊。

　　如以往年度曾辦理重估價者，重估價值計算如下：

（上次重估價值－上次重估後之累計折舊）$\times \dfrac{\text{重估年度物價指數}}{\text{上次重估年度物價指數}}$

＝資產重估價值

 範例

2. 61 年 5 月 1 日購入鋼筋、水泥房屋成本 3,050,000 元，作為辦公室使用，64 年中曾以 63 年為基準日辦理受估，77 年中再以 76 年底為基準，辦理重估，則重估價值計算為何？（77 年 1 月公布物價指數，63 年為 64.71，61 年為 37.46，76 年為 89.24）

解答

(1) 耐用年限：60 年（現為 50 年）

(2) 61 年折舊 $=\dfrac{3,050,000}{60+1}\times\dfrac{8}{12}=33,333$

　62 年折舊 $=\dfrac{3,050,000}{60+1}=50,000$

　63 年底累計折舊 $=33,333+50,000\times2=133,333$

　重估價值 $=(3,050,000-133,333)\times\dfrac{63\text{ 年物價指數 }(64.71)}{61\text{ 年物價指數 }(37.46)}$

$$=2,916,667\times1.7274$$

$$=5,038,251$$

　重估差價 $=5,038,251-2,916,667=2,121,584$

　64 年起剩餘年限 $=60-2\dfrac{8}{12}=57\dfrac{4}{12}$，以 57 年計

　64 年折舊 $=\dfrac{5,038,251}{57+1}=86,866$ 元

　64 年初至 76 年底止折舊 $=86,866\times13=1,129,258$

　重估價值 $=(5,038,251-1,129,258)\times\dfrac{89.24}{64.71}$

$$=3,908,993\times1.3791$$

$$=5,390,892$$

　77 年折舊 $=\dfrac{5,390,892}{(57-13)+1}=119,798$

五、土地的重估

　　土地的資產重估價，並不照物價指數，而是照土地公告現值調整。例如：82 年 4 月 1 日購入土地成本 5,000,000 元，當時土地公告現值為 1,500,000 元，95 年 12 月 31 日土地公告現值增為 9,000,000 元，設 95 年 12 月物價為 82 年 4 月之二倍，試計算土地重估增值金額。

　㈠土地增值稅計算

　土地增值稅係對土地自然漲價部分課稅，其金額為：

課稅增值額＝申報土地移轉現值－原規定地價（或前次移轉時所申報之土地

　　　　　移轉現值）$\times\dfrac{\text{物價指數}}{100}$－改良土地費用－工程受益費－土地重

　　　　　劃負擔總費用

以本例而言，前次移轉時所申報之土地移轉現值爲 1,500,000 元（一般均以公告現值申報土地移轉現值），故：

$$課稅增值額 = 9,000,000 - (1,500,000 \times \frac{200}{100}) = 6,000,000$$

土地增值稅採倍數累進，其稅率爲：

漲價倍數／持有期間	20 年以下	20～30 年	30～40 年	40 年以上
一倍以內	20%	20%	20%	20%
一倍至二倍	30%	28%	27%	26%
二倍以上	40%	36%	34%	32%

故土地增值稅稅額為（原地價以 $1,500,000 \times \frac{200}{100} = 3,000,000$ 為基準）

一倍以內	$3,000,000 \times 20\% =$	600,000
一倍至二倍	$3,000,000 \times 30\% =$	900,000
合計	6,000,000	1,500,000

㈡ 重估價值計算

土地係以重估基準日之公告現值爲重估價值，故重估價值 = 9,000,000。

㈢ 重估差價計算

土地重估差價，爲土地重估時之公告現值減土地成本及土地增值稅後之餘額，即：

$$重估差價 = 9,000,000 - 5,000,000 - 1,500,000 = 2,500,000$$

六、課稅規定

辦理重估而增值之部分，應列爲未實現重估增值，不必課稅，重估資產出售時，未實現重估增值應轉入當期損益。

一、申 請

辦理重估價之營利事業，應於其會計年度終了後之第二個月一個月內，填具資產重估價申請書，向國稅局申請資產重估價。例如：採曆年制者，應在 2 月 1 日至 2 月底申請資產重估，申請書並無固定格式，可參考下列申請書，註明設立日期、會計年度，以前年度是否重估向該管稽徵機關申請。

資產重估價申請書

受文者：財政部臺北國稅局

主　旨：本公司擬依照修正營利事業資產重估價辦法，申請資產重估。

說　明：一、本公司設立於　年　月　日。

　　　　二、本公司會計年度從 1 月 1 日至 12 月 31 日之曆年制會計制度。

　　　　三、本公司從未辦理重估價。

　　　　四、本公司擬依照修正營利事業資產重估價辦法，申請資產重估，請准予辦理資產重估價。

　　　　　　　　　　　　　　　　申請人：×××股份有限公司

　　　　　　　　　　　　　　　　地　址：臺北市×××

　　　　　　　　　　　　　　　　負責人：○○○

中　華　民　國　○　年　○　月　○　日

國稅局接到申請後，會在一個月內核定准否辦理，其未能於一個月內通知者，視為對於申請之核可。

一般而言，只要物價上漲達 25% 申請即可獲准，以 77 年為例，只要在民國 67 年以前取得固定資產，並且在 67 年以後未辦重估，申請均會獲得許可。

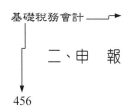
二、申　報

接到該管稽徵機關核准重估之日起六十日內，填具下列書表向該管稽徵機關辦理重估申報，其逾六十日之期限者，得展期於三十日內申報之。

(一) 資產重估申報書。

(二) 重估資產總表及其明細表。

(三) 重估前後比較資產負債表。

營利事業遇有天災、戰禍以及其他不可抗力事故，不能於規定申報期限內辦理重估申報者，應於事故終了後三十日內，向該管稽徵機關申請核准展期申報。前項展期申請以一次為限，最長不得超過一年。

即使未如期辦理重估，如下一年度仍符合條件，亦可再申請重估，只是重估日期延後一年而已。

三、改正申報

如發現重估價值有錯誤時，得於接到審定通知書前，向該管稽徵機關申報改正。但展期辦理重估申報者，不得為改正申報。

四、調查與審定

稽徵機關於接到重估價申報後，應即指定專人進行調查，營利事業應依稽徵機關規定時間提示有關重估資產之歷年帳冊文據備查，其未依限期提示者，得通知限期補辦，屆期仍未補辦者，本年度不予重估。

歷年帳冊文據過多搬送不易者，稽徵機關認有必要或因營利事業之申請得派員就地調查。查審人員對重估資產之種類、數量，必要時得報經稽徵機關首長之核准，實地盤點，但不得越出範圍，並應就查得情況作成報告。

歷年帳冊文據因天災人禍等不可抗力之事故而滅失，經檢具證明文件，或因逾法定保存年限予以銷燬，而於重估申報時聲明有案者，應就現有帳冊、決算表及稽徵機關現有之資料，進行調查。

資產重估申報之附表不全，稽徵機關應通知限期補送，逾期未予補送者，應就其已送之附表部分與有關之帳冊文據，調查核定其重估價值。

稽徵機關於進行調查審核工作時，如發現有明顯計算錯誤，應逕予更正，調查完成後，應組設審核小組予以審核，於接到重估申報書表之日起九十日內發出審定通知書，案情複雜者最多可延長九十天，逾期未發出時，應以營利事業原申報或改正申報數額視為審定資產重估價值。

五、複　審

對於審定重估價值不服時，得於接到審定通知書後三十日內，填具複審申請書申請複審，但以原申報或改正申請數額視為資產重估價值者，不得申請複審。

稽徵機關應於接到複審申請書六十日內為複審之審定，並繕發複審審定通知書。

六、訴願及行政訴訟

對複審之重估價值仍有不服者，得依法提起訴願及行政訴訟，但在訴訟期間，仍應以原審定之重估價值計課營利事業所得稅。

11-4　會計處理

一、一般資產

營利事業應根據審定資產重估價值，自重估年度終了日之次日起調整原資產帳戶，並將重估差價，記入資產增值準備帳戶。

範例

3. 98 年 2 月 15 日向財政部申請，以 97 年 12 月 31 日為重估基準日辦理重估，於 2 月 25 日獲得核可，並於 3 月 1 日向稅捐機關申報重估價值，於 8 月 1 日獲得照申報數審定，該公司取得資產日期及成本如下：

資產名稱	成　　本	取得日期	使用年限
辦公室	5,100,000	86.7.20	50 年

解答

(1) 重估價基準日　97 年 12 月 31 日

(2) 原折舊

辦公室 $= 5,100,000 \div (50 + 1) = 100,000$

(3) 帳面價值

累計折舊 $= 100,000 \times (\dfrac{6}{12} + 11) = 1,150,000$

帳面價值 $= 5,100,000 - 1,150,000 = 3,950,000$

(4) 物價倍數（97 年倍數表，以 97 年指數為 1，每年公布一次）

查表 86 年 $= 1.2603$

(5) 重估價值

辦公室 $= 3,950,000 \times 1.2603 = 4,978,185$

(6) 重估差價

$4,978,185 - 3,950,000 = 1,028,185$

(7) 重估後折舊

辦公室剩餘年限 $= 50 - 11.5 = 38.5$，以 39 年計

98 年折舊 $= (4,978,185 - 100,000 \times 1.2603) \div 39 = 124,414$

(8) 分錄（照 96 年以後財稅法令作分錄）

① 接獲審定書時

98	8/1	房　屋……………………………	1,028,185	
		未實現重估增值…………………		1,028,185

未實現重估增值準備列入股東權益項下，提出申請及獲得核可、申報重估時，均不必作分錄。

② 折舊

重估增值部分雖在 98 年 8 月 1 日入帳，但計算折舊仍以 98 年 1 月 1 日起計算，故 98 年折舊分錄為：

```
98  12/31  折    舊…………………………………………  124,414
               累計折舊－房屋………………………          124,414
```

459

二、土　地

土地按公告現值重估，並應承認土地增值稅。

 範例

4. 82 年 4 月 1 日購入土地成本 5,000,000 元，95 年 12 月 31 日公告現值為 9,000,000 元，預計土地增值稅為 1,500,000 元，96 年 1 月 1 日決定重估，由於土地重估不影響所得，故可自行依法調整入帳，不須申請，設於 1 月 5 日入帳，其分錄為何？

解答

```
96   1/5  土    地…………………………………………  4,000,000
               土地增值稅準備……………………………          1,500,000
               未實現重估增值……………………………          2,500,000
```

土地增值稅準備在資產負債表中，列為負債。

未實現重估增值，列入股東權益項下。

三、處分

重估資產處分時，未實現重估增值應轉入當期收益。

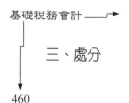

5.82 年 4 月 1 日購入土地成本 5,000,000 元，95 年 12 月 31 日公告現值 9,000,000 元，預計土地增值稅 1,500,000 元，96 年 1 月 5 日重估入帳，98 年 4 月 5 日以 12,000,000 元出售，繳納土地增值稅 1,700,000 元，試作應有分錄。

解答

98	4/5	處分資產利益（或土地）················	1,700,000	
		現　金···················		1,700,000

繳納土地增值稅，列為出售土地利益減少。

	4/5	現　金···················	12,000,000	
		土地增值稅準備···············	1,500,000	
		未實現重估增值···············	2,500,000	
		土　地···················		9,000,000
		處分資產利益···············		7,000,000

處分資產利益 7,000,000 元 − 1,700,000 元 = 5,300,000 元，與售價 12,000,000 元 − 原成本 5,000,000 元 − 土地增值稅 1,700,000 元 = 5,300,000 元相同，即土地重估，處分利益與不重估相同，處分土地所得免稅，申報所得 0 元。折舊性固定資產重估會使折舊增加，但處分利益會增加，各期損益合計總額相同。

以民國 105 年物價倍數表為例，民國 68 年購入者物價上漲才超過 25%，69 年以後均不符合重估條件，且重估後折舊增加使課稅所得減少，但報廢或處分時，未實現重估增值要全額轉列營業外收益或減少營業外費損，課稅所得會增加，好不容易辦了重估，只是提早承認費用，延後納稅時間，加上按物價指數重估不符合 IFRS 國際會計準則規定，現在辦理資產重估企業很少。

第十二章

稽徵程序與最低稅負

營利事業繳納營利事業所得稅的程序，包括暫繳、扣繳、結算申報、調查及核定，分別說明如下。

 12-1 ‖ 暫　繳

一、要點說明

㈠暫　繳

所得稅原採落後徵繳制度，年度結束後才計算全年所得額及應納稅額，此種課徵方式對於平時即須支出的國庫，在資金調度方面甚為不便，故有現時徵繳制出現，在綜合所得稅方面為扣繳，營利事業所得稅方面為暫繳，以上年度應納稅額之二分之一為暫繳稅額，或試算其前半年之課稅所得額，按當年度稅率，計算其暫繳稅額，如有已核定之投資抵減、扣繳稅額可用於抵繳暫繳稅額。

㈡未辦暫繳之處理

未照規定辦理暫繳者，由稽徵機關於 10 月 31 日前，按上年度應納稅額之一半核定暫繳稅額，通知納稅義務人於十五日內向庫繳納。由於繳納期限較自行申報在 9 月 30 日前繳納者約慢一個月，故須加計一個月利息一併繳納。但上半年無營業額者，免核定暫繳稅額。

㈢免辦暫繳

在中華民國境內無固定營業場所之營利事業，其營利事業所得稅選擇由營業代理人或給付人扣繳者，所得在取得時已扣繳完稅，不必再辦暫繳。依法免稅之財團法人等，亦可免辦暫繳。

經核定之小規模營利事業，不必依法設帳，其營業額及所得額由稽徵機關依法核定，亦免辦暫繳。上半年為小規模營業人者，亦可免辦暫繳。

教育文化團體亦可免辦暫繳。98 年起非採試算方式計算之暫繳稅額在新臺幣二千元以下者，免辦理暫繳。

(四) 暫繳申報規定

營利事業可採用下列兩種方式之一，辦理當年度營所稅暫繳申報（所 67）：

1. 按上年度稅額計算暫繳申報

(1) 適用對象：一般營利事業。

(2) 稅額計算：按其上年度結算申報營利事業所得稅應納稅額之二分之一為暫繳稅額。暫繳稅額減除尚未抵減之各類投資抵減稅額、行政救濟留抵稅額及扣繳稅額後之餘額，即為應自繳之暫繳稅額。

(3) 申報程序：自行向公庫繳納應自繳之暫繳稅額，並依規定格式，填具暫繳稅額申報書，檢附暫繳稅額繳款收據、尚未抵減之各類投資抵減稅額文件、扣繳憑單證明聯正本，一併申報該管稽徵機關。未以投資抵減稅額、行政救濟留抵稅額及扣繳稅額抵減稅額者，只要自行繳納暫繳稅款，不必作暫繳申報。

2. 按當年度稅額計算暫繳申報

(1) 適用對象：公司組織營利事業，會計帳冊簿據完備，使用藍色申報書或經會計師查核簽證，並如期辦理暫繳申報者。

(2) 稅額計算：得以當年度前六個月之營業收入總額，依所得稅法有關營所稅之規定，試算其前半年之課稅所得額，按當年度稅率，計算其暫繳稅額。暫繳稅額減除尚未抵減之各類投資抵減稅額、行政救濟留抵稅額及扣繳稅額後之餘額，即為應自繳之暫繳稅額。

(3) 申報程序

　　①使用藍色申報書者：自行向公庫繳納應自繳之暫繳稅額，並依規定格式，填具暫繳稅額申報書（包括暫繳損益計算表自帳載數調整至自行依法調整金額、資產負債表、其他費用及製造費用明細表、營業成本明細表等），檢附暫繳稅額繳款收據、尚未抵減之各類投資抵減稅額文件、扣繳憑單證明聯正本，一併申報該管稽徵機關。

②經會計師查核簽證者，除依上開使用藍色申報書者之程序外，尚須檢附當年度前六個月暫繳損益之會計師簽證申報查核報告書及委任書。

二、會計處理

範例

1. 臺中公司申報 109 年全年應納稅額 100 萬元，於 110 年 9 月 30 日辦理暫繳稅款 500,000 元，其應有分錄為何？

解答

110	9/30	預付所得稅……………………………………	500,000	
		現　金（或銀行存款）………………		500,000

　　逕行核定之暫繳稅額與自行暫繳稅額同樣以預付所得稅入帳，加計利息則列為當期利息費用，依查核準則第九十七條規定，該加計利息得列為費用。

範例

2. 新化公司 110 年未辦預估暫繳，10 月 30 日稅捐稽繳機關核定暫繳稅額 200,000 元，加計一個月利息 1,040 元於 11 月 8 日繳納，其應有分錄為何？

解答

110	11/8	預付所得稅（或暫付款）…………………	200,000	
		利息費用……………………………………	1,040	
		現　金（或銀行存款）………………		201,040

一、各類所得扣繳率標準（中華民國 110 年 6 月 30 日行政院發布）

第 1 條　本標準依所得稅法（以下簡稱本法）第三條之二第四項、第三條之
　　　　四第三項、第八十八條第四項、臺灣地區與大陸地區人民關係條例
　　　　（以下簡稱本條例）第二十五條第六項及產業創新條例第二十三條
　　　　之一第十三項規定訂定之。

第 2 條　納稅義務人如為中華民國境內居住之個人，或在中華民國境內有固
　　　　定營業場所之營利事業，按下列規定扣繳：

　　　(1) 薪資按下列二種方式擇一扣繳，由納稅義務人自行選定適用
　　　　　之。但兼職所得及非每月給付之薪資，依薪資所得扣繳辦法之
　　　　　規定扣繳，免併入全月給付總額扣繳：

　　　　　①按全月給付總額，依薪資所得扣繳辦法之規定扣繳之。碼頭
　　　　　　車站搬運工及營建業等按日計算並按日給付之臨時工，其工
　　　　　　資免予扣繳，仍應依本法第八十九條第三項規定，由扣繳義
　　　　　　務人列單申報該管稽徵機關。

　　　　　②按全月給付總額扣取 5%。

　　　(2) 佣金按給付額扣取 10%。

　　　(3) 利息按下列規定扣繳：

　　　　　①軍、公、教退休（伍）金優惠存款之利息免予扣繳，但應準
　　　　　　用本法第八十九條第三項規定，由扣繳義務人列單申報該管
　　　　　　稽徵機關。

　　　　　②短期票券到期兌償金額超過首次發售價格部分之利息，按給
　　　　　　付額扣取 10%。

　　　　　③依金融資產證券化條例或不動產證券化條例規定發行之受益
　　　　　　證券或資產基礎證券分配之利息，按分配額扣取 10%。

④公債、公司債或金融債券之利息，按給付額扣取 10%。

⑤以前三目之有價證券或短期票券從事附條件交易，到期賣回金額超過原買入金額部分之利息，按給付額扣取 10%。

⑥其餘各種利息，一律按給付額扣取 10%。

(4) 納稅義務人及與其合併申報綜合所得稅之配偶與受其扶養之親屬有金融機構存款之利息及儲蓄性質信託資金之受益者，得依儲蓄免扣證實施要點之規定領用免扣證，持交扣繳義務人於給付時登記，累計不超過新臺幣二十七萬元部分，免予扣繳。但郵政存簿儲金之利息及依本法規定分離課稅之利息，不包括在內。

(5) 租金按給付額扣取 10%。

(6) 權利金按給付額扣取 10%。

(7) 競技競賽機會中獎獎金或給與按給付全額扣取 10%。但政府舉辦之獎券中獎獎金，每聯（組、注）獎額不超過新臺幣五千元者，免予扣繳。每聯（組、注）獎額超過新臺幣五千元者，應按給付全額扣取 20%。

(8) 執行業務者之報酬按給付額扣取 10%。

(9) 退職所得按給付額減除定額免稅後之餘額扣取 6%。

(10) 告發或檢舉獎金按給付額扣取 20%。

(11) 與證券商或銀行從事結構型商品交易之所得，按所得額扣取 10%。

本條例第二十五條第二項規定於一課稅年度內在臺灣地區居留、停留合計滿一百八十三天之大陸地區人民及同條第三項規定在臺灣地區有固定營業場所之大陸地區法人、團體或其他機構，取得屬前項各款之臺灣地區來源所得，適用前項規定扣繳。

第 3 條　納稅義務人如為非中華民國境內居住之個人，或在中華民國境內無固定營業場所之營利事業，按下列規定扣繳：

(1) 非中華民國境內居住之個人，如有公司分配之股利，合作社分配之盈餘，其他法人分配或應分配之盈餘，合夥組織營利事業合夥人每年應分配之盈餘，獨資組織營利事業資本主每年所得之盈餘，按給付額、應分配額或所得數扣取 21%。

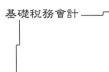
(2) 薪資按給付額扣取18%。但符合下列各目規定之一者，不在此限：

①政府派駐國外工作人員所領政府發給之薪資按全月給付總額超過新臺幣三萬元部分，扣取 5%。

②自中華民國 98 年 1 月 1 日起，前目所定人員以外之個人全月薪資給付總額在行政院核定每月基本工資 1.5 倍以下者，按給付額扣取 6%。

(3) 佣金按給付額扣取 20%。

(4) 利息按下列規定扣繳：

①短期票券到期兌償金額超過首次發售價格部分之利息，按給付額扣取 15%。

②依金融資產證券化條例或不動產證券化條例規定發行之受益證券或資產基礎證券分配之利息，按分配額扣取 15%。

③公債、公司債或金融債券之利息，按給付額扣取 15%。

④以前三目之有價證券或短期票券從事附條件交易，到期賣回金額超過原買入金額部分之利息，按給付額扣取 15%。

⑤其餘各種利息，一律按給付額扣取 20%。

(5) 租金按給付額扣取 20%。

(6) 權利金按給付額扣取 20%。

(7) 競技競賽機會中獎獎金或給與按給付全額扣取 20%。但政府舉辦之獎券中獎獎金，每聯（組、注）獎額不超過新臺幣五千元者得免予扣繳。

(8) 執行業務者之報酬按給付額扣取 20%。但個人稿費、版稅、樂譜、作曲、編劇、漫畫、演講之鐘點費之收入，每次給付額不超過新臺幣五千元者，得免予扣繳。

(9) 與證券商或銀行從事結構型商品交易之所得，按所得額扣取15%。

(10) 在中華民國境內無固定營業場所及營業代理人之營利事業，有前九款所列各類所得以外之所得，按給付額扣取 20%。

(11) 退職所得按給付額減除定額免稅後之餘額扣取 18%。

(12) 告發或檢舉獎金按給付額扣取 20%。

本條例第二十五條第四項規定於一課稅年度內在臺灣地區居留、停

留合計未滿一百八十三天之大陸地區人民與同條第三項及第四項規定在臺灣地區無固定營業場所之大陸地區法人、團體或其他機構，取得屬前項第二款至第十二款之臺灣地區來源所得，適用前項各該款規定扣繳。

第 4 條　總機構在中華民國境外之營利事業，因投資於國內其他營利事業，所獲配或應獲配之股利或盈餘，由扣繳義務人於給付時，按給付額或應分配扣取 21%。

第 5 條　本條例第二十五條第四項規定於一課稅年度內在臺灣地區居留、停留合計未滿一百八十三天之大陸地區人民；大陸地區法人、團體或其他機構，在臺灣地區投資所獲配或應獲配之股利或盈餘，由扣繳義務人於給付時，按給付額或應分配額扣取 21%。

大陸地區人民、法人、團體或其他機構於第三地區投資之公司，在臺灣地區投資所獲配或應獲配之股利或盈餘，由扣繳義務人於給付時，按給付額或應分配額扣取 21%。

第 6 條　本法第三條之二第一項至第三項規定之受益人，如為在中華民國境內無固定營業場所及營業代理人之營利事業，或為本條例第二十五條第四項規定在臺灣地區無固定營業場所及營業代理人之大陸地區法人、團體或其他機構，應於信託成立、變更或追加時，由委託人按該受益人享有信託利益之權利價值或權利價值增加部分扣取20%。

前項受益人如為非中華民國境內居住之個人，或為本條例第二十五條第四項規定於一課稅年度內在臺灣地區居留、停留合計未滿一百八十三天之大陸地區人民，應於信託成立、變更或追加年度，就其享有信託利益之權利價值或權利價值增加部分，按 20% 扣繳率申報納稅。

第 7 條　本法第三條之二第四項規定之受益人不特定或尚未存在者，受託人於信託成立、變更或追加年度，應就該受益人享有信託利益之權利價值或權利價值增加部分，按 20% 扣繳率申報納稅。

第 8 條　本法第三條之四第三項規定之受益人不特定或尚未存在者，其依規定計算之所得，按 20% 扣繳率申報納稅。但受託人交易本法第四條之四規定之房屋、土地或房屋使用權、預售屋及其坐落基地、股份

或出資額，其依本法第十四條之四第三項規定計算之餘額，應依其持有該房屋、土地、房屋使用權、預售屋及其坐落基地、股份或出資額之期間，按下列扣繳率申報納稅：

(1) 持有期間在二年以內者，為 45%。

(2) 持有期間超過二年，未逾五年者，為 35%。

(3) 持有期間超過五年，未逾十年者，為 20%。

(4) 持有期間超過十年者，為 15%。

(5) 因提供土地與營利事業合作興建房屋，自土地取得之日起算五年內完成並銷售該房屋、土地者，為 20%。

(6) 因提供土地、合法建築物、他項權利或資金，依都市更新條例參與都市更新，或依都市危險及老舊建築物加速重建條例參與重建，於興建房屋完成後取得之房屋及其坐落基地第一次移轉且其持有期間在五年以下者，為 20%。

第 9 條　總機構在中華民國境外之營利事業，依本法第二十五條規定，經財政部核准或核定，所得額按中華民國境內之營業收入 10% 或 15% 計算，其應納營利事業所得稅依同法第九十八條之一第二款及第三款規定應由營業代理人或給付人扣繳者，按其在中華民國境內之營利事業所得額扣取 20%。

第 10 條　本法第二十六條規定，在中華民國境內無分支機構之國外影片事業，按其在中華民國境內之營利事業所得額扣取 20%。

第 11 條　非中華民國境內居住之個人交易本法第四條之四規定之房屋、土地、房屋使用權、預售屋及其坐落基地、股份或出資額，其依本法第十四條之四第三項規定計算之餘額，應依其持有該房屋、土地或房屋使用權、預售屋及其坐落基地、股份或出資額之期間，按下列扣繳率申報納稅：

(1) 持有期間在二年以內者，為 45%。

(2) 持有期間超過二年者，為 35%。

本條例第二十五條第四項規定於一課稅年度內在臺灣地區居留、停留合計未滿一百八十三天之大陸地區人民，如有本法第十四條之四第三項規定計算之餘額，適用前項規定申報納稅。

在中華民國境內無固定營業場所及營業代理人之營利事業交易本法第四條之四規定之房屋、土地、房屋使用權、預售屋及其坐落基地、股份或出資額，其依本法第二十四條之五第二項規定計算之餘額，應依第一項規定之扣繳率申報納稅。

本條例第二十五條第四項規定在臺灣地區無固定營業場所及營業代理人之大陸地區法人、團體或其他機構，交易本法第四條之四第一項規定之房屋、土地、房屋使用權、預售屋及其坐落基地、股份或出資額，其依本法第二十四條之五第二項規定計算之餘額，適用前項規定申報納稅。

在中華民國境內無固定營業場所及營業代理人之營利事業如有第三項以外之財產交易所得，應按所得額 20% 扣繳率申報納稅。非中華民國境內居住之個人如有第一項以外之財產交易所得、自力耕作、漁、牧、林礦所得或其他所得，應按所得額 20% 扣繳率申報納稅。

本條例第二十五條第四項規定在臺灣地區無固定營業場所及營業代理人之大陸地區法人、團體或其他機構，如有第四項以外之財產交易所得，及本條例同條項規定於一課稅年度內在臺灣地區居留、停留合計未滿一百八十三天之大陸地區人民，如有第二項以外之財產交易所得、自力耕作、漁、牧、林礦所得或其他所得，適用前項規定申報納稅。

第 12 條　國際金融業務分行對中華民國境內之個人、法人、政府機關或金融機構授信之收入，應按授信收入總額 15% 扣繳率申報納稅。

第 13 條　中華民國境內居住之個人如有第二條規定之所得，扣繳義務人每次應扣繳稅額不超過新臺幣二千元者，免予扣繳。但下列依本法規定分離課稅之所得，仍應依規定扣繳：

(1) 短期票券到期兌償金額超過首次發售價格部分之利息。

(2) 依金融資產證券化條例或不動產證券化條例規定發行之受益證券或資產基礎證券分配之利息。

(3) 公債、公司債及金融債券之利息。

(4) 以前三款之有價證券或短期票券從事附條件交易，到期賣回金額超過原買入金額部分之利息。

(5) 政府舉辦之獎券中獎獎金。

(6) 告發或檢舉獎金。

(7) 與證券商或銀行從事結構型商品交易之所得。

本條例第二十五條第二項規定於一課稅年度內在臺灣地區居留、停留合計滿一百八十三天之大陸地區人民，如有第二條規定之所得，適用前項規定扣繳。

扣繳義務人對同一納稅義務人全年給付前二項所得不超過新臺幣一千元者，得免依本法第八十九條第三項規定，列單申報該管稽徵機關。

第 13 條之 1　在中華民國境內有固定營業場所之營利事業如有第二條規定之所得，扣繳義務人每次應扣繳稅額不超過新臺幣二千元者，免予扣繳。但依本法規定屬分離課稅之所得，仍應依規定扣繳。

本條例第二十五條第三項規定在臺灣地區有固定營業場所或營業代理人之大陸地區法人、團體或其他機構，如有第二條規定之所得，依前項規定辦理。

第 14 條　本標準自發布日施行。但中華民國 98 年 10 月 28 日修正發布之第二條至第五條、第九條、第十三條，自 99 年 1 月 1 日施行；99 年 12 月 22 日修正發布之條文，自 100 年 1 月 1 日施行；101 年 11 月 1 日修正發布條文，自 102 年 1 月 1 日施行；102 年 9 月 5 日修正發布條文，自 102 年 1 月 1 日施行；105 年 1 月 6 日修正發布條文，自 105 年 1 月 1 日施行；106 年 12 月 29 日修正發布之條文，自 107 年 1 月 1 日施行。108 年 9 月 20 日修正發布之第二條、第三條，自 108 年 12 月 1 日施行；110 年 6 月 30 日修正發布條文，自 110 年 7 月 1 日施行。

二、薪資所得扣繳辦法（中華民國 99 年 12 月 22 日修正）

第 1 條　凡公教軍警人員及公私事業或團體按月給付職工之薪資，除依所得稅法准予免徵所得稅者外，所有薪資之受領人，均應向其服務機

關、團體或事業之扣繳義務人填報免稅額申報表，載明其依所得稅法第十七條規定准予減除免稅額之配偶及受扶養親屬之姓名，出生年月日及國民身分證統一編號等事項。

第 2 條　薪資受領人於年度進行中遇有下列情事之一者，應於發生之日起十日內將異動後情形，另依前條規定填表通知扣繳義務人：

(1) 結婚、離婚或配偶死亡。

(2) 受扶養親屬人數增加或減少。

第 3 條　扣繳義務人於接到薪資受領人填報之免稅額申報表後，應單獨列冊記載，遇有異動通知者，並應辦理異動登記。

第 4 條　扣繳義務人於每月給付薪資時，應按各薪資受領人有無配偶及受扶養親屬人數，適用薪資所得扣繳稅額表之規定，就其有無配偶、受扶養親屬人數及全月薪資數額，分別按表列應扣稅額，扣取稅款。但依薪資所得扣繳稅額表未達起扣標準者，免予扣繳。

薪資受領人遇有第二條規定異動者，其為結婚或增加受扶養親屬人數者，扣繳義務人應自其異動發生之月份起，依異動情形辦理扣繳；其為離婚、配偶死亡或減少受扶養親屬人數者，應自次年 1 月 1 日起，依其異動情形辦理扣繳。

第 5 條　薪資受領人未依本辦法規定填報免稅額申報表者，應依各類所得扣繳率標準第二條第一項第一款第二目規定，按全月給付總額扣取 5%。兼職所得及非每月給付之薪資，扣繳義務人按給付額扣取 5%。

第 6 條　（刪除）

第 7 條　扣繳義務人應於每年一月底前，將上年度扣繳及免予扣繳薪資所得稅款之受領人（包括按日計算並按日給付之臨時工）姓名、住址、國民身分證統一編號及全年給付額，依規定格式，申報該管稽徵機關，並應於 2 月 10 日前，將扣繳及免扣繳憑單填發納稅義務人。

第 8 條　薪資所得依本辦法規定，每月應扣繳稅額不超過新臺幣二千元者，免予扣繳；兼職所得及非每月給付之薪資，扣繳義務人每次給付金額未達薪資所得扣繳稅額表無配偶及受扶養親屬者之起扣標準者，免予扣繳。

對同一納稅義務人全年給付金額不超過新臺幣一千元者，並得免依所得稅法第八十九條第三項之規定列單申報該管稽徵機關。

第 9 條　本辦法適用之有關表式，由財政部訂之。

第10條　本辦法自發布日施行。但中華民國 99 年 12 月 22 日修正發布之第五條、第八條，自 100 年 1 月 1 日施行。

三、要點說明

(一) 哪些所得要扣繳

所得稅是由取得所得者負擔，但為了課稅方便及國庫調度，規定由扣繳義務人在支付時直接扣取稅款向公庫繳納，並於次年 1 月底前填發扣繳憑單，以利納稅義務人（所得人）申報。至於所謂給付，係指實際給付，如支付現金、票據；轉帳給付，如銀行利息直接轉入存戶帳戶；匯撥給付，如匯款；至於期末調整認列應付費用，並非給付，不必扣繳。

至於應扣繳之項目，包括：

1.獨資、合夥、合作社分配給非居住者之盈餘，公司分配給非居住者之股利。分配給居住者不必扣繳。

2.機關、團體、學校、事業（獨資、合夥、公司及合作社）、破產財團或執行業務者（律師、會計師、建築師等之事務所）所給付之薪資、利息、租金、佣金、權利金、競技、競賽或機會中獎之獎金或給與、退休金、資遣費、退職金、離職金、終身俸、非屬保險給付之養老金、告發或檢舉獎金、結構型商品交易之所得、執行業務者之報酬，及給付在境內無固定營業場所及營業代理人之國外營利事業之所得。

3.總機構在境外之營利事業，在境內經營國際運輸、承包營建工程、提供技術服務或出租機器設備等業務，其成本費用分攤計算困難者，經財政部核准或核定，無分支機構及代理人者，以運輸收入 10% 或其他業務 15% 為所得，按 20% 扣繳。

4.境內無分支機構由營業代理人出租影片之收入，以 50% 為所得，按 20% 扣繳。

營業收入一般不必扣繳，例如：銀行業放款之利息收入，支付人（借款人）即不必扣繳，租賃業之利息也是開發票收取，不必扣繳。

付給無分支機構及代理人之境外營利事業權利金一百萬元，應扣繳 20% 計二十萬元；如爲技術服務費，則只要扣繳 100 萬 ×15%×20% ＝ 3 萬元。

營利事業以暫繳爲主，一般營業收入及已開立統一發票之佣金、租賃及權利金收入（細 83）均不必扣繳，但部分非營業收入如利息收入，仍應扣繳。支付費用，如付給個人之租金、利息、薪資、佣金、執行業務所得均應扣繳。

(二)扣繳義務人

負責辦理扣繳的人爲扣繳義務人，應負擔稅款的人爲納稅義務人，所得稅的納稅義務人爲所得人，扣繳義務人見所得稅法第八十九條規定，其中所稱責應扣繳單位主管，由各機關首長或團體負責人自行指定之。在扣繳稅額繳款書、各類所得申報書或各類所得扣繳暨免扣繳憑單之扣繳義務人載明扣繳義務人者，視爲指定扣繳義務人；未經指定者，以機關首長、團體負責人爲扣繳義務人（881924323 號函），公司籌備處亦應辦扣繳。

取自非扣繳義務人之所得不必扣繳，例如：個人支付民間貸款利息即免辦扣繳，由取得利息所得之債權人自行申報。

(三)扣繳率

境內居住者扣繳稅款可抵繳結算申報應納稅額，非居住者則扣繳後即完稅，不必辦理結算申報，扣繳稅款不能扣抵或申請退稅。

個人所得稅採綜合所得稅，將十類所得相加後，按金額大小累進課稅，但有下列數項所得分離課稅，扣繳後不併計綜合所得課稅，扣繳稅款也不能扣抵應納稅款。

1.短期票券到期面額超過首次發行價格之利息部分，扣繳率 10%，個人分離課稅，營利事業則與一般所得合併申報。

2.依金融資產證券化條例、不動產證券化條例規定發行之受益證券，或資產基礎證券分配之利息，個人按 10% 分離課稅，營利事業則與一般所得合併申報。

3.公債、公司債及金融債券之利息，個人按 10% 分離課稅，營利事業則

與一般所得合併申報。

　　4.個人利用上三項商品進行附條件買賣，按 10% 分離課稅。

　　5.個人與證券商或銀行從事結構型商品之所得，按 10% 分離課稅。

　　6.檢舉或告發獎金、受益人不特定或尚未存在之信託，按 20% 分離課稅。

　　7.政府舉辦之獎金，每聯（組、注）獎額不超過五千元免扣繳外，不論金額大小均應扣繳，扣繳率 20%，分離課稅。

　　8.境內居住者扣繳稅款不超過二千元免扣繳，分離課稅及非居住者部分除獎券如第 7 點規定外，不論金額大小，都要扣繳。

　　9.個人薪資所得按薪資所得扣繳辦法或 5% 扣繳。兼職所得和非每月給付之薪資所得，扣繳 5%，但每次給付金額未達薪資所得扣繳稅額表無配偶及受扶養親屬者之起扣標準（111 年為 86,001 元）者免扣繳。非居住者則為每月薪資在最低工資 1.5 倍（111 年為 37,875 元）以下者扣 6%，超過 37,875 元者扣 18%。

　　10.境內居住者股利所得免扣繳，非境內居住者（含大陸地區人民、營利事業），扣繳 21%。

　　11.境內居住個人依儲蓄投資免扣證實施要點規定，領用免扣證，持交扣繳義務人於給付時登記，累計不超過二十七萬元，其金融機構之利息及儲蓄性質信託資金之收益免扣繳。

111 年各類所得之扣繳率

所　得　種　類	扣　　　　　繳　　　　　率	
	居住者及有固定營業場所之營利事業	非居住者及無固定營業場所之營利事業
股　　利	0%	21%
薪　　資	5%或依薪資扣繳辦法扣繳	5%；6%；18%
佣　　金	10%	20%
利息： 1.一般	10%	20%
2.短期票券、債券等	個人 10%分離課稅	15%
3.金融資產證券化	個人 10%分離課稅	15%
租　　金	10%	20%

權利金	10%	20%
競技競賽機會中獎之獎金或給與	10%；政府舉辦之獎券中獎獎金，20%分離課稅，每聯獎金 5,000 元以下免扣繳	20%；政府舉辦之獎券扣繳規定同居住者
執行業務報酬	10%	20%
財產交易所得	申報納稅	20%申報納稅
其他所得	申報納稅	20%
國際運輸及承包工程等事業依法按扣繳方式納稅者	20%	20%
國外影片事業依法按扣繳方式納稅者	—	20%
自力耕作、漁、牧、林、礦所得	申報	20%申報納稅
信託利益	20%	20%；房地產交易所得依房地合一稅
退職所得	減除定額免稅後6%	同左18%
告發或檢舉獎金	20%分離課稅	20%

㈣ 扣繳稅款之退補

　　稽徵機關應隨時調查有關扣繳之情形，如有短扣或溢扣，應由扣繳義務人補繳後向納稅義務人追償，或退還溢扣稅款。

四、扣繳稅款之報繳及扣繳憑單填寫

　　扣繳義務人於收取稅款後，應於次月 10 日前向國庫繳清。

　　下一年度 1 月底前應填具扣繳憑單，彙報該管稽徵機關，並於 2 月 10 日前填發納稅義務人。1 月遇連續三日以上國定假日者，上列日期延至 2 月 5 日及 2 月 15 日。

　　扣繳及股利憑單內容符合：㈠ 納稅義務人為在中華民國境內居住之個人、在中華民國境內有固定營業場所之營利事業、機關、團體、執行業務者或信託

行為之受託人。㈡扣繳或免扣繳資料或股利資料經稽徵機關納入結算申報期間提供所得資料查詢服務。㈢其他財政部規定之情形者,得免填發憑單予納稅義務人,惟納稅義務人要求填發時,仍應填發(所94之1、所102之1)。

營利事業有解散、廢止、合併或轉讓,或機關團體裁撤、變更時,不便等到下一年度1月,應隨時就已扣繳稅款數額,填發扣繳憑單,並於十日內向該管稽徵機關辦理申報。

非中華民國境內居住之個人,或在我國境內無固定營業場所之營利事業,扣繳義務人支付其應扣繳所得時,應在代扣稅款之日起十日內繳納,並開具扣繳憑單申報核驗。例如:9月5日支付員工薪資,一般員工之扣繳稅款應在10月10日以前繳庫,非居住者則在9月15日以前繳庫。

扣繳制度程序列表如下:

納稅義務人 \ 程序		扣取稅款時間	繳納國庫時間	填扣繳憑單時間	申報稽徵機關時間
*中華民國境內居住之個人	一般情形	給付時	次月十日前	次年一月底前	次年一月底前
	**給付單位中途變動	給付時	隨時	隨時	十日內
非中華民國境內居住之個人		給付時	代扣稅款之日起十日內	代扣稅款之日起十日內	代扣稅款之日起十日內

*:中華民國境內居住之個人係指:
　1. 在中華民國境內有住所,並經常居住中華民國境內者。
　2. 在中華民國境內無住所,而於一課稅年度內在中華民國境內居留合計滿183天者。
**:給付單位中途變動係指:
　1. 營利事業解散、廢止、合併、轉讓。
　2. 機關、團體裁撤、變更。

利息所得存款帳號		扣繳單位	統一編號	
			名稱	
			地址	
			扣繳義務人	

各 類 所 得 扣 繳 暨 免 扣 繳 憑 單

編號：

格 式 代 號 及 所 得 類 別（請打˅，不同類別應分開填寫）			
50 □薪 資 50C□薪 資（大陸地區來源所得） 51 □租 賃 　固定資產 □ 房屋 　　　　　 □ L 土地 　　　　　 □ J 其他（　　） 　非固定資產 □ K 債券租借 　　　　　　 □ I 其他（　　）	53 □權利金 利 息 　5A □金融業利息 　5B □其他利息 營利所得 　54 □86 年度或以前年度股利或盈餘 　54Y □其他（　　）	9A □執行業務 　　執業業別或代號（　　） 9B □稿費及講演鐘點費等 7 項 　98 □非自行出版 　99 □自行出版 91 □競技競賽及機會中獎獎金	93 □退職所得 其他所得 　97 □受贈所得 　95 政府補助款 □A 實報實銷 　　　　　　　　 □B 非實報實銷 　94 □員工認股所得 　92 □其他（　　）

所得人姓名 或單位名稱		國民身分證統一編號 或所得單位統一編號	

所得人地址	市 縣	區鎮 市鄉	里 村	鄰	路 街	段	巷	弄	號之 樓之

所得所屬年月	所得給付年度	給付總額(A)	扣繳率	扣繳稅額(B)	給付淨額(C=A－B)	依勞退條例或教職員退撫條例自願提繳之金額(D)
自 年 月 至 年 月	年度	(A)納稅義務人結算申報，應按本欄數額填報。	照所得扣繳率標準填寫	(B)扣繳稅額至元為止	(C)本欄數字係供參考請扣繳義務人填寫	(D)本欄數字係供參考請扣繳義務人填寫

租賃房屋土地	坐落地址或地段號			備　　註
	稅籍編號 (請依房屋稅繳款書上列印之稅籍編號填寫)			

第 2 聯：備查聯
交所得人保存備查

※ 申報所得格式代號 51I、51J、54Y、92 或 9A 者，請於所得類別欄位括弧內填註給付項目、執業業別或代號。

※ 本單如有匿報短扣情事，扣繳義務人願依法受罰。

※ 依勞工退休金條例規定自願提繳之退休金或年金保險費，合計在每月工資 6% 範圍內，或依學校法人及其所屬私立學校教職員退休撫卹離職資遣條例規定撥繳之款項，免計入薪資給付總額，其金額應另行填寫於 (D) 欄，該欄納稅義務人結算申報時無需填寫。

第 3 聯：存根聯
扣繳義務人存查

股利憑單

（限分配日於 107 年 1 月 1 日以後之盈餘專用）

營利	統一編號							
	名稱							
事業	地址							
	負責人							

編號：

格式代號所得類別	54C 營利所得（股利或盈餘）		所屬分配次數	□第 1 次 □第 2 次 □第（　　）次			
所得人姓名或單位名稱		國民身分證統一編號或所得單位統一編號					
所得人地址	市縣　　區鎮市鄉　　里村　　鄉　　路街　　段　　巷　　弄　　號之樓之						
所得所屬年月	所得給付年度	股利金額（A＝A1＋A2＋A3）					
自 年 月 至 年 月	年度	(A1)資本公積現金股利	(A2) 其他現金股利	(A3)股票股利（　　　股）			
掃描編號 ※本欄請勿填寫或蓋章			備　　　　　　　　　註 第 1 聯：報核聯 由營利事業單位申報交稽徵機關擄以登錄歸戶。				

※為避免財政資訊中心掃描結果模糊不清，本聯應直接**以黑色原子筆填寫**，不得移作複寫。
※股利金額請填公司股東、合作社社員及其他法人出資者獲配之股利或盈餘金額。

五、會計處理

範例

3. 甲公司上半年利息收入 100,000 元，扣繳稅款 10,000 元，餘款 90,000 元直接轉入存款帳戶，其應有分錄為何？

解答

銀行存款………………………………………………………	90,000	
預付所得稅……………………………………………………	10,000	
利息收入…………………………………………………		100,000

4. 8 月 5 日支付 8 月租金 100,000 元，代扣稅款 10%，並於 9 月 10 日繳納，其應有分錄為何？

解答

8/5	租金支出……………………………………………	100,000	
	現　金……………………………………………		90,000
	代扣稅款…………………………………………		10,000
9/10	代扣稅款…………………………………………	10,000	
	現　金……………………………………………		10,000

5. 2 月 8 日支付 1 月員工薪資甲 80,000 元、乙 100,000 元，另上年度年終獎金甲 90,000 元、乙 60,000 元，甲單身無扶養親屬，選擇按薪資所得扣繳稅額表扣繳，乙選擇按 5% 扣繳稅款。（109 年單身起扣點為 84,501 元）

解答

應扣稅款：月薪甲查表免扣，乙 100,000 元 × 5% = 5,000 元

獎金：非每月給付，乙未達起扣點 84,501 元免扣，甲應扣 90,000 元 × 5% = 4,500 元

2/8	應付薪資…………………………………………	140,000	
	薪資支出…………………………………………	180,000	
	現　金……………………………………………		310,500
	代扣稅款…………………………………………		9,500

12-3 ‖ 結算申報

一、申報期限

（一）申報期限

所得稅課徵採申報制度，由納稅義務人自行向稽徵機關申報上一年度營利

事業所得額，其時間為每年 5 月 1 日至 5 月 31 日止。申報前並應計算應納稅額，並扣除暫繳及扣繳稅額，提出應補稅額，自行向公庫繳納（所 71）。

　　獨資、合夥組織之營利事業應依前項規定辦理結算申報，無須計算及繳納其應納之結算稅額；其營利事業所得額，應由獨資資本主或合夥組織合夥人依第十四條第一項第一類規定列為營利所得，依本法規定課徵綜合所得稅。但其為小規模營利事業者，無須辦理結算申報，由稽徵機關核定其營利事業所得額，直接歸併獨資資本主或合夥組織合夥人之營利所得，依本法規定課徵綜合所得稅（所 71）。

　　稽徵機關應於結算申報期限屆滿前十五日，填具催報書或以公告方式，提示延遲申報之責任（所 78），催促營利事業依限辦理結算申報。

　　(二)非曆年制申報期限

　　所得稅法規定之各種申報期限，原則上均係以曆年制會計年度為基礎，採非曆年制者可依法推算之，例如：

　　1.所得稅法第七十一條規定，營利事業所得稅結算申報期間為每年 5 月 1 日至 5 月 31 日，亦即曆年制會計年度結束後之第五個月開始起算一個月為申報期。因此採七月制者，因其年度結束日為 6 月 30 日，其申報期限應在每年之 11 月 1 日至 11 月 30 日。會計年度採其他起訖日期者，可以類推（以下同）。

　　2.暫繳申報稅法規定在每年 9 月，採七月制者則應為每年 3 月 1 日起一個月內辦理。

　　其他項目均可依上述例示類推，不另說明。

二、會計師代理及簽證申報

　　有關納稅事務可委託會計師辦理，結算申報委託會計師簽證申報者，得享受使用藍色申報書之各項獎勵，包括盈虧互抵及較多交際費、按上半年試算所得暫繳等。

三、清算申報

營利事業遇有解散、廢止、合併或轉讓情事時，應於四十五日內辦理至異動日止之決算。在清算期間之清算所得，應於清算結束之日起三十日內申報。前項清算期間，其屬公司組織者，依公司法規定之期限；屬有限合夥組織者，依有限合夥法規定之期限；其非屬公司組織者為三個月，逾期未依限申報其當期決算所得額或清算所得者，得依查得資料按同業利潤標準核定所得額及應納稅額（所 75）。

例如：在 6 月 1 日決定解散，並在同年 8 月 31 日完成變賣資產等清算工作，則應在 7 月 16 日前辦理 1 月 1 日至 6 月 1 日止之決算申報，9 月 30 日前辦理清算申報。

公司經主管機關依法撤銷登記處分者，應以主管機關撤銷登記處分書送達之日起為準，起算其決算申報之時限（89 年第 890457358 號函）。

解散、廢止、合併時資產之估價，見第 10-7 節之說明。

四、變更會計年度之申報

變更會計年度者，應於變更之日起一個月內，辦理申報。例如：原為曆年制，110 年改採七月制（7 月 1 日至次年 6 月 30 日為會計年度），應於 110 年 7 月底以前申報 110 年 1 月 1 日至 6 月 30 日之所得（所 74）。

五、結算申報應檢附書表及申報書之種類

營利事業結算申報應備書表，包括申報表、扣繳憑單、自繳稅款繳款書收據等。

申報書分為兩種（所 77）：

㈠ 普通申報書：一般營利事業適用。

㈡ 藍色申報書：專為獎勵誠實申報，經申請者適用，以藍色紙張印刷，格式與普通申報書同。

採藍色申報書申報或會計師簽證申報，可享下列獎勵：

1.提列較高交際費。

2.公司組織營利事業其前十年簽證申報經核定之虧損，可在本年度所得中扣除。

3.計算個人綜合所得額時，如納稅義務人及其配偶經營兩個以上營利事業，均係採藍色申報書，其中有虧損者，得將核定之虧損，就核定之營利所得中減除，以其餘額為所得額（所 16）。

4.公司組織得以前半年所得計算暫繳稅額。

5.計算未分配盈餘加徵 5%（106 年以前盈餘 10%）營利事業所得稅時，得減除會計師簽證之下一年度虧損（藍色申報不能享此優惠）。

六、未依限申報所得之核定

未依限申報者，稅捐稽徵機關應即填具滯報通知書，送達納稅義務人，限於接到滯報通知書之日起十五日內補辦結算申報；其屆期仍未辦理結算申報者，稽徵機關應依查得之資料或同業利潤標準，核定其所得額及應納稅額（所 79）。

 範例

6. 甲公司 109 年度營利事業所得稅未在 110 年 5 月底前申報，亦未於規定期限補辦結算申報，已知 108 年底申報資產負債表上有預收貨款 600,000 元，109 年各期申報營業稅申報開立發票 20,000,000 元，109 年該行業同業利潤標準為 12（%），此外該年度扣繳憑單利息收入 2,000 元，則將被核定所得額及應納稅額多少元？

解答

　　課稅所得：$(20,000,000 + 600,000) \times 12\% + 2,000 = 2,474,000$ 元

　　應納稅額：$2,474,000 \times 20\% = 494,800$ 元

若本例甲公司改為甲商店（獨資），因獨資免繳營利事業所得稅只要歸戶資本主個人綜合所得「營利所得」2,474,000 元。另處怠報金 20%，最高不超過 90,000 元，最低不得少於 4,500 元，因 494,800 元 ×20% = 98,960 元 > 90,000 元，怠報金為 90,000 元。

12-4　擴大書面審核申報

一、一百零九年度營利事業所得稅結算申報案件擴大書面審核實施要點（中華民國 110 年 1 月 26 日財政部臺財稅字第 10900697360 號令）

本要點每年修訂，請上財政部賦稅署「新頒賦稅法令釋函檢索系統查詢」。

二、要點說明

為了簡化稽徵，特規定擴大書審，大部分行業，只要營業收入及非營業收入在新臺幣三千萬元以下，書表齊全，自行依法調整之純益率在標準以下，並繳清稅款，可以採書面審核，其標準各年不同，可上財政部網站查詢。

例如：經營照相機買賣，全年營業收入淨額二千萬元，營業外收入總額二百萬元，如同意採用擴大書面審核，則自行申報所得為：

㈠純益率：依實施要點 5. 照相機買賣業為 5%。

㈡所得：（2,000 萬 + 200 萬）×5% = 110 萬。

㈢帳載所得在 110 萬元以下，應申報 110 萬元，如帳載較高則以帳載為準。

採擴大書審，仍得調帳查核，如查定數較高應補稅，查定數較低，則以原申報為準，即查帳可能補稅，不會退稅。經營零售業之營利事業如 102 年底前經核准採收銀機開立統一發票，自 103 年度或變更年度起至 112 年度止，以網際網路或其他電子方式開立，傳輸或接收統一發票，純益率可降低 1%。

12-5 公益慈善機關團體之申報

　　為鼓勵從事公益、文化、慈善、教育活動，因此從事上列活動之機關或團體，有免徵所得稅之規定，原規定免稅條件較寬，造成有些人藉對財團法人捐贈來規避所得稅，教育、文化、公益慈善機關或團體及其作業組織，需符合一定條件才能免稅（所71之1），教育文化公益慈善機關團體免納所得稅適用標準主要規定為：

一、銷售貨物或勞務部分之所得應課稅

　　除教育部許可設立之私立學校外，銷售貨物或勞務之所得，扣除一般收入不足支應創設目的有關活動之支出部分，應依法課徵所得稅。例如：甲慈善機構的創設目的為訓練殘障人員就業技能，全年銷售貨物或勞務以外之收入，如募款收入，利息收入共 60 萬元，創設目的支出 70 萬元，另出售聖誕卡所得共 30 萬元，則其課稅所得為 300,000 − (700,000 − 600,000) = 200,000 元。

二、創設目的支出占經常收入 60% 以上

　　免稅條件如第二條規定，須依法登記，資金限用於銀行存款、公債、公司債及短期票券、上市上櫃股票……等條件外，尚須創設目的支出占經常收入 60% 以上，即經常收入 500 萬元，如創設目的支出才 200 萬元，則 500 萬 − 200 萬 = 300 萬元應課稅。但年度結餘款在 50 萬元以下，或超過 50 萬元，但編使用計畫經主管機關查明同意者，不在此限。

　　機關或團體記帳原則上採用權責發生制，但計算支出是否占收入 60% 以上，可將資本支出（購買固定資產）列為支出。

三、一定條件以上應簽證

財產總額或當年度收入總額達新臺幣一億元者，應委託會計師簽證。

四、私立學校優惠

私立學校銷售貨物或勞務之所得免稅，但依私立學校法第六十二條規定辦理之附屬機構，其銷售貨物或勞務之所得（如推廣部之學費收入），應由私立學校擬訂使用計畫，報請教育部（廳、局）洽商財政部同意，並於所得發生年度三年內使用完竣，逾期未使用部分，應依法課徵所得稅。

五、無任何營業收入免申報

無任何營業收入或作業組織收入，僅有會費、捐贈或基金存款利息者，可免辦結算申報，適用對象包括各行業公會、同鄉會、同學會、宗親會、產業公會（841644931 號函）、工會、學校家長會、國際獅子會、國際扶輪社、國際青年商會、國際同濟會、國際崇他社（851906576 號函）、社區發展協會（861887715 號函）、各縣市工業發展投資策進會（871934711 號函）、身心障殘福利團體（871955018 號函）、各縣市工業區廠商協進會（910453648 號令）、校友會（9704065210 號函）、各縣市義勇消防總隊（9704102310 號函）、老人社會團體（980000470 號函）。惟其財產總額或當年度收入總額達新臺幣一億元以上者，仍應委託會計師查核簽證申報。

12-6 || 非居住者之繳稅方式

一、非居住個人

非中華民國境內居住之個人，不適用結算申報，而是以扣繳方式完稅（所73），其扣繳率見第 12-2 節。例如：股利為 21%，佣金、租金、一般利息收入、權利金、競技競賽及機會中獎之獎金或給與、執行業務所得 20%；財產交易所得，及自力耕作、漁、牧、林、礦所得，按申報所得 20% 納稅。

例如：非中華民國境內居住之個人 John，110 年在境內有租金 20 萬元、利息收入 10 萬元，則扣繳稅款分別為 200,000×20% = 40,000 元及 100,000×20% = 20,000 元，扣繳後 John 不必辦理結算申報，扣繳稅款也不能退回，亦即扣繳稅款成為 John 的真正租稅負擔。

二、無固定營業場所及營業代理人之營利事業

總機構在境外，在境內未設分公司、辦事處等固定營業場所，也沒有營業代理人者，其所得也是採扣繳，扣繳率為 20%。

三、有營業代理人

無固定營業場所，但有營業代理人之營利事業，除下段國際運輸等業及國外影片事業外，由營業代理人照境內營利事業方式，向該管稽徵機關申報納稅。

四、國際運輸等事業

　　總機構在中華民國境外之營利事業，在境內經營國際運輸等業務，其成本費用分攤計算困難者，不論在境內是否設有分支機構或代理人，得向財政部申請核准，或由財政部核定，依營業收入之下列百分比作為所得額（所25）：

　　㈠ 國際運輸事業：10%。

　　㈡ 承包營建工程、提供技術服務或出租機器設備等業務：15%。

　　採此方法不適用盈虧互抵之規定。加上第二節扣繳率為20%，則某公司總機構在境外，經營國際運輸業務，在境內有代理人，全年境內之營業收入為8,000萬元，則該年應扣繳稅額為8,000萬元 ×10%×20% = 160萬元。

　　某公司委託在境內無分支機構及代理人的外國公司，提供操作技術服務，經核准按收入15%為其所得，設服務費為1,000萬元，則應扣繳稅額 = 1,000萬元 ×15%×20% = 30萬元。

　　如上例為使用外國公司之專利權支付權利金，境外公司並未派人到臺指導技術等，應照權利金，就全額扣繳20%，即應扣繳稅額 = 1,000萬元 ×20% = 200萬元。

五、國外影片事業

　　㈠ 國外影片事業提供影片供我國營利事業放映使用，經約定不得重製及提供他人使用，且於一定期限放映者。

　　1. 在境內有分支機構：

　　照境內一般營利事業處理，但影片成本以片租收入45%計列。

　　2. 無分支機構但有代理人：

　　以境內出租影片收入50%為所得，並按20%扣繳。

　　3. 無分支機構亦無代理人：

　　我國營利事業於支付相關費用時，應依所得稅法第八十八條規定辦理扣繳。

　　㈡ 國外影片事業提供影片供我國營利事業放映使用，我國營利事業如可

重製使用或再授權他人使用者，該外國影片業者取得之收入應屬所得稅法第八條第六款規定之權利金所得，應依權利金所得課稅。

12-7 ‖ 盈虧互抵

一、要點說明

以往年度虧損原則上不得列入本年度計算，但以年度為期限，計算營利事業之所得，常使損益變動較大之企業，負荷過重，故有盈虧互抵之規定，符合條件者，申報所得稅時，可將前十年核定之虧損扣除（所39）。茲將盈虧互抵之條件說明如下：

㈠ 公司組織：盈虧互抵，以公司為限。合作社、有限合夥可比照公司組織，享受盈虧互抵。

㈡ 會計帳冊簿據完備：帳簿已依法設置並記載，且憑證單據之授受齊全，如遇有違章除第 6 點規定外，即為帳冊簿據不完備，該年度即不得扣除以前年度之虧損；成本依法核定，則應查明帳冊簿據是否完備。

㈢ 虧損及申報扣除年度均採藍色申報書或會計師簽證。

㈣ 如期申報：在 5 月 1 日或 5 月 31 日前申報。

㈤ 前十年核定虧損：可扣除者為前十年核定虧損，例如：109 年所得稅採簽證申報，則 99 年至 108 年採簽證申報，經核定之虧損，可自 109 年所得中扣除，但核定為虧損年度有免稅之股票股利、現金股利應先扣除；而緩課股利、出售土地免稅、分離課稅短期票券利息收入（99 年起不再分離課稅）、證券交易所得可不扣除。

㈥ 輕微短漏報仍可適用盈虧互抵：非以詐術或其他不正當方法逃漏稅捐者，其短漏報情節輕微者，仍可適用盈虧互抵，「情節輕微」標準如下：

1.所漏稅額不超過新臺幣十萬元，或漏報課稅所得額占全年所得額之比率不超過 5%；虧損者，其查獲短漏之所得額，依當年度適用之稅率計算之金額

不超過新臺幣十萬元，或短漏之所得額占全年核定可供以後年度扣除之虧損金額之比例不超過 5%。

　　2.自動補報者，前項金額或比例加倍計算。

　　例如：104 年至 109 年均由會計師簽證申報，核定資料如下：

年　　度	核定所得	股利 100%免稅金額	其　　他
104	+600,000	50,000	
105	−200,000	40,000	出售土地利益 40,000
106	+100,000	30,000	
107	+150,000	70,000	
108	−300,000	40,000	
109	+500,000	60,000	

　　則 105 年虧損 (200,000 − 40,000 = 160,000) 可在 106 年扣抵 100,000 元，107 年扣抵 60,000 元。

　　108 年虧損 300,000 元，扣除免稅股利 40,000 元，餘 260,000 元，可在 109 年扣除，109 年課稅所得為 240,000 元。

　　㈦ 合併：原先各項解釋令規定公司合併時，消滅公司虧損不得在存續公司以後年度淨利中扣除。92 年改為依金融機構合併法、企業購併法及促進產業升級條例規定，核定之決算虧損，得按公司股東持有合併後存續或新設公司股權之比例計算金額，於虧損發生之次一年度起五年（98 年起延為十年）內，自合併後存續或新設公司之當年度純益額中扣除。

二、計算實例（金額：萬元）

　　例示一：

　　1. A、B 公司進行合併，A 公司為消滅公司，B 公司為存續公司，合併基準日 98 年 7 月 1 日，合併股權資料如下：

項目	合併前 A 公司	合併前 B 公司	合併後 B 公司
股權	1,000	2,000	3,000
合併後股權比例	1/3 (1,000/3,000)	2/3 (2,000/3,000)	

2. A、B公司合併前經稽徵機關核定尚未扣除之前十年內各期虧損金額如下：

項目	97 年	96 年	95 年	94 年	93 年
A公司	(300)	(600)			(900)
B公司			(300)		(600)

3. A 消滅公司辦理合併年度截至合併之日止之當期決算申報（98 年 1 月 1 日至 98 年 6 月 30 日）產生虧損 120。B 存續公司 98 年度結算產生所得。

4. A、B 公司合併前經稽徵機關核定，尚未扣除之前十年內各期虧損與 A 消滅公司經稽徵機關核定之合併當期決算虧損，得於虧損發生之次一年度起十年內，自 B 存續公司之當年度純益額中扣除之金額及可扣除年度說明：

項目	得扣除金額計算		可扣除金額合計數	可扣除年度
	A 公司 （各期虧損尚未扣除金額 ×合併後股權比例）	B 公司 （各期虧損尚未扣除金額 ×合併後股權比例）		
93 年	(900)×1/3＝300	(600)×2/3＝400	700	98～103
94 年	0	0	0	－
95 年	0	(300)×2/3＝200	200	98～105
96 年	(600)×1/3＝200	0	200	98～106
97 年	(300)×1/3＝100	0	100	98～107
98 年	(120)×1/3＝40	0	40	99～108

採分割合併者，例如：A 公司分割成甲、乙二部分，其中甲部門占四分之三，乙部門占四分之一，甲部門與 B 公司合併為 B 公司，乙部門存續仍稱 A 公司或再與他公司合併，則 A 公司虧損若為 400 萬元，甲部門分得 400 萬 ×3/4＝300 萬元，乙部門分得 400 萬 ×1/4＝100 萬元；若甲部門併入 B 公

司後，取得合併後 B 公司五分之一股權，則 B 公司可扣除虧損為 300 萬 ×1/5
= 60 萬元，詳下如例。

例示二：

A 公司進行分割後解散消滅，其四分之三股權分割與 B 既存公司，四分之一
股權分割與 C 既存公司，茲以 A、B 公司為例說明（C 公司依例類推計算）：

1. A 公司分割前股權 1,000 單位，分割基準日 98 年 7 月 1 日，分割股權資料如下：

項目	A 分割與 B	分割前 B 公司	分割後 B 公司
股權	750(1,000×3/4)	3,000	3,750
分割後股權比例	1/5(750/3,750)	4/5(3,000/3,750)	

2. A、B 公司分割前經稽徵機關核定，尚未扣除之前十年內各期虧損金額如下：

項目	97 年	96 年	95 年	94 年	93 年
A公司	(400)	(600)			(800)
B公司			(400)		(600)

3. A 消滅公司辦理分割年度截至分割（解散）之日止之當期決算申報（98
年 1 月 1 日至 98 年 6 月 30 日），產生虧損 120。B 存續公司 98 年度結算產生所得。

4. A、B 公司分割前經稽徵機關核定，尚未扣除之前十年內各期虧損與 A
消滅公司經稽徵機關核定之分割當期決算虧損，得於虧損發生之次一年度起十年
內，自 B 既存公司之當年度純益額中扣除之金額及可扣除年度說明（92 年以前無
核定虧損）：

項目	可扣除金額計算		可扣除金額合計數	可扣除年度
	A公司 （各期虧損尚未扣除金額 × 股權分割比例 × 分割後股權比例）	B公司 （各期虧損尚未扣除金額 × 分割後股權比例）		
93 年	(800) × 3/4 × 1/5 = 120	(600) × 4/5 = 480	600	98～103
94 年	0	0	0	－
95 年	0	(400) × 4/5 = 320	320	98～105
96 年	(600) × 3/4 × 1/5 = 90	0	90	98～106
97 年	(400) × 3/4 × 1/5 = 60	0	60	98～107
98 年	(120) × 3/4 × 1/5 = 18	0	18	99～108

12-8 應納稅額計算及繳納

一、要點說明

依帳載及第三章至第九章規定，填寫申報書計算出課稅所得之後，應依本節規定，計算應納稅額。又因利息收入取得時已被扣繳稅款，9 月有暫繳稅額，另依促進產業升級條例及產業創新條例尚有扣抵稅款，均予扣除之後，才是應補繳稅額（或應退稅額）。即：

應納稅額 － 扣繳稅額 － 暫繳稅額 － 稅額扣抵 ＝ 結算申報應納（補）稅額

逐項說明如下：

(一)稅率表

110 年營利事業所得稅之稅率，係採 20% 比例稅，但有 120,000 元低所得免稅（所5），級距及稅率，速算公式如下表所示：

級　別	所得額級距	稅　率	計　算　公　式
1	120,000元以下	免　稅	－
2	120,000～200,000元	20%	$T = (P - 120,000) \times 50\%$
3	200,000元以上	20%	$T = P \times 20\%$

P＝課稅所得額　　T＝應納稅額，不滿 1 元者捨去。

　　規定十二萬元以下免徵，係因所得額在新臺幣十二萬元以下者稅收有限，為節省稽徵費用，乃予以免徵。至於所得額超過十二萬元，則應全額課稅。惟全額課稅有稅負劇增之缺點，故規定其應納稅額不得超過所得額超過新臺幣十二萬元部分之半數，故所得在 120,000 至 200,000 元者，應納稅額為 (P － 120,000)×50%，超過 200,000 元者，為所得 ×20%。

㈡計算實例

範例

7. 甲公司 110 年全年課稅所得為 60,000 元，應納稅額若干？

解答

　　0 元，低於 12 萬元免徵。

8. 乙公司 110 年全年課稅所得為 180,000 元，全年應納稅額若干？

解答

　　$T = (180,000 - 120,000) \times 50\% = 30,000$

9. 丙公司 110 年全年課稅所得為 600,000 元，全年應納稅額若干？

解答

　　$T = 600,000 \times 20\% = 120,000$

496

（三）營業期間未滿一年者稅額之計算

由於營利事業所得稅係採累進稅率，營業期間較短者，其所得額通常較低，如不經換算全年所得，則營業期間短於一年者，將適用較低之稅率。因此，營業期間未滿一年者，如淨利低於 200,000 元，應按實際營業月數計算應納稅額，換算全年所得額時，營業期間不滿一個月者，以一個月計算。

營業期間不滿一年者，其可能之情形有：

1. 年度中間開始營業。

2. 變更會計期間。例如：原採七月制，110 年下半年決定改採曆年制，則 110 年 7 月 1 日至 110 年 12 月 31 日止六個月應辦理結算申報。

3. 營利事業於當年度解散、廢止、合併或轉讓。

4. 營業期間暫停營業，向該管稽徵機關申報核備者。

其計算公式如下：

$$所得額 \div \frac{實際營業月數}{12} = 換算全年所得額$$

$$(換算全年所得額 \times 稅率 - 累進差額) \times \frac{實際營業月數}{12} = 應納稅額$$

 範例

10. 丁公司本年 9 月 25 日開業，所得額 60,000 元，應納稅額若干？

解答

$$換算全年所得 = 60,000 \div \frac{4}{12} = 180,000$$

$$應納稅額 = (180,000 - 120,000) \times 50\% \times \frac{4}{12} = 10,000$$

季節性之營業；因違反稅法規定，經稽徵機關依法勒令停業處分者；建廠期間發生之所得，均免按實際營業期間相當全年之比例，換算全年所得額。

㈣ 應補（退）稅額之計算

範例

11. 甲公司全年應納稅額 5,000 元，扣繳稅額 500 元，暫繳稅款 12,000 元，結算申報應退稅額若干？

解答

　應退稅額 ＝ 500 ＋ 12,000 － 5,000

　　　　　＝ 7,500

12. 乙公司全年應納稅額 13,500 元，扣繳稅額 500 元，暫繳稅款 12,000 元，結算申報應補稅額若干？

解答

　應補繳稅款 ＝ 13,500 － 500 － 12,000

　　　　　　＝ 1,000

㈤ 自繳

經計算應補稅款者，申報前應自行向代收稅款的金融機構繳納稅款，並將繳款書貼在申報書上。至於申請退稅，須經核定後才能退稅。

經核准延期申報者，應加計延期申報期間之利息，至於申請退稅者，雖在申報後約一年才退稅，依法不給利息。

㈥ 國外分支機構所得

總機構在境內，境外有分支機構者，分支機構所得應併入境內總公司所得課稅，分支機構在當地國家繳納之當年度所得稅，可以抵繳我國應納稅額，但以加計境外分支機構所增加稅額為限，詳見第 3-1 節說明。

計算境外分支機構增加稅額，是以大陸地區以外分支機構全部合併計算。由於目前營業事業所得超過 200,000 元者，稅率為 20% 單一稅率，因此

當總機構課稅所得超過 200,000 元時，如境外分支機構繳納稅額大於境外分支
機構所得 ×20%，不必補稅，小於則要補差額。

範例

13. 臺南公司在美國、香港及日本均設有分公司，110 年總公司本身課稅所得 200
萬元，各分公司該年度課稅所得及在當地繳納所得稅金額如下，問臺南公司該
年應納稅額多少元？

分公司	課稅所得（萬元）	已納稅額（萬元）
美國	100	30
香港	400	66
日本	300	54
合計	800	150

解答

加計國外所得增加稅額 ＝ 800 萬元 ×20% ＝ 160 萬元 ＞ 150 萬元，可扣抵 150 萬元

全球所得應納稅額 ＝（200 萬元 ＋ 800 萬元）×20% ＝ 200 萬元

應納稅額 ＝ 200 萬元 － 150 萬元 ＝ 50 萬元

範例

14. 同上例 13，但若香港分公司改為上海分公司。

解答

加計國外所得增加稅額 ＝ 400 萬元 ×20% ＝ 80 萬元 ＜（30 ＋ 54）萬元

取低者扣抵 80 萬元

加計大陸地區所得增加稅額 ＝ 400 萬元 ×20% ＝ 80 萬元 ＞ 66 萬元

境外及大陸可扣抵稅額＝ 80 萬元＋ 66 萬元＝ 146 萬元

含大陸全球所得應納稅額＝（境內 200 萬元＋大陸 400 萬元＋境外 400 萬元）
× 20％＝ 200 萬元

應納稅額＝ 200 萬元－ 146 萬元＝ 54 萬元

㈦投資抵減

產業創新條例規定，符合規定之研究發展支出，可以其金額之 15％限度內，抵減當年度應納營利事業所得稅 30％爲限。

二、會計處理

範例

15. 甲公司 110 年應納稅額 5,000 元，扣繳及暫繳稅額共 12,500 元，結算申報應退 7,500 元，111 年 5 月 30 日申報，其應有分錄爲何？

解答

110	12/31	應退稅款	7,500	
		所得稅費用	5,000	
		預付所得稅		12,500

16. 丙公司 110 年應納稅額 500,000 元，扣繳及暫繳稅額共 200,000 元，結算申報應補繳稅款 300,000 元，該公司於 5 月 15 日申報，其應有分錄爲何？

解答

110	12/31	所得稅費用	500,000	
		預付所得稅		200,000
		應付所得稅		300,000

| 111 5/15 | 應付所得稅 | 300,000 | |
| | 現　金 | | 300,000 |

12-9 ‖ 最低稅負

　　為維護租稅公平，確保國家稅收，我國所得稅有最低稅負之規定，該法令為「所得基本稅額條例」，針對租稅優惠造成之所得稅損失，給予適度補救，茲就營利事業所得稅部分，說明如下：

一、適用最低稅負之營利事業

　　營利事業除符合下列各款規定之一者外，應依本條例規定繳納所得稅（基3）：

　　㈠ 獨資或合夥組織之營利事業。

　　㈡ 所得稅法第四條規定之教育、文化、公益、慈善機關或團體。

　　㈢ 所得稅法第四條規定之消費合作社。

　　㈣ 所得稅法第四條規定之各級政府公有事業。

　　㈤ 所得稅法第七十三條規定之在中華民國境內無固定營業場所及營業代理人之營利事業。

　　㈥ 依所得稅法第七十五條規定，辦理清算申報或經宣告破產之營利事業。

　　㈦ 所得稅結算或決算申報未適用法律規定之投資抵減獎勵，且無「所得基本稅額條例」第七條第一項各款規定所得額之營利事業（包括證券交易所得、期貨交易所得、五年免稅所得、依企業購併法免徵營利事業所得稅之所得，及依國際金融條例規定免徵營利事業所得稅之所得）。

　　㈧ 基本所得額在新臺幣五十萬元以下之營利事業。

　　每遇物價指數較上次調整年度累積上漲達 10% 以上時，第 8 點中的五十萬元按物價上漲程度調整，調整金額以十萬元為單位，未達十萬元者，按萬元數四捨五入。

二、基本所得稅額之計算

基本所得稅額 =（營利事業之課稅所得額 + 免稅所得 − 50 萬元）× 12%

如一般所得稅額 > 基本所得稅額，不必課徵基本所得稅額

如一般所得稅額 < 基本所得稅額，應加徵基本所得稅額（基本所得稅額
− 一般所得稅額）

　　上公式中，應加計之免稅所得包括（基 7）：

　　㈠ 停止課徵所得稅之證券交易所得額及期貨交易所得額。損失得自發生年度之次年度起五年內，從各該款所得中扣除。

　　㈡ 依廢止前促進產業升級條例第九條、第九條之二、第十條、第十五條及第七十條之一規定免徵營利事業所得稅之所得額；及於民國 88 年 12 月 31 日修正施行前第八條之一規定免徵營利事業所得稅之所得額。

　　㈢ 依獎勵民間參與交通建設條例第二十八條規定之免稅所得額。

　　㈣ 依促進民間參與公共建設法第三十六條規定之免稅所得額。

　　㈤ 依科學工業園區設置管理條例第十八條及 90 年 1 月 20 日修正前第十五條之免稅所得額。

　　㈥ 依企業購併法第三十七條規定之免稅所得額。

　　㈦ 國際金融業務條例第十三條規定之免稅所得額。若有損失，得自發生年度之次年度起五年內，從當年度各該款所得中扣除。

　　㈧ 其他新增之減免營利事業所得稅之所得額。

範例

17. 甲、乙、丙三公司民國 110 年會計所得均為 16,000,000 元，但因有免稅所得及費用超限剔除等因素，造成課稅所得額不同，如下所示：

項　目	甲公司	乙公司	丙公司
會計所得	16,000,000	16,000,000	16,000,000
加：費用剔除	200,000	—	200,000
減：證券交易所得	(3,000,000)		
土地交易所得		(15,000,000)	
股利所得	(100,000)		
五年免稅所得			(15,000,000)
課稅所得	13,100,000	1,000,000	1,200,000

問三家公司一般所得稅額，加徵基本所得稅額及全年應納稅額各為多少元？

解答

(1) 一般所得稅額

　　甲公司 = 13,100,000 × 20% = 2,620,000

　　乙公司 = 1,000,000 × 20% = 200,000

　　丙公司 = 1,200,000 × 20% = 240,000

(2) 基本所得額

是以課稅所得 + 證券（期貨）交易所得（減前五年核定損失）+ 五年免稅所得，至於土地交易所得（或損失）、股利所得不予列入，故基本所得額為：

甲公司 = 13,100,000 + 3,000,000 = 16,100,000

乙公司 = 1,000,000，無免稅項目等，不必計算基本所得稅額

丙公司 = 1,200,000 + 15,000,000 = 16,200,000

(3) 基本所得稅額

　　甲公司 =（16,100,000 − 500,000）× 12% = 1,872,000 < 一般所得稅額

　　不必加徵基本所得稅額

　　丙公司 =（16,200,000 − 500,000）× 12% = 1,884,000 > 一般所得稅額

　　應加徵基本所得稅額 = 1,884,000 − 240,000 = 1,644,000

(4) 應納稅額

三家公司一般所得稅額、基本所得稅額及應納稅額分別為：

公司	一般所得稅額	加徵基本所得稅額	應納稅額
甲公司	2,620,000	0	2,620,000
乙公司	200,000	免	200,000
丙公司	240,000	1,644,000	1,884,000

12-10　調查及核定

一、要點說明

結算申報之後，稅捐稽徵機關應派員調查，其中會計師簽證申報案件一般採取書面審核，未簽證案件則抽查一部分，其抽查方式為調閱帳簿憑證，甚至可派員實地調查，帳簿文據應於提送完全之日起七日內發還之，經調查後，國稅局即可核定稅額。申報所得額高於所得額標準者，一般採用書面審核，例如：該行業所得額標準純益率為 8%，該年營業收入淨額為 8,000 萬元，自行申報所得額 700 萬元，高於所得額標準（8,000 萬 ×8% = 640 萬元），國稅局原則上會採書面審核，檢查各項費用是否超限、收入、費用調節是否相符，即可核定應納稅額。

帳簿憑證不健全或拒絕提示致無法查核者，將被依同業利潤標準逕行核定。例如：同業利潤標準為 10%，則核定所得為 8,000 萬 ×10% = 800 萬元，與自行申報 700 萬元兩者從高認定，依法核定者如有營業外收入及支出，應另行查帳認定，無法提示帳冊憑證者，營業外支出全部剔除，收入則認列。

營利事業所得稅經核定後，應填發繳款書，通知納稅義務人繳納，於送達後十日內繳納，如有退稅填發收入退還書或國庫支票退還，收入退還書之退稅期間以收入退還書送達之日起三個月內為有效期間，逾期不退。

應加計利息之項目有二：

㈠結算申報成本費用超過規定限額，致短繳稅款。

㈡結算申報短繳稅款。

㈠成本、費用、損失超限

　　營利事業所得稅納稅義務人結算申報所列報減除之各項成本、費用或損失、投資抵減稅額，超過規定之限額，致短繳自繳稅款，經稽徵機關核定補徵者，應自結算申報期限截止之次日起，至繳納補徵稅款之日止，就核定補徵之稅額，依當地銀行業通行之存款利率，按日加計利息，一併徵收。但應加計之利息，以一年為限（所100之2）。

　　所得稅法及附屬法規對於營利事業所得額計算定有限制之項目者，有利息、薪資支出（108年起無限制）、職工退休金、捐贈、交際費、呆帳損失、折舊、各項耗竭及攤提、旅費、職工福利、國外投資損失準備，不得列為損費項目、普通收據及其他等（88年第881935783號函）。

　　加計利息之目的，在避免營利事業虛報費用，將稅負延期繳納，因此，如應補納稅額小於核定超限金額部分應納稅額時（通常為原申報要求退稅者），按應補納稅額加計利息。

1. 利率

　　加計利息之利率，係按各該稅款繳納期間所屬年度1月1日中華郵政股份有限公司一年期定期儲金固定利率。其以年利率換算日利率時，應按三百六十五天計算。

2. 期間

　　應加計利息之期間為申報期限截止之次日起，至繳納補徵稅款之日止，如截止日（5月31日）適逢星期六，則其截止日順延至6月2日，加計利息自6月3日起算。

　　又稽徵機關核定補徵，允宜迅速辦理，故加計之利息，以一年（三百六十五日）為限，以示限制。

3. 應加計利息

應加計利息＝核定超限部分應納稅額（或應補納稅額以低者為準）×
　　　　　　利率 × 期間

應加計利息不超過新臺幣一千五百元者，免予加計徵收（所 100 之 2）。

㈡結算申報短繳稅款應加計之利息

自繳稅款，因適用稅率錯誤而產生短繳稅款者，亦應加計利息。此項加計
利息，應僅適用於本年度應補納稅金額大於或等於核定超限金額部分應納稅額
時，方不致發生重複計息現象。

二、會計處理

核定補繳稅款，除原估列有應付所得稅外，應直接借記所得稅費用。

 範例

18.110 年 11 月 1 日收到 108 年所得稅核定通知書，核定補徵 3,000 元，其分錄
　　為何？

解答

| 110 | 11/1 | 所得稅費用 | 3,000 | |
| | | 　現　金 | | 3,000 |

如核定退稅，例如：原申報退稅 10,000 元，核定退回 6,000 元，其分錄如下：

110	11/1	所得稅費用	4,000	
		現　金	6,000	
		預付所得稅（或應退所得稅）		10,000

第十三章

租稅處罰與行政救濟

13-1 告發或檢舉之獎勵

由於稽徵人員有限，依賴稅務人員追查逃漏稅實不容易，故規定告發或檢舉逃漏稅者，可分配罰鍰 20% 作為檢舉人獎金，但公務員及憲兵追查逃漏稅為其應有責任，不得分配獎金（所 103）。告發獎金按 20% 扣繳後，免併計所得課稅。

13-2 罰鍰之減免

為鼓勵納稅義務人自動補報逃漏稅，因此規定在經人檢舉前或調查人員調查前，自動向稅捐稽徵機關補報並補繳稅款及加計利息者，免除其罰鍰（稽 48 之 1）。

為免輕微過失亦予處罰，造成稽納雙方之困擾，因此情節輕微或金額較小者，予以減輕或免罰（稽 48 之 2）。符合減免標準者，應優先適用「稅務案件減免處罰標準」，不合者再按「稅務違章案件裁罰金額或倍數參考表」規定。適用罰則時，應上財政部網站查該兩項行政規則之規定。

13-3 違反帳證規定之處罰

一、參考法條

㈠稅稽第四十五條

依規定應設置帳簿而不設置，或不依規定記載者，處新臺幣三千元以上

七千五百元以下罰鍰，並應通知限於一個月內依規定設置或記載；期滿仍未依照規定設置或記載者，處新臺幣七千五百元以上一萬五千元以下罰鍰，並再通知於一個月內依規定設置或記載；期滿仍未依照規定設置或記載者，應予停業處分，至依規定設置或記載帳簿時，始予復業。

不依規定保存帳簿或無正當理由而不將帳簿留置於營業場所者，處新臺幣一萬五千元以上六萬元以下罰鍰。

㈡查準第三條

營利事業未依稅捐稽徵機關管理營利事業會計帳簿憑證辦法之規定設置帳簿並記載者，除依稅捐稽徵法第四十五條之規定辦理外，並通知限期補正；屆期未辦理者，應依所得稅法第八十三條之規定，核定其所得額。

㈢查準第六條

營利事業之帳簿文據，其關係所得額之一部未能提示，經稽徵機關依所得稅法施行細則第八十一條之規定，就該部分按同業利潤標準核定其所得額者，其核定之所得額，以不超過當年度全部營業收入淨額依同業利潤標準核定之所得額為限。但營利事業有漏報營業收入情事，經稽徵機關就該漏報部分按同業利潤標準核定其所得額者，不在此限。

營利事業未提示有關各種證明所得額之帳簿文據，經就營業收入淨額按同業利潤標準核定其所得額者，如有非營業收益或損失，應依法合併計課或核實減除。

營利事業如在規定送交調查時間以內申請延期提示帳簿文據者，稽徵機關應予受理。但延長之期限最長不得超過一個月，並以一次為限。

營利事業之帳簿文據如因有關機關因公調閱而未能提示者，稽徵機關得先予書面審核核定。但營利事業應於調閱機關發還調閱之帳簿文據後一個月內，送請稽徵機關查核。

二、要點說明

　　營利事業所得稅課徵，係以帳簿憑證所記載之所得為準，因此規定不設帳、不取得、不給與、不保存憑證、不提示帳簿等均予以處罰，但處罰規定分別規定在所得稅法、營業稅法、稅捐稽徵法及查核準則中，實際罰款又得照「稅務違章案件裁罰金額或倍數參考表」及「稅務違章案件減免處罰標準」，茲分別說明如下。

　　㈠未給與或未取得或未保存憑證

　　就未給與憑證、未取得憑證，或未保存憑證，經查明認定之總額，處 5% 以下罰鍰，最高不得超過新臺幣一百萬元（稽44）。

　　㈡未依規定設置帳簿或不依規定記載

　　處新臺幣三千元以上七千五百元以下罰鍰，並應通知限於一個月內依規定設置或記載；期滿仍未依照規定設置或記載者，處新臺幣七千五百元以上一萬五千元以下罰鍰，並再通知於一個月內依規定設置或記載；期滿仍未依照規定設置或記載者，應予停業處分，至依規定設置或記載帳簿時，始予復業。

　　㈢不依規定保存帳簿或無正當理由而不將帳簿留置於營業場所

　　處新臺幣一萬五千元以上六萬元以下罰鍰（稽45）。

　　㈣拒絕調查或拒不提示有關課稅資料、文件

　　處新臺幣三千元以上三萬元以下罰鍰。

　　㈤拒不到達備詢

　　處新臺幣三千元以下罰鍰（稽46）。

　　㈥規避妨礙或拒絕調查

　　有關機關、機構、團體、事業或個人違反第五條之一第三項規定，規

避、妨礙或拒絕財政部或其授權之機關調查或備詢，或未應要求或未配合提供有關資訊者，由財政部或其授權之機關處新臺幣三千元以上三十萬元以下罰鍰，並通知限期配合辦理；屆期未配合辦理者，得按次處罰。未依第五條之一第三項第二款後段規定進行金融帳戶盡職審查或其他審查者，由財政部或其授權之機關處新臺幣二十萬元以上一千萬元以下罰鍰（稽46之1）。

㈦不按規定時間提送各種帳簿文據（所107）

處以一千五百元以下之罰鍰。

㈧拒絕接受繳款書（所107）

除依稅捐稽徵法第十八條規定送達外，並處以一千五百元以下之罰鍰。

三、稅務違章案件減免處罰標準

財政部稅務入口網，「稅務資訊」項下選擇「法規查詢」即可查到所有稅務法令及行政規則。點選「法規與法規命令」，點選法規「稅捐稽徵法相關法規」再點選相關法規，選擇「稅務違章案件減免處罰標準」。至於「稅務違章案件裁罰金額或倍數參考表」，則要選擇「行政規則」，點選相關行政規則「稅捐稽徵法相關法規」，即可找到該行政規則。

13-4 違反扣繳義務之處罰

一、稅務違章案件裁罰金額或倍數參考表

因變化太快，請自行到財政部網站查詢，網址：http://www.dot.gov.tw/dot/home.jsp，點選賦稅法規查詢。

二、要點說明

就源扣繳可使國庫資金調度較為容易,而扣繳憑單之填報與填發,使政府得以掌握綜合所得稅的資料,使所得稅得以順利稽徵,因此未辦扣繳及未填報或填發扣繳憑單者均應予處罰。

㈠未依限或未據實申報或未依限填發免扣繳憑單者 (所111)

政府機關、公立學校或公營事業,未依限或未據實申報或未依限填發免扣繳憑單者,應通知其主管機關議處該機關或學校之責應扣繳單位主管或事業之負責人。私人團體、私立學校、私營事業、破產財團或執行業務者,未依限填報或未據實申報或未依限填發免扣繳憑單者,處該團體或學校之責應扣繳單位主管、事業之負責人、破產財團之破產管理人或執行業務者一千五百元之罰鍰,並通知限期補報或填發;屆期不補報或填發者,應按所給付之金額,處該團體或學校之責應扣繳單位主管、事業之負責人、破產財團之破產管理人或執行業務者 5% 之罰鍰。但最高不得超過九萬元,最低不得少於三千元。

㈡未依規定扣繳稅款 (所114)

除限期責令補繳應扣未扣或短扣之稅款及補報扣繳憑單外,並按應扣未扣或短扣之稅額處一倍以下之罰鍰;其未於限期內補繳應扣未扣或短扣之稅款,或不按實補報扣繳憑單者,應按應扣未扣或短扣之稅額處三倍以下之罰鍰。

㈢已扣繳未按期填報扣繳憑單 (所114)

已依本法扣繳稅款,而未依規定之期限按實填報或填發扣繳憑單者,除限期責令補報或填發外,應按扣繳稅額處 20% 之罰鍰。但最高不得超過二萬元,最低不得少於一千五百元;逾期自動申報或填發者,減半處罰。

經稽徵機關限期責令補報或填發扣繳憑單,扣繳義務人未依限按實補報或填發者,應按扣繳稅額處三倍以下之罰鍰。但最高不得超過四萬五千元,最低不得少於三千元。

㈣逾規定期限繳納所扣稅款（所114）

514

每逾二日加徵 1% 滯納金。

13-5 ‖ 未依限申報或繳納之處罰

一、滯報、怠報之處罰

　　未依限申報但在接到滯報通知書十五日內補辦結算申報者，為滯報，應罰 10% 滯報金，其屬獨資、合夥組織之營利事業應按稽徵機關調查核定之所得額，按當年度適用之營利事業所得稅稅率計算之金額，另徵 10% 滯報金，最少新臺幣一千五百元，最高不超過三萬元。逾期仍未申報者，依查得資料或同業利潤標準核定其所得額及應納稅額，並罰應納稅額 20% 怠報金，獨資、合夥按核定所得適用當年度營利事業所得稅稅率計算之金額，徵 20% 怠報金，金額最少新臺幣四千五百元，最高九萬元。小規模營利事業不適用本處罰（所 108）。

二、滯納之處罰

　　為避免納稅義務人拖延納稅時間，故規定逾期繳納者應按每逾三日加徵 1% 滯納金，逾期三十日仍未繳納者，移送強制執行（稽 20），並得停止其營業至繳納之日止。並自滯納期限屆滿之次日起，按日加計利息一併徵收（所 112）。

　　例如：所得稅核定補稅限於 8 月 10 日前繳納，若於 11 日、12 日、13 日繳納並未逾三日，14 日已逾三日應加 1% 滯納金，稅額一百萬元加徵滯納金一萬元。

三、未分配盈餘之滯報金及怠報金

與結算申報相同，滯報金 10%，最少一千五百元，最高三萬元；怠報金 20%，最少四千五百元，最高九萬元（所 108-1）。

13-6 ║ 漏報、短報之處罰

一、稅務違章案件裁罰或倍數參考表（第一一○條部分略）

二、要點說明

所得稅採自動報繳制，納稅義務人誠實申報，所得稅才能順利徵收，為避免逃漏稅起見，乃規定已申報而漏列或短列所得者，處以所漏稅額二倍以下之罰鍰，詳第一一○條法條。如未辦理申報者，則處以三倍以下之罰鍰（所 110），以防杜藉漏報、短報或不申報逃漏稅。在申報後，如在稽徵機關開始調查前，自行發現錯誤申請更正者，免予處罰（稽 48-1）。

營利事業因受獎勵免稅或營業虧損，致加計短漏之所得額後仍無應納稅額者，應就短漏之所得額依當年度適用之營利事業所得稅稅率計算之金額，分別依規定之倍數處罰。但最高不得超過九萬元，最低不得少於四千五百元（所 110）。例如：111 年申報虧損 100 萬元，漏報利息收入 60 萬元，如應處罰鍰 0.5 倍，因加計後仍為虧損，應按 60 萬元計算罰鍰為 60 萬 ×20%×0.5 = 60,000 元。如漏報利息 120 萬元，則所得為 120 萬－100 萬 = 20 萬元，應補稅 20 萬 ×20% = 40,000 元，並按 40,000 元計算 0.5 倍罰鍰為 20,000 元，因此，可能出現漏報收入 120 萬元的罰鍰反而較 60 萬元為低的情形。納稅義務人為獨資、合夥組織之營利事業，應就核定短漏稅金額，按當年度適用之稅率計算之金額，處二倍以下之罰鍰。

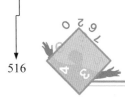

13-7 ‖ 其他罰則

一、假扣押之申請

逃漏稅案件在定案前，納稅義務人如將財產移轉後拒不納稅，常成欠稅案件，超過五年後稽徵權自然消失，使追查逃漏稅之努力化為烏有，因此規定納稅義務人有隱匿或移轉財產逃避執行之跡象者，得免提供擔保聲請法院假扣押（稽24）。

二、違反應行手續之處罰（所106）

有下列各款事項者，除由該管稽徵機關限期責令補報或補記外，處以一千五百元以下罰鍰：

㈠ 公司組織之營利事業負責人、合作社之負責人及其他法人之負責人，違反第七十六條規定，屆期不申報應分配或已分配與股東、社員或出資者之股利或盈餘。

㈡ 合夥組織之營利事業負責人，違反第七十六條規定，不將合夥人之姓名、住址、投資數額及分配損益之比例，列單申報。

㈢ 營利事業負責人，違反第九十條規定，不將規定事項詳細記帳。

㈣ 倉庫負責人，違反第九十一條第一項規定，不將規定事項報告。

13-8 ‖ 營業稅罰則

一、未依規定申請稅籍登記之處罰

營業人未依規定申請稅籍登記者，除通知限期補辦外，處新臺幣三千元以上三萬元以下罰鍰；屆期仍未補辦者，得按次處罰（營 45）。

二、未依規定申請變更登記等之處罰

營業人有下列情形之一者，除通知限期改正或補辦外，處新臺幣一千五百元以上一萬五千元以下罰鍰；屆期仍未改正或補辦者，得按次處罰：

㈠ 未依規定申請變更、註銷登記或申報暫停營業、復業。

㈡ 申請營業、變更或註銷登記之事項不實（營 46）。

三、應使用而不使用統一發票等之處罰

納稅義務人有下列情形之一者，除通知限期改正或補辦外，處新臺幣三千元以上三萬元以下罰鍰；屆期仍未改正或補辦者，得按次處罰，並得停止其營業：

㈠ 核定應使用統一發票而不使用。

㈡ 將統一發票轉供他人使用。

㈢ 拒絕接受營業稅繳款書（營 47）。

四、統一發票未依規定記載之處罰

營業人開立統一發票，應行記載事項未依規定記載或所載不實者，除通知

518

限期改正或補辦外，並按統一發票所載銷售額，處 1% 罰鍰，其金額不得少於新臺幣一千五百元，不得超過一萬五千元。屆期仍未改正或補辦，或改正或補辦後仍不實者，按次處罰。

前項未依規定記載或記載不實事項爲買受人名稱、地址或統一編號者，其第二次以後處罰罰鍰爲統一發票所載銷售額之 2%，其金額不得少於新臺幣三千元，不得超過三萬元（營 48）。

本法第四十五條至第四十八條規定限期改正或補辦事項，其期限不得超過通知送達之次日起十五日。

五、滯報、怠報之處罰

營業人未依本法規定期限申報銷售額或統一發票明細表，其未逾三十日者，每逾二日按應納稅額加徵 1% 滯報金，金額不得少於新臺幣一千二百元，不得超過一萬二千元；其逾三十日者，按核定應納稅額加徵 30% 怠報金，金額不得少於新臺幣三千元，不得超過三萬元；其無應納稅額者，滯報金爲新臺幣一千二百元，怠報金爲三千元（營 49）。

應申報之銷售額或統一發票明細表適用上項滯報金、怠報金之規定（營細 49）。

加徵之滯報金或怠報金，主管稽徵機關應於申報期限屆滿一個月後十五日內，按月分別編造徵收清冊一次，填發繳款書通知繳納（營細 50）。

六、滯納之處罰

納稅義務人逾期繳納稅款者，應自繳納期限屆滿之次日起，每逾二日按滯納之金額加徵 1% 滯納金；逾三十日仍未繳納者，除移送強制執行（稽 20）外，並得停止其營業。但因不可抗力或不可歸責於納稅義務人之事由，致不能於法定期間內繳清稅捐，得於原因消滅後十日內，提出具體證明，向稽徵機關申請延期或分期繳納經核准者，免予加徵滯納金。

前項應納之稅款，應自滯納期限屆滿之次日起，至納稅義務人自動繳納或

強制執行徵收繳納之日止，依郵政儲金一年期定期儲金固定利率，按日計算利息，一併徵收（營 50）。

七、漏稅之處罰

納稅義務人有下列情形之一者，除追繳稅款外，按所漏稅額處五倍以下罰鍰，並得停止其營業（營 51）：

㈠ 未依規定申請稅籍登記而營業。

㈡ 逾規定期限三十日未申報銷售額或統一發票明細表，亦未按應納稅額繳納營業稅。

㈢ 短報或漏報銷售額。

㈣ 申請註銷登記後，或經主管稽徵機關依本法規定停止其營業後，仍繼續營業。

㈤ 虛報進項稅額。

㈥ 逾規定期限三十日未依第三十六條第一項規定繳納營業稅。

㈦ 其他有漏稅事實。

納稅義務人有虛報進項稅額情形，如其取得非實際交易對象所開立之憑證，經查明確有進貨事實及該項憑證確由實際銷貨之營利事業所交付，且實際銷貨之營利事業已依法補稅處罰者，免依前項規定處罰（營 51）。

本法第五十一條第五款所定虛報進項稅額，包括依本法規定不得扣抵之進項稅額、無進貨事實及偽造憑證之進項稅額而申報退抵稅額者（營細 52）。

本法第五十一條第一項第一款至第六款之漏稅額，依下列規定認定之：

㈠ 第一款至第四款及第六款，以經主管稽徵機關依查得之資料，包含已依本法第三十五條規定申報且非屬第十九條規定之進項稅額及依本法第十五條之一第二項規定計算之進項稅額，核定應補徵之應納稅額為漏稅額。

㈡ 第五款，以經主管稽徵機關查獲因虛報進項稅額而實際逃漏之稅款為漏稅額（營細 52）。

八、短漏開發票之處罰

營業人漏開統一發票或於統一發票上短開銷售額,於法定申報期限前經查獲者,應就短漏開銷售額按規定稅率計算稅額繳納稅款,並按該稅額處五倍以下罰鍰,但處罰金額不得超過新臺幣一百萬元。營業人有前項情形,一年內經查獲達三次者,並停止其營業(營 52)。

九、停止營業處分

主管稽徵機關依本法規定為停止營業處分時,應訂定期限,最長不得超過六個月。但停業期限屆滿後,該受處分之營業人,對於應履行之義務仍不履行者,得繼續處分至履行義務時為止。

前項停止營業之處分,由警察機關協助執行,並於執行前通知營業人之主管機關(營 53)。

十、優先受償權

納稅義務人欠繳本法規定之稅款、滯報金、怠報金、滯納金、利息及合併、轉讓、解散或廢止時依法應徵而尚未開徵或在納稅期限屆滿前應納之稅款,均應較普通債權優先受償(營 57)。

十一、未依規定定價之處罰

營業人對於應稅貨物或勞務之定價,未依規定內含營業稅,經通知限期改正,屆期未改正者,處新臺幣一千五百元以上一萬五千元以下罰鍰(營 48-1)。

十二、罰則從新從輕原則

營業人違反本法後，法律有變更者，適用裁處時之罰則規定。但裁處前之法律有利於營業人者，適用有利於營業人之規定（營 53-1）。

13-9 | 未分配盈餘加徵之罰則

一、參考法條

㈠所第一百零八條之一

營利事業違反第一百零二條之二規定，未依限辦理未分配盈餘申報，而已依第一百零二條之三第二項規定補辦申報，經稽徵機關據以調查核定其未分配盈餘及應加徵之稅額者，應按核定應加徵之稅額另徵 10% 滯報金。但最高不得超過三萬元，最低不得少於一千五百元。

營利事業逾第一百零二條之三第二項規定之補報期限，仍未辦理申報，經稽徵機關依查得資料核定其未分配盈餘及應加徵之稅額者，應按核定應加徵之稅額另徵 20% 怠報金。但最高不得超過九萬元，最低不得少於四千五百元。

㈡所第一百十條之二

營利事業已依第一百零二條之二規定辦理申報，但有漏報或短報未分配盈餘者，處以所漏稅額一倍以下之罰鍰。

營利事業未依第一百零二條之二規定自行辦理申報，而經稽徵機關調查，發現有應依規定申報之未分配盈餘者，除依法補徵應加徵之稅額外，應照補徵稅額，處一倍以下之罰鍰。

二、要點說明

為使納稅義務人確實申報未分配盈餘應加徵 5% 稅款，特規定罰則如下：

（一）滯報金

未依限辦理未分配盈餘申報，但已於規定期限補報者，按核定應加徵之稅額另徵 10% 滯報金，但最高不得超過三萬元，最低不得小於一千五百元。

（二）怠報金

未依限辦理未分配盈餘申報，亦未在補報期限內辦理申報，依查得資料核定未分配盈餘及應加徵之稅額者，另徵 20% 怠報金，但最高不得超過九萬元，最低不得少於四千五百元。

（三）已申報但有短漏未分配盈餘

處所漏稅額一倍以下之罰鍰。

（四）未申報經調查發現有應申報之未分配盈餘者

除補徵應加徵稅款外，照補徵稅額處一倍以下之罰鍰。

13-10 ‖ 行政救濟

納稅義務人對於核定稅捐之處分如有不服，應依規定格式敘明理由，連同證明文件，申請復查時，是為行政救濟，分別說明如下：

一、行政救濟受理機關及期限

各項內地稅受理機關及期限如下：

項目	復查	訴願	行政訴訟	
			第一審	第二審
國稅	轄區國稅局	財政部	高等行政法院	最高行政法院
地方稅	轄區稅捐稽徵處	直轄市及縣市政府		
期限	有應納或應補稅額者，繳納期限屆滿之翌日起算三十日內。無應納或應補稅額者，於核定稅額通知書送達之翌日起三十日內申請復查	接獲復查決定書之次日起三十日內	訴願決定書送達之次日起二個月內	高等行政法院判決送達後二十日內

二、查對更正

納稅義務人如發現繳納通知文書有記載、計算錯誤或重複時，於規定繳納期間內，得要求稅捐稽徵機關，查對更正（稽17）。

查對更正不算行政救濟，但如有記載、計算錯誤或重複時，可以採此法減少應納稅額。

更正與復查不同處為，更正原因為記載、計算錯誤或重複，而復查則為對課稅內容發生爭議。更正應在繳納期間內提出，而復查則為繳納期限屆滿之翌日起算三十日內。應查對更正事項，如採復查程序會被接受並予更正應納稅額；應復查事項如採更正，則會被否准更正，維持原應納稅額，但納稅義務人仍可復查。

三、復查

納稅義務人對於核定稅捐之處分如有不服，應依規定格式，敘明理由，連同證明文件，依下列規定，申請復查（稽35）：

㈠ 依核定稅額通知書所載有應納稅額或應補徵稅額者，應於繳款書送達後，於繳納期間屆滿之翌日起三十日內，申請復查。

㈡ 依核定稅額通知書所載無應納稅額或應補徵稅額者，應於核定稅額通

知書送達之翌日起三十日內,申請復查。

　　㈢ 依第十九條第三項規定受送達核定稅額通知書或以公告代之者,應於核定稅額通知書或公告所載應納稅額或應補徵稅額繳納期間屆滿之翌日起三十日內,申請復查。

　　納稅義務人或其代理人,因天災事變或其他不可抗力之事由,遲誤申請復查期間者,於其原因消滅後一個月內,得提出具體證明,申請回復原狀。但遲誤申請復查期間已逾一年者,不得申請。

　　前項回復原狀之申請,應同時補行申請復查期間內應為之行為。

　　稅捐稽徵機關對有關復查之申請,應於接到申請書之翌日起二個月內復查決定,並作成決定書,通知納稅義務人;納稅義務人為全體公同共有人者,稅捐稽徵機關應於公同共有人最後得申請復查之期間屆滿之翌日起二個月內,就分別申請之數宗復查合併決定。

　　前項期間屆滿後,稅捐稽徵機關仍未作成決定者,納稅義務人得逕行提起訴願。

　　國稅部分之復查申請書可至國稅局網站下載。

四、訴願

　　納稅義務人對稅捐稽徵機關之復查決定如有不服,得於接獲復查決定書之次日起三十日內,依訴願法之規定提起訴願（訴 14）。

　　訴願原則上應向原處分或原決定機關之上級機關提出,即國稅應向財政部提出,而由稅捐稽徵處徵收之地方稅,則向縣（市）或直轄市政府提起。

　　訴願時應提供擔保或繳納應納稅額或應補稅額二分之一稅款,否則將被視同滯納,加徵滯納金,每二日 1%,逾三十日移送強制執行,但不影響其訴願及行政訴訟進行。

五、行政訴訟

㈠第一審

不服訴願決定，或提起訴願逾三個月不為決定：或延長訴願期間逾二個月不為決定者，得於訴願決定書送達之次日起二個月內，或決定期間屆滿時，向高等行政法院提起行政訴訟（行訴 4、106）。

㈡第二審

對高等行政法院之判決不服，應於高等行政法院判決送達後二十日內為之（行訴 241、242）。對於高等行政法院之判決，非以其違背法令為理由，不得上訴至最高行政法院。亦即行政訴訟第一審法院會調查事實，開辯論庭，了解事實真相，而第二審法院並不再對事實調查，只對適用法令是否合法進行審判。

六、行政救濟後稅款之退補

㈠退稅

行政救濟結果應退還稅款者，稅捐稽徵機關應於復查決定，或接到訴願決定書，或行政法院判決書正本後十日內予以退回；並自納稅義務人繳納該項稅款之日起至填發收入退還書或國庫支票之日止，按退稅額，依各年度 1 月 1 日郵政儲金一年期定期儲金固定利率，按日加計利息，一併退還（稽 38）。

㈡補稅

行政救濟結果應補繳稅款者，稅捐稽徵機關應填發補繳稅款繳納通知書；通知納稅義務人繳納，並自該項補繳稅款原應繳納期間屆滿之次日起，至填發補繳稅款繳納通知書之日止，按補繳稅額，依各年度 1 月 1 日郵政儲金一年期定期儲金固定利率按日加計利息，一併徵收（稽 38）。

國家圖書館出版品預行編目資料

基礎稅務會計／吳嘉勳，吳習著. -- 十一版.
-- 臺北市：五南圖書出版股份有限公司，
2022.11
面； 公分
ISBN 978-626-343-323-6（平裝）

1.CST：稅務會計

567.01   111014061

1G79

基礎稅務會計（第十一版）

作　　者 — 吳嘉勳、吳　習

發 行 人 — 楊榮川

總 經 理 — 楊士清

總 編 輯 — 楊秀麗

副總編輯 — 張毓芬

責任編輯 — 唐　筠

文字校對 — 許宸瑞 許馨尹 林芸郁

封面設計 — 姚孝慈

出 版 者 — 五南圖書出版股份有限公司

地　　址：106台北市大安區和平東路二段339號4樓

電　　話：(02)2705-5066　　傳　　真：(02)2706-6100

網　　址：https://www.wunan.com.tw

電子郵件：wunan@wunan.com.tw

劃撥帳號：01068953

戶　　名：五南圖書出版股份有限公司

法律顧問　林勝安律師事務所　林勝安律師

出版日期　2005年10月初版一刷
　　　　　2007年10月二版一刷
　　　　　2008年10月二版二刷
　　　　　2011年10月三版一刷
　　　　　2013年10月四版一刷
　　　　　2015年10月五版一刷
　　　　　2017年11月六版一刷
　　　　　2018年 6 月七版一刷
　　　　　2018年11月八版一刷
　　　　　2019年 8 月九版一刷
　　　　　2020年 3 月十版一刷
　　　　　2022年11月十一版一刷

定　　價　新臺幣680元

經典永恆・名著常在

五十週年的獻禮——經典名著文庫

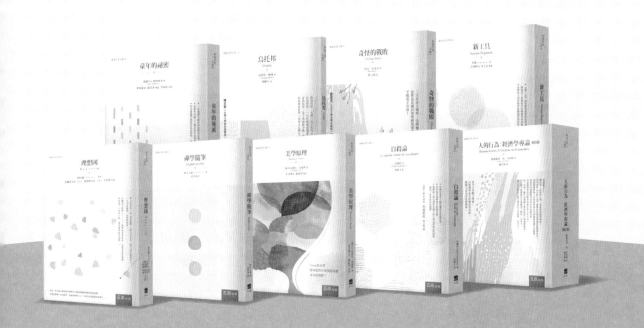

五南，五十年了，半個世紀，人生旅程的一大半，走過來了。

思索著，邁向百年的未來歷程，能為知識界、文化學術界作些什麼？

在速食文化的生態下，有什麼值得讓人雋永品味的？

歷代經典・當今名著，經過時間的洗禮，千錘百鍊，流傳至今，光芒耀人；

不僅使我們能領悟前人的智慧，同時也增深加廣我們思考的深度與視野。

我們決心投入巨資，有計畫的系統梳選，成立「經典名著文庫」，

希望收入古今中外思想性的、充滿睿智與獨見的經典、名著。

這是一項理想性的、永續性的巨大出版工程。

不在意讀者的眾寡，只考慮它的學術價值，力求完整展現先哲思想的軌跡；

為知識界開啟一片智慧之窗，營造一座百花綻放的世界文明公園，

任君遨遊、取菁吸蜜、嘉惠學子！